教員養成学を考える

―― 上越教育大学からの発信 ――

上越教育大学「教員養成学」書籍編集委員会 編

風間書房

は じ め に

上越教育大学学長　林　泰成

　国立大学では，平成16年度の法人化以降，国立大学法人法によって，文部科学大臣が定める6年間の中期目標に基づき，中期計画を策定することが義務付けられている。この目標の設定の際には，国立大学法人の意見も聞いていただけることになっている。そこで，本学では，令和4年度から始まる第4期の中期目標を定める際に，目標の中に，「地域における教員養成の在り方を研究し，その総体としての質的改善に資することを目的とした『教員養成学』の理念，内容，方法等の体系化を目指して組織的研究に取り組む」という文言を入れていただき，それが第4期で取り組む基本的な目標の一つとなった。

　本学は，教員養成系の単科大学であるから，開学以来，教員養成に精力的に取り組んできた。今回は，定められた枠組みの中で教員養成に取り組むだけではなく，積極的に学としての教員養成学の構築に携わり，教員養成の在り方について本学から発信していこう，と考えたのである。

　教員養成は，もちろん，近代的な学校教育制度が始まって以来，そのときどきの時代の趨勢に応じながら，さまざまな形で展開されてきた。戦前には師範学校での養成が中心であったが，戦後は，高等教育機関での養成が中心になった。近年では，高等教育機関への進学率があがり，教員養成もさらに高度化が求められ始めている。教職大学院という名称の，教育や教職に関する専門職学位課程が全国的に整えられたことにも，そうした制度の高度化が求められていることを伺い知ることができるだろう。本学にも，入学定員が190名の教職大学院が設置されている。

　しかし，一方で，学部での教員養成と教職大学院における教員養成はどう

異なるのかとか，教職大学院に必要とされる実務家教員は，教職の経験があればそれだけでよいのかとか，検討しなければならない問題もさまざまに派生しているように思われる。

そこで，私たちは，本学で取り組んできた教員養成を基にして，特に教員養成学に関して，理念的な考察から実践までを含む3冊の書物を編もうと考えた。その1冊目が本書である。

「教員養成学」ということを念頭に置いたのは，教員養成を対象にして継続的に探究可能な学問を成立させたいと考えたからである。学問とは言っても，教員養成は学校現場とも連携しなければ成立しない。その意味では，それを論じる教員養成学も，机上の空論であってはならず，理論と実践を往還しつつ，具体的な指導の在り方までを含んだ実践学でなければならない。

そこで，私たちは，教員養成，教員養成学だけでなく，教師教育，教員研修，授業研究や教育史などさまざまな関連領域にも目を配りながら，先行研究にあたり，オリジナルなものを提案できないかと，それぞれの立場で試行錯誤を繰り返している。

しかしながら，今回は，あえて，教員養成学の統一した定義を定めてはいない。とくに本書では，本学の教員に，それぞれの立ち位置からこの教員養成学という概念をとらえていただきたいと考えた。ウィトゲンシュタインの用語を用いて言えば，それは，家族的類似性をもった一群の定義群として示されるにすぎないと言えるだろう。今後，私たちの議論が深まっていく中で，明確な定義が浮かび上がってくることを期待しているところである。

本書は，「教員養成の原理を考える」，「教員養成の実践と制度を考える」，「教科教育と教科専門の在り方を考える」という3部と終章から構成されているが，全部で23本の論文からなる。第1部から順にお読みいただくのが理解しやすいと思うが，各章は独立して書かれてもいるので，興味をもった章からお読みいただくということでもよい。

私たちの教員養成学の取組は始まったばかりである。この国の未来を担う

若者たちを育てる教員を，今後どのように養成していくのかということについて，熟考し，実践し，より広く発信していきたいと願っている。

目　　次

はじめに（林　泰成）

第1部　教員養成の原理を考える

第1章　教員養成学を考える
　─教育とは何かという視点から─ …………………………… 林　泰成…3

第2章　日本の「教員養成学」を考える
　─教師教育と教員養成・その錯綜をどう研究の文脈に乗せるか─
　………………………………………………………………岩田康之…23

第3章　教員養成を支える「理論と実践の往還」をどう考えるか
　─教職大学院のカリキュラム・デザインからの学び─……安藤知子…39

第4章　教員の権利保障と教員養成
　─教育の地方自治を担う教員養成を考える─ ……………辻村貴洋…60

第5章　教員養成学を教員養成史研究の視点から考える
　─師範学校の「実態」を踏まえた議論の可能性─ ……長谷川鷹士…76

第6章　比較教育研究から「教員養成学」を考える
　─イギリス地理教育研究の成果を通じて─ ………………志村　喬…92

第2部　教員養成の実践と制度を考える

第7章　弘前大学教育学部の《教員養成学》
　─「領域学」という視座からの一考察─…………………福島裕敏…113

第8章　幼保小接続を見据えた教員養成のあり方に関する考察
　─小学校教員養成課程における学びを中心に─…………山口美和…137

ii　目　次

第9章　明治期以降の聴覚障害教育の教員養成の内容の変遷と
インクルーシブ教育システム構築に向けた教員養成学の構想
……………………………………………坂口嘉菜…155

第10章　栄養教諭の教員養成を考える
―栄養教諭制度20年を迎えて― ………………………野口孝則…173

第11章　競技力と体育指導
―アスリートは学校体育指導の高い専門知識を持つか―
……………………………………………土田了輔…189

第12章　これからの健康教育を担う教員像と，その社会的・経済的価値
…………………………………池川茂樹　髙橋壯太…202

第13章　構成主義的学習観に基づく主体性を重視した教員養成・研修の
一体的構築に向けて
―英語を中心とする言語教育の教師教育（リカレント教育）に焦点をあてて―
……………………………………………阿部雅也…225

第14章　「人間性」／「人間力」育成の機会を如何に提供しうるか
―ボードゲーム「ディプロマシー」を用いた試み―
……………………………………………小島伸之…246

第3部　教科教育と教科専門の在り方を考える

第15章　教員養成学における教科内容構成の意義と課題
……………………………………………下里俊行…269

第16章　これからの教員養成における教科専門の在り方について
―教科専門教員としての論点整理の試み― ……………斎藤敏夫…289

第17章　論説文読解に議論の論証モデルの要素を援用する試み
―教科の立場から「教員養成学」の具体を探る―
…………………………渡部洋一郎　尾矢貞雄　岩舩尚貴…301

第18章　古典教育を視座とする教員養成学の試み …………舩城　梓…318

目　次　iii

第19章　初等教育教員養成課程の大学生の小学校英語指導に対する
　　　　教師効力感の育成
　　　　　―英語指導に対する不安を軽減するために―
　　　　　………………………………………大場浩正　渡邉政寿…338

第20章　教員養成系学部における地理学的フィールドワーク科目の
　　　　実施状況
　　　　　―これからの社会科教員養成に向けて―……橋本暁子　横山貴史…357

第21章　音楽科における「発問」の設定と指導方術（Tactics）の向上
　　　　　―歌唱共通教材〈夏の思い出〉の指導方略の再考を事例に―
　　　　　………………………………………………尾崎祐司…376

第22章　教員養成の視点から捉える「指揮法」科目
　　　　　―リハーサルを遂行する能力に着目して―…………長谷川正規…395

終章
　第23章　編集担当教員の立場から教員養成学を考える
　　　　　………………………………………長谷川鷹士　志村　喬…407

あとがき………………上越教育大学「教員養成学」書籍編集委員会…419
執筆者一覧………………………………………………………421

第1部　教員養成の原理を考える

第1章
教員養成学を考える
―教育とは何かという視点から―

林　泰成

1．問題と目的の設定

　教員養成は，教育基本法や学校教育法，教育職員免許法や教育職員免許法施行規則などの法や規則によって定められているのであるから，私たち教員養成にかかわっている人間が，主体的に改革に取り組もうとしても，すぐに変えられるようなものではない。しかも，大学などの組織が教員養成を行う場合には，教職課程の認定を受けなければならない。この課程認定は，文部科学大臣が中央教育審議会に諮問して行われるものであり，各組織が独自の考え方で教職課程を設置できるものではない。

　それでは，私たちは，定められた枠組みの中で，与えられた教員養成という仕事を黙々とこなすことしかできないのだろうか。そんなことはない。もし，教育が，自律した人間の育成を目指しているのだとすれば，そうした受け身的な取り組みでは，自律的な教師を育てることなどできないだろうし，子どもの自律性も育てられないだろう。

　そこで本稿では，教員養成についての検討を行い，教員養成を，継続的に探究可能な学として成立させたいと考える。手掛かりとして，教育とは何かというような哲学的な問いかけから始めることとしたい。そうすることの理由は，現在の制度の中で，固定化されている教員養成の枠組みに揺さぶりをかけたいと考えるからである。

2．定義と背景の検討

　まず，言葉の定義をしておきたい。教員養成という語によって本稿で意味するのは，これから教員という職に就こうとする者の教育のことであり，養成・採用・研修というような，教員としての成長プロセスのうち，採用前の段階で行われるべきことを意味している。

　今ここで，「べき」という語を意図的に用いた。事実だけではなく，当為の問題をも扱いたいと考えるからである。事実によって明らかにできる問題は，事実やデータを示せばよいと思うが，しかし，こうあるべきというような理念の提示は，それだけにとどまらない。超越論的な要請や，熟議を経ての合意形成などが求められる。

　筆者の勤務する大学は，主として初等中等教育教員に研究・研鑽の機会を提供することを趣旨として創設された。現職教員の身分のままで派遣されてきた院生と，学部卒業後すぐに入学してくる学生からなる大学院（専門職学位課程・修士課程）と，初等教育教員を養成する学部（学士課程）から構成されている[1]。こうした大学を例として言えば，本稿で検討の対象とするのは，学部学生と大学院に在籍する教員志望者のうちまだ教員の身分にない者を意味する。もちろん，採用後の初任者研修を受けている段階の教員については，まだ養成段階にあるという捉え方も可能であるし，また，継続的に成長していくと捉えれば，どこかで明確に線引きできるものでもないかもしれない。しかし，ここでは，便宜的に，線引きをしておくこととしたい。

　さて，戦後の日本における教員養成には，「大学における教員養成」と「開放制の教員養成」の二大原則があった。小学校教員資格認定試験[2]などの若干の例外はあるものの，これらは，原則としては，今も維持されていると言える。

　中央教育審議会（2006）は，「現行の制度は，幅広い分野から人材を求めることにより，教員組織を多様なものとし，活性化することが期待できると

いう意味で，教員の資質能力の向上に積極的な意義を有するものである」と評価しつつも，「一方，教員は，本来的に高度な専門的職業として，十分な専門的知識・技能を備え，子どもたちの発達段階に応じ，適切な指導をしていかなければならないものである」とし，「『開放制の教員養成』の原則を尊重することは，安易に教員養成の場を拡充したり，希望すれば誰もが教員免許状を容易に取得できるという開放制に対する誤った認識を是認するものではないことを，まず再認識する必要がある」と注意喚起を行っている[3]。

では，今現在の教員養成では，ここに示されているような多様性と専門性の両立は維持できているのだろうか。

たとえば，令和6年9月に，「外部専門人材の教師への活用拡大について（通知）」という文書（文部科学省（2024））が，文科省より各都道府県・指定都市教育委員会教職員人事主管課長など複数の宛先に発出されている。そこでは，オリンピック・パラリンピック出場者をはじめとするトップレベルのアスリートなどの外部人材に，特別免許状を取得させて活用することが勧められている。

「特別免許状は，教員免許状を持たないが優れた知識経験等を有する社会人等を教師として迎え入れることにより，学校教育の多様化への対応や，その活性化を図ることを目的として都道府県教育委員会が授与する免許状」[4]である。さすがに，まったくの研修なしでは難しいとの判断がはたらいているのであろうか，通知では，「特別免許状取得者向けの入職前オンデマンド研修」についても言及されている。しかし，「採用予定者による自主的な受講に使用され」というような文言が付け加えられているので，採用される者が自主的に受けるもののようである。

アスリートにかぎらず，さまざまな領域で活躍する能力の高い人たちの中には，学校教育の場でも問題なく対応できる人たちもいるだろうし，彼らが学校現場に入ることは，子どもたちが交わることのできる教育人材の多様性を保障するという点でも悪いことではないと思う。だが，短期間ではあって

6 　第1部　教員養成の原理を考える

も，入職前に学校現場や教員養成系大学・学部等で研修を受けるようなこと
をやるべきではないのだろうか。ちなみに，特別免許状は，2002（平成14）
年に，学士要件が授与要件から外されている。すなわち，「大学における教
員養成」を掲げながらも，特別免許に限っては学士号の取得は必須ではな
い[5]。

　要約すれば，教員の養成や採用についての政策は，原理・原則があるとさ
れながらも，その時々の社会情勢の影響を受けて，多様な入り口が準備され
ているということになる。筆者は，教員養成には，学問的な基礎づけを与え
るべきであろうと考えるが，現代のような教師不足の事態に直面すれば，対
処療法的な措置もやむをえないということになってしまう。だからこそ，今
一度，教育とは何かという原点から再検討して，教員養成学の方向性を定め
たい。

　とはいえ，教育とは何かという問いかけは茫漠としすぎていかもしれない。
そこで，その問いを少し絞り込んで，学校教育に限定し，教育の目的・内
容・方法という三つの区分を設けて，順に考察することにしよう。

3．教育の目的は何か

　教育の目的は，法律によって定められているので，まずそれを手掛かりと
しよう。

　教育に関する基盤となる法律として教育基本法がある。これは戦後，1947
（昭和22）年に制定されたが，2006（平成18）年になってようやく改訂された。
改訂後の第一条では，教育の目的が次のように記されている。

　「教育は，人格の完成を目指し，平和で民主的な国家及び社会の形成者と
して必要な資質を備えた心身ともに健康な国民の育成を期して行われなけれ
ばならない。」

　「人格の完成」と「平和で民主的な国家及び社会の形成者として必要な資
質を備えた心身ともに健康な国民の育成」が目的なのである。後者の「国民

の育成」については，大都市圏だけでなく，日本の地方都市でも外国にルーツをもつ子どもたちが増えている現状に照らして，そうした人びとの教育を受ける権利が侵害されていないかどうかが，少し気がかりではある。この点については，さまざまな意見があるように思うので，ここでは条文の確認だけをしておこう。

　次に第二条では，「教育は，その目的を実現するため，学問の自由を尊重しつつ，次に掲げる目標を達成するよう行われるものとする。」と記されている。「学問の自由」ということにも触れられているので，学問を教えるということも前提として認められているのであろう。しかし，続けて記された五つの内容を見ると，学校教育という言葉で多くの人がイメージするものとは相当に違っているのではないかと思われる。

　その内容は，以下の五つである。

一　幅広い知識と教養を身に付け，真理を求める態度を養い，豊かな情操と道徳心を培うとともに，健やかな身体を養うこと。

二　個人の価値を尊重して，その能力を伸ばし，創造性を培い，自主及び自律の精神を養うとともに，職業及び生活との関連を重視し，勤労を重んずる態度を養うこと。

三　正義と責任，男女の平等，自他の敬愛と協力を重んずるとともに，公共の精神に基づき，主体的に社会の形成に参画し，その発展に寄与する態度を養うこと。

四　生命を尊び，自然を大切にし，環境の保全に寄与する態度を養うこと。

五　伝統と文化を尊重し，それらをはぐくんできた我が国と郷土を愛するとともに，他国を尊重し，国際社会の平和と発展に寄与する態度を養うこと。

　ここには，「特別の教科道徳」で取り上げられているような道徳的価値が列挙されている。人間の学びとして，人格の完成や，情操や道徳心など，理念的なもの，理想的なものが記されているのであろう。細部について議論が

8 第1部 教員養成の原理を考える

起こるであろうということは想像に難くないが、そのことは別にして、こうしたことを掲げること自体が悪いことだと言いたいわけではない。しかし、教員が教壇に立つとき、こうした理念や理想を意識している人はどれくらいいるのだろうか。教育基本法に書かれた目的や目標が変わったことで、実際の教育が大きく変わったというようなことは起こりうるのだろうか。むしろ、暗黙の内に想定されている目的の方が大きな意味を持っているということはないだろうか。

尾崎博美（2015）は、ケアと自律を問う中で、「日常的な教育現場において、『教育目的』はどれほど意識されているだろうか。教育学の中でしばしば目にする批判は、『教育目的』として掲げられる文言があまりにも抽象的であり、その結果として現実の教育実践を導く実行力を失っている、というものである。」と述べている。筆者の考えと通ずるものがある。しかし、さらに「たとえ教育基本法の文言にある『自律の精神』を『自律とケアの精神』へと書き換えたところで実際の教育現場は何ら変化しない、とみなされるからである」と述べるところでは、筆者は、その両者には、非常に大きな違いがあるのではないかと考える。なぜなら、ケアは、他者との関係性の成立を前提にするからである。現状では、学力は個人に属するものととらえられるが、関係性の成立を前提にすると集団の持っている学力（のようなもの）に重点が移るように思われる。

その後の尾崎の議論では、「現実の教育実践を想定したり評価したりする際に用いられている枠組のなかに埋め込まれている『教育目的』」を問題として取り扱っているので、主張全体としては同意できる。

ところで、教育基本法の中で示されている教育の目的は、第1条であり、「自律の精神」という文言が書かれている第2条は、この法律では、教育の目標として掲げられているものである。教育の目的や目標には階層性がある。教育の目的を実現するために、達成目標として教育の目標が示され、それが、さらに学習指導要領では、各教科の目標として示され、指導案などでは授業

のねらいが細かく示されることになる。目的の抽象度が高いからといって，意味がないわけではない。

　筆者は，主として道徳教育にかかわって教育研究に取り組んできたので，その領域での例を使って述べる。もし，重要な道徳的価値を二つあげるとしたら，自律と共生をあげる。両者が，自分ひとりの問題と関係性の問題という，対立する意味内容を含んでいると思うからである。自律とケアにも，同種の対立構造がある。したがって，「自律とケアの精神」が書き込まれれば，そのこと自体を現場に立つ教員が意識しなかったとしても，道徳科授業の在り方そのものに影響が及ぶように思う。もちろん，自律と共生も，自律とケアも一例にすぎないし，こうした問いかけに対する答えは人それぞれであろうから，筆者の主張のみが正しいなどと言うつもりはない。

　ここで少し見方を変えて，知識や技能を子どもたちに教えていくという伝統主義的な教育観と，自らの経験をとおして学ぶことを中核に据える進歩主義的な教育観を比較し，教育の目的について考えてみよう。

　伝統主義は，伝統や文化として引き継がれてきたことを伝達するという形が元になっていると考えられるので，比較的古い形の教育の考え方であると捉えることができる。歴史的には，宗教の教えや伝統的な道徳的規範などがそのまま伝達されるという形で教育実践が行われてきたと思われるが，近代科学の勃興以降は，体系化された科学的な知識の伝達ということが中心になった。いずれにしても，権威主義的な伝達という形になる。教育の目的は何かと問えば，知識や技能を若い世代に伝えることなのである。

　それに対して，進歩主義的な教育観は，パーカー（1837-1902）やデューイ（1859-1952）に代表されるように，子どもの興味や活動を中心にとらえ，生活経験を通しての学習を強調する。伝統主義にみられるような教え込みのやり方は，むしろ子どもの成長や発達を抑え込むこととみなされる。子ども中心の発想に立つと言えるだろう。その思想的な背景として，経験や実践を重視するプラグマティズムの哲学がある。しかし，この立場では，系統的な知

識の獲得が難しく，過去には「はいまわる経験主義」というような批判もあった。こうしたことから，進歩主義教育にとっての教育の目的を筆者なりにまとめると，子どもたちが経験から学べるように学習者を支援することだと言えよう。

　この両者を比較すれば，筆者は，進歩主義の立場に与したいと思う。教室で教師が知識や技能を教えたとしても，それをそのまま子どもたちが身に付けるとはかぎらず，結局は，それぞれの子どもが興味をもったことだけが彼らの意識に残ると思うからである。別な言い方をすると，子どもの学びということを中心に考えなければ，教師の教えるという行為が成立したかどうかさえもわからないではないか，と思うからである。

　もっと極端に子ども中心で考える立場もある。たとえばルソー（1712-1778）の立場である。彼は，子どもを生まれながらにして善とみなし，教育の働きかけをむしろ悪いもの，堕落への導きとみなす。こうしたルソーの教育は消極的教育ともよばれる。

　もし，単純に，「教え込みか，子ども中心か」と問われれば，筆者は，子ども中心の立場に与したいと考えるが，しかし，「放任主義につながるほどに子どもの好き勝手にさせておけばよいのか」と問われれば，そうはいかないと答えたい。要はバランスの問題である。一方の教え込みともう一方の子ども中心の間のどこかで折り合いをつけるしかない。しかし，それがとても難しい。両極の間のどこを中庸とみなすかは，論者によって異なるだろう。数直線上の中央値というわけにはいかない。孔子が言う意味でも，アリストテレスが言う意味でも，中庸は，徳のありようとしての過不足のない中間なのである。

　近年の，ビースタ（1957-）の主張する，学習化への批判も，こうした問題とつながっているように思われる。彼が学習化とよぶのは，「教育についての語りに用いられてきた語彙を『学習』や『学習者』の語彙に変形することである」[6]。こうしたことが問題となるのは，第1に，「『学習』が基本的に

個人主義的な概念であるという事実」によるのであり，第2に，「『学習』が基本的にプロセスの言葉」だということによる。つまり，学習は個人が行うことであり，「内容と方向性に関しては開かれている」ということである。ビースタはこういう立場を批判している。

こうした主張を受けて，筆者なりの表現で言えば，学習は，教師が何を教えるのかという問題を離れて，子どもの興味関心に基づいて行われる。教師が，事前に授業の準備をして，授業を実施しても，子どもの意識に残るのは，子どもが興味関心を持ったごくわずかのことでしかないかもしれない。しかも，個々の子どもの学習状況を探ろうとすれば，個々の子どもの学習到達度や能力を測定するしかない。それが，たとえ，協働学習の成果であったとしても，である。何のために教育を行っているのか，というような問いは置いていかれる。

ビースタは，だからこそ，学習ではなく，教育という関係性を含意する概念を重要視し，「よい教育とは何か」[7]を問題にするのである。

筆者が，本稿において，教員養成学を考える際に，教育とは何かという視点から始めようとするのは，こうしたビースタの主張をきっかけとしている。

4．教科内容と諸学問

教育の目的を，系統主義でも進歩主義でもなく，中庸的な立場でとらえるとして，では，教育内容についてはどのように考えればよいのだろうか。

子どもの発達などに応じて提供できるように体系化された教育内容は，教育課程あるいはカリキュラムとよばれる。カリキュラムの日本語訳が教育課程であると言うこともできるが，しかし，実際には，この両者は，微妙な意味の違いを持たされて，使い分けがなされることもある。教育課程が，子どもに提供される形で体系的に整理された教育内容や教育計画を指すのに対して，カリキュラムの方は，もっと幅広く，子どもが暗黙の内に学んだ内容なども含めていると解されることが多い。その意味では，たとえば，暗黙のカ

12　第1部　教員養成の原理を考える

リキュラムという表現は理解可能だが，暗黙の教育課程という言い方は理解しがたいということになる。本稿では，教える側が作った教育課程だけを問題にするわけではないという意味で，カリキュラムの概念を用いることとしたい。

　伝統主義の立場のカリキュラムは，系統主義カリキュラムとよばれる。教科の体系に沿って学習内容が提供される。それに対して，進歩主義の立場のカリキュラムは経験主義カリキュラムとよばれる。子どもたちの興味関心に沿って，生活体験に即した学習が行われる。ここでは，制度化された教育課程を検討するのではなく，もう少し大枠でとらえたい。そのうえで，ここでは，教科内容とそれを支える学問分野（先行研究に倣って親学問という表現を用いることとする[8]）との関係を論じることとしたい。

　こうした問題は，たとえば日本教科内容学会などで議論されているが[9]，教科によって違いがある。たとえば，算数や数学，理科のように，親学問が，他の教科と比べれば，比較的体系化されている教科もあれば，家庭科のように，多様な学問領域の内容が取り上げられる教科もあり，新たに教科化された「特別の教科道徳」のように，倫理学者や心理学の研究者が学会に集ってはいても，彼らの研究が教科の授業とどうつながっているのかがわかりにくい領域もある。

　以前に，国立の教員養成大学・学部の在り方に関する懇談会（2001）で教員養成における教科内容についての問題が指摘され，大きな話題になった。その報告書には，さまざまな問題点の指摘があったが，内容に関しては，次のように指摘された。

　「教科専門科目の分野は，理学部や文学部など一般学部でも教育されている。教員養成学部の独自性や特色を発揮していくためには，教科専門科目の教育目的は他の学部とは違う，教員養成の立場から独自のものであることが要求される。必ずしも共通認識があるわけではないが，教員が教科を通して教育活動を展開していくということを考えれば，『子どもたちの発達段階に

第 1 章　教員養成学を考える　　13

応じ，興味や関心を引きだす授業を展開していく能力の育成』が教員養成学部の教科専門科目に求められる独自の専門性といえよう。」

　これは，教員養成学部や教員養成大学の存続にかかわる問題の指摘であったと言える。つまり，他学部でやっていることと教育学部でやっていることが同じならば，総合大学では教育以外の学部もあるわけだから他学部で学べばよいという話になってしまう。しかし同時に，この報告では，「教科専門科目に求められる独自の専門性」についての記述もあった。

　複数の大学が，この記述を受けて，対応を試みたが，上越教育大学においては，大学独自で，学士課程（学部）では『教科内容構成「〇〇」（〇〇には教科名が入る）』，修士課程では『教科内容構成特論「〇〇」』[10]というテキストを作成し，授業を開講した。

　筆者も，当時，識者たちの「道徳教育を教科化すべきだ」という議論を意識しながら，道徳のテキストの作成に当たった。ただし，道徳については，その後「特別の教科道徳」という名称で教科化されたものの，教職課程の中の位置づけとしては，従来の2単位のままであった。つまり，道徳に関しては，教科の指導法と教科専門の2つの科目が開設されることはなかったのである。

　とくに道徳科の親学問とは何かを検討しながら，最近思うのは，「親学問」という表現が，領域によっては難しい問題を引き起こすこともあるのではないかということである。筆者は，道徳の親学問として，三つの核をイメージしている。それは，規範を扱う「倫理学」と，心の内面や発達を扱う「心理学」と，社会的事実としての道徳を扱う「社会学」である。しかし，この三者がうまく連動しながら，道徳教育が成り立つかと言えば難しい。たとえば，倫理学をかみ砕いて子どもたちに教えれば道徳教育になるかというと，そうはならない。倫理学によって道徳の基礎づけのような議論はできても，それが，日常の道徳とどうつながるのかがわからない。また，そんなことは知らなくても日常の道徳的行為は遂行可能である。また，その倫理学の学びと，

14　第1部　教員養成の原理を考える

心理学的な道徳性発達はどうつながるのか。個人の道徳性発達が明らかにな
ったとして，社会に存在している道徳との関係はどうなるのか。自分が作っ
たのではない道徳になぜ従わなければならないのか。もし道徳の親学問が必
要なら，倫理学や哲学，心理学，社会学，宗教学，法学など，雑多な学問を
寄せ集めて，道徳教育実践学のようなものを作り出すしかないのではないだ
ろうか[11]。

　親学問が一つしか想定できない教科であれば，事情は違うのだろうと思う
が，すべての教科を一律に扱うのは難しい。

　また，最近では，教科の枠から外れた領域が，学校教育の中でも多く取り
上げられるようになっていると感じられる。たとえば，学習指導要領では，
各教科とは別に章を当てられている小学校の「外国語活動」や，小中学校の
「総合的な学習の時間」，「特別活動」など，また，高校の「総合的な探究の
時間」もあり，それ以外にも，食育とか，キャリア教育とか，租税教育とか，
文科省が勧めているものも，外部団体が特別授業として実施するようなもの
もある。こうしたものについては，親学問は考えにくい。学問領域を前提と
しない領域なので，考えなくてもよいと言えるだろうか。もし言えるのだと
すれば，特定の教科領域だけ，学問を前提として考えなければならない理由
はあるのだろうか。たとえば，学校教育を学問区分に依らないカリキュラム
で構築することもできるのではないか。ケアリングの観点からカリキュラム
を組み直そうと提案しているノディングス（1929-2022）のような論者もいる[12]。

　筆者は，ここで，そうしたいと提案しているのではない。しかし，現行の
カリキュラムを維持するとしても，そうする理由の提示は必要なのではない
かと考えるのである。

5．教育の方法と指導

　先に教育の目的の階層性に言及したが，教育の方法についても，階層性が
考えられる。抽象度が高い方から，まず，方法についての理論や理念として

の「方法論」と呼ばれる層がある。ここには，方法についての研究も含まれる。そして，教育についてのさまざまな「方法」がある。たとえば，アクティブ・ラーニングというのは，教科をまたがる方法としてとらえることができる。そして，そのもとに「各教科の指導法」がある。また，それぞれの授業の中で，ティップスと呼ばれるような，ちょっとしたコツのようなものがある。ティップスについては，どの教科でも使えるようなものから個々の教科に特化したレベルのものまで考えられるので，ここにもまた階層性が想定できるかもしれない。

　また，現在，学校では，一人が1台ずつ情報端末を所持するというような状態になっているので，情報端末を授業にどう生かすかということが，研究されるようになってきている。それを受けて，従来の教職課程にあった科目「教育の方法及び技術」から独立して新たな教職科目として「情報通信技術を活用した教育の理論及び情報」の設置が求められている。

　また，目的，目標，ねらい，方法論，方法，指導法なども階層的につながっているという見方もできる。下位の目標は，上位の目的からみれば，その目的を実現するための手段にすぎないからである。より具体的な方法や指導法は，教育の活動を具体化するための手段であると思うが，こうした観点からは，目的を最上位の概念としてつながっていることが望ましいと言えよう。

6．教えると教員養成

　そもそも教育とは何だろうか。それが本稿での問いであった。それは，教員を中心に見れば，教えるという作業になるだろうし，学習者を中心に見れば，学ぶという作業になるだろう。

　教えるという語には，意図的用法と成功的用法があると言われる[13]。前者では，教える者の意図の有無が問われる。「私は2ケタ×2ケタの筆算を教えたのに，あの子はまじめに勉強しないから，理解できないのよ」と言うとき，教えるという言葉は，教師の働きかけだけを意味している。「この時間，

あの子には，2ケタ×2ケタの筆算の勘所をうまく教えられなかったわ」と言うとき，教えるという言葉は，この場合は否定形で，学習する子どもの側に変化をもたらすことに成功しなかったという意味で使われている。子どもの学習の成立によって，教えることがはじめて成り立つと考えられているのである。

　子ども中心で捉え直すと，学びは，いつも教師の教えるという作業を伴っているというわけではない。子どもが主体的に，何かの働きかけをし，結果として自らが新しい学びを成立させるということはおおいにありうることである。したがって，教えることと学ぶことは，単純な双方向性の働きかけとは言い切れない。

　では，教員養成という観点から見るとどうか。

　広田（2009）は，「教育とは，誰かが意図的に，他者の学習を組織化しようとすることである」と定義している。近年では，エージェンシー[14]という言葉が教育界での流行なので，子どものエージェンシーが抜けているのではないかと言いたい気持ちになるが，しかし，教師目線でみたときに，きわめて単純な表現の中に，大人の傲慢さのようなものをも含んで，きわめて的確に定義されているように思う。

　傲慢さと記したのは，他者の学習を組織化しようとする意図は，傲慢以外の何物でもないと考えるからである。もちろん，子どものことを考えてとか，教育愛によるのだとかの説明はできるのだろうけれども，そうした言い訳もまたパターナリズム的な言い訳のように筆者には思われる。

　教えるという活動は，どこかで子どもの側への強制的な働きかけの部分が残ってしまうように思う。それを完全には排除できないのだとすれば，子どもたちが大人になったときに，せめて，自分たちの受けてきた教育への異議申立てができるとよいとは思うが，具体的な制度としては難しいだろうか。

　ここで，広田の定義をもってきたのは，先に言及したビースタの指摘が気になっているからである。子ども中心の発想に引っ張られながらも，一方で，

教員の側からのしっかりとした働きかけを残すべきだと考えられる。公教育にはそうした社会的な押し付けのようなものを残さざるを得ないという一面がある。

一方で，主体性やエージェンシー無しでは，教育が始められないようにも思うが，教員養成という初期段階でのトレーニングとしては，しっかりとした意図をもって教育に当たるべきだろうと考える。伴走者としての役割を果たす教育スタイルや，その場に共にいることだけで子どもが勝手に学びを深めていくような教育スタイルは，相当な上級者レベルのものなのではないか。

7．教員養成学の構築

結局のところ，ここまで述べてきたことは，教育目的や内容や方法についての議論の中から，中庸なもの，穏当なものと感じられるものを主観的に選び取ったものでしかないと批判されるかもしれない。その批判は，一方で，正しいものと認めざるをえない。具体的なデータに依拠しての主張ではないからである。しかし，他方で，社会的に制度化された学校教育の在り方のようなものについては，これだけが正しいというような議論は成り立ちにくいのではないかと考える。それを前提にしないと，教育の議論は，与えられた枠組みの中で，数値で追いかけられる効率性だけを問題にするようになってしまうのではないか。教育の目的など，あまり関係がないということになってしまうのではないだろうか。

また，カリキュラムなどを考える際に，親学問を元に考え始めると，その学問領域の外に出ることが難しくなる。もちろん，人類の学問史の中で独自の方法と対象に限定しながら発展してきた個別科学のそれぞれが，重要なことを取り扱っていることは理解できるが，それをすべての人が学ぶ必要はないのではないか。

現在では，以前と比べると，学校教育では，知識の注入というよりは能力開発ということを重視しているので，総合や探究の時間のように，領域横断

的な学びを展開することもある。現在は，そうした特定教科に準拠しない総合的なカリキュラムへの移行期にあるように思う。

しかし，こうした主張も，筆者の主観的な偏向の問題として退けられるであろうか。

先ほど，親学問に言及したが，教育の問題を考える際には，論者がどういう学問を背景にしているのかということにも，影響を受ける。筆者は，大学と大学院で哲学と倫理学を学んだ。哲学は，常識的な考え方にも疑いを向けるような一面があり，さまざまな立場はあるものの，主観性の基盤の上に客観性を成立させるような，極端なまでに主観性の強い立場もある。

教育を議論の対象として論じる教育哲学という学問領域があるが，その教育哲学にとっては，哲学は親学問という言い方ができるだろう。先に言及した親学問が教科の元となる学問という意味であったのにて，これは，教育を論じる学問の元になっている学問という意味で，少しニュアンスが違う。教育にかかわる学問としては，教育心理学や教育社会学，教育経営学や教育史など，さまざまな学問があり，そうした領域の研究者が，教員養成課程では，教職に関する科目を担当していることも多い。

他方で，各教科の内容もまた教育の場では必要なものである。能力の開発が重視されているとは言っても，内容がないままで能力だけを高めるということはできないだろう。何かを学ぶことによって，その何かの本質を理解し，さまざまに活用できるようになるのではないか。

そして，内容の問題とつながりつつ，それをどう教えるかという方法の問題がある。

そうすると，教員養成学は，教育実践をも含むさまざまな領域にまたがる総合的な実践的学問領域と言えるのではないか。とはいえ，本稿では，教員養成という語で，教員になる前の教育を意味すると限定したので，教員養成学は，生涯にわたる教員生活の中で，ある特定の時期の人たちを対象とする養成教育を意味していると言えそうである。その教員養成学の下位領域の区

分については，林（2022）でも考察したが，以上のような議論を踏まえて，再度検討し直していきたい[15]。

　ところで，先に，「大学における教員養成」の原則に触れたが，現在，学士課程（学部）における教員養成以外に，教育の専門職学位課程（教職大学院ともよばれる）でも教員養成を行っている。すでに，教職大学院は，鳥取県を除くすべての都道府県に設置されており，学士課程（学部）における教員養成よりもより高度な内容での養成が試みられている。

　最後に，この両者の関係について，触れておきたい。

　筆者の勤務校である上越教育大学では，学部の入学定員よりも，教職大学院の入学定員の方が多い。学部卒でも教員免許状を取得すれば教員になれるということもあり，本学教職大学院は，内部進学者よりも，他大学の卒業生の方が圧倒的に多い。しかも，他大学から入学してくる者は，教育大学や教育学部の出身者とは限らない。教育以外の専門を学んで入学してくる者も多い。そうした者たちが，大学教員の指導のもとで，チームを組んで学校に入り，年間150時間の実習を2年間行う。どのチームがどの学校に入るかは，大学の各研究室からの「こんなことができる」という申し出と，学校からの「こんな課題を抱えている」という申し出を突き合わせて，マッチングさせ，決定する。チームの中には，指導者としての大学教員の他に，現職教員，内部進学者，外部進学者らがいて，ときには，社会人経験者もいる。そうした多様な経歴の持ち主が集まって学校現場の課題解決に立ち向かうのである。個の力の総和以上の能力が発揮されることもあるように感じている。

　教育学部や教育大学から教職大学院に進学した学生は，より深く教育について学ぶだろうし，他の専門学部で学んで教職大学院に進学した学生は，その専門領域に強い教員になる可能性がある。彼らとて，無駄に大学4年間を過ごしてきたわけではない。たとえば，体育系の大学で水泳を学び，アスリートとして活躍した学生が，教職大学院を経て，小学校教員になったとして，その泳ぎをみた小学生は，その後どのような人間として育っていくであろう

20 第1部 教員養成の原理を考える

か。将来の夢が変わるほどの大きな影響を受ける可能性もあるのではないか
と想像する。

このような観点から，教員養成は，ある規格に当てはまる教員のみを育て
るものであってはならないと思う。もちろん教員としての最低限の能力は必
要だと思うが，多様な人材が教員として学校現場に存在することもまた，多
様な子どもの成長にとって重要だろう。そうした意味では，学部卒の教員に
も，教職大学院修了の教員にも，それぞれの役割をもって仕事に従事してい
ただきたいと考えるが，現在の趨勢では，徐々に教員の高学歴化が進んでい
る。今後，教員養成学を具体的な形で構築する場合，さまざまなタイプの教
員を育てることのできる枠組みとすべきであろう。

本稿では，教育とは何かという問いかけから，教員養成学構築の前提とな
るような，教育にまつわる事項の吟味を行ってきた。それは，教員養成学構
築のための理論的な枠組みを筆者なりの立ち位置から提案するということで
しかないし，主観的にすぎるという批判もあろうかと思う。しかし，そうし
た視点から，教育や教員養成の在り方を吟味し続けることもまた，因果関係
を明示しにくい教育活動のあるべき姿を探り，それを維持するための方法の
一つなのではないかと思う。

注

(1)本学は，博士課程（後期のみ）の連合大学院の構成校でもあるが，後期課程への進
　学者については，ここでは，議論の外側に置いておきたい。

(2)「小学校教員資格認定試験」は，独立行政法人教職員支援機構が実施している試験
　で，合格すれば，小学校教諭二種免許状が取得できる。平成30年度以前は，文部科
　学省が実施していた。他に，「幼稚園教員資格認定試験」，「高等学校（情報）教員
　資格認定試験」なども行われている。筆者は，文科省が実施していた際に，文科省
　に設置された委員会のメンバーとしてかかわったことがあるが，委員の中からも，
　「教育実習もせずに免許状を与えることに問題はないのか」というような声もあが
　っていた。

第1章　教員養成学を考える　21

(3)中央教育審議会（2006）の「5．教員養成・免許制度の改革の方向」より

(4)「学校における外部専門人材の活用について（特別免許状及び特別非常勤講師制度）」https://www.mext.go.jp/a_menu/shotou/kyoin/1326555.htm より（閲覧2024/9/30）

(5)「小学校教員資格認定試験」などでも，受験資格は「高等学校を卒業した者」となっており，学士レベルの教育は求められていない。幅広い領域から多様な人材を招いているようにも見えるし，人数の確保を優先しているようにも見える。

(6)Biesta（2015）を参照。引用文は，翻訳本（ビースタ 2016）から引用した。

(7)これは，彼の書物の日本語翻訳版のタイトルである。原文の直訳は，「測定時代のよい教育」である。

(8)たとえば，角屋（2015），林（2024）などを参照。

(9)その成果の一端は，日本教科内容学会（2021）に掲載されている。

(10)学内で，学生に配布するための必要部数を発行したのみで，市販されていない。

(11)道徳教育実践学を構築することの必要性は，林（2009）でも論じた。

(12)Noddings（1992）を参照。

(13)Scheffler（1960）を参照。

(14)エージェンシーは，OECD（2019）で提示された概念で，「自ら考え，主体的に行動して，責任をもって社会変革を実現していく能力」と定義されている。

(15)本稿で行った考察は，林（2022）が取り上げた教員養成学の構築の議論よりも前に議論すべき内容であったと考えている。

引用文献

Biesta（2015）*Good Education in an Age of Measurement: Ethics, Politics, Democracy*, Routledge.（ビースタ（2016）『よい教育とはなにか：倫理・政治・民主主義』白澤社）

中央教育審議会（2006）「今後の教員養成・免許制度の在り方について（答申）」

林泰成（2009）『新訂道徳教育論』放送大学教育振興会

林泰成（2022）「新しい教員養成学の構築に向けて－教育哲学的観点から－」『上越教育大学研究紀要』第42巻，1-10頁。

林泰成（2024）「『特別の教科　道徳』にとって教科内容とは何か」『上越教育大学教職大学院研究紀要』第11巻，1-9頁。

広田照幸（2009）『ヒューマニティーズ　教育学』岩波書店

国立の教員養成大学・学部の在り方に関する懇談会（2001）「今後の国立の教員養成

系大学学部の在り方について（報告）」（平成13年11月22日）

文部科学省（2024）「外部専門人材の教師への活用拡大について（通知）」（令和6年9月13日）

日本教科内容学会編（2021）『教科内容学に基づく教員養成のための教科内容構成の開発』あいり出版

Noddings（1992）*The Challenge to Care in Schools: An Alternative Approach to Education*. Teachers College Press.（ノディングズ（2007）『学校におけるケアの挑戦：もう一つの教育を求めて』ゆみる出版）

OECD（2019）*OECD Future of Education and Skills 2030 OECD Learning Compass 2030: A SERIES OF CONCEPT NOTES*, OECD
（https://www.oecd.org/content/dam/oecd/en/about/projects/edu/education-2040/1-1-learning-compass/OECD_Learning_Compass_2030_Concept_Note_Series.pdf）（Reading Date 2024/9/30）

尾崎博美（2015）「「ケア」は「自律」を超えるか？」下司晶編『「甘え」と「自律」の教育学』世織書房，184-208頁。

Scheffler（1960）*The Language of Education*, Charles C Thomas.

角屋重樹（2015）「これからの教科教育のあり方―教科の成立基盤に関する視点から―」『日本教科教育学会誌』第37巻，第4号

第 2 章

日本の「教員養成学」を考える
―教師教育と教員養成・その錯綜をどう研究の文脈に乗せるか[1]―

岩田康之

1．はじめに

　日本の「教員養成」を研究するには独特の難しさがある。

　まず，「教員養成」と近接する意味合いを持つ「教師教育」という用語との微妙な関係がある。前者が主に入職前の組織的な養成教育，対して後者は入職前・入職後を通じた個々の職能発達を指すものというおおよその理解は共有されているが，時として研究の文脈においても双方は混在する。管見のかぎり，漢字文化を共有する東アジア諸地域においても，この混在は日本特有のものである。

　加えて，そもそも日本語で「教師」「教員」と称される人のありようは，そのままでは国際的な研究の文脈に乗りにくい。英語で teacher という単語を当てるのが一般的であるが，そうすることで日本の「教師」「教員」が担ってきた teach 以外のもろもろの仕事は捨象されてしまい，比較研究の対象としやすい部分のみの研究に偏してしまう。

　そうした状況下で日本の「教員養成」を教育学研究の文脈にどうやって乗せることができるのだろうか。そもそも「教員養成学」は成立しうるのだろうか。以下，日本を中心として教師教育を主にシステム論・カリキュラム論の視角から研究してきた立場から，若干の試論を記したい。

2．基本概念をめぐる問題

2.1．教師教育と教員養成

　教師（この概念については後で検討する）を対象とした日本の研究においては，表1に示すように大きく二つの流れが指摘できよう。個々の教師の優れた実践に注目し，それを解析し，効果を検証するといった研究は表の左側に位置付くが，そうした教師の優れた実践のエッセンスを公教育の教員全体で共有し，全体の水準確保につなげていく行政施策の検証といったことが表の右側に位置付く。実はこの両者を架橋するのが「カリキュラム」（学びの道筋とその構成）なのだが，この分野でのカリキュラム研究とても教授学や教育方法に軸を置くもの（表1左側）と，免許法制や大学行政に軸を置くもの（表1右側）の両面があって単純な把握を許さない。

　大きく言って左側の，主に教育方法や教科教育など個々の実践に着目するのが「教師教育」的，右側の，主に教育行政や経営などのシステム面に着目するのが「教員養成」的，と捉えることができそうである。別のいい方をするなら，「教師教育」のうち，主に入職前のシステマティックな部分が「教員養成」であるとも捉えられよう。それゆえ「教員養成学」がありうるとするなら，この「教員養成」に関わる諸課題を対象とした学，となろう。

表1　教師教育と教員養成

教育方法学的アプローチ （≒教師教育？）		教育経営学的アプローチ （≒教員養成？）
個別的な場面での力量形成	着眼点	教員総体の水準確保
授業研究・実践研究 教科教育	研究視角	教育行財政・政策研究 養成・研修システム
研究的上昇志向 （教師個人）	親和的な意識	経営・管理的発想 （学校組織）
教員総体への関わりの弱さ	弱点	教科教育（＋教育内容）への 切り込みの弱さ

（出典：岩田（2022）p. 7）

2.2. 教師教育の射程

しかしながら，そもそも「教師教育」とは何を指すのか。こうしたごく基本的な問題についても明確な合意が形成されているとは言えない状況にある。

そもそも「教師」とは誰を指すのか。大学等で正規の教員免許状を取得し，採用選考を経て教壇に立ち，公教育の現場で児童生徒相手に教育実践を行う者（図1の「A」）を指すことに異論はあるまい。しかしながら養護教諭や栄養教諭はどうなのか。直接に子どもたちを指導しないけれども管理・指導行政に携わる指導主事たちはどうなのか……等々を考えると「教師」とそうでない者の境界は判然としなくなる。また，日本語母語話者以外を対象とした日本語教育の担い手の養成や資格認定は初等中等教育一般のそれとは異なるシステムで行われており，こうした教師たちの働く場は基本的には公教育の外であるが，たとえば外国人児童生徒への日本語指導という形で学校内に入ることもある。そのように考えると図1の「A」と「B」（学校外の教育職）との境界も判然としない。「教える」という職能に着目して捉えることもできようが（図1の「C」），そうすると伝統芸能の伝承者などをも含むこととなり，一つの概念としての把握が容易ではなくなる（これは後述するように研究視角と方法の問題にも関わる）。

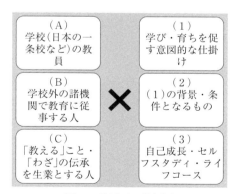

図1　「教師」×「教育」

26　第1部　教員養成の原理を考える

　また，「教師教育」と言うときの「教育」についても，教職に就く人（教職に就いている人）を対象とした学び・育ちを促す意図的な仕掛け（大学の教員養成課程や，行政の教員研修プログラムなど＝図1の「1」）以外にも，免許法制や課程認定行政といった外的規定要因（図1の「2」）や，さらには教師自身の自己成長（図1の「3」）など，拡げて捉えることも可能である。

　こうした状況下で，「教員養成」の研究の対象としては，図1に言う「A×1」を軸にしながら，これに関わりの深い部分（「B」のうち学校教育に近接した部分・「2」のうち教育行政や公教育システムに関わる部分など）を射程に収めるものである，と措定するのが妥当であろう。

　「予備校教師のセルフスタディ」（B×3）・「茶道の家元」（C×2）・「書道家のあゆみ」（C×3）などは，それぞれ興味深い課題ではあるが，残念ながら「教員養成」の研究，としての認知は得にくい。

3．研究視角と方法をめぐる問題

3.1．二つの学会の思惑と展開

　以上述べたことは，教員養成（教師教育の中の主に入職前の，システマティックな部分）を研究する視角と方法に関わる。

　1990年代の日本で，「教師」の研究を謳う学会が相次いで二つ設立された。日本教師教育学会（1991年創設）には教育制度・行政・経営系の会員が比較的多く，日本教師学学会（1997年創設）には教育工学や心理系の会員が比較的多いというように，両学会は趣を多少異にしているが，組織戦略の方向性と実際の展開には以下に述べるような類似性がある。

　共通する方向性は，両学会とも「教師」を学校教育のそれに限らず広く捉えていこうとすることに見られる。日本教師教育学会のwebサイトにある設立趣旨では「私たちは，教師あるいは教職という概念を，たんに学校教育に直接携わっている人々だけに限定して理解すべきではない，と考えております。つまり，社会教育や社会福祉事業に従事する人々をも含めた広い意味

での教師，いわば，教育専門家の育成が，大学における教育学教育の課題として，緊密に，一体化して行なわれるべき」[2]だと述べられており，日本教師学学会のwebサイトにある設立趣意書では「学校教育における教師研究の実践的学術的知見はもとより，学校教育以外の成人の教育，企業，芸能，技芸，スポーツ等様々な領域分野で行われてきた文化や技術，わざや知恵の伝承や人材の養成における「教える人＝教師」に関するフィールドの知を交流し，結合することによって，新たな学際的学問としての「教師学」を確立する」[3]と述べられている。

しかしながら，これまでの両学会の実際の研究活動は，その方向性に適っているとは言い難い。両学会の機関誌である『日本教師教育学会年報』『教師学研究』で見るかぎり，圧倒的に公教育（それも初等中等教育）の担い手の育ちを対象とした研究に偏しているのが実情である。また双方の会員層も，前述のような分野の傾向はあるにせよ，いずれも大学において教員養成課程や教職課程に所属する教育学研究者を核としている。

このことは，「教師教育」の概念を拡げて捉えようとしても，実際に研究の文脈に乗るのはその中の「教員養成」的な，システマティックな部分に限られてしまいがちな傾向の現れと捉えられる。「教員養成」の研究においても，旧師範学校やそれらを母体とした国立教員養成系大学・学部の教員養成課程については史料的にも整っている度合いが高いが，それ以外の部分，たとえば各種の教員養成所や検定試験などの補完的なルートなどについては史料的な制約もあってなかなか研究が進まないのが実情である。

3.2. マルチ・ディシプリンの協働

先に述べたように，日本で「教師」を対象として謳う学会の会員の多くは，大学等の研究機関に所属する教育学研究者である。とはいえ，それぞれの専門は「教育○○学」「○○教育学」の種々の分野にわたる。言い換えれば「教師教育学」「教員養成学」をひとつのディシプリンをもつ学問として捉え

28 　第1部　教員養成の原理を考える

ることには無理があるということでもある。必然的に，教員養成に関わる研究課題は，様々な教育諸科学の知見を用いて教職に就くもの（教職にあるもの）の職能形成のありようを解明するというスタイル——マルチ・ディシプリンの協働によるもの——となる。

　筆者自身の手がけた研究で言えば，日本の教育実習の抱える構造的な課題を共同研究で解き明かそうとした経験（岩田ほか 2021）がまさにそれに当たる。ここで主に解明すべき課題として設定したのは，日本の教育実習生たちの意識の所在と，その規定要因であった。そのためにタテ軸（日本の教育実習をめぐる歴史的変遷＝教育史）とヨコ軸（東アジアの諸地域との比較＝比較・国際教育学）を設定し，その上で中国本土・香港・台湾・韓国と日本の教育実習生たちを対象とした量的・質的な意識調査を実施し，その分析検討を行った（教育社会学）。一例を挙げるならば実習を終えた後の実習生の自己肯定感において日本（東京）の低さと韓国（ソウル）の高さは対照的であるが，これは日本と韓国の教育政策と，それに基づく教育実習の運営体制の違いに起因するものと捉えられる（教育政策・行政・経営学）。少子化による教員需要減を見越して教員養成の総量を絞り込み，結果として入試難易度が上昇した韓国に対し，同時期の日本では小泉純一郎内閣の一連の施策の中で教員養成分野の抑制策が撤廃され（2005年），特に小学校教員において免許状取得者≒実習生が激増したことを踏まえれば，レベルの高い入試を突破した自信に裏打ちされた韓国の実習生の自己肯定感の高さと，多種多様な大学から来るたくさんの実習生が実習校で「半人前」扱いされる中での日本の実習生の自己肯定感の低さの背景が理解できよう。

　このように，教員養成に関わる諸課題については，教育諸科学の様々な知見や方法を用いて，協働的に解明していくことの効果は大きい。

3.3.　「教師の育ち」を教育学的に捉える試み

　ただし，教育諸科学の視角や方法を参照しつつも，その軸を「教師の育

ち」（教職に就くもの・教職にあるものの職能成長）に置くという立脚点を確認し，共有することは，教員養成を研究していく上で不可欠であろう。

たとえば日本人学校，特にアジアに多い大規模校をめぐっては，政策的に「国際理解教育の推進」が提唱され，またそれを目標として掲げるところが多いものの，実際には閉ざされた日本人社会の中で子どもたちが現地の人々やその生活に触れる経験は限られ，一方で日本の教科書を使って日本の教員免許状を持った教員が日本語で教える教育内容と現地での生活実感にギャップがあるなど，理念と現実との乖離が指摘されて久しい。異文化間教育学においては，こうした乖離を前提として，個々の子どもの学びの具体相や，「越境する家族」の教育戦略のありようの解明に向かうことが多いが，教員養成の課題として捉えると，研究視角は異なってくる。「国際理解教育の推進」における理念と実態の乖離について，そこで子どもたちを直接に相手する教師たちがそれをどう捉え，どのように実践を組み立て，そしてどのような職能成長プロセスをたどるのか，さらに言えばそうした職能成長を促す仕掛け（入職前・入職後）はどうあるべきなのか……といったことがらの解析こそが，教員養成研究としての意味を持つ。

「教員養成学」という学問が成立するとするなら，このように教育諸科学の知見を用いて，教育のシステム面に目配りをしつつ教師の育ちを解明していく試みがその核になろう。

4．教育政策と教員養成研究

4.1.「更新制廃止」に至る政策の構図

教師をめぐる政策動向を踏まえて教員養成をシステム面から見ていこうとするとき，特に日本においてはさまざまな難点がある。以下，三点にまとめて概要を述べておきたい。

第一に政策をめぐる錯綜ゆえに政策動向の把握が困難であることが挙げられる。特に21世紀の日本においては，教育政策をめぐって首相（官邸）サイ

30 第1部 教員養成の原理を考える

ドと中央教育行政（文部科学省）サイド双方の思惑が複雑に交錯し，そのこ
とが従来の文教政策の延長線上での把握をいっそう困難にしている。

その典型例が，教員免許更新制の導入から廃止に至る経緯に見られる。よ
く知られているように，日本の政策課題としての教員免許更新制は，1999年
に小渕恵三内閣のもとに設置された教育改革国民会議がまとめた「教育を変
える17の提案」（2000年12月）の中に謳われたことを受けて中央教育審議会に
諮問がなされる（2001年4月11日）というプロセスで具体化されてきたが，こ
の時はこれに対する中教審の答申「今後の教員免許制度の在り方」において
慎重論が呈され，更新制導入はいったん見送られている。ここでの慎重論の
主要な論拠とされたのは，「免許状授与の際に人物等教員としての適格性を
全体として判断していないことから，更新時に教員としての適格性を判断す
るという仕組みは制度上とり得」ない，とする論理的整合性の問題であった。

しかしながら教員資質向上策（不適格教員の排除）としての免許更新制への
官邸サイドからの要請は強く，2004年10月に文部科学大臣は中教審に対して
再度の諮問を行うこととなり，そこでは教員免許更新制の導入について「授
与時に適格性を確保する手段」と合わせての検討がなされた（詳細は他の論
考に譲るが，このプロセスで生まれたのが「教職実践演習」である）。この諮問に対
する中教審の答申「今後の教員養成・免許制度のあり方について」（2006年7
月）の中で教員免許更新制の基本骨格が示され，その後改正教育基本法が成
立（2006年）したことを受けて教育関連法規が改められる中で，改正教育職
員免許法（2007年）によって2009年度より教員免許更新制は導入されたので
ある。この一連のプロセスを振り返ると，免許更新制を強く求めて「不適格
教員の排除」に繋げようとする官邸サイドに対し，文部科学省・中央教育審
議会は消極的な対応に終始し，結果的に教員資質の「刷新」（リニューアル）
を旨とする免許更新制の導入に落ち着いた，と見ることができる。

この教員免許更新制の導入は第一次安倍内閣のもとで進められたが，当初
の制度設計の抱えていたさまざまな矛盾もあり，決して順調に運用されたわ

けではなかった。そして安倍首相退陣後の中教審に対して「「令和の日本型教育」を担う教師の養成・採用・研修等の在り方について」の諮問（2021年3月）がなされ，その審議の中でこの教員免許更新制については廃止の方向性が打ち出されることになる。この廃止に関わる法改正は，この諮問に対する答申（2022年12月）を待たずに，「審議まとめ」が2021年11月に出されたことを受けて，2022年5月に行われている。ここでは教員免許更新制を発展的に解消するとともに，「新たな教師の学びの姿」に関わって教員の研修履歴の管理策が打ち出され，これが実施に移されつつある。この動きは，教員の質保証策の比重を免許制度（入職要件）によるものから，入職後の研修に移したものと受け取れるが，その背景には経済界から教育界に対しての要請がある。2022年12月の答申においては「他の会議体からの提案・要請」として，官邸サイドや経済産業省に関連する四つの会議体から出された「外部人材の登用」への要請が盛り込まれており，それら「外部人材の登用」論はいずれも大学における養成教育を経ない人材を臨時免許状あるいは特別免許状などによって登用することを旨としている。そのような動向と合わせてみたときに，質保証策を研修段階にシフトさせるという形での答申の「落とし所」は，入職要件としての免許状による質保証が現実的に難しくなることを想定したものとも読み取れる。

　このように，日本の教育政策，特に教員に関わるそれにおいては，単に文教政策だけを検討することでは容易な解明を許さない錯綜がある。それゆえ，教員養成のシステム面の研究は，まずこうした錯綜を前提として行われていくことになるのである。

4.2.　日本的「開放制」の混沌

　第二に，日本の教員養成システムにおいて「免許状授与の開放制」が独自の展開を見せたがためにその全体的把握が困難であることが挙げられよう。

　よく知られているように，日本の教員養成はいわゆる「教員養成系大学・

学部」とそれ以外のいわゆる「一般大学・学部」の両者でパラレルに行われ
てきている。1953年に改められた教育職員免許法によって課程認定制度が導
入されて以降は，双方ともに同一の課程認定基準が適用され，取得できる教
員免許状に優劣はない。しかしながら，以下に述べるように両者は多くの点
で相反する特質を持っており，そのことがある種の対立構図を生んできた。

　前者は，旧制度下で各府県に設けられた師範学校を主に前身とするもので
あり，もともと初等学校教員の養成を行ってきた機関であった。のち1943年
度より官立に移管され，1949年からは新制の国立大学の教育学部・学芸学部
となったが，その後も各県の教育委員会とのおおむね対応関係がある。カリ
キュラム上は，教員免許状の取得を卒業要件とする教育組織（教員養成課程）
を設け，免許状取得に必要な科目はすべて必修として課す。また実習校・研
究校としての附属学校を置くことが設置基準上の要件となってもいる。

　対して後者は，旧制度下の中等学校教員（旧制中学校・高等女学校・師範学
校）の教員養成ルートのひとつであった無試験検定の許可学校を主な前身と
する。これは公私立の専門学校・各種学校・高等女学校専攻科等の特定の教
科に関わる教育組織で文部省教員検定委員会の許可を受けたところで，卒業
者が書類選考を経て中等学校の教員免許状を取得するというものである。師
範学校を主な前身とする前者と比して，教育委員会との対応関係は弱い。ま
た，新制大学に転換した後も，それぞれ中等学校（新制中学校・高等学校）の
特定の教科に関わる学問領域ごとの学士課程カリキュラムを基軸とし，それ
に教員免許状取得に必要な科目がオプショナルに配置されるという形を基調
としている。附属学校は必置ではなく，同一法人が小中学校等を併設してい
ても実習校・研究校としての役割を持つものである必要はない。

　以上のように相反する特質ゆえ，たとえば教育職員免許法が改められて教
職関連の必要単位が増えるという政策動向は，前者にとっては学士課程カリ
キュラムの中での比率の変更を意味するのに対し，後者にとってはオプショ
ンの部分の増加（総単位数の増加，さらなる授業開設の必要）という形での負担

第2章　日本の「教員養成学」を考える　33

となる。あるいは教員の養成―採用―研修に関わって教育委員会との連携強化が謳われても，後者の大学群には前者ほどに連携の素地がない。

　それゆえ，前者の大学群を主に組織してきた日本教育大学協会（教大協）が政策に追従することを基調としたのに対し，後者の大学群を組織してきた全国私立大学教職課程研究連絡協議会（のちの全国私立大学教職課程協会＝全私教協）が批判的な見解を示し続けるという対立構図が生じたのである。

　こうした構図は，2005年度から実施された教員養成分野の抑制策撤廃を機にさらに混沌を増すことになる。課程認定制度のもとで，小学校・幼稚園の教員養成の認定課程を置く場合には教員養成を主たる目的とする教育組織を置くことが要件となっていたことに加え，1980年代の半ば以降に医師・歯科医師・獣医師・船舶職員と同様に教員養成に目的づけた学科等の新増設は抑制されてきていた（いわゆる「抑制五分野」）。それゆえ，21世紀初頭までは，「教員養成系大学・学部」は主に小学校教員，加えて他校種の教員養成を担い，中学校・高等学校の教員養成は「一般大学・学部」が主に担うという状況がおおむね定着していたが，これを機に「一般大学・学部」で小学校教員養成に新規参入するところが激増したのである。これらの新規参入大学の多くは，旧制からの高等教育機関としての蓄積を持たず，大学としての歴史が浅い。それゆえ大学院に連なるところも少ない。そうしたこともあって，教育行政や学校管理職などを経験したいわゆる実務家教員が教育組織に関わるケースが比較的多い。これは，旧制度下の専門学校を母体とする伝統私学などとはまた性格を異にする教員養成機関として捉えることができよう。

　以上の概要をまとめると表2のようになる。

4.3. 研究者の立場性

　この第二の点に関わって，この分野に関わる日本の研究者の多くが「開放制」原則の下で特定の教員養成機関において実際に教員養成教育を行いながら研究を行っているという立場性の問題も，教員養成に関わる研究のありよ

34 第1部 教員養成の原理を考える

表2 「開放制」原則下の教員養成機関

	教員養成系大学・学部	一般大学・学部 （伝統校）	一般大学・学部 （新規参入）
前身校	師範学校（各府県）	主に公私立の専門学校	高等教育機関としての歴史の浅いところが多い
教員養成の主軸	小学校教員	中学校・高等学校教員	小学校教員養成に特化して新規参入
教育研究組織	課程－学科制の学士課程 後に大学院も整備 2008年以降教職大学院も設置	講座－学科制 多くは系列の大学院を持つ 教職大学院は少ない	様々な教育組織 大学院の設置は少ない
カリキュラム	免許状取得は必須 （教員養成課程）	免許状取得は任意 （教職課程）	免許状取得は任意。ただし教員養成に方向付けたカリキュラムを持つ
附属学校	必置（実習校・研究校）	必置ではない	必置ではない
教育委員会との関係	概ね連携が強い	概ね連携は弱い	学校管理職や行政職経験者を雇用

うに影響している。

　「開放制」原則下で，教員養成を行う多種多様な大学に所属する教育研究者の層の厚さは，日本における教員養成研究の豊かさの前提となる。しかしながら，先に述べたように教員養成の研究視角は多種多様であり，多くの研究者はその中のある特定の分野を専門に持っており，そこから自由ではない。加えて特定の機関に所属して教員養成の実践を行いながら研究を行う上で，その所属する機関の利害から自由ではない。端的な例を挙げるならば，日本においては旧制度からの転換の際の歴史的な経緯もあって，短期大学レベルで幼稚園・小学校・中学校等の二種免許状が取得できる養成システムが残存している。しかもそこで取得できる二種免許状には業務範囲の制限がない。これは免許制度としても不自然であり，また国際的に見ても学士未満の基礎学歴で教員免許状を取得できる制度があるのはかなり低いレベルに属する。

第 2 章　日本の「教員養成学」を考える　　35

にもかかわらず，短期大学に所属して教員養成を行う研究者は，短期大学
レベルでの教員養成を前提として研究を進めていく必要に迫られるのである。

5. 「教員養成学」の展望：むすびに代えて

5.1. 「教師の育ち」の全体像を見据える

　こうした錯綜の中で，日本の教員養成を研究していくためにはどのように
考えていけばいいのか。以下，本稿の結びに代えて「教員養成学」の展望に
関わる若干の私見を記しておきたい。この分野の研究において最も重要なの
は，本稿で述べてきたような日本の教員養成における錯綜した状況の全体を
踏まえ，その中でのそれぞれの研究が教師の育ちのプロセスにおいてどう位
置づくのかに自覚的であることであろう。

　2 節で「教師（教育）」と「教員（養成）」，あるいは「教師教育」と言った
際の「教師」や「教育」の概念をめぐって述べたように，教員養成研究の基
本概念は茫漠としており，広く捉えようとすれば際限なく拡散しかねず，逆
に狭く限定すればその背景や構造への目配りを欠くというジレンマがある。
また 3 節で述べたように，少なくとも日本の教師教育・教員養成研究に際し
ては，狭義の教育学にとどまらない多様なディシプリンと研究視角によるア
プローチによる研究が行われてきている。さらに 4 節で述べたように，日本
の教員養成をめぐる政策動向には多様な思惑が交錯し，研究者の立場性も相
まって，状況全体を構造的に把握した上で研究的発信を行っていくことは容
易ではない。そうした状況下で教員養成に関する研究を精緻に行っていこう
とするなら，「教師の育ち」の全体像を見据えた上で，その全体像の中のど
この部分をどのように解明したのか，逆に言えばそこで解明できていない部
分は他のどのような研究で解明されることが期待されるのか，をそれぞれの
研究者が意識していくことが望ましいと思われる。

　特定学年の特定科目の授業づくりに関する研究や，ある大学における教育
実習の取り組みに関する研究は，いずれも教師の育ちを対象としたものであ

るが，単体では「教員養成の研究」とはなりにくい。他の教科や教科外活動
も含めた子どもの学びのプロセスの中でその学年のその教科の授業づくりが
どのような位置付けにあるのか，その大学の教員養成カリキュラムの中で実
習はどのような位置付けになっているのか，そもそもその大学は日本の教員
養成機関の中でどのような位置付けになっているのか……等々の目配りが，
「教員養成の学」の基盤に必要なのではなかろうか。

5.2. 外向きの展開を構想する

　別の見方をするなら，「教員養成の学」が成り立つとするなら，それは狭
義の教育諸科学や教科教育学の枠を超えて，高等教育一般，大学カリキュラ
ム一般の中に位置付くことが前提となる，ということでもある。

　かつて筆者は，戦後教育改革期の「大学における教員養成」における教養
教育の理念をめぐって，以下のように論じたことがある[4]。

> 　「師範タイプ」克服のためには師範教育（就職を前提とした狭い専門教育）と
> は別個に，幅広い学問的教養がベースとして求められ，それは単に教職のための
> 準備教育に限ったものではなく，あらゆる分野の大学教育に通底する内容として
> 組織することが望ましい（中略）。たとえばいじめ問題への対処に際して人間存
> 在の根幹に関わる哲学的知見（なにゆえに人は争うのか）がベースとして求めら
> れ，あるいは日本語を母語としない児童生徒への対処に際してグローバル社会の
> 展開や移民問題に関する構造的な知見がベースとして求められ，さらには学校現
> 場に入り込みつつある疑似科学に対処するに際しては自然科学的な視角と検証の
> 手順についての知見がベースとして求められるが，そうした人文科学・社会科
> 学・自然科学的な知見は特に教職のためのものではなく，大学教育全般に共通す
> るものである

　このような見方は，教員養成をなにゆえに大学で行うことが戦後改革期に
望まれたのかを理解する上で，今もその重要さを失っていないのではなかろ
うか。「教師の育ち」のうち，特定の場面における「実践的指導力」の涵養
として捉えられる部分については，各学校や，その運営に関わる教育委員会

などの実践知に負う部分が大きいが，教員たちの知の基層を形成する部分は，大学教育全般で担うべきものとして捉えるべきであろう。

　主に本稿3節で述べたように，教員養成の研究には教育学関連の様々な研究視角からのアプローチがされているが，「大学における教員養成」が原則となっているにもかかわらず，高等教育（大学教育）研究との関連は残念ながら弱い。これは4節に述べたように，日本の大学と教員養成の関係が単純ではないことに起因するものとも思われるが，今後の「教員養成学」を考えていく上で，高等教育全般と関連づけていくことが重要ではなかろうか。

　1990年代，大学設置基準の大綱化などを踏まえ，大学カリキュラムが問い直されている時期に，大学史研究者である寺﨑昌男は「大学の改革課題と教師教育・教職課程」を論じる中で，一般大学・学部の教職課程について「自動車学校」（資格取得に直結した，大学教育の中での異質な部分）と「盲腸」（改革が迫られると「時々痛む」し，「あってもなくてもよいもの」とみなされがち）という比喩を用いているが，ここで寺﨑が指摘している問題は，30年あまりを経た今もなお傾聴すべきものを持っている。寺﨑は教職教育のもつ学際性に注目し，「今後の大学カリキュラム改革の道程の中で，教職教育部分は免許状取得への方向限定的効力だけでなく，大学教育全体に対して発信しうる要素を多分に持っている」[5]と述べ，逆に「「教育学的教養」の確立ともって将来の方向を定めようという見解」に対しては「もし「ここからここまでは教育学的教養ですよ」という提示の仕方であれば，それは教職の必修領域をセットとして要求することとなり，「自動車学校」的性格を強化することになりかねない」と警戒している。

　実際，この後の日本における教職大学院の創設や展開，「教職課程コアカリキュラム」に象徴されるような中央教育行政による内容統制など，日本の教員養成に関わる政策は「自動車学校」的性格の強化を基調として行われてきている。こうした政策の流れを所与の前提とするのではなく，全体像を巨視的に捉え，その上で高等教育全般に向けての外向きの発信がなされていく

ことを今後の「教員養成学」には期待したいところである。

注

⑴本稿は，上越教育大学における「教員養成学に関する講演会」（2024年2月19日）で筆者の行った話題提供「教師教育研究と教員養成研究：その方法と課題をめぐって」の内容に修正加筆を施して再構成したものである。

⑵https://jsste.jp/aboutus/purport/

⑶https://jaret.smoosy.atlas.jp/ja/shuisho

⑷岩田（2018），100頁

⑸寺﨑（1994），15頁

引用・参考文献

岩田康之（2008）「日本の教員養成と公教育システム：教員養成改革における「公」性と「私」性」『教育学研究』第75巻第4号　pp.368-380　日本教育学会

岩田康之（2018）「書評　山崎奈々絵著『戦後教員養成改革と「教養教育」』」『日本教育史研究』第37号，96-102頁

岩田康之（2022）『「大学における教員養成」の日本的構造―「教育学部」をめぐる布置関係の展開―』学文社

岩田康之（2024）「日本の「大学における教員養成」カリキュラムを展望する」日本教師教育学会監修『大学における教員養成の未来「グランドデザイン」の提案』学文社，82-96頁

岩田康之（編）・金慜雅・早坂めぐみ・大和真希子・山口晶子（2021）『教育実習の日本的構造―東アジア諸地域との比較から―』学文社

岩田康之・三石初雄（編）（2011）『現代の教育改革と教師　これからの教師教育研究のために』東京学芸大学出版会，15-30頁

寺﨑昌男（1994）「大学の改革課題と教師教育・教職課程」『日本教師教育学会年報』第三号，8-17頁

第3章
教員養成を支える「理論と実践の往還」をどう考えるか
―教職大学院のカリキュラム・デザインからの学び―

安藤知子

1．教員養成学部で学ぶ学生の「今」

　将来の職業として教職を選択しようと考えている学生たちは，教員養成課程での学びに何を期待しているだろうか。その学習ニーズは，圧倒的に具体的指導スキルやICTツールを活用する最新の指導方法に偏っている。彼らは教員として子どもの前に立った時に何をどのように判断し，どのように行動すべきなのかという具体的な実践のノウハウを求めている。良くも悪くもそのような内容の授業であれば真面目に授業に出席し，授業者の言うことを良く聞き，グループ活動を行い，しっかりとレポートを執筆できる。

　しかし，この「真面目さ」には，若干の懸念もつきまとう。提供される学習材に対して素直に取り組む一方で，そもそもの教育実践が目指している「教育」とは何か，未来の子どもの姿はどうある必要があるのか，自分が教員として子どもの前に立つとき何に責任を持たなければならないのか，など，実践の前提としてあるべきはずの信念や理念など種々の価値前提に対する関心の低さが感じられるからである。これは，現在の学校の在りように問題があると感じた時に，それに対して挑戦しながら状況を変えていこうとする意欲や能動性などの希薄化とも連なっている。

　例えば，本学の学部1年生を見ていると，それらの価値前提は入学前にすでに大学受験対策として型作られてきており，その内実を熟考したり問い直したりする余地はほとんどないようである。いわく，「一人一人の子どもに寄り添う教師になりたい」，「生徒が面白いと思う授業をしたい」，「教師の都

40 第1部 教員養成の原理を考える

合からではなく，その子のわかり方や学びたいと思う気持ちを大切にした授業をしたい」。これらの価値観に問題があるわけではない。しかし，そういう実践をできるか否かは自身の努力よりも「学校ガチャ」の結果によると言ってしまえる現状への目の向け方や，そういう価値観を持って真面目に取り組んでいる自分への自己肯定の仕方からは，教職が専門職として幾多の不確実性に向き合う職である，という認識は生れないのではないか。ここには教職の脱専門職化，さらに言うならば「単純労働者化」といった問題（安藤，2021）が潜んでいるように思われる。

　今，教員養成の在り方を学として問い直すのであれば，このような学生の意識の実態についても理解を深め，そこへのアプローチの手掛かりがどこにあるのかを探究しなければならない。

2．「理論と実践の往還」とは何か

　そこで，教員養成・研修制度改革の中で長らくキーワードとなってきた「理論と実践の往還」について考えてみたい。なぜなら，戦後の新教育制度構築以降，高度な実践力を有する専門職としての教員の養成に関しては常にこの理論と実践の関係が問題とされてきているからである。

　歴史的には，戦前の師範学校での養成から戦後「大学における養成」，「開放制免許状制度」へと移行し，主体的・自律的な専門職としての教員が養成されることになったと整理される。しかし，実際には教師の資質力量は常に問題視され，養成や研修の在り方が力量向上策として議論されてきた。大学が担う教員養成も，船寄（2013）や岩田（2022）が指摘するように「アカデミズム教養論に立つ中等教員養成論」と，「『教える必要によって学ぶ』教員養成思想」との相克が普遍的にあり続けたとみることができる。

　そして，その相克は2000年以降の様々な制度改革の中で，「実践的指導力の重視」および「教員養成の高度化」へとその重点を移行させている。教育委員会による教師塾の"流行"は，各自治体の教育課題に即した実用的な実

践力の養成が強く意識されたものであったし（瀧本・吉岡，2009），「教職実践演習」の必置化（2010年度入学生から）や，教職課程コアカリキュラムの策定・公表（2017年）などの動きは，教職課程の学びとして具体的な実践課題への理解や即戦力の獲得を保証することが要請されるようになったことの現れでもあった。教員養成の高度化を意図する教職大学院制度化の背景にも，教員養成における「理論偏重から実践重視」への基本方針の移行（あるいは再確認）があったとみることができる。

　とはいえ，この基本方針の移行については，あらためて実践を省察するための理論の重要性なども主張され，実用性や即戦力としての実践的指導力のみに傾注することの問題も多く指摘されてきた（例えば，油布，2013，山本・曽余田，2016など）。教職大学院を設置した各大学は，それぞれに理論と実践の関係を吟味し，独自性を加味して多様な往還モデルを構想している。それらの多くは，実践を背後で支える専門的知識や理論の重要性も意識したものとなっているように見える。

　そこで，教職大学院における「理論と実践の往還モデル」を今一度俯瞰してみたい。それぞれの大学が教職大学院の目的や目指す教師像，それを実現するカリキュラムを，対外的に説明しようとするときに，どのような言葉を使って，また，どのようなモデル図を使用して説明しているのか。そこに読み取れる教員養成をめぐる信念や理念，いうなれば教員養成哲学はどのようなものなのか。この探究を通して，脱専門職化に抗う実践力を有する教員を育てうる教員養成カリキュラムの在り方を検討したい。

　なお，教職大学院の全体的な動向を俯瞰しようとする研究として，安藤・髙谷・山本（2020）や竺沙（2024）があるが，前者は特にスクールリーダー教育に特化してプログラムの傾向や特色，課題を探る研究であり，後者は成果や課題を論じる論文数の推移から国内での関心のむけられ方を探る研究である。本論のように「理論と実践の往還」のロジックがどのような教員養成哲学に基づくものとなっているのかを探ろうとする観点はこれまでにはなく，

42　第1部　教員養成の原理を考える

今後の教員養成学検討に有益な示唆があるものと考える。

3．教職大学院における「理論と実践の往還」の現況

　文部科学省サイトで公表されている令和5年度教職大学院一覧を元に全54大学のサイトを閲覧し，教職大学院の設置目的などが記載された概要頁の他，入試用パンフレットや専攻科長挨拶，3ポリシー，専攻の特色，カリキュラムの特色について得られる情報を収集した[1]。本節では，まず「理論と実践の往還」という表現の使われ方について，全体状況を概観する。

1）「理論と実践の往還」の使われ方
　表1は，それぞれの表記を使用する大学数をまとめたものである。説明文の中で使用される場合と，見出し等でそれのみをキーワードとして「　」で表現される場合とがあるが，いずれもこの表現を使用している大学とし，全て算出した。また，大学数で算出しているため，サイト内のわかりにくいところで1回だけ使用されているような場合も，大々的に掲げて繰り返し使用

表1　サイト内で使用される表現の出現頻度

使用されている表現	大学数	使用率(%)	備　　考
理論と実践の往還	17	31.5	
理論と実践の融合	13	24.1	
理論と実践の往還・融合	4	7.4	
理論と実践の融合，往還	5	9.3	
その他（＋「架橋」）	3	5.6	理論との架橋・往還・融合(岡山大学) 理論と実践の架橋・往還(香川大学) 理論と実践を架橋し，その往還を図る (長崎大学)
その他の表現	4	7.4	往還・統合(北海道教育大学) 専門知識と教育実践の往還(千葉大学) 理論と実践をつなぐ(信州大学) 実践的指導力融合科目(宮城教育大学)
言及している大学数	46	85.1	

している場合も共に1大学と数えている。

表1によれば，理論と実践の往還なのか，融合なのか，架橋なのかの幅はありつつも，全体として85％に及ぶ大学でこれらの言葉を使用している。すなわち，カリキュラムを構成する際に重視すべき考え方（表現）であると理解していることがわかる。架橋は橋を架けることであり，往還は行き来することである。融合は「①とけて一つになること。②とかして一つにすること」（広辞苑第5版）と言った意味であり，北海道教育大学が使用している「統合」はこれに近い意味であると理解できる。

つまり，理論と実践について，それぞれ異なるものとしての境界がある前提から出発し，学習者が両者を行き来しながら学ぶことを重視していることがうかがわれる。またさらに，行き来を繰り返した結果，最終的に学習者個人の内面でそれらを一つのものとして捉えていけるようになることまでを目指す意図で「融合」が使用されていると考えることができる。

2）何をもって，往還，融合であると説明しているか

次にもう少し踏み込んで，これらの表現が使用されている文脈を見てみたい。カリキュラムの特徴に関する説明文で，複数の大学での言及があり，ある程度共通すると捉えることのできる傾向として，3つの特徴を抽出した。

①実習科目が往還の軸

第一に，約2割の大学で実習科目を往還の軸または中心であると位置づけていることを指摘できる。教職大学院のカリキュラム上，従来の修士課程と明確に異なる点として，実習科目の大幅な単位増がある。ここを強調して座学での学びと実習での体験的な学びを双方向の矢印で結びながら，実習が理論と実践を照らし合わせる場となることを意識させるタイプの説明である。

例えば，図1や図2のようなカリキュラム構造図が描かれる。図1は，共通科目で基本的，共通的事項を学び，実習でそれらを実際に体験し，さらに

44　第1部　教員養成の原理を考える

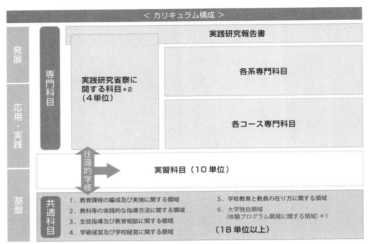

図1　愛知教育大学・カリキュラム構成[(2)]

▼ 学びの中核としての【学校共創プロジェクト】

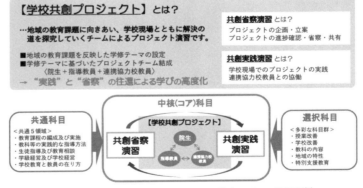

図2　三重大学・カリキュラムの特色から一部抜粋[(3)]

専門的な科目を学習して省察を深めるというカリキュラムの関係構造である。図2は，真ん中に実習（共創実践演習）及び実習関連科目（共創省察演習）を置き，その両側に共通（基礎）科目と選択（専門）科目を置くことで，実践的課題の解決を軸として学びを往還させていくような構造が図示されている。

②研究者教員と実務家教員のティームティーチング（TT）による往還

　第二に，研究者教員と実務家教員が連携協働し，合同で授業を担当していることから理論と実践の往還が実現していると説明する大学も約2割ある。理論と実践の往還とは別の文脈でも，TTを特色として示す大学も少なくないが，これは，「実務家教員」が一定数在籍していることが従来の修士課程と異なる点として説明しやすい故であろう。

　その中で，例えば岩手大学では「『理論と実践の融合』を目指し，理論面を研究者教員が，実践面を実務家教員がそれぞれ担当」する，滋賀大学では「研究者教員と実務家教員の連携・協働による指導を通じて，理論と実践の融合の中で自らの実践的指導力を（中略）高め続けることのできる能力の育成を目指す」といった説明がなされている。「学術研究に従事してきた教員」と「学校現場で実践に従事してきた教員」が連携することで，理論と実践が融合した授業が提供されていることが強調される。つまり，実習以外の大学での授業は全て理論に重点をおいた座学，なのではなく，共通科目や専門的科目も理論と実践の両面からアプローチしているという説明である。

　大学の講義で学ぶ内容がすなわち理論であり，学校現場で経験することがすなわち実践であるといった単純な二項対立を前提として考えるのではなく，大学で学ぶ内容も，学校で経験する内容もそれぞれに理論と実践の両面から構成されていると捉える点では理論と実践の関係をより柔軟にとらえているように見える。しかし，その一方で授業を担当する教師教育者について，研究者教員（＝理論担当）と実務家教員（＝実践担当）というような役割分担が比較的わかりやすく想定されている点には検討の余地もあろう。

③実践研究論文／実践研究科目が往還の軸

　第三に，実習と選択科目等での学修を総合して，個人の実践研究課題に即した探究に取り組むことを大学院カリキュラムの中核と位置付ける説明も少なくない。大学院での学修成果を修士論文ではないが，何らかの論文形式でまとめることを必須とし，この論文執筆そのものを大学院での学びの「理論と実践の往還」の中心とする考え方である。

　例えば，宮城教育大学（図3）や秋田大学（図4）のように，カリキュラム構造図の真ん中にこの課題探究に関連する諸科目群を位置づけ，両側に専門的な科目と実習科目を配置してこれらが相互に関連しあうことで理論と実践の往還が実現するという説明である。他にも，モデル図は作成していないけれども，学校実習での経験と自らの課題意識を照らしあわせ，大学での学びと結びつけて解決方策の模索へと向かわせるタイプのカリキュラムが多くの教職大学院で志向されている。これらのカリキュラム設計は，教職大学院

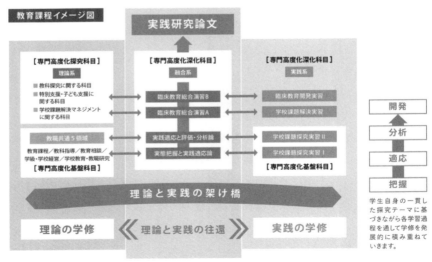

図3　宮城教育大学・教育課程イメージ図[4]

第3章　教員養成を支える「理論と実践の往還」をどう考えるか　47

制度が様々な形式で実践現場に触れ，経験し試行することと，大学院という学びの場で高度に専門的な知識を学び内省することの両面を原則として重視していることに準じている。

　特にこの③のタイプの大学では，論文に準ずる成果物を修了要件とする大学が多い。一見すると学びの成果を「理論的にまとめる」ことを求める大学が多いようにも見えるが，この点は慎重な理解が必要である。求められているのは学術論文ではない。むしろ，理論と実践の往還の結果から，一人一人が学校教育の実践課題に即した課題解決の見通しを持つことや，具体的な解決策を試みた結果を省察することなどが重視されているのである。「実践的な課題解決力」を養成することが目的であることに改めて気付かされる。

　ただし，その際に成果として求められる「実践的な課題解決力」とは何かについては，各大学によって多様な解釈が存在している。学修成果としての論文執筆についても，その内容として課題解決案の提示に重点を置き，むし

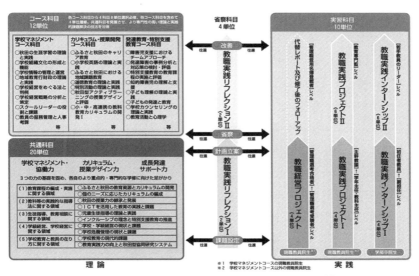

図4　秋田大学・実践的課題解決型カリキュラム[5]

48 第1部 教員養成の原理を考える

ろプレゼンテーションを重視するようなケースと，学術的な記述までを求めるケースなど，多様な幅がある。京都教育大学連合大学院のように，あえて「大学院知」という語を使用して，大学院だからできる学術的な思索の深まりから得られる知を重視するケースもある。

　個人の課題探究の展開過程や成果のまとめ方，そこで重視される観点などに各大学院の個性が現れている。この個性の現れ方の部分に各大学院の教員養成哲学が読み取れると言えそうである[6]。

4．往還モデル事例から読み取れる教員養成哲学

　上述したように，それぞれの大学院に教員養成哲学なるものがあると考えた時，その中身はどのようなものか。比較的明示的にその理念を説明している事例を3つ挙げてみたい。

1）アクションリサーチャーとしての教師を育てる

　岡山大学では，養成する人材像として，「よりよい教育実践に持続的に取り組むアクションリサーチャーとしての教師」を掲げている。また，広島大学では，「アクションリサーチ型の探究による実践研究力の獲得」をカリキュラムの特色として挙げている。教職大学院のサイトでは，「アクションリサーチ型の探究が教育課程の中核です。理論と実践の融合による省察的な探究を行い，実践研究力を確かなものとします」と説明されている[7]。アクションリサーチ型探究とは，具体的には「課題発見→予備調査→仮説設定→計画→検証・省察→報告」のプロセスを辿るものであり，これが「『探究・創造・協働の学び』の具体かつ有効な方法」であると位置づけられている[8]。

　この岡山大学や広島大学の，アクションリサーチを教師の実践的指導力高度化の主要な方法論とする考え方の理論基盤には，山本・曽余田（2016）が整理した「4つの往還モデル」（図5）がある。山本はこれら4つのモデルを示したうえで，「『知識適用』ではなく『知識創造』の考えに立つCモデル

第3章　教員養成を支える「理論と実践の往還」をどう考えるか　49

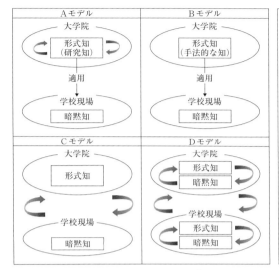

図5　教職大学院における「理論と実践の往還」の4つのモデル[9]

またはDモデルの立場から，教職大学院におけるスクールリーダー教育によって形成すべき能力を明確にしていく必要がある」（安藤・髙谷・山本，2020）という。アクションリサーチのプロセスは，暗黙知と形式知との相互循環を通じて新たな知を創造するプロセスである。そして，特にDモデルに依拠するとき，その暗黙知と形式知との循環（すなわち省察）は，学校という実践の場を離れてなされるだけでなく，学校現場の実践の中でも発揮されるものとなる。「実践を通して研究をする」ことの重要性がアクションリサーチ型探究の根底を支えている。

　つまり，アクションリサーチャーとしての教師を育てるという謳い文句には，学校実践のただ中にあっても，暗黙の知と形式化された知との間を往来しながらKnow-Whyを大切にして，そこで今起こっている事象を省察し，新たな知を創造していくような力強い専門的力量を養成することが大学院の使命であるといった哲学が垣間見えるのである。

50　第1部　教員養成の原理を考える

2）学校での実践から出発する

　例えば，福井大学の学校拠点方式は，米国の PDS（Professional Development School）をモデルとしてカリキュラムを設計しており，教職大学院制度発足当初，全国的に注目された。学生の学修拠点を大学から学校へ移すことをその特徴としている。「学部卒院生は年間を通した実習を通じて，教師としての高度な協働実践力を身につけ」，「現職教員院生は，所属校に勤務しながら，大学教員や同僚とともに学校の課題に取り組み，協働実践力の質を高め」ることが目指されている。そのため，大学教員が学校現場や県の教育研究機関へ出向き，実践研究をバックアップする[10]。学ぶ者が大学へ来るという常識を覆し，大学が実践現場へ出かけて行って共に研究するスタンスをとる。

　この，「学ぶ者は実践の現場に」という発想は，他にも奈良教育大学の採用試験合格者特例としての実習にもみられる。奈良教育大学では，奈良県の教員採用試験に合格した学生の場合，2年次の学校実習を教育委員会との連携の下，着任予定の初任校での実習とすることができる。初任者として勤務しながら大学院での学校実習として修学することが可能となっている[11]。特に初任者の場合，リアリティ・ショックや様々な実践上の課題が目の前に迫り，個人の個別具体的な学習ニーズは切実であることが予想される。大学院に在籍していることによって，その具体的なニーズに対応した学習と省察の場が保障され，大学院での学びを経て日々の実践の場へ臨むことができるとすれば，それは心強いものであろう。

　また，複数の大学が導入している遠隔教育プログラムも，同様に「学ぶ者は実践の現場に」という発想を大事にしていると考えられる。これらは主に職場を離れることが困難な職位の者を対象としており，職場を離れずとも学べる環境を保障することが意図されている。その主たる目的は定員充足にあると考えられるが，それだけではなく，職場にあり続けることにも重要な意味が付与されている。切実な実践課題から学びが出発し，課題解決のための学習と省察を大学院がサポートし，「タイムリーに往還」「即座に現場で実

践」できることがメリットであると説明される（鳴門教育大学）。つまり，「実践する必要から学ぶ」スタンスは共通しているのである。

また，もう一点，松木（2013，6頁）が主張するシステム論的な発想[12]の転換についても共通していると思われる。松木は次のような信念を語っている。

> （大事なことは，）教師が組織人であることを踏まえ，教師みんなが一遍に変わることである。（中略）相互に意見を交わしつつ共通了解できる部分から学力観の転換を図っていく。そして，継続的に授業研究を実施し，各自が実践の省察をできるような学習組織を学校の中に構築していくことであろう。（中略）学校拠点方式は，学校の中で教師の自己改革と授業改革と組織改革を同時に実施するのに適した大学院なのである。

学校での実践から出発しようとすると，実際には多くの現実のしがらみの中で問題が展開していることに気づかされる。それは個人の課題探究だけではなく学校の課題探究となるのである。これらのシステム論的な連環をふまえた実践探究が重要なのだと考える信念は，このタイプの大学の教員養成哲学でもあるといえよう。

しかし，このような，「教育実践研究は現場の具体的実践の必要から始まり，実践の場で展開しなければならない」という信念は，場合によっては実践研究の動機を，眼の前のすぐに解決策が必要な具体的課題に焦点づけ，限定的な学びへと水路づける危険もある。だからこそ，松木は福井大学での実践において，ミクロな実践的研究動機とマクロな教育課題とをつなぐ学びの場の工夫やカリキュラムの構造化を周到に構想したのである[13]。

3）人間教師を育てる大学院知を重視する

京都教育大学連合大学院では，「人間教師」と「大学院知」という2つのスローガンを掲げている。この2つの言葉自体が抽象的でもあるため，実際にどれ程これらのスローガンの内実が共有されているのかは不明である。しかし，研究科長の挨拶文からは京都教育大学連合大学院の教員養成哲学が読

52 第1部 教員養成の原理を考える

み取れるのではないかと考える。以下に引用して示したい[14]。

> 京都連合教職大学院では，2つのスローガンを掲げています。それは，「人間教師」と「大学院知」です。教職大学院は高度な専門性を備えた教師を育成することを使命としていますが，その高度化は，教職に必要な知識や技能の高度化だけを意味するのではなく，豊かで魅力的な人間性を伴って初めて成り立つものであると考えています。そしてその人間性は，社会の成り立ちや教育をはじめ様々な現象の背景や文脈，意味を分析し，読み解く「知」に支えられて育まれるものです。そうした「知」は大学院でこそ産み出しうるものと考えています。

このように，「大学院知」という言葉に高度な科学的学術研究の成果としての知を超えた意味を持たせている。このことは，カリキュラムの特徴を説明する部分でも，教師が「自信」をもって実践に臨むことと，子どもや地域社会から「信頼」されることの両方が好循環となっていくことの重要性を強調する語りとなって表明されている。つまり，理論や専門知識や学術研究という個々の具体的な財産ではなく，一人一人の教師が世界を眺める眺め方の深化や，世界と関わる関わり方の変容を促すところに大学院の存在意義があると考えていることがうかがわれる。

この「大学院知」概念は，特に学校管理職の専門性養成について，大学院こそが担わなければならないとしてスクールリーダー教育の制度化を牽引してきた小島弘道が提唱し，多面的に議論を展開している。小島（2018, 83頁）を参照するならば，小島はこの概念を次のように解説している[15]。

> 「大学院知」とは，スクールリーダーの実践（職務や職務遂行）の成り立ちや構造について，そこに潜む，もしくは絡み構造をなしている知とそれを成り立たせ，関係づけている知を読み取り，読み解くことによって学校問題の処理・解決や学校改革のヒントをつかむことにかかわる知である。それはまた以上のような知を支え，裏づけ，根拠づけ，さらに方向づける思想や理論にかかわる知である。「大学院知」はこれらが織りなし，融合し，一体となり存在している姿，かたちである。

ここには，具体的なカリキュラムの組み立て方や授業方法，実習の意味づけ方とは一線を画した信念が表現されている。大学院が教員養成にかかわることの意味は，専門的な知識を実践課題に即して提供することや，実践課題に応じて共に研究を展開することに限定されない。それら全てを含んだうえで，一人一人の教師が人間としての在り方を磨いていくことを促す点にあるのである。「理論と実践の往還」という言葉は，今日ほぼ全ての教職大学院にとって呪縛とも言える重みを持って迫っている。各大学は理論と実践という二つの異なる世界があるかのように世界を認識し，そこからカリキュラムを眺め，どのようにそれらを整合させるかを考えることに必死になっている。小島は改めてこのような表面的な大学院の役割理解に対して疑問を呈したのであった。

京都教育大学連合大学院の二つのスローガンは，一見しただけではごく当たり前の抽象的なスローガンであるようにも見えるが，このような背景にある信念や価値意識を踏まえるならば，教員養成学がどのような哲学を基盤に持つべきなのかを検討するために有益な事例であると考えられる。

5．教員養成カリキュラムの在り方

以上，今日の教職大学院全体での「理論と実践の往還」の捉えられ方と，いくつかの大学の教員養成哲学ともいえる価値，信念を検討してきた。最後に，大学における教員養成の今後の在り方について提案を試みている日本教師教育学会の主張にも目を向けたうえで本学が議論すべき論点を提示したい。

1）日本教師教育学会グランドデザイン提案の概要

日本教師教育学会の第11期課題研究Ⅱ部会では，「大学における教員養成の『再構築』を目指し，一連の研究活動を通じてまとめた成果を『グランドデザイン』として世に問うことにした」という（鹿毛他，2024，ⅱ頁）。

グランドデザイン提案の大きなポイントは，4年間の大学における養成に，

多様なルートでの 2 年を加えて 6 年間の教員養成をモデル化することと，基礎免許状と標準免許状という 2 段階の免許制度を目指していくことである。そこには，高度な実践的専門性を有する教員の養成には，大学での学びと実践現場での学びの両者が不可欠であるという基本的理解が関わっている。また，カリキュラムの構成要素として市民的教養，教育学的教養，教科の教養という 3 つの教養が必須であることを改めて示した。そして，この 3 つの教養は，学士課程レベルでは，「教職課程のエッセンシャル・カリキュラム」（いわゆる教職課程：教育学的教養と教科の教養を含む）」と，「教師教育エッセンシャル・カリキュラム」（市民的教養）を参照基準とすべきとされている。

2）上越教育大学の教員養成学が目指す方向

では，本学が教員養成学を構築する際に基盤とすべき教員養成哲学はどのようなものになるだろうか。本稿での検討を踏まえて，ビジョンの共有に向けてまずは議論が必要だと考える論点は次のようなものである。

①育成を目指す教師像

日本教師教育学会のグランドデザインでは，「これからの教師像」について「自律的でクリエイティブな高度専門職」であるべきことを論じている。いわく「これからの教師は『学びと成長の専門家』であり，かつ，市民性（社会的公正など）や豊かな感性（人権感覚など）を基盤とした『自ら学び考える教師』であるべき」（鹿毛他，2024，4 頁）ということである。これは，全国の教職大学院を見ても，その表現のしかたや強調する資質・力量に多様性はあれども，おおよそ共通する教員像の描かれ方といえる。

岡山大学や広島大学が打ち出しているアクションリサーチャーとしての教師の姿は，まさに「実践しつつ自ら学び考える教師」の姿であろう。また，多くの教職大学院で，課題探究や実践研究論文執筆を「理論と実践の往還」の中核と位置づけていることも，「自分が考える」，あるいは「自分も考え

る」ことの重要性を共有しているからであるといえる。

　仮に，今日の教員予備軍である若い世代が，何かを創出するためのコミュニケーションに苦手意識を持ち，考える内容や考えの方向性を示されることを望み，求められたことを過不足なく実践できることで良しとするような「単純労働者化」を志向する傾向があるとしても，大学や大学院はこれに対抗しうるカリキュラムをもって，そこから高度専門職としての教員を養成すべき使命を負っていると考える必要がある。「上手にこなせる教員」「他者から評価される教員」の姿の前に，主体性や当事者性をしっかりと身につけた教師を養成することの重要性について，改めて確認，共有していくことが必要であると考える。

②学士課程のカリキュラムと大学院カリキュラムの関連

　このように考えた時に，学生にただ信念と熱意を求めるのではなく，自ら学び考える教師，実践の場に軸足を置きながらも研究する教師を養成するためのカリキュラム構造を検討することが不可欠になる。教職大学院のカリキュラムは，法制度枠組みの制約の中でそれぞれに多様性が意識されており，様々な学びの場面の多様性によって学生一人一人の切実な課題意識を引き出したり，思考枠組みの対象化を促したりするための「仕掛け」が構想されている（教員側のTTや，現職学生と学卒学生との合同授業，学校実習や関連教育機関実習，アクティブラーニング，学会や教育関連協議会等への出席など）。これを学士課程のカリキュラムに置き換えた時に，現状の教員養成カリキュラムは，学習者の課題意識や当事者意識を引き出すような仕組みを十分に持っているだろうか。多くは，個々の教員の講義内容での工夫に期待し，予定調和的に教育実習での経験から切実な課題を発見するはずであると想定しているにとどまってはいないか。教員養成カリキュラム全体の構造やそれら各科目間の有機的な関連，学びの場や経験を多様にするための工夫など，検討すべき点は少なくないと思われる。

56　第1部　教員養成の原理を考える

　特に，グランドデザインの提案が指摘する「教師教育エッセンシャル・カリキュラム」については，教員養成単科大学では弱みに該当する部分であると考えられる。京都教育大学がスローガンとしている「人間教師」は，まさにこの「教師教育エッセンシャル・カリキュラム」に相当するような市民的教養までも教師の専門性に含むという意識を強く共有しようとするものであろう。まだ児童生徒の側により強くコミットしている学部段階の学生が，教員の側に視点を移して当事者意識を育て，教育実践上の課題をミクロな範囲だけでなく広く見出していくためには，学部1年段階から急いで教職を意識させるのではなく，もっと広く人間社会や日本という国家，世界や地球の未来についての思索を深め，自分がこれから生きていくことになる社会の在り様に対する関心と当事者意識を育てなければならないのではなかろうか。この点，日本教師教育学会のグランドデザインが提案しているエッセンシャル・カリキュラムを参照枠組みとしながら大学独自のカリキュラムを再構築する作業は，重要なプロセスになるのではないかと考える。

③「理論と実践の往還」

　最後に，「理論と実践の往還」に関して，どのような教員養成哲学が必要になるのかを検討することは，避けて通れない課題であるといえる。日本教師教育学会のグランドデザインでも，両面が重視されるべきであると断言している。そのために，学部4年間に多様なルートでの2年間の課程を追加していく可能性を検討し，機会を拡大していくことが提案されている。ここには，大学でしか学べないことと実践現場に行かないと経験できないことのどちらもが教員養成にとって必須であることを確認する意図がある。そのうえで，基礎免許段階の学士課程では，教育実習が貴重な機会となるとともに，むしろ「基本的に，教育に関する諸学問の知や教科等に関連する専門分野の知といった『大学でこそ学ぶべきこと』や『大学でしか学べないこと』を前提とした養成制度であるべき」ことが主張されているのである（鹿毛他，

第3章　教員養成を支える「理論と実践の往還」をどう考えるか　57

2024, 5頁)。

　また，全国54教職大学院のカリキュラム・デザインからは，当然のことながら，理論と実践どちらかに偏ることを否定し，両面に関心を向けていくことを是と価値づけていることが明らかとなった。そして，この両面をどのように学生の学びの形にしようとするかで様々なロジックが採用されていた。「理論だけでなく実践を学ぶことに意義がある」と，実践現場に近いことを強調する大学もあれば，「実践から出発するけれども，理論を学ぶことに意義がある」と強調する大学もある。学卒院生の実践経験のなさを強みと価値づけ，現職教員の専門性高度化へと活かそうとする大学もある。琉球大学では，「教職経験の浅い者や学卒院生は，（中略）固定観念がないこと（特に受益者たる児童生徒の感覚に近いこと）を武器に，柔軟な発想から学校教育の在り方を見直し，ともすれば視野が狭くなっている教職経験者に新たな視点から教育を見る力を誘う」とカリキュラムポリシーに記載されている[16]。

　これらを丁寧に検討しながら，「理論と実践の往還」をどのようにカリキュラム構造を支えるロジックとしていくのかを考えなければならない。筆者が最後に気になっている点は，柏木（2024）が研究と実践の関係について議論するように，理論と実践をそれぞれ異なる領域のものと考える発想，二つの世界の間を「架橋」したり，「往還」したりしなければならないものと考える発想自体を見直さなくても良いのか，という問いかけである。もっと大学の教員養成学がシステム思考的な世界観をもって実践と理論との関係を柔軟に描くことができるようになれば，それは教員養成学の根幹を支える哲学となっていくのではないだろうか。

注

(1)閲覧は2024年9月12日から9月27日の期間に実施した。

(2)愛知教育大学 https://www.aichi-edu.ac.jp/graduate/kyoushoku/subject/

(3)三重大学教職大学院「大学院案内2025」2頁。

58 第1部 教員養成の原理を考える

⑷宮城教育大学「教職大学院案内2025」6頁。

⑸秋田大学 https://www.akita-u.ac.jp/eduhuman/graduate/graduate_se_index.html

⑹なお、「理論と実践の往還」の軸を学校実習や大学教員による TT だと説明している大学でも、個人の課題探究をあわせて重視しているケースは複数ある。三重大学の図2のモデルもこのケースに相当する。

⑺広島大学教職大学院 https://kyoshoku.hiroshima-u.ac.jp/overview.html

⑻広島大学大学院教育学研究科教職開発専攻リーフレット2020年版。

⑼山本・曽余田（2016）、99頁。

⑽福井大学連合教職大学院 https://www.fu-edu.net/graduate

⑾奈良教育大学教職大学院 https://www.nara-edu.ac.jp/academic/spde/tokurei/

⑿ここでいうシステム論的な発想というのは、Senge, P. が「学習する組織論」の中で指摘するシステム思考の基盤となっている世界の認識の仕方のことを想定している（例えば、センゲ／守部、1995等参照）。

⒀福井大学教職大学院のカリキュラム・デザインについては安藤（2018）を参照。

⒁京都教育大学連合大学院 https://www.kyokyo-u.ac.jp/renjissen/introduction/

⒂小島の「大学院知」に関する議論は、教職大学院のみでなく修士課程も視野に含むものである。

⒃琉球大学教職大学院　教育課程編成の基本方針
https://www1.edu.u-ryukyu.ac.jp/kyoshoku/授業・研究について/

引用文献

安藤知子（2021）「教師教育改革の展開と教員の教職認識」『日本教師教育学会年報』第30号、52-62頁。

安藤知子（2018）「教職大学院における理論と実践の往還」『教育経営における研究と実践』学文社、200-211頁。

安藤知子・髙谷哲也・山本遼（2020）「教職大学院におけるスクールリーダー教育のプログラム設計に見られる全体的傾向と追究課題」『教職大学院スクールリーダー教育の効果性に関する調査研究事業』（教員の養成・採用・研修一体的改革推進事業最終報告書）26-34頁。

船寄俊雄（2013）「戦前・戦後の連続と断絶の視点から見た『大学における教員養成』原則」『教育学研究』第80巻第4号、2-12頁。

岩田康之（2022）『「大学における教員養成」の日本的構造―「教育学部」をめぐる布置関係の展開―』学文社。

第 3 章　教員養成を支える「理論と実践の往還」をどう考えるか　59

鹿毛雅治他編（2024）『大学における教員養成の未来―「グランドデザイン」の提案
　　―』学文社。

柏木智子（2024）「実践事例をめぐる研究倫理と良い記述の保障」（日本教育経営学会
　　実践研究フォーラム報告資料，未公刊）。

松木健一（2013）「学校拠点方式の教職大学院とは何か―学校ベースの実践コミュニ
　　ティの創造を目指す福井大学の取組を振り返る」福井大学大学院教育学研究科教
　　職開発専攻編『教師教育研究』第 6 巻，3-18頁。

小島弘道（2018）「学校経営学とスクールリーダー教育研究」大塚学校経営研究会
　　『学校経営研究』第43巻，70-100頁。

センゲ，P.M.／守部信之監訳（1995）『最強組織の法則』徳間書店。

瀧本知加・吉岡真佐樹（2009）「地方自治体による「教師養成塾」事業の現状と問題
　　点」『日本教師教育学会年報』第18号，48-60頁。

竺沙敏彦（2024）「『教職大学院』に関する日本国内の研究動向（Ⅰ）」『日本科学教育
　　学会研究会研究報告』第38巻第 5 号，43-46頁。

油布佐和子（2013）「教師教育改革の課題―『実践的指導力』養成の予測される帰結と
　　大学の役割―」『教育学研究』第80巻第 4 号，78-89頁。

山本遼・曽余田浩史（2016）「教職大学院に期待される力量形成」『専門職としての校
　　長の力量形成』花書院，87-102頁。

第4章

教員の権利保障と教員養成
―教育の地方自治を担う教員養成を考える―

辻村貴洋

1．はじめに

　本稿の目的は，教員の権利を保障するための制度的な構造を整理し，その権利行使の主体たる教員を養成するにあたっての課題点を導き出すことである。ここで本稿が対象に据える教員の権利とは，自らの意志で追究したい実践を創り上げるために認められるべき自由を指す。教員の職務遂行のために，さらに言えば教職人生を送るために，ごくあたりまえに認められて然るべき自由であって，いわば「基本的教員権」と呼んでも，あながち過言ではないだろう。そしてこの権利が保障されている状態は，仕事上のやりがいや充実感をもたらすことが期待できる。このため本稿は，教員のウェルビーイングを確保するための公共的な空間形成に必要とされる環境整備の一端を理論的に示すための作業ともいえる。

　教育という営みは，人間の成長・発達を促し，人格の完成を目指して行われる公共的な活動であると考えている。そして，個々人の成長や発達を期するには，学習者の個性に応じ，現場における創意工夫を施すことが求められるため，教育実践とは自治的な性質を有することも指摘できよう。このため，いかにして教育実践現場の自治を保障していくかが問われる。言い換えれば，実践の担い手が不当な支配に服することのない条件整備が教育行政学のミッションであり，筆者は，主に教育の地方自治を確立させるガバナンスのデザインについて研究してきた。直接的に教員養成そのものを追究してきたとはいえないまでも，教員の職能発達・力量形成には触れてきている。そもそも教

員の職能発達・力量形成とは，職に就く前と後で区切ることができないものとも考えられる。なぜならば，これをもって必要とされる力量形成の完結であるとのゴールを設定することが困難な特質を有しているためである。これまでの自身の研究を振り返り，教員養成に関する問題意識を示したうえで，幾ばくかの成果をふまえた課題設定を試みたい。

　筆者の研究の出発点は，教育行政の民主化・教育行政の地方分権・教育行政の自主性確保を原則とした改革が目指された時期に，教育の地方自治の萌芽を見出そうと考え，公選制教育委員会制度の発足前後をターゲットにした史料実証的研究であった。とくに1950年代における地域教育計画編成の実践事例について，教育長や指導主事らによる専門職リーダーシップに着目しながら，地域の開発とそのための人的資本確保を企図する自治体の教育計画策定について論じた[1]。また，教育委員会制度草創期に期待された教師の活動について，とくに教職員が自発的に組織することが求められた教育者連盟の設置構想を取り上げた論稿では，全国各地で発足した教育研究所で活動していた教師に着目し，発足当初の教育研究所の活動を具体的な事例をもとに検証していくことが教育の地方自治の実態を探る上で重要となることを示した[2]。なお，現代においても同様に，地域の教育課題を探究する専門職チームが必要だとする[3]。

　その理論的発展を目指して，教員の教育行政参加をもって「教育政治」と呼び，周辺の領域との相互調整の重要性を喚起してきている。地方教育行政の視点から「教育の公共性」の再検討を目指した論稿では，教職員が自らの実践の蓄積や研究知見に根ざした主張をすることで理解者・賛同者を増やし，理想の教育の実現へと導いていくために周囲との対話を継続することが，教育の公共性の形成を可能にする自治的な営みであると結論づけた[4]。

　また，自治体の教育政策を見直し続けるために，管轄する教職員への指導・助言を任務としている教育長や指導主事ら自身の力量形成を図っていく必要があると考えている。一般的には，教育委員会の制度原理としては，民

62　第1部　教員養成の原理を考える

衆統制と専門職リーダーシップの調和が求められるとされてきた。このとき，民意に基づく正統性が強調されがちであるが，同程度に，正当性を担保するための教職員の力量形成が欠かせないだろう(5)。多数の声が，必ずしも正しいとは限らず，かといって，専門家と称する一部の声による判断を，無条件に支持することもできないためである。一方向的に子ども・保護者・地域住民らの要望を受け入れるのではなく，教育上必要との判断が成り立つ根拠が見出せるとき，自らがリーダーシップを発揮し，導いていくためのアクションが求められる。このような責任を果たすためにも，他者が決定した方針に従うばかりではない，主体的な教員自身の学問の自由が保障されなければならない。ただし，ここでいう自由には，自己利益のみを追求する恣意的なものとは異なる職業倫理的な自律性が含まれたものでなければならないだろう。

　以上のような問題意識より本稿では，まず，近年の政策にみる教員養成の傾向と問題点を整理する。そして，教員の権利保障システムの基本構造を概観したうえで，最後に教員の権利保障につながる教員養成についての今後の課題を提示する。なお，教員の権利保障システムの基本構造を捉えようとする際には，子ども・保護者はもとより，教育行政機関や政府等，周囲との関係性の中で把握していく必要があるが，紙幅の都合上，教員自身による学習環境の構築にまつわる限られた視点から論じたい(6)。

2．近年の関連施策にみる教員養成の傾向と問題点

⑴教員養成政策の傾向

　大量退職・大量採用が続き，教員採用試験の競争率の低下が問題視されている今日においても，一定以上の質を有した教員の確保と，採用後の職能発達における能力の維持・向上や，支援策の検討・実施が急務であるとされている。採用予定者数との関係で，試験の倍率低下と受験者数の減少は必ずしも一致しないが，ここ数年，受験者数も減少傾向にあることは事実である(7)。臨時免許状の授与件数が増加傾向にあることや，採用試験日程の前倒しの試

み，さらには教職大学院の現職院生には勤務校での実習，勤務校を持たない学卒院生には非常勤講師等として勤務できる仕組みを構築するなどの工夫が考えられることを示した通知が出されたことも記憶に新しい[8]。このほか，2024年度採用者からは，正規教員に採用された大学院生の奨学金返済が免除になる方針も示されている[9]。

　教員養成に関する施策は，その背景にある社会事情から要請される資質・能力の向上を期して発せられてきた。今日においても，「令和の日本型学校教育」と称されるスタイルを担っていく教師の在り方が示され[10]，その確保のための条件整備に関する対策が進められようとしている[11]。それぞれ，ある程度の将来予測も含めながら，求められる教師像をかたちづくろうとしてきており，新しい概念や技術・ツールを用いることも含めて，政策審議の過程において，教師に求められる資質・能力の再整理が行われてきている。

　文部科学省は2017年3月31日に，教師の資質向上に関する指針・ガイドラインとして，「公立の小学校等の校長及び教員としての資質の向上に関する指標の策定に関する指針」を示し，以降の答申等においても，この指針が参照されている。この指針は，2022年8月31日に改正され，同日には，この指針に基づく教師に共通的に求められる資質の具体的内容が示された（図1）[12]。「学習指導に主として関するもの」と「生徒指導に主として関するもの」を二本柱として，そのそれぞれを，個別最適に行うものとして「特別な支援・配慮を必要とする子供への対応に主として関するもの」，それらをより効果的に行うための手段としての「ICTや情報・教育データの利活用に主として関するもの」を位置づけている。そして，全体の土台となる教職に必要な素養には，豊かな人間性・使命感・教育的愛情・人権意識・倫理観・社会性などが挙げられた。さらには，横断的な要素としてマネジメント，コミュニケーション，連携共同などが存在することを示している。どの項目の重要性が強調されてきたかについては，若干の振れ幅があるものの，いつの時代においても必要とされてきた不易ともいえる概念を表現した結果なのではない

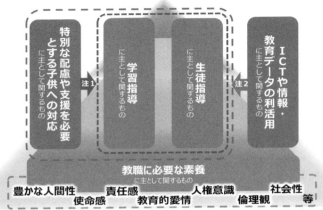

※上記に関連して，マネジメント，コミュニケーション（ファシリテーションの作用を含む），連携協働などが横断的な要素として存在

注1）「特別な支援・配慮を必要とする子供への対応」は，「学習指導」「生徒指導」を個別最適に行うものとしての位置付け
注2）「ICT や情報・教育データの利活用」は，「学習指導」「生徒指導」「特別な配慮や支援を必要とする子供への対応」をより効果的に行うための手段としての位置付け

図1　教師に共通的に求められる資質の具体的内容

出典：文部科学省「公立の小学校等の校長及び教員としての資質の向上に関する指標の策定に関する指針に基づく教師に共通的に求められる資質の具体的内容」（2022.8.31）より転載

だろうか。

　だが，この素養をいかに養成するのか，または，開発するのかについてはさほどの議論がみられない。教員養成機関の在り方に関する議論，教員免許状に係わる制度改正，新たな研修システムの構築，人材確保と処遇の改善など，システム的な不備の解消を目指す部分が強調されるのだが，素養に関しては前提として確認されるにとどまっている。素養を養成・開発できる環境に向かうための策として妥当なプログラムが示されているのかどうか，冷静に見極める必要があるだろう。

(2)問題点－政策の受け止め方

　そもそも，審議会でまとめられた文書にどの程度の妥当性があるかについての疑問がないわけではない。審議会行政については，独立性に限界があることや事務局による答申の原案作成などが批判されてきた。新藤（2019）は，1980年代に国家行政組織法第8条を設置根拠としない諮問機関が濫設され，いつの頃からか有識者会議と名を変えてきていることを指摘する。そしてこの有識者会議は，行政組織の裁量行為である設置要綱などに基づいても設けられるため，比較的に設置や解散を行いやすいとする。メンバーの人選も意に叶うものとなりやすく，有識者会議からの提言や報告は，任命した組織の意向に背くことにはならない点に触れ，行政の責任とともに，有識者なる学者・研究者の責任を問うている[13]。

　中央教育審議会は，文部科学省組織令第75条に基づいて設置される諮問機関であるが，審議の過程においては，様々な有識者会議の報告や提言をふまえた議論がなされる。たとえば，さきにみた2017年の指針は，前年に改正された教育公務員特例法にて育成指標を策定することが定められたことへの対応であるが，この育成指標の明確化を掲げたのは，2015年5月14日の教育再生実行会議「これからの時代に求められる資質・能力と，それを培う教育，教師の在り方について」（第七次提言）である。加えて末冨（2021）は，審議会委員として妥当性・信頼性の高い政策決定を目指す立場から，委員の多さと会議内での発言の少なさ，それによる議論の深まりのなさ，データ収集・分析能力が不十分な状態での議事進行などの課題を提示し，データ解釈と政策方針の妥当性や信頼性を疑問視している。

　このほか菊地（2016a）は，1990年代以降の教師教育改革を批判的に捉え直し，教育経営学としてどのような課題があるかを見出そうとしている。菊地は，教育実践者相互の自律的な学び合いを，日本の教師教育を豊かにしてきたものと位置づける一方で，教師教育改革が，国家の語る教育改革の手段として組み込まれていく傾向に警鐘を鳴らしている。そして，一見わかりやす

くまとめられてしまっている社会背景に応じることが必要だとの前提を示す政策文書に対して，この前提を疑うことなく，示された新たなシステムへと教育実践者自らが競って参入していくことにより，自身の自律性が失われていくという構造を問題視する[14]。菊地はこれを「一元的操作モデル」と呼び，自律性からの退却が強化されてきたと評したうえで，一元的操作モデルの呪縛にとらわれていないか，自らの前提を相対化することの必要性について述べている。加えて，関連するデータを丁寧に集めて冷静な分析を行うことも必要視する。

多様化または予測困難などと表現される社会の姿に応ずるべく，学校現場には，新しそうにみえるプログラムの実施が多方面から求められてきているが，この流れに加担するかどうか，データ収集と分析という十分な吟味を要するはずである。当然ながら，この吟味には膨大な時間と労力がかかる。それは，一元的にまとめられた現在の社会像がすでに前提とされており，将来の社会像に照らして必要だとされる資質や能力に関する概念整理と，養成・採用・研修に関するシステム改革と，人員確保も含めた労働環境の改善策など，教員養成の諸問題が一体となったプログラムとして政策が編まれているためである。

この混然とした状況を整理し，自らの管轄区域内の実情に応じたアレンジが求められる機関として，都道府県や市町村の教育委員会（事務局）が考えられるが，教育委員会自体も多忙化と人手不足に悩まされており，求められる機能を果たせていないのが現状である。ここに大学の出番があるように思う。教育事象にかかわるデータ収集と分析の成果を，学生はもとより，社会にひろく還元し，研究者の責任を果たすことが求められるだろう。とくに教員養成を主要なミッションとする教育大学の役割は大きなものとなる。もちろん，大学の役割はデータ収集と分析がすべてではない。学校を中心とする教育現場に勤務する職員一人ひとりが，その一翼を担っていけるように養成していくことこそが重要であろう。つまり，自主的・自律的に絶えず研究と

修養に努められる人材の育成が求められていることが再確認されるのである。この姿勢が身についていると判断された者に授与されるものが教育職員免許状であって，この免許状は，取得に必要な単位の履修証明書では決してないことは確認しておく必要があるだろう[15]。

3．教員の権利の構造

(1)教員の権利としての研修

　そもそも教育公務員特例法において，教育公務員は，絶えず研究と修養に努めることが職責遂行のために必要だとされている（第21条１項）。このため，教育委員会には教職員の研修計画樹立などが課され（同条２項），教育公務員には研修を受ける機会が与えられなければならないと定められている（第22条）。これらの規定は，どのようにして成立したのだろうか。久保（2005）は，立法過程の史料検証を通じて，1946年の時点で教員の「研究の自由保障」条項が確認できるものの，翌年には消失し，「研修」条項へと継承されているプロセスを明らかにしている。そして，この「研修」をめぐった占領軍とのやり取りについての考察から，第一に，用いられた訳語が，1948年６月以降にはすべて"study and self-improvement"と表記され，国家公務員法第73条の教育訓練"education and training"とは明確に区別されていること，第二に，"be entitled to"という「研修」を権利として位置付けた表現が確認できたこと，第三に，国会に提出された教育公務員特例法案第20条（現行法22条）の英訳版が"to make study and self-improvement"とされており，「研修を受ける機会」ではなく「研修を行う機会」という自主的・主体的営為を含むものであることが示された[16]。久保の研究からは，教員の研修には，自主的で主体的な側面が含まれていることが確認できるものの，受けなければならない研修を排除するとまでは言えないだろう。言い換えると，自らの意志で追究したい実践を創り上げるために認められるべき自由を行使するとき，自主的で主体的に研修を行うことができる権利が確認できる一方，社会

全体から要請される任務が課されることも妨げられない。

　教員の権利を考える際には，憲法23条の「学問の自由」をめぐる論争がしばしば参照される。いわゆる旭川学テ事件の判例にみられるように，批判能力が十分ではない段階の児童生徒を対象とする教育においては，教師に完全な自由は認められないとしている（最大判昭51.5.21判時八一四一三三）。これは教員（大学を除く）の教育の自由と比較して，子どもの学習権保障をより上位のものとして設定しているためであると解される。この点について，もう少し考えてみたい。子どもの学習権保障を大義名分として掲げられてしまえば，教員の自由はひれ伏すしかないのだろうか。

　大学以外の教員の教育実践の際，完全な自由は認められないものの，一定の裁量をもって組み立てることができるとされる。とりわけ教育方法や内容などの内的事項に関する自由裁量は大きなものといえるだろう。この自由を保障するための身分・待遇上の措置が講じられており，職責の遂行のために「絶えず研究と修養に努めなければならない」とされる。そして，学校教育をかたちづくる上で必要な力量・資質の維持・向上・開発をサポートするための仕組みが準備されている。つまり，行政研修にせよ自主的な学びにせよ，教員が自らの裁量で実践を進められるように，力量（専門性）を高めるための必須の活動といえる。そして，この裁量が認められるのは，教育公務員の職務遂行に必要なためである。教育公務員の職務遂行とは，子どもの学習権保障を指すはずである。こう考えると，子どもの学習権保障のために教員の権利が制限されるのではなく，子どもの学習権保障のためにこそ教員の権利が保障されなければならないのではなかろうか。

　本稿のはじめにでは，教員の自由には，自己利益のみを追求する恣意的なものとは異なる職業倫理的な自律性含めたものでなければならないだろうと述べたが，教員の職責遂行のためになされる自由裁量の追究には，子どもの学習権保障がもともと内包されていると考えられる。逆に言えば，子どもの学習権保障がベースとなっている場合に，教員の自由が認められることとな

り，自らの権利行使の際には，それが子どもの学習権保障を目指すものであるかどうかの問い直しを必要とすると言えよう。

⑵教員の権利保障と教育の地方自治

　ところで，旧教育基本法第10条1項は，教育というものは「不当な支配に服することなく，国民全体に対し直接に責任を負つて行われるべきものである」と定めていた。つまり，教育という活動は国民のものであり，一部の利益のためではなく，国民全体に対して行われるべきものであり，国民の意思と教育活動が直結されねばならないと解される。このとき，国民は学校づくりのパートナーとして位置づけられる。また，同条2項では，教育行政は「必要な諸条件の整備確立を目標として行われなければならない」とされた。しかし，2006年には大幅な改正がなされており，国民全体に対する直接責任に関する部分が削除され，代わりに「この法律及び他の法律の定めるところにより行われるべきもの」であることを追加した。つまり，法律に基づくものは不当な支配にはあたらないとの解釈の余地が生まれたといってよい。教育振興基本計画の策定ルートも，法律上は，各自治体で政府の計画を参酌する構造になった。一元的な操作モデルが強化されてきている社会における教育行政機関は，いつの間にか上意下達の歯車に成り下がりかねない。

　さらに，目標管理的な教員評価の導入，授業スタンダードの浸透状況などは，教員の裁量の範囲を著しく狭めていく方向であるように思える。保護者からのクレーム等ミクロなレベルから，政府の計画に基づいたマクロな政策レベルに至るまでの現場に押し寄せる様々な要求に対して，学校現場が，さらに言えば，個々の実践に携わる教師自身が応じるのは困難を極めるだろう。

　こうした動向への対抗軸として，学校現場を支援する，教員研修体制整備が求められるだろう。個人としての教員や単独の学校現場では対応が困難な領域の課題について，大学等を中心に研究し，教育委員会をも含めた実践現場へ必要な支援策を講じる必要がある。いわば，押し寄せてくる教育要求が

70　第1部　教員養成の原理を考える

妥当なものであるか，データ収集と分析に基づいて検証し，具体的な教育実践課題へと高め，課題解決へ向けた実践計画の立案や組織体制づくり，さらには説明責任を果たしつつ，成果を保護者・地域へとフィードバックさせていく一連のサイクルを維持する状態空間づくりは，学習権を保障するための教員の自由の追究と一致するのではないだろうか。

　このように考えると，教員集団による権利行使と保障を目指す活動は，実践の対象となっている空間内における様々な資源を活用した価値の創造と，そのための体制づくりである。冒頭でも述べたが，そこに所属している人々が実現したい価値の維持・向上を図るための活動という点において，自治的な性質を有していると考える[17]。教員の権利の追究には，教育の地方自治の実現への貢献が期待できると言えるように思う。

4．権利保障につながる教員養成

　ごく限られた視点からではあったが，ここまでにみてきたような教員の権利を保障していくために，教員養成機関には何が求められるだろうか。すでにいくつか示してきているが，あらためて提示しておこう。

　教員養成において目指すべき資質や能力の土台となる素養については，概念的に整理して示されているものの，その養成・開発についての議論はみられない。これに限らず，教育政策の妥当性や信頼性は，データ収集と分析の不十分さから疑問視されており，研究機関たる大学および研究者の役割と責任が問われることとなる。この社会の発展に寄与する役割と同時に，示された方針を問い直す姿勢を身に着けた人材育成が求められている。

　そして，教員の自由を保障する自律的な研修には，子どもの学習権保障の側面が含まれるものであることを示した。また，個人では対応が困難な課題については，周囲を巻き込みながら価値を創り上げる自治的な活動であることにも言及した。つまり，個人による自律的な探究と，集団による自治的な探究を往還できる人材育成が必要であるといえる。

第4章　教員の権利保障と教員養成　71

　これらの課題に向き合うには，特段の目新しい試みは不要ではないだろうか。学問に向かう基本姿勢として，当たり前だという思い込みへの問い直しが必要だと考えている。学生には，いかに既存の概念を打ち破るかを目指してほしい。自分の価値観や社会認識の基盤を客観的に見つめる時間の確保と，常識を疑ってみて気づく問いの発見を促す姿勢が指導者には必要となろう。もちろん，問う価値があるかどうか，つまり研究的意義があるかどうかについての指導や助言は必要であろうし，思い付きや気づきを拾い，問いへと発展させ，探究への道を拓くことが求められる。また，設定できた問いについての応答を，根拠に基づく主張として論理的に組み立てられるような指導もまた基本だろう。

　以上のことは，大学に限ったことではないものの，学問の自由が最大限に保障される環境下にて，専門職としての教員養成が行われることの意義は再確認されてよい。決められた方針に従う人材育成ではなく，自らの意志で，職責遂行を目指して研究と修養に努める探究者を，現行の教員養成機関のカリキュラムで養成できているかが試金石である。免許状取得に必要な単位習得において，卒業論文の執筆は必ずしも必須事項とはされていない。しかしながら，大学生活の集大成として，自ら問いを設定し，根拠となるデータをもとに説得的な論証を目指すプロセスを経験することの意味は大きなものだと考えている。研究対象についての深い理解が重要なのではない。研究的に物事を捉え，分析し，考察することの大切さを実感できたかどうかが，その後の教職人生における権利保障，すなわち，教育の自由の価値を知ることにつながるはずである。

5．おわりに

　念のためではあるが，教育政策の妥当性と信頼性を疑うことは，すべてを否定することとは異なる点にふれておく。必要なのは批判的な検証による吟味であり，闇雲に反対の声を挙げればよいわけではない。むしろ，用いられ

72　第1部　教員養成の原理を考える

ているキーワードの隙間を埋めるように補完していくことが求められよう。

　たとえば教員養成に限らず，専門職大学院を置く大学は，5年ごとに認証評価を受けなければならないが，教職大学院評価基準が2023年8月9日に改定された。この中で，基準領域3「学習成果」の基準3-2については，以下のように定められた。

　基準3-2

　○修了生の学習成果の把握に努めていること。

　観点3-2-1　修了生の修了後の学習成果を，修了生及び修了生の赴任先の学校関係・教育委員会等の意見聴取から，どのように把握しているか。

　観点3-2-2　修了生の修了後の学習成果や課題を，短期的，中長期的にどのように把握しているか。または，どのように把握しようとしているか。

　この評価項目が設定された意義としては，大学・大学院での在学期間のみでは教員養成が完成しない側面を有していることを示した点にあるだろう。評価されるための表面的な対処ではなく，本稿で確認したような，現場から得られるデータの収集と分析の作業を修了生らとの連絡を継続的にとりながら，今後の改善に努めることの重要性を認識する必要がある。修了生の勤務地は，大学の近隣とは限らないため，他の養成機関等とも連携・情報共有をしながら，さらには，現場の教員の自由をサポートしていきながら，教員養成を考えていくことが求められるだろう。

注

(1)拙稿（2007）では，1950年代の札幌市における，いわば総がかりでの教育課程編成の作成プロセスを史料実証的に明らかにしながら，教職員の参加も組み込んだ教育の地方自治の萌芽を見出した。

(2)拙稿（2008）では，後の教育公務員特例法へとつながる立法過程の議論にみられる教育者連盟の設置構想を取り上げた。教育者連盟は，実際には法律に規定されずに

終わっており，制度化には至っていない。

⑶拙稿（2013）では，現場の教職員をも巻き込んだ専門職を中心とした教育研究組織，つまり専門職らがチームを組んで組織的に活動していくことの重要性を示した。また，1950年代の北海道総合開発計画と関連づけた北海道大学（教育学部）の役割についても言及した。

⑷拙稿（2015）では，教職員からの支持を根拠とすることで，教育行政の専門職リーダーシップが，他領域の行政からの要求に応答しうるシステムとして機能することを，政治学や行政学の知見を応用し，理論的に示すことを試みた。

⑸これについては，ビースタによる一連の研究が参考になる。さしあたり，ガート・ビースタ（2021）を参照されたい。

⑹周囲との関係性の中で権利構造を捉える必要があることについては，マーサ・ミノウの関係的権利という考え方に拠る。さしあたり，大江（2004）を参照されたい。また関連して，子どもの権利保障の視点からは，世取山洋介著作集（2024）が出版されている。このほか西原（2009）は，思想良心の自由に焦点をあて，子どもの視点を意識しながら，教師の自由をめぐる論点を示している。

⑺文科省は2022年度に実施した公立学校教員採用選考試験の実施状況についてまとめており，小学校・中学校・高等学校・特別支援学校・栄養教諭を合計した全体の採用倍率は過去最低の3.4倍であった。受験者総数は121,132名で前年度から5,258名減少しており，受験者数が少なかった1992年の110,949名に近づいている（なお，採用倍率は約4.2倍）。https://www.mext.go.jp/a_menu/shotou/senkou/1416039_00009.html（最終閲覧2024年10月28日）

⑻2023年6月21日付で，教職大学院を置く各国私立大学長宛に，文部科学省総合教育政策局教育人材政策課より，中央教育審議会「『令和の日本型学校教育』を担う教師の養成・採用・研修等の在り方について～「新たな教師の学びの姿」の実現と，多様な専門性を有する質の高い教職員集団の形成～（答申）」等を踏まえた教職大学院における実習の改善・充実について（依頼）が出されている。

⑼中教審の初等中等教育分科会教員養成部会において，2024年3月19日に「優れた教師人材の確保に向けた奨学金返還支援の在り方について議論のまとめ」が示された。この変換支援は，教職の高度化という質の向上と，教師志願者の拡大という量の観点から検討されている。

⑽中教審「『令和の日本型学校教育』を担う教師の養成・採用・研修等の在り方について～『新たな教師の学びの姿』の実現と，多様な専門性を有する質の高い教職員集団の形成～（答申）」（2022.12.19）

74 第1部 教員養成の原理を考える

⑾中教審「『令和の日本型学校教育』を担う質の高い教師の確保のための環境整備に関する総合的な方策について（答申）」（2024.8.27）

⑿2022年8月31日には，「研修履歴を活用した対話に基づく受講奨励に関するガイドライン」（2023.3.30修正）の策定，および，「指導が不適切な教員に対する人事管理システムのガイドライン」の改定も行われている。

⒀さらに新藤は，学術研究と行政機関・政治との緊張関係の重要性を説き，人権，福祉，構成，公平といった普遍的価値に照らして現実の構造を考察し，問題点を発見することが科学者に求められるとしている。

⒁この構造に馴らされると，社会全体の思考停止状態がつくりだされてしまい，オルタナティブなものをイメージできなくなってしまうことがあるとする。詳しくは菊地2016bを参照されたい。

⒂もちろん，免許状取得に必要な単位取得には，専門職として必要な教職的教養を身に付ける意義が認められるわけであり，筆者には，このこと自体を軽んじる意図はない。この点について山田（1993）は，戦後日本の教員養成制度改革に重要な役割を果たした玖村敏雄に注目し，玖村が重要視していた「専門職としての教職の確立」「大学における教員養成の原則」「現職教育の重視」の三点が，そのまま戦後の制度の理想を物語っているとする。この一点目に関して，玖村が「教育がもし普通職であって一般的な教養と教授する学科についての専門的な教養さえあればだれにでも勤まる職であるなら，別に免許制度は必要ではない」と述べていることは重要であろう。

⒃関連して久保（2017）では，教育公務員特例法第21条がありながら，中教審答申「教職生活の全体を通じた教員の資質能力の総合的な向上方策について」（2012.8.28）や同「これからの学校教育を担う教員の資質能力の向上について〜学び合い，高め合う教員育成コミュニティの構築に向けて〜」（2015.12.21）において「学び続ける教員像」が示された点に目を向けている。つまり，「学び続ける教員像」の形成を阻害してきたのは何であったのかという問いを設定し，教員の自主的研修機会保障のための改革課題を明らかにしようとしている。

⒄なお，拙稿（2017）では，次世代社会を担う教育という営みは，周囲への働きかけや，組織・集団の目標達成へ向けた活動の優先順位設定が鍵となるため，関係者間における相互調整のプロセスにおいては，自治と経営がほぼ同義となることを示した。

引用文献

大江洋（2004）『関係的権利論―子どもの権利から権利の再構成へ―』勁草書房

ガート・ビースタ著，田中智志／小玉重夫監訳（2021）『教育の美しい危うさ』東京大学出版会

菊地栄治（2016a）「教師教育改革の批判的検討と教育経営学の行方―〈多元的生成モデル〉の可能性」『日本教育経営学会紀要』第58号，pp. 13-23

菊地栄治（2016b）「高校教育のポリティクス―〈近代〉と向き合うもうひとつの物語」小玉重夫・志水宏吉編『岩波講座教育 変革への展望6 学校のポリティクス』岩波書店，pp. 189-211

久保富三夫（2005）『戦後日本教員研修制度成立過程の研究』風間書房

久保富三夫（2017）『教員自主研修法制の展開と改革への展望―行政解釈・学説・判例・運動の対立・交錯の歴史からの考察―』風間書房

新藤宗幸（2019）『行政責任を考える』東京大学出版会

末富芳（2021）「データと研究に基づかない思い付きの教育政策議論」松岡亮二『教育論の新常識』中央公論新社，pp. 272-283

辻村貴洋（2007）「教育委員会制度創設期における自治体教育行政機構と地域教育計画」『日本教育行政学会年報』第33号，pp. 186-202

辻村貴洋（2008）「教育委員会制度の発足と教師の専門性論」『北海道大学大学院教育学研究院紀要』第105号，pp. 57-70

辻村貴洋（2013）「地域の教育研究を担う専門職チームの意義と課題」『上越教育大学研究紀要』第32巻，pp. 137-148

辻村貴洋（2015）「複線性のなかの教育行政における専門職リーダーシップの構築―教職員の教育行政参加と教育政治―」『学会創立50周年記念 教育行政学研究と教育行政改革の軌跡と展望』日本教育行政学会，pp. 8-22

辻村貴洋（2017）「教育経営と地域行政―地域社会の問題とその解決・主権―」末松裕基編『教育経営論』学文社，pp. 154-174

西原博史（2009）「教師の〈教育の自由〉と子どもの思想・良心の自由」広田照幸編『自由への問い5 教育』岩波書店，pp. 130-169

山田昇（1993）『戦後日本教員養成史研究』風間書房

世取山洋介著作集編集委員会（2024）『世取山洋介著作集1 子どもの権利―国連審査と子どもの権利論の深化』旬報社

第5章

教員養成学を教員養成史研究の視点から考える
－師範学校の「実態」を踏まえた議論の可能性－

長谷川鷹士

1．はじめに

　教員養成の制度や実践を考える際に，意識されることが多いのは師範学校の「克服／継承」というモチーフである。戦後の教員養成制度改革の際に師範学校の「克服」が重要な課題とされたことはよく知られた事実である[1]。一方で師範学校にも良い部分があったのではないか，そうした点の「継承」は必要ではないかという議論も1980年代ごろから少しずつみられるようになる[2]。こうした師範学校「再評価」の流れは近年の「教員養成学」にも影響を及ぼしている。弘前大学教育学部が「教員養成学」の構想を示した2007年当時，同学部長であった佐藤三三は師範学校がすべて悪かったということはないであろう，という観点も踏まえ，教員養成学を構想する必要があると述べている（遠藤他，2007，pp. 29-30）。また「教員養成学」提唱者の一人とされる横須賀薫も師範学校「克服」を掲げた戦後教員養成改革の「行き過ぎ」を批判し，その文脈のうえで「教員養成学」の必要を主張し（横須賀，2002，pp. 124-128），その後は教職課程コアカリキュラムの在り方に関する検討会の座長を務めるなど，教員養成政策への提言を積極的に進めている[3]。そして，その際，師範学校の「再評価」という立場を明確にしている[4]。

　ところで以上のような「克服／継承」が語られる際の師範学校イメージは大きくは次のような特徴を持っている。すなわち「克服」を求める側は，師範学校卒業の教員には教養が欠けていた，教養に欠ける教師は問題である，そうした問題を克服するために深い教養の教授を重視しなければならないと

いった主張をし[5]、「継承」を求める側は師範学校に存在した、子どもへ向き合う態度や高い教育技術を継承する機会が戦後の教員養成ではなくなってしまったという問題があると主張をしている[6]。

望ましい教員養成制度を考える場合、以上のように師範学校イメージが下敷きにされることが往々にしてあるのである。望ましい教員養成実践を探究する「教員養成学」を考える場合もその点は同様であることは先述の佐藤や横須賀の事例から明らかである。しかし、上記のような師範学校イメージに問題はないのであろうか。

師範学校に関する実証的な研究は上記のようなイメージとは異なる事実を少しずつ明らかにしている。たとえば師範学校研究を進めてきた山田昇の「地方の人となり、地方費によって地方の郡区の隅々から学問の端緒にふれる機会が与えられて、教師たちは地方に戻って地域社会の知識人として、子どもたちに向学心を育む小学教師として、田畑を耕しながら一生働いたのである」という主張は上記イメージとは大きく異なるであろう（山田、1992、pp. 91-92）。イメージではなく、実証的な検討によって形成される「事実」に基づいて師範学校を捉え、そうした「事実」を基盤として、教員養成制度を、そして教員養成学を考える必要があるのではないか。

そこで本稿では主に先行研究や筆者のこれまでの研究などに依拠しながら、従来の師範学校イメージとは異なる師範学校の「実態」の一端を明らかにする。検討にあたっては、今日の教員養成教育は「教職教養」「教科専門」「教科教育」の三領域から成り立つと考えられるので、それぞれの領域にあたる師範教育の実態を分析するものとする。

なお以下の検討では、基本的には戦前師範教育の性格が形成された1907年師範学校規程以降を対象とするが、適宜、師範学校規程の祖型ともみなせる1892年「尋常師範学校ノ学科及其程度」改正にも言及する（佐藤、2004、p. 267）。

2. 教職教養

まず教職教養を検討する。教職教養を広くとらえれば,「教科教育」も内包されるが, 今回は分析の都合上, 教職教養では主に教育原理系科目を扱うこととし,「教科教育」は別の項で検討する。

師範学校における教育原理系の科目について, 論点になるのは教育への使命感形成と教育実践の科学的・思想的基盤であったと考えられるので, 主にこの二点を検討する。

(1)教育への使命感

教育への使命感形成については「克服」を目指す側よりも「継承」を目指す側が言及する傾向にある。たとえば横須賀薫は「子どもと誠実に向き合い実践に打ち込んだ姿勢」(横須賀, 2005, p.2) や「教育に対する使命感」(横須賀, 2006, p.159)[7]を育成した機関として師範学校を捉え, 教育への使命感形成を師範教育の利点として挙げている。

師範学校の教育の中で使命感の形成に関わって重要な概念は教育者精神主義や教師聖職論であろう。教師聖職論は花井信によれば「一つは経済的待遇が低位に置かれていることの合理化, 二つは政治的, 社会的活動の禁止措置の方便, 三つは社会的に蔑視されている職業的地位の精神的鼓舞」と説明される (花井, 1993, p.175)。三つ目などは使命感形成と関わりが強いと言えるであろう。

では師範学校では実際, 使命感形成のためにどのような教育がなされていたのであろうか。またそれは横須賀が述べるような「成功」を収めていたのであろうか。

そもそも教育史研究の中では教師聖職論や教育者精神主義はあまり評価が高くない。教師聖職論が基本的に戦前教員像の負の側面を表現していることは, 先の花井の主張から明らかであろう。また教育者精神主義についても,

たとえば山田昇や水原克敏は科学的教育学の探究を阻害した，ないし探究が挫折した結果として教育者精神主義を重視する教員養成を位置付けている。山田は1892年の「尋常師範学校ノ学科及其程度」改正をうけて「教育者精神の養成という点に集中してとらえられる」ようになったと批判的に論じている（山田，1970a，p. 9）。水原も「教育の科学と技術とを確立せしめること」を重視した高嶺秀夫が教員養成教育から排除されるのと前後して，1890年代に「教育者精神主義」の教員養成が確立したと論じている（水原，1990，pp. 980-981）。

　しかし，山田も後に戦前の教師たちが「教育者の精神や技術方法をどのように高めたのか」を明らかにする必要があると述べるように（山田，1992，p. 92），教育者精神の形成をすべて望ましいものではなかったとみなしているわけではない。そうした観点から師範学校の教育実習における教育への使命感形成を，一事例を通して検討している（山田，1990，pp. 59-60）。山田の研究は教育実習に焦点化されているので，教育科などにおける教育への使命感形成の一端について，主に筆者の研究をもとに簡単に検討しておこう。

　山田が，師範教育全体が「教育者精神の涵養を任務とするなかで，教育学はその中核的な職能上の精神教育を期待された」と論じている通り（山田，1970a，p. 12），当時の師範学校の教育科教育史で使われた教科書を検討すると使命感形成のための記述をいくつも見出すことができる。しかし，この指摘をした時点では山田はそうした教育者精神形成を評価していないので，具体的な検討は不充分である。そこでこの点を拙稿に基づいて検討しておこう（長谷川，2021，pp. 21-30）。教育科教育史の教科書に窺える使命感形成とは，たとえば吉田松陰に言及することによる国家主義的なものであった（乙竹，1917，pp. 49-52）。しかし，それだけであったわけではなく，ペスタロッチに言及するヒューマニズムに基づくものも存在していた（乙竹，1917，pp. 163-180）。また当時の調査から[8]，生徒の受容を一事例に基づいて検討すると，ペスタロッチや吉田松陰を理想の人物とする師範生徒が存在し（行元，1920，

p. 300），教育科の授業内容は一定程度，生徒の使命感形成に寄与していたと言える。またその使命感は国家主義的な使命感にとどまっていたのではなく，ヒューマニズムに基づくものをも含んでいた。

　ただし，使命感形成に最も影響があったのは学科教授ではなかっただろうという1890年代についての山田の主張（山田，1970a，pp. 9-10）などは，筆者の研究によって1920，30年代にも当てはまることが裏付けられる。すなわち，多くの生徒が数年間の師範学校生活の中でもっとも成長したり，教育への使命感を学んだのは教育実習であったと証言しているのである。たとえば1926年に東京府豊島師範学校第一部で教育実習を受けたある生徒は「教育実習の目的は，教授法を学ぶだけではない。われわれは教育者としての基本姿勢をみつめ」るとし，「短期間であるが本校で学ぶこと以上に，教生期間中に教育者としての資質を学び得る」と述べている（石崎，1988，p. 39）。また1939年に福島県師範学校第一部で教育実習を受けたある生徒は「付属での教育実習は無意味に暮らした五年の長年月に比して僅か十週間ではあるが」「何倍か実際に有意義だつた」のであり，「まず自分の「心持」が出来た」期間であったとしているのである（高橋，1939，感想64-65）[9]。やはり教育実習の影響は大きかったようである。

　ただしペスタロッチへのあこがれや教育実習を通じて培われた使命感に全く問題がないわけではない。たとえばある生徒は教育実習を通じて，以下のような使命感を得たと語っている（行元，1920，pp. 291-292）。

　　児童の表情言語態度を見るに此の世のものとも思はれず全く神なり。天真爛漫にして一点邪気なし，かゝる尊き者の師は更に尊き職なり，あのかの軟かき者を自由に自分の信ずるまゝに教育することの愉快さ！　小学校教師のみが天国に行くことを得，

　教育行為が子どもに対して「暴力性」を持ちうることへの反省などは一切窺うことができない。教育をただ善いものとしてのみとらえる，まさに「邪

気なし」な態度と言えるであろう。こうした点は教育実習に依拠する使命感形成の欠点として指摘できるのであり，師範学校における使命感形成を利点としてとらえるだけでは不充分と言えるであろう。

⑵科学・思想に基づく教育論

　山田や水原の先行研究では先述のとおり，師範学校制度が確立する1890年代，おそくとも1900年代には教育科は教育者精神主義に傾斜し，それ以前には存在した科学や教育思想に基づく教育論への志向性は弱まったとされている。すなわち，山田は1890年以降進行していた教育科の教授内容の画一化や精神主義化が1910年の師範学校教授要目制定によって極地を迎え，以降，師範学校の教育科は「師範学校用教育学」になっていたと論じている。山田は教育科教科書の分析などを踏まえ，「師範学校用教育学」の存在を主張しているが（山田，1970a，pp. 11-12），その内容は「研究者としての個性的な課題意識を没却させて，一様に師範学校教授要目への準拠性を掲げ，師範学校教育学の定型に自己を近づけ」るというようなものであった（山田，1970a，p. 11）。

　水原も基本的な認識は山田と同様である。1890年ごろにはそれ以前はあった科学や思想を基盤とし，教育実践をリードするという教育科の志向性が弱まり，また教育科の担当教員が校長や附属小学校訓導といった「名誉職か実務者」だったため「心構えとしての教育学と技能としての教育学に短絡的な分化」をしたと論じている（水原，1990，まえがき4）。こうした主張について，山田は「この指摘はあたっている」としつつ「主流であった翻訳的教育学や精神主義的教育学とは別に」「単なる技能としての教育学に単純化できない」「実践的教育学の追求」があったと述べ，「技能としての教育学」には疑念も示しているが，「心構えとしての教育学」については大枠，賛意を示している（山田，1992，p. 97）。つまり，山田と水原の間では，詳細は後述するが，今日でいう師範学校における「教科教育法」については評価が分かれ

るが，両者とも師範学校で教授された教育思想といった，今日でいう教育原理系科目については教育実践の基盤たりえなかったと捉えているのである。

　以上のような先行研究の主張が適切であるかについては別途検討される必要はあるであろう。特に山田と水原の評価が異なる「技能としての教育学」については詳細な検討が必要だが，現状，先行研究にもとづいて論じられるのは以上のとおりである。

　こうした師範学校の教育科，主に教育思想などの教育原理系科目が教育実践の理論的基盤になりえなかったという「欠点」は戦後の「大学における教員養成」によって克服されたのであろうか。山田は当初「今日なお国民的科学の創造とこれを基礎にした教育の任務を，正しく確立できていない」と克服に否定的であったが（山田，1965，p.39），後には「日本の教育現実や教育実践と深くきり結んだ教育学がようやく積みあげられてきた」とある程度，克服されたという認識を示している（山田，1970a，p.7）。

　しかし，戦後の教員養成論において，戦後教員養成「批判」を展開し，「教員養成学」を主張した横須賀薫の戦後の教職課程における教育学への批判は，山田や水原が師範学校の教育科を批判したように教育実践から遊離していたと批判する。すなわち「教育学は一貫して教育実践と乖離してきた」「ごく最近の教育学は，哲学，歴史学，行政学，法学，心理学などの方法や成果を応用しているだけの学に終始している」と批判する（横須賀，2002，p.127）。もちろん，戦前の「師範学校用教育学」は学問と区別されたが故の実践からの遊離であり，戦後の教職課程のおける教育学への横須賀の「批判」はむしろ学問と「癒着」したが故の実践からの遊離であり，性質は異なる。

　先行研究や論説にもとづくならば，少なくとも学問との遊離という問題は解決されたが，一方で実践からの遊離という問題は形を変えて残っていると言えそうである。先行研究や論説の再検討を進めつつ，教職課程における教育原理系科目の科学的ないし思想的な内容と教育実践との関係の問題は「教員養成学」においても追究される必要があるであろう。

3．教科専門

　師範学校の「教科専門教育」の在り方への批判は「大学における教員養成」の重要な点であった。「大学における教員養成」の下，教員養成実践の検討や再編を目指す「教員養成学」を進めるうえでこの点はしっかりとおさえておく必要があるであろう。

　たとえば戦後の教員養成制度を議論した教育刷新委員会では，委員の一人関口鯉吉が「学校の先生になるにはこの程度の教育をすればいいのだ，ここ迄教育すればいいのだという風に，一つの型に嵌った教育をして居る」（日本近代教育史料研究会，1995，p.140）と主張したように，師範学校の幅の狭い「教科専門教育」への批判が展開された。こうした批判などを踏まえてであろう，師範学校の学科課程に関する文部省の説明なども参照しながら，陣内靖彦は師範学校の教育は「すでに与えられている既成の事典的知識を，そのままの形で，できるだけ正確に，偏りなく，児童に伝達する教授技術者」を生み出すようなものであり，学問や教養を踏まえ，自ら教育内容を構成できるような教員を育成しようとするものではなかったと説明している（陣内，1988，p.131）。

　実際，他の研究でも同様の見解は示されている。たとえば花井信は「師範学校は中学校と比較してみても，小学校教育のありようによって，その教育内容が決定され，かつその教科の教授の技術・方法を習得させる，小学校教育に則した目的機関」であったと述べている（花井，1993，p.171）。しかし，花井が「師範学校は学問と教育の橋渡しをしたという論もあるが」と批判的に言及しているように異なる見解も示されている（花井，1993，p.171）。

　たとえば，時期的におそらく花井が批判した対象と考えられるが，山田昇は先述したように師範学校で「学問の端緒にふれる機会が与えられて」いたと花井とは異なって，あくまで「端緒」という限定されたものではあるが学問的な知識が師範学校で教授されていたという主張を展開している。同論考

の中で山田はこのように主張する根拠を特に示してはいない。しかし，別の論文などによれば，山田は師範学校の学科内容は小学校への対応はしつつも，基本的には中学校の学科課程に近似していたと捉えている（山田，1970b，pp. 38-42）。中学校は米田俊彦が「日本の中学校の近代的実学的な内容は，帝国大学のアカデミズムの影響を受けて，教育の性格を非実際的で特権的閉鎖的」「アカデミックで閉鎖的」であったと述べているように学問的な色彩も有していた（米田，1992，pp. 3-4）。こうした事実から，山田は上記のような主張を展開しているのであろう。なお再度，重要な点なので指摘しておくと，先述のように師範学校で教授されたのは中学校程度の知識，すなわち「学問の端緒」であって，学問そのものが解放されていたとみているわけではないことには留意する必要がある。

　山田，水原以外に精力的に師範学校に論究しているのは横須賀薫である。もちろん横須賀薫の場合，師範卒業生の生きざまや回想録というやや異なる角度からの検討であり，山田や水原のように師範学校関連法令や教科書といった一次資料の分析を踏まえているわけではないので山田や水原の主張とは位置づけが異なる。本稿で批判的に検証しようとしている師範学校イメージに依拠した論者と言えるであろう。しかし，その主張の可能性と限界を見極める意味から，以下取り上げて検討する。

　横須賀は基本的に学問や教養に乏しく，優秀な教員を養成できない師範教育という従来の理解に異議を唱えている。すなわち，以下のように現場と密着したからこそ，斎藤喜博のような優秀な教員を養成することができたのだと論じる（横須賀，2020，p. 38）。

　　斉藤喜博は師範学校で身につけたもので，その後，教員になって，その中で自分のものとしてつくって，そして島小の校長になって教師たちを指導する。戦後の日本の教育の一番の悲劇は，師範学校を完全否定してしまった所にあると思うのですね。（中略─引用者）実践的な教育方法が指導されて，それが学校で教師になった時に続いていくという，いわば教員養成と現職教育がワンセットになって

いて，今のように教員の養成の中味は中味，学校行ったら全然違うことになる，というのとは違うのです。

　斎藤喜博本人が師範教育に批判的であった事実を踏まえると[10]，こうした横須賀の主張をどのように捉えるべきかは難しい部分もあるが，一つの意見として無視することはできない。

　あるいは青森県師範学校を1945年に卒業した鈴木喜代春の回想録などに基づいて，横須賀は師範学校の「残光」と師範教育に高い評価を与えている。以下の言明などは一般的な師範学校理解とは180度異なっている（横須賀，2019，p. 35）。

　　私たちはもう一度，「師範学校」という体制を若い時代に義務教育諸学校の教師になるという道を選択し，目的的に自己教育を果たそうとする若者を援助し，さらに高い地位に引き上げていく教育の場として見直し，これからの時代に必要な条件と内容を準備していく仕事に取り組まなければならないだろう。

　こうした教育が師範学校にあったのだとして，それは横須賀が見出したような現場と密着した教育であったのかはいまだ検討の余地があると言えるであろう[11]。

　師範学校の「教科専門教育」はアカデミックな色彩に乏しく，それを「克服」したのが「大学における教員養成」だという理解は根強い。しかし，山田のように，そうした理解に部分的ではあれ，批判的見解が示されていることも間違いない。横須賀の場合はそこからさらに進んで「大学における教員養成」は，結局は悪い意味での「学芸による教員養成」であり，優秀な教員を得る方策ではありえないと手厳しい批判をしている（横須賀，2009，p. 13）。しかし，横須賀の「「学芸」によって培われる「教養」」への着目が弱かったのが，戦後の「大学における教員養成」の問題点だといった言明は（横須賀，2009，p. 13），戦後の「大学における教員養成」がまさに教養に基づいて自律的な判断をできる教員の養成を目指していたという点を踏まえていないよう

である[12]。

　いずれにせよ，師範学校における「教科専門教育」については強固な「定説」はあるが，山田の主張のように，実証的根拠を踏まえた批判もむけられている事実には留意する必要がある。もしかすると師範学校は「定説」よりは学問的だった可能性もある。そうであるならば，「大学における教員養成」は師範教育から学べることがあるのかもしれない。また横須賀の捉え方についても，実証は乏しく，今後の検討結果によっては師範学校などをもとに現場との密着を求める横須賀の主張は歴史的には裏付けを欠くことになるかもしれない。それぞれの論者は確たる歴史的事実に基づいているように論じているが，師範学校の「教科専門教育」にはまだまだ分からないことの方が多い。さしあたって「定説」に基づくにせよ，批判のない「定説」ではないということはおさえられる必要があるであろう。こうした点を踏まえて教員養成論，ないし「教員養成学」を構想する必要があるであろう。

4．教科教育

　師範学校の「教科教育」，特に教育技術の教授に対しても戦後教員養成改革の際に厳しい批判が向けられた。たとえば教育刷新委員会委員の戸田貞三は「そういう技術なんて言うことが必要だと言うような妙なことを言うから，陰気な人間ができる。明朗闊達な教員ができない」と述べ（日本近代教育史料研究会，1997，p.70)，同じく委員の務台理作は「所謂教授法というような……。昔から何と言いますか，先生が手際よく細工をしてごまかすというようなものが，今日技術と言われて居る」と述べ（日本近代教育史料研究会，1997，p.72)，従来の教育技術やそれを育成した師範教育を暗に批判した。

　こうした師範学校は教科教育，特に教育技術の教授を重視していたという理解は戦後「定説」となり，たとえば岩下新太郎は師範学校の教育を性格づける際に「教育技術の重視」という特徴があったとし，批判している（小林，1982，p.4)。一方で『教員養成を考える』に採録されているシンポジウムで

は師範学校の教科教育，特に教育技術や教授法に大学も学べる点があるのではないかという意見も出されている（小林，1982，pp. 215-216）。「はじめに」で触れたように1980年代ごろから師範学校「再評価」の動向は間違いなく存在したわけである。

　しかし，この点も実証的研究では異なる見解が示されている。この点は以前，別の論文で論じたことがあるので（長谷川，2022，pp. 76-83），その内容も踏まえながら再論する。

　水原克敏は1900〜1910年代ごろの師範教育の実態を検討した論文の中で，師範学校に各科教授法が根付いておらず，教科書の内容を通り一遍，機械的に教授するだけの実態にあったと指摘している（水原，1977，pp. 31-32）。師範学校は「教育専門学校というより上級学校の廉価な代用品」（水原，1990，まえがき4）に過ぎなかったというのが実証的な研究から導かれている，暫定的な師範学校教育の実態である。

　もちろん，教育実習の機会などを通じて，附属小学校訓導による教育技術教授はなされていた。この点に関連して，教育実習には限らないが附属訓導による教育技術教授を水原は科学性を欠く「技能としての教育学」と否定的に捉え，山田は一定程度評価するという見解の相違があることは先述のとおりである。つまり，師範学校における「教育技術重視」が「継承」されるべきものか，「克服」されるべきものかを判断するには歴史的知見の蓄積は不充分と言えるであろうし，またそうした教授がなされたのは基本的には教育実習の期間，附属小学校においてであったと言えるのである。

　またこうした教育実習に対する師範学校本校教諭のかかわり方にも評価の対立がある。山田昇は『教育実践の研究』所収の豊田論文[13]などに基づいて，本校教諭による教育実習への密な関与があったと論じているが（山田，1990，p. 58，p. 66），水原は逆に附属小学校任せの教育実習が一般的であったと論じている（水原，1977，p. 29）。どちらがより適切な議論であるのか，現状では判断できないが，師範学校の教育実習にも本校教員の関与が薄いという問題

が存在した可能性があるのである。山田は本校と附属の遊離は基本的には戦後「大学における教員養成」が根付いてからの問題と捉えているが（山田，1990，p.66），必ずしもそうとは言えなさそうである。

　教育技術教授を養成教育にどのように位置づけるか，教育実習の現場丸投げをどのように解決するかは戦前からの課題だったのではないか，という視点から教員養成学を構想する必要があると言えるのではあるまいか。

5．おわりに

　以上，「教職教養」「教科専門」「教科教育」の3点から師範学校の教育実態について，主に先行研究に基づいて検討した。それぞれについて「定説」になっている主張と，実証的に明らかにされた「実態」の間には乖離があることは明確にできたであろう。実証的に明らかにされた「実態」もまだまだ検討は不充分ではあるが，「定説」にのみ基づいて師範教育を捉え，教員養成論や教員養成学を形成することには慎重であるべきであろう。一方で実証の不充分な「新説」に過剰な信頼を置くことにも同様に慎重であるべきであろう。実証的に明らかにされた「実態」も踏まえつつ，教員養成論，教員養成学を構想する必要があると言える。

　具体的な内容は各項目で論じているので，ここでは再論しない。最後に以前別論文でも引用したが（長谷川，2022，p.82），山田昇の次の言葉を引用し，稿をとじたい（山田，1990，p.69）。

　　私たちは，真に教師になる道筋を確立するために，繰り返し歴史から学びつつ，何が改革をもたらし，何が停滞をもたらすのかを直視しなければならないと思う。

　再三再四，肝に銘じる必要があるであろう。

注
(1)たとえば海後宗臣（1971）『戦後日本の教育改革8　教員養成』東京大学出版会，

pp. 546-547参照。

(2)たとえば須田勇・小林哲也（1982）『教員養成を考える』pp. 215-216参照。

(3)文部科学省HP「教職課程コアカリキュラムの在り方に関する検討会　委員名簿」参照。
https://www.mext.go.jp/b_menu/shingi/chousa/shotou/126/maibo/1376298.htm
（閲覧日：2024年9月30日）。

(4)たとえば横須賀は教職課程コアカリキュラムの在り方に関する検討会のメンバーなどが中心となって執筆した横須賀薫監修，渋谷治美・坂越正樹編著（2018）『概説教職課程コアカリキュラム』ジダイ社の中でも，師範教育の良かった点の「継承」の必要に言及している（同上，pp. 33-34）。

(5)たとえば山崎奈々絵（2017）『戦後教員養成改革と「教養教育」』六花出版，p. 4参照。

(6)たとえば横須賀（2005）「教員養成における教育改革の課題－私的回顧を軸に－」『教員養成学研究』創刊号，p. 2参照。

(7)初出は国立大学協会（2006）「第三回大学改革シンポジウム－教員の資質向上と「教職大学院」－報告書」だが，閲覧できなかったため，同書より引用した。

(8)なお同調査の全体像については長谷川鷹士（2018）「岡山県師範学校生徒の思想傾向に関する一考察」『地方教育史研究』39号，pp. 47-68参照。

(9)頁数がないため，便宜的に項目－枚数で記載している。

(10)斎藤喜博（1971）『斎藤喜博全集』第12巻，国土社，pp. 85-101参照。斎藤は基本的に師範教育を低く評価するが，一方で思想等に対する統制のある種のゆるさを評価している。ただし，そうした良い点に影響を受けた師範生徒は少数派であったであろうと述べている（同上，pp. 99-101）。

(11)たとえば鈴木喜代春は『三太郎の日記』や家永三郎の書籍などが，教師としての心構えの基盤になったと述べているのであり（鈴木（2009），pp. 13-14），横須賀の想定する師範教育とは差異が大きいのではないだろうか。

(12)たとえば山崎，前掲，p. 2。もちろん，山崎の場合もその理念は達成されなかったと捉えているが，意識していなかったわけではない点には留意する必要があるであろう。

(13)豊田久亀（1990）「明治期の教育実習を見直す」柴田義松他『教育実践の研究』図書文化社，pp. 70-83。

引用文献

石崎庸（1988）『昭和の教育潮流にさおさして』表現社

遠藤孝夫，福島裕敏（2007）『教員養成学の誕生－弘前大学教育学部の挑戦－』東信堂

乙竹岩造（1917）『教育科教科書近世教育史』培風社

海後宗臣（1971）『戦後日本の教育改革 8　教員養成』東京大学出版会

須田勇序・小林哲也（1982）『教員養成を考える』勁草書房

佐藤秀夫（2004）『教育の文化史 1 －学校の構造－』阿吽社

陣内靖彦（1988）『日本の教員社会－歴史社会学の視野－』東洋館出版社

鈴木喜代春（2009）『子どもとともに－私の教育実践史－』教育新聞社

高橋（1939）『昭和十三年度第三期　実習録　尋三女　高橋教生』

日本近代教育史料研究会（1995）『教育刷新委員会教育刷新審議会会議録』第 1 巻（総会 1 ），岩波書店

日本近代教育史料研究会（1997）『教育刷新委員会教育刷新審議会会議録』第 8 巻（特別委員会 3 ），岩波書店

長谷川鷹士（2021）「師範学校における教育への使命感形成－使命感形成のための教育活動に着目して－」『日本教育史論集』早稲田大学大学院教育学研究科日本教育史研究室，pp. 21-30

長谷川鷹士（2022）「現代日本の教員養成制度に関する一考察－戦前の師範学校制度との対比を中心として－」『早稲田大学教育学会紀要』2021年度第23号，早稲田大学教育学会，pp. 76-83

花井信（1993）「国民教育制度と師範教育」寺﨑昌男，編集委員会『近代日本における知の配分と国民統合』第一法規，pp. 160-178

水原克敏（1977）「「師範型」問題発生の分析と考察－師範教育の小学校教員資質形成における破綻－」『日本の教育史学』第20集，講談社，pp. 20-37

水原克敏（1990）『近代日本教員養成史研究－教育者精神主義の確立過程－』風間書房

山田昇（1965）「師範学校制度下の「教育」科に関する考察」『和歌山大学学芸学部紀要－教育科学－』第15号，pp. 39-62

山田昇（1970a）「師範学校における教育学」『教育 3 』No. 246，国土社，pp. 6-13

山田昇（1970b）「教員養成における教職教育の位置に関する歴史的検討」『日本の教育史学』第13集，pp. 37-52

山田昇（1990）「師範学校の教育とその改革を見直す」柴田義松・杉山明男・水越敏

行・吉本均編著『教育実践の研究』図書文化社, pp. 54-69

山田昇（1992）「教員養成の教育史研究についての覚書」『日本教師教育学会』創刊号, 日本教育新聞社, pp. 88-98

行元豊圓（1920）「師範学校生徒の思想に関する調査」『心理研究』第17巻99号, pp. 284-308

横須賀薫（2002）「教員養成の自立と充実へ向けての教育学研究の課題」『教育学研究』第69巻第1号, pp. 124-128

横須賀薫（2005）「教員養成における教育改革の課題―私的回顧を軸に―」『教員養成学研究』創刊号, pp. 1-7

横須賀薫（2006）『教員養成　これまでこれから』ジアース教育新社

横須賀薫（2009）「教員養成制度改革の現段階」『IDE 現代の高等教育』No. 513, pp. 10-14

横須賀薫（2019）「教師教育五十年　第12回（最終回）日本の教師の資質能力は低下, 不変, 上昇？」『SYNAPSE』No. 70, pp. 30-35

横須賀薫（2020）「斎藤喜博の「授業を核とする学校づくり運動」について」早稲田大学教師教育研究所監修・「戦後教育実践セミナー」編集委員会編著『戦後教育実践セミナーⅡ　戦後の教育実践,「今」に伝えるメッセージ』学文社, pp. 28-48

米田俊彦（1992）『近代日本中学校制度の確立』東京大学出版会

第6章

比較教育研究から「教員養成学」を考える
―イギリス地理教育研究の成果を通じて―

志村　喬

1．はじめに

　教員養成学を構想する際，教育学あるいは教師教育学[1]を参照するならば，比較教育学に相当する国際比較アプローチを採る研究領域がありうるだろう。例えば，日本教師教育学会編（2017）『教師教育研究ハンドブック』では，第3部として「日本と諸外国の教師教育―歴史と現在―」が設けられ，教師教育改革の国際動向として，アメリカ合衆国，イギリス，フランス，ドイツ，中国，韓国，フィンランド，オーストラリアの7カ国が取りあげられている。内容は，先行する項が「教師教育改革の新動向（日本）」であることを受け，各国の教師教育改革の動向として，教員養成制度の改革内容及びそれに対する教育学界の評価・対応が主である。教科教育学（地理・社会科教育学）の比較研究として筆者が主対象として研究してきたイギリスの項では，教員資格と教員養成制度，教員の採用と研修の制度，それら制度をめぐる課題と展望が概説されているものの，教科教育学の視座からの言及はみられない。

　このような傾向は，イギリスの戦後教員養成史を詳細に考究した高野（2015），日本における多くのイギリス教員養成研究をレビューした盛藤（2018，2020a）及び日英教育学会編（2017）『英国の教育』でもほぼ同様である。しかしながら，現実の学校現場で実践を見通して教員養成の「質保証」を論じる場合には，教科といった視座からの教員養成は看過できないはずである。実際，佐藤（2017）及び高野（2017）は，教員養成における質保証システムの観点から，教職課程コアカリキュラムや教科専門と教職専門の学修

の側面における課題を指摘している。ただし，筆者には，教育学一般からの課題提起にみえる。教科教育学研究からの知見・課題と関連付けた議論が，「質保障」のためには建設的であり必要であろう。

そこで，本稿は，教科教育学，とりわけ地理・社会系教科でのイギリス（イングランド）[2]との比較教科教育学を専攻し，イギリスにおける教員養成についても中等教員養成を中心に現地調査を進めてきた者として，イギリスの中等教員養成（地理教員養成）改革をめぐる実態を題材に，教科教育学の視座から教員養成学の在り方について考究・展望することを目的とする。上述した教員養成研究の現状に加え，日本の大学院レベルの教員養成制度（教職大学院制度）設計にあたってはイギリスの教員養成制度が参考にされていること，さらに教職系，教科系を問わず教員養成は喫緊の国際的論題であることからすると，本稿は教員養成学構築に向けて意義を有すると考えている。

本稿は以下，イギリスの教員養成制度改革全体について教員資格と学位の関係についても留意しながら紹介した後，研究滞在したロンドン大学教育研究院（IoE）地理教育学教室での中等教員養成の実際を具体的に解説する。続いて，教員養成制度改革をめぐる議論からみえる養成における問題，とりわけ教科教育教員養成の問題について考究する。最後に，それらをふまえて，教員養成に関する国際的論調にも配慮しながら教員養成学の構築に向けて言及したい。

2．イギリスにおける教員養成制度

2.1．大学での学卒後課程（プロフェッショナル・スクール）を主とした計画養成－戦後確立した養成制度－

イギリスでは1944年教育法による戦後教育改革で，教員養成は中等教育修了者向けの教育機関でなされることにはなったものの当初は，大学（University）での養成は少数であり，大学とは区別される教員養成機関（training college, college of education）での養成が圧倒的多数であった。また，教員資格

（QTS: Qualified Teacher Status）は，大学の場合は「学位」を取得することで，他方，教員養成機関では教員養成課程を修了することで与えられた。すなわち，前者は大学卒業者としてアカデミックな学位を取得していれば教員となるための専門職養成（professional training/education）を受けずとも教員資格が取得できる制度，後者は専門職養成を受けていれば学位取得が必須ではないという制度である。

　しかし，1970年代になると，学位取得者でも専門職養成を受けることが教員資格取得の条件になり，学部卒業者（学位「学士」取得者）でも，教員養成機関（教育カレッジ等）で専門職養成を受けて教員資格を取得することが主流となった。その代表が，大学の学部卒業者向けの教員養成課程（PGCE課程）に進学して取得する学卒後教育資格（PGCE: Post Graduate Certificate in Education）取得による教員資格（QTS）取得であり，ほとんどの中等教員養成は，この課程でなされてきた[3]。このPGCE課程は，学卒後の課程であるため大学院レベルではあるが，アカデミック・スクールというよりは，資格取得のためのプロフェッショナル・スクールの色彩が強い。ただ，教員養成機関が後に大学として定位されたことからすれば，何れにしても，イギリスにおける教員養成が大学での教員養成として戦後確立されたといえ，日本における戦後の教員養成原則「大学での養成」とは符合する。

　一方，教員養成課程の総定員は，政府の教員需給計画により厳格に管理され，養成機関毎に毎年入学者数が割り当てられる。したがって，日本の開放性原則とはかなり異なる計画養成である。

2.2. 近年の教員養成改革による養成ルート多様化・複雑化—学校主導型養成の急増—

　イギリスでは以前より教員不足は大きな問題であったが，今世紀，とりわけ保守連立政権が発足した2010年代になると不足はより深刻になった。さらに，教員の実践的能力をめぐる教育政策議論も重なり，「学校に基礎をおく

教員養成（school based initial teacher education）」（学校主導型養成）の必要性が，教育大臣 M. ゴーブを筆頭に強く主張されるようになった。そして，戦後確立された「大学に基礎をおく教員養成（university based initial teacher education）」（大学主導型養成）に対し，学校現場での実践的学修により一層比重をおく学校主導の養成ルートが設立・拡充されていった。結果，現在の教員養成ルートは，表1のように多様化し，複雑な様相を呈している。

表1　イギリスにおける教員養成ルート

類型	ルート	概要
大学主導	学部（学士課程）	主に小学校（4-11歳の子ども）で教えることを学ぶための3〜4年間の大学主導コース。教科専門の養成は非常に限られている。
	学卒後課程（PGCE: Post Graduate Certificate in Education）	大学が主導する36週の教員養成課程であるが，学校と連携している。大学は，教科教育学修における理論的かつ実践的な指導（ガイダンス）を提供する。養成中の教師（trainee teachers）は，学校で24週間の実践経験を積む。そして，政府の要件である教員資格（QTS: Qualified Teacher Status）及びアカデミックな資格である学卒後教育資格（PGCE: Post Graduate Certificate in Education）を取得して修了する。
学校主導	学校における教員養成（SCITT: School-centered Initial Teacher Training）	学校の諸グループが養成課程を設計して実施する。ほとんどの養成は1つの学校で実施され，追加的経験は別の場でなされる。全ての養成中の教師は教員資格（QTS）を取得しなければならない。一部の養成課程（SCITT）は，大学と協力して学卒後教育資格（PGCE）も提供している。
	スクール・ダイレクト（授業料納付）	養成は学校主導で行われるが，大学やSCITTと普通は連携している。一般に，スクール・ダイレクト（SD）と大学の連携は，養成中の教師が教員資格（QTS）と学卒後教育資格（PGCE）とを取得して修了することを確実にする。
	スクール・ダイレクト（給与支給）	3年の就業経験をもつ学部卒業生は，全ての養成過程を学校で行う本コースへ応募できる。彼ら/彼女らは学校に雇用され（無資格教員としての雇用），給与が支払われる。彼ら/彼女らは教員資格（QTS）を取得し，養成の場に大学との連携契約があれば，

		学卒後教育資格（PGCE）も取得できる。
	ティーチ・ファースト（TF: Teach First, 登録慈善団体）	ティーチ・ファースト（TF）は教育慈善団体である。TF ルートは，有給の 2 年間のリーダーシップ・プログラムである。養成中の教師は 1 つの学校を拠点にし，その学校で 1 年目は教授することを学ぶ（教員資格（QTS）を取得し，学卒後教育資格（PGCE）も得ることが多い）。サポートは，学校の教師達や TF と連携して働いている大学のチューター（個別指導教員）からもたらされる。養成中の教師は，2 年目も同じ学校に留まって授業を行い，2 年目コースの一部をなすリーダーシップ養成を受ける。
その他	軍務に就いていた者向けのルート（兵士から教授へ：Troops into teaching）	
	博士課程を修了した研究者向けの専門化ルート	
	教員資格（QTS）を持っていないが学位を有した経験豊かな教師（海外からの教師が多い）向けの評価だけのルート	

ビダフ・志村（2019）掲載表を一部改訂

　各ルートの詳細は，ビダフ・志村（2019），盛藤（2020b, 2023）に委ねるが，ここで確認しておきたいのは次の諸点である。

　①大学主導型養成ルートの主流は PGCE 課程であり，大学を拠点として周辺の学校で教育実習を行う，協働的パートナーシップでの養成である。なお，養成期間36週のうち，24週が教育実習であるが，残りの12週は大学での学修である。また，修了時には，教員資格である QTS と，アカデミック資格である PGCE の双方が取得できる。

　②学校主導型養成の諸ルートは，教員不足を解消するために無資格で教えて給与支給がされるスクール・ダイレクト（給与支給）型はじめ，様々な形態がある。また，学校が養成組織としての基準を満たし認可されれば，大学が関与せずとも QTS を取得させることは可能である。ただし，PGCE も取得させるためには大学等と連携する必要がある。そこで，必要に応じて，大学とパートナーシップを構築することもあるが，必須ではない。

　このように 2 大別される養成ルートのうち，従来からの大学主導型養成諸

ルートが全養成者数に占める割合は，2009/2010年時点では81％に上っていたが，2016/17年には44％に急減し，その後も同水準であるとされる（盛藤，2023）。即ち，2010年代半ば以降，イギリスの教員養成に占める大学の役割は，少なくとも養成者数だけからみれば大きく低下したのである。

では，教員養成において大学が果たす役割は，本当に低下したのであろうか。また，教科教育を含めて「質保証」はなされているのであろうか。これに関しては，現地の教員養成学界において大きな議論があり，結論をいうならば従来からのPGCE的な養成システムを評価する論調が主流である。ついては，これまでのPGCEの実態について述べた後，この問題に対峙したい。

3．教科教育からみた学卒後教育資格（PGCE）課程の実際－ロンドン大学 IoE の場合－

3.1．PGCE の実態に関する先行研究

盛藤（2018，2020a）が述べるようにPGCEをはじめとした養成制度全般についての研究は多いが，PGCEのカリキュラムや実践の実態を教科教育学の視座から具体的に研究したものは少なく，現地調査研究に限れば木原（2000），山﨑（2004），木塚（2007）にすぎない。とりわけ，ロンドン大学教育研究院（IoE）に2005/2006年度研究滞在し，現代外国語PGCEコースの教員養成実態を報告した木塚（2007）は，PGCEが主要養成ルートであった時期の実態を知る上で貴重である。同論文は，PGCEコースでは，①履修を希望するコースの教科に関する専門的知識を学部段階で既に学修し備えていることを前提としていること，②学校現場を主体とした養成方法であること，を極めて具体的に示しており，それまでのイギリス教員養成研究に新たな知見をもたらした。一方，IoEにおける他教科での養成実態や，全英での教科教員養成機関としての位置づけ・評価は不明である。

筆者は，2005年度から継続的にロンドン大学IoE地理教育学教室を訪問

98　第1部　教員養成の原理を考える

調査し，2008年度8月から12月までの研究滞在ではPGCE地理コースの学内授業及び実習校における実習生の授業に参画する機会を得た。そこで，2008/2009年度の地理コースでの養成実態について解説する[4]。

3.2.　イギリスの教員養成機関における IoE の地位

現在，ロンドン大学内のカレッジ（University College London）であり，世界的な教育研究の拠点である IoE は，1902年設立のロンドン教員養成カレッジに起源を持っている。学部の B. Ed 課程，学卒後の PGCE，大学院の修士課程及び博士課程を持つイギリス最大の教育系高等教育機関であり，2008年の学生数は1,300名余であった。

イギリスの教員養成は前述のように計画養成で，養成者数が毎年規定される。2005/2006年度のイギリス（イングランド）全体の中等 PGCE 定員は19,513人であったが，IoE へ配分された定員は800人と，養成機関103の中で2番目に大きい。養成定員の配分では，組織規模だけではなく教員養成機関としての外部評価も影響するが，IoE は最高ランクのA評価を得ている。

さらに IoE は，教員養成機関に止まらず，教育学研究における世界的拠点である。筆者が専攻する地理・社会系教科教育学でも同様で，同大学地理教育学教室は地理教育研究の国際拠点である。

3.3.　開設されている地理・社会系教員養成コース

欧州では，社会科という統合型教科ではなく，地理科，歴史科等の分化型教科で社会系教育を実施してきた国・地域がほとんどである。イギリスも同様であり，社会科教育に関わるのは地理，歴史，シティズンシップ，宗教教育であり，IoE はその全ての PGCE コースを設置している。2005/2006年度のイギリス（イングランド）全体での社会系教科・領域の定員と養成大学数は，地理が952人で50大学，歴史が843人で42大学，シティズンシップが245人で13大学，宗教教育が767人で39大学となっていた。IoE における各コー

スの定員は81人，63人，21人，29人である。

　中等 PGCE 地理コース定員数81人はイングランド最大であり，２番目の
マンチェスター・メトロポリタン大学（52人），３番目のイースト・アング
リア大学（47人）と比較すると突出している。スタッフ数も８人であり，
IoE 地理教育学教室はイングランドで最大の中等地理教員養成教室である。
質的にみても，地理 PGCE コースを持つ50大学中，外部評価でＡを得てい
るのは７教室のみであり，前述のように IoE 地理教育学教室はこのうちの
１つである。したがって，IoE 地理 PGCE コースのカリキュラム・授業実態
は，イギリスにおける大学主導の教員養成モデルとして適切である。

3.4.　中等 PGCE のカリキュラム―地理コースの場合―

　イングランドの１年制中等 PGCE 課程は，年間36週の授業のうち2/3にあ
たる24週を教育実習にあてることが義務づけられており，表２は IoE での
年間プログラムをまとめたものである。縦軸は９月から始まる週数，横軸は
月曜日から金曜日，網がけした部分は学校での教育実習であり，大枠として
は次のような年間プログラムとなる。

　・第１週：小学校体験
　・第２-５週：IoE での学修
　・第５-７週：実習校Ａでの研修・観察＋IoE
　・第８週：IoE
　・第９-18週：実習校Ａでの実習＋IoE
　・第19-20週：IoE
　・第21週：実習校Ｂでの研修・観察
　・第22-32週：実習校Ｂでの実習（＋IoE）
　・第33-36週：IoE＋地理フィールドワーク

　本表内容にその他の現地収集情報を関連付けると，本カリキュラムの特徴
は次である。

100　第1部　教員養成の原理を考える

表2　IoE 中等 PGCE 地理コース2008/9年度プログラム

週数	月曜日	火曜日	水曜日	木曜日	金曜日	備考（実習生の位置づけ）
1	小学校体験					小学校体験
2	PGCE コースガイダンス・登録	地理教育の意義, NC地理, 教科知識	KL1：ロンドンの学校状況, KL2：学級経営	地理フィールドワーク（キューガーデン）	KL3：教師と法, 児童の地理意識と発達	
3	窓から見える地理	場所の概念と教授	KL4：教育制度の歴史	OS地図, 市内フィールドワーク		
4	指導案		実習校A：訪問			
5	学級経営と地理教授	授業観察	事前研修：学校組織			（観察者）
6	教科書と教授		観察：クラス経営			
7	TV等視覚教材の使用		インクルージョン：特別支援教育			
8	地理的探究	課題の採点・評価	KL5：生徒の学びの多様性			（授業補助者）
9	地理授業でのインクルージョン		教えること・学ぶこと			
10	授業づくり		全ての子どもを大切にすること			
11	地理での思考スキル		学習のための評価1			
12	地理での言語リテラシー, 演劇と地理		カリキュラムを横断するICT			実習校A
13	学校不信の生徒への教授, 学校課題		個別指導と保護者との協同			
14	地図と地理		学校をベースにした研究課題			（授業者）
15	義務教育以降の地理, 地理授業アイデア		インクルージョン：平等な機会			
	冬期休業					
16	進路相談					
17			実習校B訪問			
18	義務教育以降のカリキュラム・ルート					
19	A校実習の振り返り, ICTの地理での活用	地理での評価	KL6：就職について, リクルートフェア			
20	授業アイデア交換, 就職について	地理教育での価値, 地理でのヌメラシー	KL7：後期中等カリキュラムについて			教科モジュール1課題提出締切

					実習校B	（授業者）
21	実習校B：観察・研修					
	（実習準備）					
22	インクルージョン：全ての生徒の向上					
23	初等から中等への移行					
24	教科モジュール2課題の研究計画	他の専門職の役割				
25						
26						
27	グローバルな見方				実習校B	（授業者）
	春期休業					
28	インクルージョン：英語を母語としない学習者・難民の支援					
29	PSHEとシティズンシップ					
30	祝日					
31						
32	（総括）					
	祝日	（モジュール課題準備等）				実習モジュール課題提出締切
33	B校実習の振り返り、授業アイディア	フィールドワーク立案WS	KL8：就職後の準備			教科モジュール2課題提出締切
34	地理フィールドワーク（湖水地方：4泊5日）		（KL9：青年期と若者）	地理フィールドワーク（継続）		
35	Aレベル課程での教授と評価	就職後に関する面談	KL10：学習のための評価			
36	フィールドワーク評価	地理PGCE修了セッション	今後の職能開発についてのWS			選択モジュール課題提出締切

網がけが学校での実習日・期間
白地が学校以外での学修日・期間
KL は PGCE コース全体のキーノートレクチャー
『IoE 地理 PGCE コース・ハンドブック　2008/9』より筆者作成

　①教育実習期間は，規定に基づき，IoE における学修を大きく上回る。実習先は，IoE が連携した周辺地域の中等学校である。実習生は2つの異なるタイプの学校（A校が進学校であれば，B校は就職者が多い学校）で実習するように配置される。なお，同一校には地理コース所属の学生が複数配置され，ピア・ラーニングが企図されている。

　②実習校での実習は，IoE で研修を受けた学校メンター及び教科メンターのもとで進められる。最初の実習校Aで実習生は，観察者から，授業補助者

（教師のパートナー），そして授業者へと自身の役割の変化を認識するように指導される。同時に，週毎に提示されたテーマについて，メンターや同僚実習生らと話し合いながら理解を深めていく。

③IoEにおける学修内容は，PGCEコース履修者全体が共通に受けるKL（キーノートレクチャー）と，地理コースの専門授業とに大別される。KLは教職専門に相当するといえるが全体で10回のみで，多くの授業は地理コース専門授業である。この専門授業の内容には教科専門内容はなく，地理教育学内容を主としながら，教職専門的内容の一部も教科文脈に落とし込んで学修される。なお，地理教育学教室スタッフは全員が10年程度の学校教員経験を有しており，チューターとしてコース専門授業や実習指導を行う。

④IoEでの学修と，実習校での実習が組み合わされて進められる。前半の実習校Aの期間では，月曜日にIoEに集まり，火曜日以降は実習校で実践するのが基本パターンとなる。地理チューター毎に分けられた15名程度のグループで，前週の実習を月曜日に全体で振り返り意見交換し，課題解決方策等の示唆を受けて当該週の実習を始めることとなる。

⑤21週以降の実習校B期間になると，IoEでの学修日は少なくなる。一方，受け持つ持つ週当たりの授業数は，A校では配属校の通常教員が持つ1/4〜1/3のコマ数であったものが，B校では半分程度に増える。並行して，後述するPGCEコース教科モジュール2の課題を設定し，アクションリサーチを遂行する。この期間には，大学の地理チューターが実習校を訪問し，授業観察をするとともに学校メンターと情報交換を行うことが顕著となる。

⑥33週以降は，修了に向けた各モジュール課題の完成・提出が主となる。なお，地理コースの場合，地理カリキュラムで重視されているフィールドワーク指導力育成のための湖水地方への巡検参加及びそのレポート提出が選択モジュールの課題となっている。

3.5. 中等地理 PGCE コースの授業モジュール・評価

IoE 中等 PGCE コースの目標は，教授スキルのみならず教育課題についての認識を深め，教科教師のみならず，クラスの教師やより広範囲な責務を持った学校教職員チームの一員としても有能な教師を輩出することとされる。その目標の下，地理 PGCE コースでは子どもの学習への取組を刺激・促進させる地理教師として必要なスキル，知識・理解，価値・態度の育成を目的としている。

この実現のため，PGCE のカリキュラム内容は次の４つのモジュールから構成されている（表３）。なお，他教科の PGCE コースも同じ４モジュール構成である。

４モジュールのうち，最初の実習モジュールは実習全体を通じた課題であり，実習記録の提出である。続く３つのモジュールは，実習の進行にあわせた教科コースの課題であり，教科モジュール１は実習校Ａにおける一般的な授業開発・実践である。一方，教科モジュール２では実習校Ｂにおいて，教科横断的テーマを選択し授業開発・実践を研究として実施するアクションリサーチが求められる。さらに，選択モジュールは地理教育特有の実践的スキル・知識が多いフィールドワーク授業開発が推奨されることになる。なお，これら３つのモジュールは，大学院修士課程（Ｍレベル）相当の学修として位置づけられており，PGCE 修了後に大学院修士課程に進学した場合，履修単位として認定される[5]。

４．教員養成の場の多様化（大学主導から学校主導へ）をめぐる議論

4.1. 日本での研究から

IoE に象徴される PGCE 課程におる教員養成は，イギリスの教員養成制度としては前述のように日本でも研究が重ねられ，近年は制度の多様化，養成における大学主導から学校主導への変化実態及び現地で生じた問題が報告されてきた。筆者の場合，IoE に滞在した2008年は，この制度変化が生じ始め

表3　地理 PGCE コース（2008/9）の授業モジュール・評価

モジュール	題目	内容	評価対象 （提出物等）	提出期限
実習モジュール（学部レベル30credits）	実習記録	実習記録ファイル（ARF）への記入	①実習記録ファイル，②A校・B校別の実習振り返りレポート（2,000ワーズ）	実習校Bの終了時
教科モジュール1（Mレベル30credits）	中等地理：授業開発と授業実践	開発し実践した地理単元（5-8時間程度の1単元）の実践報告レポート	①単元設定の理由，②指導案・教材資料，③振り返り・実践評価，から構成された報告レポート（5,000ワーズ）	実習校Bでの実習開始前
教科モジュール2（Mレベル30credits）	中等地理：幅広い文脈での教科教育	横断的テーマである，①学習のための評価，②GIS（地理情報システム），③ESDとグローバルシティズンシップ，と地理授業を関連付けた課題を設定し，アクションリサーチを遂行する。	①1つのテーマについてのアクションリサーチの研究成果報告書（4,000ワーズ）②その他のテーマ2つに関する研究概要報告書（1,000ワーズ）	33週
選択モジュール（Mレベル30credits）	教室外での地理学習（推奨例）	34週に参加した湖水地方巡検（4泊5日）を踏まえ，意義あるフィールドワーク立案に必要な要素を考案し発表する。	ポスター発表及び質疑（口頭試問）	36週（最終週）のIoE授業日

『IoE 地理 PGCE コース・ハンドブック　2008/9』より筆者作成

た時期であり，地理 PGCE 担当教員・地理教育研究者との共同研究から，その後の養成実態と問題を詳しく知ることとなった（ブルックス，2016；ランバート，2017）。とりわけ，現地の実態を明確に認識させてくれたのは2018年に科研プロジェクトで招聘したイギリス最大の地理教育研究・研修組織 Geographical Association 前会長 M. ビダフ（ノッティンガム大学）による科研研究会及び日本社会科教育学会大会での講演「イングランドにおける教師教育

改革とその地理教育学修への影響」（ビダフ・志村，2018)[6]である。これら諸論文で指摘されている問題は，所属する実習学校において専攻教科を同じにする学生は複数おらず，指導する教員（メンター）にも専攻教科を専門とする者が不在の場合が多い。その結果，大学における教員養成で担保されていた実習生間相互の教科教育的学修，並びに，メンター及び大学教員によりなされていた教科教育実践理論に裏付けられた学修が欠如し，教科教師に必要な知識・能力を保障した教員養成ではなく，極めて一般的・汎用的（generic）な教育実践技術（方法論）に特化した養成になっているという問題である。この問題には，教科授業において子どもたちが学修すべき知識・技能の質的内容に関する教育学の捉え方・理解と，政府の教員政策における捉え方・理解との乖離，それを背景とした汎用的な教員養成スタンダードの設定及び教員養成の標準化（志村，2022）が重なり，現在より深刻化している。

　このような教科教員養成の側面からのイギリスにおける教員養成の問題指摘について，日本教師教育学会会長を務めた高野は，教員養成の質保障を日英比較から考究した論文（高野，2023）の「質保証システム整備の陥穽」と題した最終章冒頭で，次のように述べており，様々な専攻分野間の研究交流が教員養成学といった幅広い学の場合にはとりわけ重要であるといえる。

　　　以上のように，整備されてきた教員養成の質保証システムであるが，注意すべき点がある。一つは，イングランドの教員養成の質保証が，養成段階でのプロフェッショナルな側面とアカデミックな側面とを分離して進んだこと（高野 2015）に関わる点である。2003年以降の〔イングランドの〕スタンダードは，担当教科や年齢段階に関わらず教員に求められているいわば汎用的な能力を示している。こうしたスタンダードに依拠した質保障を「積み上げ型」養成が圧倒的である状態で続けることは，教員養成における「教科ペダゴジー（Subject Pedagogy）」軽視を生じせしめる。「教員養成における教科分野固有のペダゴジー学修と，連動する教科内容知学修とのバランスの重要性」が理解されるべきと指摘される（志村 2022）点である。質保障で追求されてきた「専門性」の内容が問われねばならないのである。（高野，2023，pp. 20-21，〔　〕は志村挿入）

4. 2. イギリスでの研究から

　教員養成ルートの多様化，とりわけ大学主導から学校主導への変化に関しては，現地イギリスでは当然ながら教員養成に関わる様々な学問分野・組織で大きな論題になるとともに，教員養成関係学界では否定的な論調がほとんどである。そして，教科教育界での批判の理由は，前述の通りである。これら批判的な議論は，教員養成プロセスが大学主導なのか，学校主導なのかを両端とした軸に，理論重視か実践重視かのベクトルが重なるとともに，根底には養成像として目指している教師像（どのように教師の専門職性を考え・捉えているか）の違いがある。

　1990年代に教員養成理論を「実践的理論化（practical theorising）」として提唱し，オックスフィード・インターンシップ・モデルと称される教員養成プログラム[7]を開発したオックスフォード大学教員養成課程は，その30年間の歩みを振り返る書籍で，制度改革の背景にある理論と実践の関係性の捉え方（主張）及びそこでの教師像として，次の3つをあげている（Burn et al. 2023）。

①教員養成・教師に理論は不要との主張：学校現場での徒弟的経験を通して教師は養成されるとの考え方。古典的な職人的教師像（craftsman/woman）・養成イメージであり，現在も，M. ゴーブをはじめとした保守的政治家の論。

②理論が実践に先行し，理論は実践現場において応用されるとの主張：理論を学んだ後，それを実践場面で適用すれば成功するという考え方。大学での教員養成理論の根底にあった予定調和的な論であり，教師像は技術機能的な熟達者。

③養成当初は，理論よりも暫定的にせよ，実践コンピテンシーが大切との主張：安心して授業実践できる能力（コンピテンシー）を身に付けておくことが当初は大切であり，その後に複雑な理論を，実践を交えて修得することが効果的との考え方。学校現場での実践的学修も重要であるとする学校主導型システム導入の基盤に当初あった論で，最終的な教師像は，

実践の中で自ら実践理論化を図る探求者。

ここでは，③が３つの中では適切とされるが，理論と実践を対立的に捉えるのではなく，双方を関連付けた実践的理論化が重要との主張である。従って，大学における理論的学修，学校における実践的学修の双方を重視し，バランスのとれた統合を目指すもので，①を背景に学校現場だけでの養成ルートへの転換を強力に進めてきた近年の教員養成政策には極めて批判的である。

このような批判は，イギリスの教員養成の拠点である IoE で教員養成担当デレクターを務めた地理教育研究者による教員養成の比較研究（Brooks, 2021）にもみられる。カナダ，オーストラリア，アメリカ合衆国，ニュージーランドの教員養成大学の実態を現地で調査し，イギリスの現在の改革実態と比較考察した本書籍では，教員養成の質をめぐる問題は様々な状況・文脈が絡み合うため難問であるとしながらも，大学における教員養成は擁護されるべきと主張するのである。

これらからは，教員養成学が，理論と実践，学校と大学，教師像ひいては教育観をはじめとした様々な要素・次元が絡み合う複雑な学であることが承知されるとともに，国際的な学的対象であり比較教育分野が存立することが理解される[8]。

5．おわりに

本稿は，教科教育学における比較教育学アプローチの視座から，イギリスの教員養成を学的に捉えることを試みた。結果，教科教育学に止まらない議論へと敷衍した。

教育（社会）学者の広田照幸は，教育学を多くの学問に関わる幅広い学であるとした上で，「教育学はその公教育制度の普及とともに発展してきた。何よりも『教師を養成するための知』として発展してきたからである。」（広田，2009，p.v）と述べている。このように捉えると，教員養成の学も，諸学

間に接し・またがる総合学になり，本稿の幅広さも首肯されよう。さらに，氏は上記に続け「ただし，単なる教師養成の技術知としてではなく，人間や社会の在り方を深い次元で見つめ直し，社会の組み立て方や人間の生き方に示唆を与える学問としても発展してきた。」と主張する。拙稿が述べてきたイギリスの教員養成制度をめぐる議論は，まさにこの深い次元で教員養成を考えているからこそ生じたる帰結である。

　教員養成に関わる研究者がそれぞれ専攻する学・アプローチから，教員養成という営みが学的にどのように捉えられるか省察し，協働して統合的に考察を進めることとは，教育学同様の総合学たる「教員養成学」構築に繋がるに違いない。

注

(1)教員養成と教師教育では研究対象で違いがある。本稿では高野（2015, p.237, 注5）で記すように，原則として，教職への入職以前の教育を「教員養成」，入職前のみならず入職後の試補・導入教育や現職教員を含む場合は「教師教育」とする。
(2)連合王国であるイギリスは構成地域により教育制度が異なる。本稿でのイギリスは，特に断りが無い場合，イングランドを指す。
(3)初等教育の場合は，学部学修のみで与えられる教育学士（BEd）による教員資格取得も可能である。
(4)教員養成制度改革に伴い現在は変化した部分もあるが，前述のように PGCE コースでの教員養成は関係各界で高く評価されており，当時の IoE での具体を知ることは現代的意義を有している。
(5)修士課程は，フルタイムの PGCE コースとは異なり，勤務しながら夜間もしくは通信手段を活用したパートタイムの学修が基本である。
(6)講演内容は，日本との比較を意識した内容を加筆して再構成した論文（ビダフ・志村，2019）としてオープンアクセス学会誌に掲載されている。
(7)このプログラム・モデルは，オランダで開発され国際的に評価されている教員養成方法「リアリスティク・アプローチ」と類似している（コルトハーヘン編著，2010, pp.84-86）。
(8)国際次元で地理教育研究史をみると，教員養成は地理教育学研究テーマの柱として

戦後一貫して考究されおり（志村，2014），通史的にも教員養成は国際的な教科教育学研究テーマである。

文献

木塚雅貴（2007）：イングランドにおける教員養成の事例研究―実情・特徴・課題の分析に基づく日本の教員養成への示唆―．北海道教育大学紀要（教育科学編），57(2)，pp. 55-67.

木原成一郎（2000）：イギリスの「学校を基礎にした教員養成」（a school-based initial teacher training）におけるメンターとしての学校教員の役割―小学校の体育授業を中心に―．広島大学学校教育学部紀要 第一部．22，pp. 59-70.

コルトハーヘン，F. 編著　武田信子監訳（2010）：『教師教育学―理論と実践をつなぐリアリスティック・アプローチ』学文社．Korthagen, F. ed. (2001): *Linking Practice and Theory: The Pedagogy of Realistic Approach.* Routledge.

佐藤千津（2017）：質保障策としての「教職課程コアカリキュラム」の機能と課題―イギリスの教師のスタンダードをめぐる動向を踏まえて―．明治大学教職課程年報，40，pp. 31-40.

志村喬（2014）：国際地理学連合（IGU）の地理教育委員会（CGE）にみる地理教育研究潮流と日本．人文地理，66(2)，pp. 30-50.

志村喬（2022）：イギリス教育省制定イングランド「教師スタンダード」に関する覚書．上越社会研究，37，pp. 65-70.

高野和子（2015）：イギリスにおける教員養成の「質保証」システム―戦後改革からの40年―．明治大学人文科学研究所紀要，77，pp. 209-242.

高野和子（2017）：イングランドの教員養成―日本の議論への引き取り方とかかわって．日英教育誌，3，pp. 3-15.

高野和子（2023）：教員養成の軌跡と見通し―日英比較の視点―．日英教育フォーラム，27，pp. 17-22.

日英教育学会編（2017）：『英国の教育』東信堂．

日本教師教育学会編（2017）：『教師教育研究ハンドブック』学文社．

広田照幸（2009）：『ヒューマニティズ　教育学』岩波書店．

ビダフ，M.・志村喬（2019）：イギリスにおける教員養成改革の教科教員養成への影響―地理教員養成の事例―．E-journal GEO，14(2)，pp. 404-412.

ブルックス，B.（2016）：「今現在」のイギリスにおいて地理を教える．新地理，64(1)，pp. 22-28.

盛藤陽子（2018）：イギリスの教員養成教育に関する研究の動向と展望⑴―日本にお
　　ける先行研究（1990年代から2000年代半ばまで）のレビューを通して―．東京大
　　学大学院教育学研究科紀要，58，pp. 445-450.

盛藤陽子（2020a）：イギリスの教員養成教育に関する研究の動向と展望⑵―日本にお
　　ける先行研究（2000年代後半から2010年代まで）のレビューを通して―．東京大
　　学大学院教育学研究科紀要，60，pp. 423-429.

盛藤陽子（2020b）：イギリスの学校／プロバイダー主導による教員養成に対する研
　　究上の認識―SCITT（School-centered Initial Teacher Training）の位置づけは
　　どう変化したか―．日英教育フォーラム，24，pp. 81-87.

盛藤陽子（2023）：イギリスにおける教員養成の場の「多様性」と「複雑性」．日英教
　　育フォーラム，27，pp. 11-16.

山﨑洋子（2004）：現代イギリス教員養成における動向と特質―学校基盤，パートナ
　　ーシップ，校長のリーダーシップ，教職の専門性―．鳴門教育大学学校教育実践
　　研究センター紀要，19，pp. 53-63.

ランバート，D.（2017）：地理の教室では，誰が何を考えるのか？―力強い学問的知
　　識とカリキュラムの未来―．新地理，65⑶，pp. 1-15.

Brooks, C. (2021): *Initial Teacher Education at Scale; Quality Conundrums*. Rout-
　　ledge.

Burn, K., Mutton, T. and Thompson, I. (2023): The role of practical theorising in
　　teacher education; Formulation, critique, defence and new challenges. Burn, K.,
　　Mutton, T. and Thompson, I. eds. *Practical Theorising in Teacher education;
　　Holding theory and practice together*. Routledge, pp. 11-31.

第2部　教員養成の実践と制度を考える

第7章
弘前大学教育学部の《教員養成学》
―「領域学」という視座からの一考察―

福島裕敏

1. はじめに

　弘前大学教育学部が，教員養成学部における教育と研究活動全体を不断に
検証し，改善のための方策を研究・開発することを通して，質の高い教員養
成を実現することを目指す学問領域として《教員養成学》を提唱したのは
2002年のことである。筆者は，その3年後の2005年度より同学部附属教員養
成学研究開発センターの専任教員，2008年度から今日までは同センター兼任
教員として，《教員養成学》に関わり，2018年度からはセンター長の立場に
ある[1]。

　これまで幾つかの論稿（福島 2011, 2012, 2019）において，その時々の教
員養成をめぐる政策動向と関わらせながら，《教員養成学》の在り方とその
方向性について論じてきた[2]。本稿では，これらの論稿を踏まえつつ，近年
の教員養成・教師教育政策の動向，特に国立教育養成大学・学部を取り巻く
状況の変化を視野に収めつつ，今後の《教員養成学》の方向性について論じ
ていく。その際，イギリスの教育社会学者バジル・バーンスティン（Basil
Bernstein 2000）の〈教育〉の社会学理論を一つの分析枠組みとして用いるこ
ととする。

2. バーンスティンの〈教育〉の社会学理論[3]

(1)〈教育〉装置（pedagogic device）
　〈教育〉装置とは，〈教育〉を通じて伝達するポテンシャルを有した諸々の

〈教育的〉意味を選択的に組織化し，そのことを通じて〈教育〉コミュニケーションを規制する。〈教育〉装置とは，それが持つ相対的に安定的な固有な諸ルールを通じて，〈教育〉コミュニケーションに利用できるポテンシャルな言説を制限ないし拡張するものである。この装置が提供する〈教育〉言説に固有のルールとして，配分ルール（distributive rules），再文脈化ルール（recontextualizing rules），評価ルール（evaluative rules）がある。再文脈化ルールは配分ルールから導き出され，評価ルールは再文脈化ルールから導き出されるというように，それらはヒエラルキカルに関連している。

　配分ルールは，知識の異なる諸形態を社会諸集団に特化する形で配分し，異なる意識形態を配分する。このルールは，現状の物質的基盤から距離をおき現状に対するオルタナティブを追求するポテンシャルを帯びた知識（「考えられないもの（the unthinkable)」）の生産がなされる言説生産の領域（the field of the production of discourse）を創出し，そこへのアクセスを特定の人々のみに限定し，他の人々はオフィシャルな知識（「考えられるもの（the thinkable)」）にのみアクセスできるという形で，知識の配分を規制している。

　再文脈化ルールは，〈教育〉「再文脈化領域（the recontextualizing field)」とその担い手を創出し，その領域において伝達される〈教育〉言説（pedagogic discourse）を構築する際のルールである。〈教育〉言説は，一つの再文脈化原理であり，それ自身の秩序を構成するために他の諸言説を選択的に充当し，再配置し，再焦点化し関係づけるものである。例えば，理科という教科においては，物理学や化学といった諸言説が選択的に取得され，それらは伝達と獲得のための特別な関係として組み換えられている。〈教育〉言説は，「さまざまな種類のスキルとその相互関係を創出する「教授（instructional）言説」を，秩序と関係とアイデンティティを創出する「規制（regulative）言説」の中に埋め込み，一つの言説を生み出すように導くルールである。したがって，一見同じような内容・方法で教えているように見えても，どのような学習者を育てようとするのかによって，〈教育〉言説の性格は異なるものとなる。

ところで，再文脈化ルールは，再文脈領域と再文脈機能をもった担い手を創出する。再文脈化領域は，教育の基本的な自律性の創出に際して決定的な機能を有している。この再文脈化領域は，国家が支配する「官僚的再文脈化領域（Official Recontextualization Field: ORF）」と学校や大学の教員等からなる「〈教育〉的再文脈化領域（Pedagogical Recontextualization Field: PRF）」とに区別することができる。もし，後者が前者から独立して〈教育〉言説に影響を与えることができれば，そこには〈教育〉言説とその実践をめぐる自律性と闘争の両方が生じるが，もし前者のみしかなければ自律性は存在しない。また前者の影響力が強まれば〈教育〉言説とその実践の自律性は縮減されることとなる。

　評価ルールは，〈教育〉言説を〈教育〉実践へと変形するルールであり，このルールは〈教育〉実践がおこなわれる「再生産領域（reproduction fields）」を構築する。そこでは，〈教育〉言説が特化する時間とテキストと空間は，それぞれ年齢と内容と文脈といった明示的な現実レベルに変形され，獲得と評価と伝達という〈教育〉実践の社会関係と具体的姿をとったコミュニケーションに変形される。

(2)〈教育〉のモデル

　バーンスティンは，コンペタンス（Competence）・モデルとパフォーマンス（Performance）・モデルとの二つの言説を対照させている。前者では獲得者がすでにもっているコンペタンスの実現に強調点がおかれるのに対して，後者においては特定化・成層化・序列化された知識，スキルや手続きの達成におかれる。

　うち，パフォーマンス・モデルは，「個別学（singulars）」「領域学（regions）」「一般的スキル（generic）」の三つのモードに分類されている。

　「個別学」モードは，数学や心理学といった学問固有の知識と方法を知識基盤とし，その伝達／獲得を求めるものである。

一方，「領域学」モードは，個別学の再文脈化を通して，諸学問の知的な場と外的実践の場との両方で動くより大きな単位として構築されたものであり，諸学問（個別学）とそれが可能にする技術との接触面である。「領域学」モードの例として，バーンスティンは工学，医学，建築学等を挙げているが，後に論じるように，教員養成も「領域学」の一つとして位置づけることができる（Hordern 2015）。この「領域学」モードにおいては，外的実践がもつ複雑性や文脈性を考慮する必要がある一方で，内部要素（諸「個別学」）における学問分野としての知識基礎や方法に関する要件を一定程度満たすことが求められる。

「一般的スキル」モードは，「短期変動主義」と呼ばれる経済状況のもとで生じるスキル・課題・労働分野の発展・消滅・再編という変動を持続的に受け止め，労働・生活の新たな要請に対処していく「訓練可能性」の開発を指向するものである。このモードは，イギリスにおいては職業訓練や人的能力開発といった労働・雇用といった〈教育〉的再文脈化領域の外で独立に構築され，スキル，課題，実践のパフォーマンスに，また労働の領域のパフォーマンスに必要な基本的要目（コンペタンス）は何かについての機能分析によってつくり出されたものである。それによって，本来対立するコンペタンス・モデルの共感を取り付けることができた。実際，コンペタンス・モデルも一般的スキルモードも類似性を基礎としているが，前者が各人（集団）の潜在可能性に基礎を置くのに対して，後者は市場における道具性に基礎を置いている点で大きく異なっている。

⑶「教員養成学」にとっての含意

これまでバーンスティンの〈教育〉装置と〈教育〉のモデルについて概観してきた。以下では，《教員養成学》を考える上で，これらがもつ含意について論じることとする。

まず，教員養成は，大学あるいは学校現場において生産された言説を，教

第7章 弘前大学教育学部の《教員養成学》 117

員養成という再文脈化機能に基づき編成＝再文脈化した〈教育〉言説と捉えることができる。〈教育〉言説は，「規制言説」に埋め込まれた「教授言説」であることからすれば，特にその「規制言説」に注目し，そこで提唱されている教員養成の在り方を反省的・批判的に捉える必要がある。後述するように，近年の日本の教員養成改革において，「官僚的再文脈化領域」の支配性が強化されてきているが，その〈教育〉言説を批判的に読み解くことによって，その言説に必ずしも収斂されない，自律的な教員養成とそれを支える「〈教育〉的再文脈化領域」を考えていく必要がある。

　また，教員養成は，パフォーマンス・モデルのうちの「領域学」モードと捉えることができる。このモードにおいては，教員養成という外的要請に何らかの形で応えると同時に，内部要素（諸個別学）における学問研究の場である大学がもつ固有の知識基礎や方法を一定程度満たす必要性がある。「大学における教員養成」という一つの原則は，この「領域学」の性質を表したものといえ，実際「理論と実践の統合／往還」「理論の実践化」「実践の理論化」は教員養成をめぐる重要な論点となってきた。ただし，外的要請への対応は，時として学問研究の場である大学の内部要素との緊張関係をもたらしかねず，その軸足をどちらに置くのかによって，例えば「実践基盤性」「研究基盤性」（久冨 2008）といった性格の違いをもたらす。また，外的実践領域において，「領域学」がいかなるものとして意味づけられるのかによっても異なってくる。

3．《教員養成学》の誕生[4]

(1)経緯

　弘前大学教育学部の「教員養成学」とは，「教員養成学部における教育と研究の総体を不断に検証することを通して，その教員養成活動の質的改善に資することを目的とした学問」（遠藤 2007b 42頁）として提起された。その根底には，これまでの大学における教員養成のあり方への深い反省にもとづく，

「大学（学部）が教員養成に『責任』を負うという明確な自覚」（同上 41頁）
があった。

　その背景には，1991年の大学設置基準大綱化に始まり，国立大学の法人化
へと至る大学政策の転換，そして1997年の教員養成課程の定員削減とそれに
伴う「新課程」の設置や学部改組を経て，2001年に出された「国立の教員養
成系大学・学部の在り方に関する懇談会」報告書（以下，「在り方懇報告書」），
それに付随する北東北３大学の教育学部の再編・統合問題があった。このよ
うに大学内外から弘前大学教育学部の存在意義が問われ，「過去を反省し，
未来に自己投企することを強いられ」（佐藤 2007 29頁）る中で，《教員養成
学》は構想された。

　もちろん，これらの外的要因だけが，《教員養成学》をもたらした訳では
ない。実際，《教員養成学》構想の萌芽は，「教員養成大学・学部における教
育を体系的に編成するための実証的・理論的研究」の必要性を指摘した，大
学設置基準改正後に初めて出された1994年３月の自己点検・自己評価報告書
に求めることができる。また，2000年３月の「弘前大学教育学部が目指す基
本的方向」（学部将来計画委員会作成）では，初めて「教員養成学」という用
語が使用されていた。さらに，2002年に出された２回目の自己点検・評価報
告書においては，「『教員養成学』の創造・構築に，教育学部を構成する教官
全員が協力して取り組む」ことが課題として指摘されていた（遠藤 2007b 47
頁）[5]。これらの一連の動きは，学問を基盤とした研究・教育を行うことを第
一義的な使命とする「大学における教員養成」として，外的環境の変化に対
して内的統合を図りつつ対応するものといえる。

　より明確な形で「教員養成学」構想が示されたのは，「教員養成系学部の
再編・統合に関する構想試案」（学部基本構想委員会）においてである。そこ
には，以下の記述がなされていた。

　　　これまでの教員養成学に最も欠けていたものは，大学の教員養成活動そのも

のを研究対象とし，その改善のための方策を自ら提案し，その提案を実施することであった。そこで，我々は，「教育学部における教員養成の在り方」を開発し，「その成果を附属学校園と一体となって検証する方法論の構築」をめざし，教員養成の在り方を不断に改善するための理論的実践的な研究分野を「教員養成学」と名付け，これを再編・統合後の弘前大学教育学部のメイン・エンジンとする体制を築きたいと考える。具体的には，「教員養成学研究開発センター」を新設する。「教員養成学研究開発センター」は，教員養成の理論的側面としての「教員養成学大学・学部研究開発分野」と，「教員養成カリキュラム研究開発分野の2分野から構成される。(遠藤 2007a 20頁より重引)

ここでは「教員養成学」は弘前大学教育学部のメイン・エンジンとして位置づけられ，その研究開発を推進する組織として「教員養成学研究開発センター」の設置が示されている。同センターは2003年10月に学部内のセンターとして設置され，2004年4月からの新たな教員養成カリキュラムを展開するとともに，同年から科学研究費による「教員養成学」に関する研究に着手してきた。また2005年4月からは文部科学省から5年間の予算措置を受けて，同センターに専任教員2名が配置された。なお，2010年4月以降は，兼任教員のみによる組織として運営されてきている[6]。

⑵「教員養成学」の独自性

こうした経緯は，「教員養成学」に独自の性格を付与している。

まず，研究目的の面では，個別性と実践性が挙げられる。すなわち，「客観的な分析対象としての『教員養成』の在り方を研究することを目的とする」のではなく，「あくまでも研究者自らが帰属する教員養成学部における『教員養成』の在り方を研究し，その総体としての質的改善に資することを究極的な目的とするものである」(遠藤 2007b 49頁)。

また，研究領域については，「いたずらに研究領域が拡散することを回避して，大学における教員養成の在り方に焦点を合わせて，教員としての生涯にわたる職能成長を可能にする基盤形成のために大学がなすべきことは何な

のかという問題に，まずは全力を傾注しようとする点に，『教員養成学』の独自性がある」（同上 51頁）。「教師教育」という用語は，それまでに使われていた「教員養成」に代えて，養成－採用－研修段階に至る教員のキャリア形成にトータルに関わろうとする関心のもとに登場したものであった。このような動向を前にして，「教員養成」を冠する学を主張することは，先祖返りの主張といえるかも知れない。もちろん，教員養成段階への焦点化は，上述の統合・再編論議において学部段階の教員養成改革が最重要課題となっていたことによるところが大きい[7]。しかしながら，少なくとも日本においては，養成段階は教員としての生涯にわたる職能成長を可能にする基盤を形成するものとして位置づけられており，教員の量的・質的保証において重要な役割を果たしている。実際，岩田（2005 88頁）は「教師教育」と「教員養成」とを対比的に整理し，前者が個別的な場面での力量形成に着眼した教育方法学的アプローチにもとづくのに対して，「教員養成」には教員総体の水準の確保に着眼した教育経営学的アプローチが必要であると述べている。

　研究目的・対象の独自性は，以下に示す研究課題の設定にも色濃く反映しているといえる。当初，設定されていた研究課題は下記のとおりである。

　　(A)教員養成カリキュラム研究分野
　　　①体系的な教員養成カリキュラムの研究
　　　　（特に小学校教員養成カリキュラムの在り方にも十分留意した研究）
　　　②教職科目・教科専門・教科教育法の有機的連関及び個々の内容に関する研究
　　　③教育の実践（体験）と理論（研究）の在り方に関する研究
　　　　（特に教育体験の省察の方法論に関する研究）
　　　④効果的な教育実習の内容・形態に関する研究
　　　⑤大学院における教員養成の在り方に関する研究
　　　　（学部との連続性，現職教育を含む）

　　(B)教員養成学部組織研究分野
　　　①教員養成学部の構成原理に関する研究

②教員養成教育の効果検証及びその方法論に関する研究
③教員養成学教員に必要な資質と教員組織に関する研究
④地域社会のニーズと子どもの実態を踏まえた「望ましい教員像」の研究
⑤学部と附属学校の連携・協働の在り方に関する研究

この研究課題の設定の独自性の一つは，教員養成カリキュラム研究と学部組織研究の同時進行である。自らの教員養成を反省的に吟味し，研究しようとする場合，その具体的な成果は教員養成カリキュラムに反映される。しかし，「同時に，こうした教員養成カリキュラムを根底で支え，かつ円滑に実施していくための教員養成学部の組織体制の在り方の研究が推進され，かつ具体化されるのでなければ，体系的な教員養成カリキュラムも〈砂上の楼閣〉と化してしまう」（同上 53頁）からである。

　もう一つの独自性は，教員養成の効果検証及びその方法論の研究である。というのも，「『教員養成学』が真に教員養成に対する『責任』の自覚を根底に有して行われる以上，個々の教員養成学部で構想され，実施されている教員養成が，学生の教員としての資質・能力の育成にとって如何なる効果があったのかを検証することは欠かせない」（同上 54頁）からである。《教員養成学》構想に深く関わってきたメンバーの一人である豊嶋（2004）は，教員養成活動とそのシステムの学を「学部学」と呼ぶ一方で，「教員養成活動とそのシステムの有効性は，学生に対してそれらが果たす機能によって検証するしかなく，それなしの『学部学』は無根拠な空論であ」り，「教員養成学の中核的研究対象は学生・卒業生であり，『学部学』と『学生（卒業生）学』こそが展開されなければならない」（29頁）と述べている。

　研究方法の独自性については，「臨床の知」と「協働的アプローチ」とが挙げられている。《教員養成学》は，研究者自らが帰属する教員養成学部における教員養成の在り方を研究し，その総体としての質的改善に資することを究極的な目的とするものである以上，「近代科学（学問）の方法原理である研究者（主体）と研究対象（客体）の分離を保つことは不可能となり，む

しろ研究対象との密接な関係の中で，研究者が自らの教育実践を持続的に相対化しつつ『知』を導出するという方法原理」（遠藤 2007b 55頁），すなわち「臨床の知」が必要になるからである。また，上述したように，教員養成には教育経営学的アプローチが求められる以上，「協働的アプローチ」が必要であることは間違いない。それ以上に重要なことは，「それぞれの教員の専門とする学問研究で鍛えられた批判的分析の目で，教員養成の実践とその意味を相互批判的に検証すること」（同上 56頁）が，「領域学」として内部要素（個別学）に対する自律性を確立する契機ともなり得るからである。

(3)「領域学」としての《教員養成学》

これまで，弘前大学教育学部が掲げる《教員養成学》について，その誕生の経緯を追いながら，その独自性について述べてきた。

《教員養成学》は，国立大学を中心とした高等教育改革と教員養成・教師教育改革という二つの潮流を背景として，そしてより直接的には北東北３大学の教育学部の再編・統合問題に直面する中で，大学が教員養成に責任を負うことへの強い自覚のもとに，自らの教員養成活動をカリキュラムと組織両面から，自律的かつ不断に検証・改善し，質の高い教員養成を実現するための理論と方法論から成る，個別・実践的な学問として構想された。

《教員養成学》の提起は，バーンスティンがいうところの「個別学」モードから「領域学」モードへの転換を図るものであったといえる。かつて，横須賀（1976）は，教員養成の「機能概念」に対して「領域概念」を対置し，「機能概念」の批判の系として「予定調和論」と「縄張り論」を指摘した。横須賀が批判したのは，教員養成大学・学部は「ミニ総合大学」と称されるように，それぞれの学問分野の寄せ集めに過ぎず，統合の軸を欠いた教員養成カリキュラム・組織の在り方であった。「個別学」モードは，「全体として自己愛的であり，それ自身の発展に指向し，強い境界性と階統によって守られている」（バーンスティン 2000 113頁）ため，各教員が自らの専門とする学

第7章　弘前大学教育学部の《教員養成学》　　123

問分野の教育・研究に専心する（なわばり無責任論），あるいは学生に教員養
成としての学修成果の統合を委ねる（予定調和論）立場が生まれやすい。

　《教員養成学》は，上述した「個別学」モードにもとづく教員養成（学部）
の在り方を反省し，「領域学」モードによる再編を目指すものであったとい
える。この「領域学」は「諸個別学の再文脈化であり，内側では諸個別学に
対面し，外側では外部の実践諸領域に対面している」（同上 118頁）。《教員養
成学》は，一方では大学という知的な場においてその内部統合を図りつつ，
質の高い教員養成という外的実践の場からの要請を自らの「責任」として受
け止め，一つのまとまりある「領域」として教員養成を実践的・理論的にお
こなうための再文脈化原理＝〈教育〉言説であるといえる。実際，遠藤
(2007b) は《教員養成学》の可能性として，①教員養成学部の「統合の軸」
の形成，②教員養成の実践と学問研究の有機的連関の実現，③教員養成学部
の独自性の発揮の理論的基盤の3つを挙げている。そこには，《教員養成学》
が，諸個別学の再文脈化をもたらす「統合の軸」となり，「大学における教
員養成」という実践の場と学問研究の場との両方で働く「領域学」として構
築し，その実践をカリキュラム・組織両面を視野に入れて省察的（reflec-
tive）に実践していく理論的基盤を与える役割を担うことへの期待が込めら
れていたといえる。

　ただし，「領域学は，それがアウトプットを提供する市場に対していっそ
う応答的で，依存的であるために，その内部要素［諸個別学］に対する領域
学としての自律性を持つ」一方，「［知識の］の工学化の，中央集権的管理統
制の，そしてまた〈教育〉内容が外的な規制によって再文脈化される傾向」
にあり，「諸制度の組織的構造を中央集権的管理的統制へと向かわせるのに
与している」（バーンスティン 2000 114頁）とされる。実際，後述するように，
この間の教員養成・教師教育改革は，政策が同定する課題への効果的・効率
的対応を求める「効果主義指向の専門職性」を強調し，「実践的指導力の向
上」に代表されるように「ランクの高い」とされる現場実践のスキルや心構

えや新しい動向を学ぶといった「実践基盤性」にもとづく教員養成を展開していくことを求めるものであった（久冨 2008）。《教員養成学》自体においても「在り方懇報告書」の指摘への対応が強く意識されていたし，その後も教職実践演習の開発や教職大学院のカリキュラム開発，教員養成 IR（Institutional Research）データベースの構築等，その時々の政策課題への対応を強く意識した活動が展開されてきた。

　「領域学」にとって外部の実践領域の要請は無視できない文脈であるが，「効果主義指向」「実践基盤性」を直ちに招く訳ではない。少なくとも，日本においては「大学における教員養成」を一つの原則としている以上，「効果主義指向」「実践基盤性」は直ちに受け入れられるものではなく，仮に「実践への指向」が見られたとしても，「考えられないもの」の生産がなされる「言説生産の領域」である大学でおこなわれているものである以上，「研究指向」「研究基盤性」が消え失せることはないだろう。実際，《教員養成学》は，「大学」という学問にもとづき教育・研究をおこなう機関が，教員養成に対する「責任」を自覚し，その実践を学問研究の知見をもとに行い，その実践を省察的に捉える学問分野，いわば「大学における教員養成の反省の学」として構想されたものであった。またこうした「研究基盤性」は「臨床の知」と「協働的アプローチ」という研究方法の独自性にも現れている。

　《教員養成学》では，「児童生徒に働きかけ，その反応を読み取り，働きかけ返す教育プロフェッショナルの養成」をカリキュラム理念とし，「大学で学んだことが教育現場でどう有効に働くのかを検証し，それをもとに学び直し専門性と自律力を発展させていけるカリキュラム」の開発が目指された。当初そのことが意識されていた訳ではないが，そのカリキュラム理念は，ショーン（2007）の「省察的実践家」に重なるものである。またカリキュラム構成は，「研究基盤性」と言い切れないまでも，「理論」（大学の学び）と「実践」（現場での学び）の往還を強く意識したものであった。加えて，カリキュラムの効果検証においては，「教師には知識やスキルといった人の部分的，

フラグメンタルな要素を統合しつつ全人レベルで児童生徒に関わることが求められる」（豊嶋・花屋 2007 120頁）ことからアイデンティティを中心とした全人的変数が中軸に据えられた。上記のカリキュラム理念とカリキュラム構成は，バーンスティンのいう「規制言説」と「教授言説」にあたるが，少なくとも技術合理性を前提とする「効果主義指向」「実践基盤性」とは相容れない性格のものであることは間違いない。

4. 《教員養成学》の今日的位相

⑴教員養成をめぐる「新たな」政策的局面

　この20余年，日本では「実践的指導力」の向上を基調として教職課程の改善と質保証に向けた改革が行われてきた。特に2001年の「在り方懇報告書」以降，国立教員養成大学・学部を中心として，「大学における教員養成」の在り方が大きく問われてきた。そこでは，学校課題に即応できる「実践的指導力」を有する教員の育成に向けた教員養成カリキュラム・組織への転換が求められ，その質保証が厳しく問われることとなった。実際，2006年中央教育審議会（以下，中教審）答申により教職実践演習・教職大学院・教員免許更新制が導入され，2015年中教審答申により教職課程コアカリキュラムの導入・教員育成指標の策定・教員育成協議会が導入されていったと同時に教職課程認定の厳格化も図られてきた。こうした一連の流れは，先に述べ「効果主義指向の専門職性」のさらなる進展といえるものである。特に，2017年に出された「教員需要減少期における教員養成・研修機能の強化に向けて―国立教員養成大学・学部，大学院，附属学校の改革に関する有識者会議報告書」からは，国立教員養成大学・学部に対して国の教育政策をはじめとする外部の要請に，より一層効率・効果的に対応することを求める，「専門職大学」化とでもいうべき方向性が読み取れる（福島 2019）。

　しかしながら，20年以上が経過する中で，教員養成をめぐる状況は大きく変化してきたといえる。2022年中教審答申では，教員の働き方改革や小学校

を中心とした教員不足の深刻化を背景として，教員免許を持たない外部人材の登用がこれまで以上に強く打ち出された。具体的には，義務教育特例の創設・教員養成フラッグシップ大学・教職特別課程の修業年限の弾力化といった免許状取得のために大学で取得すべき単位の弾力化・教職課程の柔軟性の向上と，教員免許更新制から研修履歴の管理への転換とが示された。これらの一連の動きについて，岩田（2023）は，「教育の担い手の質保証の担保（質保証）において入職前の免許状取得のプロセスに依存する割合を下げ，入職後の継続的な学びの中で質の担保をおこなっていく方向へのシフトを核とするもの」（86頁）と分析している。また同答申は，学部の養成段階において「『新たな教師の学びの姿』（個別最適な学び，協働的な学びの充実を通じた，「主体的・対話的で深い学び」）を実現し」，「教職大学院のみならず，養成段階を含めた教職生活を通じた学びにおいて，『理論と実践の往還』を実現する」ことを求めている。「このことは，同時代的な教育課題に一対一対応で『実践的指導力』を身につけさせるというようなコンセプトで，コンテンツベースのカリキュラムを考えることがもはや不可能であること」（岩田 2024 95頁）への対応であり，教職生活を通じた「理論と実践の往還」を通じた「新たな教師の学び」の基盤形成を学部段階に求めていると考えられる。

　2022中教審答申は，一見すると，学部段階における「実践的指導力」の育成を強調してきたこれまでの政策動向とは異なり，「入職後に，高度な専門職として生涯にわたって学び続ける基礎を培うことこそが，大学教育の役割」（鹿毛・勝野・牛渡・岩田・浜田 2024 5頁）とする主張と軌を一にしているようにも思われる。また，その基礎として「理論と実践を往還させた省察力による学び」を位置づけており，これまでの「教職への態度，授業の技能，教室経営の技能，学校経営の技能，学校で生起する問題への対処など，教師としての心構えと職業態度と実務能力の向上を目的」とするこれまでの「資質能力アプローチ」（佐藤 2015 51頁）から「授業技術を中心とするものから，子どもの学びのデザインとリフレクション（省察）を中心とするもの」（同上

第7章　弘前大学教育学部の《教員養成学》　127

43頁）への転換を謳うものとも考えることもできる。

(2)「効果主義的専門職性」への傾斜と「一般的スキル」モード化（?）

　しかしながら，2022年中教審答申において「教師に求められる新たな教育課題に適時・的確に対応し得る機動的な教員養成・研修の深化」や「求められる知識技能が変わっていくことを意識した『継続的な学び』」が強調されていることからすると，「理論と実践を往還させた省察力による学び」は，国家的公共性（「官僚主義再文脈化領域」）が同定する課題への効果的・効率的対応を求める「効果主義指向の専門職性」に向けて，そのときどきにおいて必要とされる知識や技能の修得の欠如への気づきを与え，自己改善へと向かわせるだけのものに止まる可能性がある。朝倉（2024）は，海外の動向をもとに，NPM（New Public Management）型改革の中で，省察概念は「教職の統制システムに組み込まれ」，教職スタンダードにより「授業や学校をより良くしようとする教師の誠実さを，技術的・実践的省察を通じた『自己改善』にすり替える，巧妙な自己統制言説として機能している」（178頁）ことを指摘している。実際，日本でも2015年中教審答申において「教員育成指標」ともに「学び続ける教員像」が提起されてきた。こうした状況下においては，教員養成が直面すべき課題が国家的公共性の観点から定義され，それ以外に問われるべき課題（例えば，そもそも「教育」「学校」「教員」とは？　という批判的な視点からの課題）が後景に退くことにもなりかねない。また仮に「理論」の重要性が示されたとしても，教育課題の効果的解決に直接資する実証科学やより実際の学校現場の実践に直接資する研究等の範囲に止まるであろうし，そうした「理論」は複雑な文脈において実践をおこなう教員たちが抱える課題に限定的に応えるものにしかならないだろう。

　また同答申のいう「求められる知識技能が変わっていくことを意識した『継続的な学び』」は，「一般的スキル」モードへの転換を示唆しているようにも思われる。「領域学」モードに比べてより外部依存性が強い「一般的ス

128　第2部　教員養成の実践と制度を考える

キル」モードは，「短期変動主義」という変化の激しい労働・生活における
変動を持続的に受け止め，その時々の要請に対処していく「訓練可能性」の
開発を指向するものである。したがって，そこでの省察も，その時々の労
働・生活からの要請に照らして自らのアイデンティティを同定し，その安定
に向けた新たな知識やスキルの獲得に向かわせるものに過ぎず，「知識が内
省から，人の関わりから，人の専心から，自己の深部の構造から分離」（バ
ーンスティン 2000 150頁）されることになる。こうした「一般的スキル」モ
ードへの転換は，「大学における教員養成」の原則下において現時点では起
こりにくいように思われる。ただし，大学以外の教員養成のルートの出現・
拡大が進むとすれば，そこでは「一般的スキル」モードが支配的になる可能
性は否定できず，そうしたルートと「大学における教員養成」が競合関係に
置かれるとすれば，「一般的スキル」モードは無視できない文脈になるだろ
う。

(3)《教員養成学》の方向性

　これまでみてきた，教員養成をめぐる「効果主義専門職性」にもとづく
「領域学」モードへのさらなる傾斜，あるいは「一般的スキル」モード化へ
の転換が窺える今日的状況において，あらためて「大学における教員養成」
のあり方について問う必要がある。

　教職はそもそも「不確実性」の高い実践であるが，近年の社会変化や学
校・教育をめぐる状況において，「不確実性」はますます高まっているとい
える。その中で，専門職として「不確実性」と向き合い，社会に専門職とし
て認められ，専門職としてのアイデンティティを保持していく上で，学問研
究における知識基礎や方法に基づき，課題を同定し，その解決に向けて実践
し，自らの実践を精査していくことが求められる[8]。イギリスの教育社会学
者ホーダーン（Hordern 2015）は，バーンスティンに依拠しながら，学問的
言説の重要性について，以下のように述べている。

専門化された（specialised）言説は，実践者が自分の実践の性質とその中での役割を認識できるようにする強力な境界線を提供し，専門職の顧客や一般の人々に認められ，信頼できる専門化された専門職アイデンティティをもたらすものである。同様に，実践自体が，学問的言説によって提供される根本的な条件によって形作られず，また制約されない場合，専門職の判断は，さまざまな流行やテストされていない技術の影響を受ける可能性がある（435頁）

　「領域学」モードは，諸個別学の再文脈化を通じて，諸学問の知的な場と外的な実践の場との両方で働く大きな単位として構築されるものであり，内側では諸個別学に対面し，外側では外部の実践領域に対面している。うち「効果主義的専門職主義」的「領域学」化は，外部の実践領域からの要請への対応に傾斜し，大学という知的な場において求められる学問研究の知識基礎や方法への対応を後景に退ける傾向にあり，また「一般的スキル」モードは，前者の対応のみを意識し，後者への対応を問題にすることなく提唱されたものである。これらに対して，外部の実践的領域の要請に対して，それが抱える問題の同定を含めて，学問的知識基盤や方法をもとに対応していく「領域学」，すなわち「教員養成学」のあり方をあらためて考える必要がある。

　以下では，今後の《教員養成学》の方向性について，3点述べておきたい。それらは，遠藤（2007b）が《教員養成学》の可能性として挙げていた，①教員養成学部の「統合の軸」の形成，②教員養成の実践と学問研究の有機的連関の実現，③教員養成学部の独自性の発揮の理論的基盤に関わっている。

　第一に「領域学」としての《教員養成学》の理論的解明である。これは上記③に関わるものである。《教員養成学》を一つの〈教育〉言説＝再文脈化原理として捉え，その原理・過程・領域のあり方を，他の「領域学」との比較も視野に収めながら，理論的に考察することにより，その独自性と共通性を明らかにする必要がある。この間，イングランドにおいては，大学以外の教員養成プロバイダーが支配的となる中で，特に教育学を中心としたアカデミックな「知」のあり方が厳しく問われ，教員の専門性と専門職性をめぐる

知識のあり方や，その再文脈化をめぐる原理・過程・領域について議論がなされている（例えば Hordern 2015）。

第二に，上記②に関わる「省察」の原理的・実践的・実証的解明である。「省察」は，ショーンの『省察的実践家とは何か』以降，教師の専門性の中核に置かれ，大学における教員養成の研究・教育において，また近年の国の教員養成政策においても重要な理念と見なされるようになってきている（山﨑・高野・浜田 2024）。すなわち，「省察的実践家」像は教員養成をめぐる理念や目的といった「規制言説」として，教員養成の教育課程・方法・組織等に関わる「教授言説」を埋め込みつつ，一つの〈教育〉言説を構成している。また「省察」は〈教育〉言説が評価ルールを通じて実際の伝達・獲得の場である「再生産領域」における〈教育〉実践における中軸として位置づくものである。山﨑・高野・浜田（2024）は，この間の教員養成改革の中核的概念である「省察」についての原理的・実証的・比較的研究をおこない，国内外における政策動向における「省察」の「自己目的化」「制度化」「他律化」「技術化」「矮小化」「個人化」を批判し，学術的理論や研究的方法論に基づき自己を相対化して見つめ教育実践をより広い社会的文脈に位置づける社会正義志向の「批判的省察」の重要性を指摘し，そこに「大学における教員養成」の独自性を見出している。また，「省察」をめぐる新たな政策的展開が，大学における教員養成教育とそれを担うスタッフを含む組織体制のあり方の新たな方向転換をもたらしていることも指摘している。

《教員養成学》においては，当初から明言はされていないものの「省察的実践家」を「規制言説」と位置づけ，「(A)教員養成カリキュラム研究分野「③教育の実践（体験）と理論（研究）の在り方に関する研究（特に教育体験の省察の方法論に関する研究）」を教員養成カリキュラム研究分野の課題の一つとして位置づけていた。近年では『教育実習手引　第Ⅲ部　省察と理論の方法編』を刊行し，また弘前大学教育学部附属教員養成学研究開発センターの兼任教員の一人である宮﨑充治は，省察を軸としながら，「附属学校教員と

学部教員の協働を通した，教師教育者の専門性開発（23K02128）」に取り組んでいる。ただし，ヴァン＝マーネン（Van Manen 1977）のいう「実践的省察」に力点が置かれ「批判的省察」の側面は弱く，また効果検証においても「省察的実践家」の視点は弱かったといえる[9]。今後，上記の山崎らをはじめとする先行研究に学びつつ，「省察」を《教員養成学》の中核として位置づけ，その原理的・実践的・実証的に考察していく必要がある。

　第三に，「統合の軸」としての《教員養成学》の再認識である。《教員養成学》は「教員養成」学部としての教員養成に対する「責任」の強い自覚の下に提唱されたものであった。船寄（2009）は，岡本（1997）を参照しつつ，「教育学部をその社会的機能である『教員養成を（主たる）目的とする学部』ととらえるのではなく，「『教育現象』『教育問題』についての総合的・学際的な研究教育を固有の目的とし，それを通じて大学教育に対する社会的要請に応える学部」（204頁）というように研究と教育という大学の本質に即して規定する必要あるとしている。また岡本（1997）自身は「（そのためには）自己の専攻する学芸が学部のなかでどういう位置を占めるべきか，またその学芸が人間生活・教育とどうかかわっているか，という問題を明らかにして，学部教育のなかに有機的に位置づける努力をすることなしにはすすまないことである」（62頁）と述べている。もちろん，《教員養成学》においても多様な学問領域による「協働アプローチ」の重要性や「教員養成の実践と学問研究の有機的関連の実現」の必要性が主張されてきた。また先の教員養成に対する「責任」には，林竹二（1986）の「現実にたいする人間の深い責任にこたえるために自己の再形成が要求され，その自己再形成の手段として学問が役立つという信念」（229頁）が意識されていた（遠藤 2007 75頁）ことからすれば，「教員養成」を単なる機能として捉えていた訳ではない。ただし，「実践的指導力を有する教員の養成」という外的実践領域の要請への対応が強く求められる中で「教員養成」学部としてのアイデンティティが強く意識される一方，「教育の総合的研究」学部としてのアイデンティティは後景に退く

132　第2部　教員養成の実践と制度を考える

傾向にあったといえる。そのことは，「領域学」という固有の学問領域を構築・維持していく上では，内部における諸「個別学」との緊張を高め[10]，その統合性を弱める要因にもなりかねない。また，それ以上に，《教員養成学》が目指す「批判的省察的実践家」を支える学問的基盤の喪失をもたらす可能性がある。

　2023年7月に弘前大学教育学部附属として発足した次世代ウェルビーイング研究センターは，超人口減少地域における限界状況を想定し，子ども・教師・社会のウェルビーイングに資する次世代教育プログラム研究開発普及を，弘前大学教育学部および教職大学院を中核機関としたオール弘前大学体制下で行うものである。その目的は，「これまで本学が「オール弘前大学体制」で取り組んできた地域課題研究の「知」の集積を，青森県の次世代を担う子どもたちのための新たな「青森県型リベラルアーツ教育」として還元すること」と「次世代を担う子どもたち目線で，大学全体の教育・研究をアップデートすること」を通じて「大学から地域の子どもたちへの教育へ，子どもたちから大学の教育・研究へと循環する『知の伝達・還元』ルートを構築し，教育を基軸とした超人口減少地域におけるウェルビーイングの向上とSDGsの実現を目指す」ことにある[11]。それは，先の船寄や岡本がいう「教育の総合的研究」学部としてのアイデンティティを前景化させたものともいえる。当面は，教員養成学研究開発センターと次世代ウェルビーイング研究センターとが，それぞれ「領域学」がもつ外的実践からの要請への対応と学問の場における内部統合を果たすかたちで，「教育学部」としての「責任」を全うしていくことになるかもしれない。

5．おわりに

　本稿では，バーンスティンの〈教育〉の社会学理論を参照しながら，《教員養成学》の性格を明らかにするとともに，この間の教員養成政策動向について，特に近年における「大学における教員養成」の状況変化を踏まえつつ，

《教員養成学》の方向性について論じてきた。

　最後に示した方向性の三点は，バーンスティンの〈教育〉装置論に即せば，言説の生産（第三点目），言説の再文脈化（第一点目），言説の再生産（第二点目）に関わっている。あらためて「大学における教員養成」のあり方が問われている中，「批判的省察的実践家」として生涯にわたる成長を支える基盤を形成する《教員養成学》のあり方を問い直す必要がある。その際，弘前大学教育学部の教員養成活動という実践に根ざしながら，そのあり方を批判的に考察する「臨床の知」と，弘前大学教育学部のみならず，教員養成に関わる多様な立場・専門分野の人々との「協働的アプローチ」という方法論を踏まえる必要がある。特に，後者の点において，「新しい教員養成学の構築」（林 2022）を目指す上越教育大学という「同志」を得たことは，《教員養成学》が独善性を回避し，より内在的な批判を得ながら，外部への発信を行っていく上で極めて重要な意義をもつと考える。とりわけ，同大学が取り組んできた「教科内容構成」は，諸個別学の再文脈化という〈教育〉言説，ひいては「領域学」として「教員養成学」を構築していく上で重要な位置を占めるものである（林 2024　1頁）が，《教員養成学》では十分に議論されてこなかった事項の一つである。各教員養成大学・学部における「臨床の知」の蓄積にもとづきながら「協働的アプローチ」による議論を通じて，新たな「教員養成学」と「〈教育〉的再文脈化領域」が構築されることを期待したい。

本稿は，JSPS 科研費 JP20K02477 の助成を受けたものである。

注

⑴本稿は，あくまでも筆者個人の見解であり，弘前大学教育学部，同附属教員養成学研究開発センターの公的な声明ではないことを了承されたい。

⑵本稿の記述は，これらの論稿と一部重なるところがある。

⑶本節は，バーンスティン（2000）の「第2章〈教育〉装置」「第3章知識の〈教育〉化」にもとづく。また整理に際して，同書に収められた長谷川裕による「課題　本

書の主要概念の理解のために」を参考とした。

⑷本節は，主として遠藤（2007b）にもとづいている。

⑸ここで表明された「教員養成学」構想は，「横須賀薫の『教員養成学』構想の提唱をその時点では一切参照することなしに，弘前大学教育学部が独自に構築したものである」（遠藤　2007a　19頁）。

⑹附属教育実践総合センターの改組に伴い，2013〜18年まで助手1名が専任として配置されたが，助教として学部の講座に再配置となった。

⑺それ以外にも，大学院設置から間もなく，また教員研修についても県教育委員会との連携等の面で十分な体制が構築されていなかった等の当時の事情もあったと考える。

⑻このことについての詳細は福島（2024）を参照されたい。

⑼もちろん，当初の構想において，必ずしも「批判的省察」のレベルが欠如していた訳ではない。実際，〈教育養成学〉の創出に関わった豊嶋（2004）は，不登校を生み出している学校教育・教員のあり方への批判的視点を意識しながら，教育プログラムの開発・実施に取り組んでいた。

⑽総合大学においては，内部統合の問題は学部内部の問題だけでなく，他の学部を含めた大学全体の問題でもあり，その意味でも教員養成を「機能」としてではなく，「研究領域」として捉える必要がある（福島　2018）。

⑾同センターについては，https://hirodai-wellbeing.com を参照されたい。

引用文献

朝倉雅文（2024）「NPM 型改革下の教師教育スタンダード政策における省察概念」山﨑準二・高野和子・浜田博文（編）『「省察」を問い直す─教員養成の理論と実践の検討─』学文社，165〜182頁。

岩田康之（2005）「教員養成のカリキュラムづくりと『協働』」『教員養成学研究』創刊号，2005年，87〜110頁。

岩田康之（2023）「『令和の日本型』教育と教師」『「令和の日本型」教育と教師』学文社，82〜89頁。

岩田康之（2024）「日本の『大学における教員養成』カリキュラムを展望する」鹿毛雅治・勝野正章・牛渡淳・岩田康之・浜田博文（編）『大学における教員養成の未来』学文社，82〜96頁。

遠藤孝夫（2007a）「教員養成学の誕生」遠藤孝夫・福島裕敏（編）『教員養成学の誕生』東信堂，3〜23頁。

遠藤孝夫（2007b）「『教員養成学』の『学』としての独自性と可能性」遠藤孝夫・福島裕敏（編）同上，東信堂，42〜64頁。

岡本洋三（1997）『開放制教員養成制度論』大空社。

鹿毛雅治・勝野正章・牛渡淳・岩田康之・浜田博文（編）『大学における教員養成の未来』学文社。

久冨善之（編著）（2008）『教師の専門性とアイデンティティ』勁草書房。

佐藤三三（2007）「『教員養成学』の学問的性格試論」遠藤孝夫・福島裕敏（編）前掲，26〜41頁。

佐藤学（2015）『専門家として教師を育てる』岩波書店。

ショーン，D.A.（2007）柳沢昌一・三輪健二（監訳）『省察的実践とは何か―プロフェッショナルの行為と思考』鳳書房（Schön, D.A.（1984）*The Reflective Practitioner*, Basic Books）。

豊嶋秋彦（2004）「教員養成学の構造からみた不登校生のサポートと『斜めの関係』」『弘前大学教育学部紀要』特集号，27〜42頁。

豊嶋秋彦・花屋道子（2007）「アイデンティティ，教職志望，適正感からみた『教職入門』遠藤・福島（編）前掲，120〜134頁。

林泰成（2022）「新しい教員養成学の構築に向けて」『上越教育大学研究紀要』42，1〜10頁。

林泰成（2024）「新しい教員養成学の構築を目指して」『令和5年度上越教育大学『教員養成学』活動報告書』，1頁。

林竹二（1986）『林竹二著作集I　知識による救い』筑摩書房。

バーンスティン，B.（2000）久冨善之・長谷川裕・山﨑鎮親・小玉重夫・小澤浩明（訳）『〈教育〉の社会学理論』法政大学出版局（Bernstein, B.（1996）Pedagogy, Symbolic Control and Identity, Taylor & Francis）。

福島裕敏（2011）「『教員養成学』再考」岩田康之，三石初雄編『現代の教育改革と教師』東京学芸大学出版会，89〜104頁。

福島裕敏（2012）「現代教員養成改革下の弘前大学教育学部における教員養成」大坪正一・平田淳・福島裕敏編，東信堂，5〜32頁。

福島裕敏（2018）「弘前大学の場合」『日本教師教育学会年報』27，66〜67頁。

福島裕敏（2019）「現代教師教育改革と《教員養成学》」福島裕敏・松本大・森本洋介編『教育のあり方を問い直す』東信堂，172〜218頁。

福島裕敏（2024）「学士レベルを超えた教員養成の現状と課題」鹿毛雅治・勝野正章・牛渡淳・岩田康之・浜田博文（編）『大学における教員養成の未来』学文社，

97〜114頁。

船寄俊雄（2009）「『大学における教員養成』原則と教育学部の課題」『教育学研究』76(2)，197〜207頁。

山﨑準二・高野和子・浜田博文（編）（2024）『「省察」を問い直す』学文社。

横須賀薫（1976）『教師養成教育の探究―教員養成の理論と実践の検討―』評論社。

Hordern, J. (2015) 'Teaching, teacher formation, and specialised professional practice' *European Journal of Teacher Education*, 38(4), 431-444.

Van Manen, M. (1977) 'Linking ways of knowing with ways of being practical' Curriculum Inquiry, 6(3), 205-228.

第8章

幼保小接続を見据えた教員養成のあり方に関する考察
―小学校教員養成課程における学びを中心に―

山口美和

1. はじめに

　近年，幼稚園や保育所，認定こども園等（以下，「幼児教育施設」という）における幼児教育と小学校教育との円滑な学びの接続（以下，「幼保小接続」という）のあり方について，共通の教育課程の作成を軸としてあらためて議論がなされるようになっている。

　2017年に告示された現行の小学校学習指導要領の第1章「総則」第2「教育課程の編成」には，あらたに「学校段階等間の接続」という項目が加えられた[1]。ここには，幼児期の教育との接続において配慮すべき事項として，「幼稚園教育要領等に基づく幼児期の教育を通して育まれた資質・能力を踏まえて教育活動を実施し，児童が主体的に自己を発揮しながら学びに向かうことが可能となるようにすること」[2]が掲げられており，その手がかりとして幼稚園教育要領に定める「幼児期の終わりまでに育ってほしい姿」を活用し，指導を工夫することが求められている。旧学習指導要領においては，総則の最後に，開かれた学校づくりのために幼稚園や他校種との「連携や交流を図る」ことに配慮すべきであることが示されていたのみであった[3]。これに比べ，現行の要領では，幼児期に培った力を小学校でも子どもたちが発揮することができるよう，生活科等を中心に「合科的・関連的な指導や弾力的な時間割の設定」などの指導の工夫や指導計画の作成を行うことを通して円滑な「学びの接続」を促す[4]など，一歩踏み込んだ表現になっていることがわかる。

138　第2部　教員養成の実践と制度を考える

　このように近年では，幼保小のあいだで重視すべき繋がりは，「連携や交流」から「学びの接続」へと変化している。この前提として，2017年の学習指導要領・幼稚園教育要領の改訂の際に，幼保小の学びが連続的なものであることがあらためて示されたことが挙げられる。幼稚園教育要領の改訂の際に加えられた「前文」には，幼稚園が「学校教育の始まり」であることや，幼児期の教育が「生涯にわたる人格形成の基礎を培う重要なものであること」[5]が示されると同時に，幼児期に育まれる力を示す概念が，従来の「心情・意欲・態度」から「資質・能力」へと変更された。学習指導要領と同じ「資質・能力」という概念を用いることによって，幼稚園と小学校の学びの繋がりを意識させ，幼児期の学びが小学校以降の学びの基盤となるべきことを強調するための変更である。幼児教育施設と小学校が，幼保小の学びの繋がりを意識しながら，それぞれの時期の発達に応じた教育を展開できるようにするために，「幼児期の終わりまでに育ってほしい姿」が幼児教育の方向目標として共有されたのも前述のとおりである。

　こうした幼保小の学びの繋がりを重視する全体的な流れの中で，冒頭に述べた幼保小のあいだでの共通の教育課程の作成・共有を推進する動きが出てきているのである。2022年度から開始された「幼保小の架け橋プログラム」では，義務教育開始前後の5歳児から小学校1年生の2年間を「架け橋期」と名づけ，「架け橋期カリキュラム」を幼保小が共同で作成・実施することを中心とした取組を，採択自治体において先行的に実施している[6]。この先進的なプログラムをきっかけとして，幼保小で子どもの学びを見る視点を共有し，共同でカリキュラム作成に取組むことを推進する流れが，今後，全国で一層加速していくことが推測される。

　ところで，幼保小の現場における学びの接続を見据えた協働の取組が加速していく中で，教員養成大学には，どのような役割が求められるのだろうか。「幼保小の架け橋プログラム」の実施に際して策定された「幼保小の架け橋プログラムの実施に向けての手引き（初版）」[7]には，具体的にプログラムを

進めるにあたっての，園や小学校の体制づくりや自治体における支援体制の
あり方，幼児教育アドバイザーなど幼児教育推進体制を通じたプログラムの
普及などが示されているが，地域における教員養成大学が果たすべき役割に
ついては言及されていない。しかし，幼保小接続を進展させていくためには，
幼稚園教諭や保育士等（以下，「保育者」という）と小学校教員が，「学びの接
続」の重要性に対する共通認識をもち，教育目標や教育方法等における幼保
小の違いを理解した上で，めざすべき子どもの姿を共有するために対話を重
ねることが重要であるとされている。こうした幼保小の対話の基盤となるべ
き基礎的知識や態度は，本来，保育者・教員の養成段階において身につける
のが望ましいのではないか。幼児教育施設と小学校との「学びの接続」を念
頭に，幼児期に子どもたちが身につけた資質・能力を，すべての小学校にお
いて活かすことができるようにするために，小学校教員がもたなければなら
ない知識とはなんだろうか。現在，教員養成大学が構えている小学校教員養
成カリキュラムは，そのような「学びの接続」を支えるための知識や態度を
十分に学生に伝えられているのだろうか。

　以上の問題意識を踏まえ，本稿では，これからの時代に求められる幼保小
接続を見据えた教員養成のあり方を検討するとともに，現場における対話の
促進に教員養成大学が果たすべき役割について考察したい。特に本稿では，
幼児教育施設から1年生を受け入れる側の小学校教員に求められる資質・能
力に注目し，小学校教員養成課程において，どのような教育内容を充実させ
ていくことが，幼保小の学びの接続に資するかを検討する。

　なお，小学校との学びの接続の対象となる幼児教育施設は，幼稚園のほか，
保育所や認定こども園等がある。いずれの施設も，5領域を中心とする3歳
以上児の保育内容については現行の要領・指針において共通化が図られてい
るため，どの施設との接続においても同様の取組が求められるが，本稿では，
議論の道筋をわかりやすくするため，主として幼稚園と小学校との接続を中
心に論じることとする。

140　第 2 部　教員養成の実践と制度を考える

　以下，第 2 節では，現在進行中の「幼保小の架け橋プログラム」の背景として，我が国における幼保小の連携・接続の現状と課題を概観する。続く第 3 節では，小学校教員養成カリキュラムにおいて幼保小連携・接続がどのように扱われているかについて，先行研究を手がかりに分析を行う。第 4 節では，幼保小の相互理解に資する対話のために必要となる教員の基本的な知識等について，「幼保小の架け橋プログラム」に採択された自治体の担当者へのインタビューを手がかりに検討する。最後に，これからの時代に求められる教員養成のあり方について若干の考察を加えることとする。

2．幼保小連携・接続を進める上での現場における課題

(1)幼保小連携・接続の現状

　就学前における生活と学びの場である幼稚園や保育所等の幼児教育施設と，小学校との連携・接続の現状はどのようになっているのだろうか。

　中央教育審議会初等中等教育分科会に置かれた「幼児教育と小学校教育の架け橋特別委員会」は，2023年 2 月「学びや生活の基盤をつくる幼児教育と小学校教育の接続について〜幼保小の協働による架け橋期の教育の充実〜」と題された審議まとめ（以下，「まとめ」という）を公表した[8]。

　このまとめにおいて，幼保小接続をめぐる現状と課題については，以下の 4 点が指摘されている。

　第一に，各幼児教育施設や小学校によって幼保小連携・接続に対する意識に差があり，共通の視点をもった学びの接続が十分に行われているとは言い難いことである。文部科学省が行った「令和元年度幼児教育実態調査」によれば，小学校との連携の取組を行っている幼児教育施設は約 9 割に上るとされている[9]。しかし，多くは行事の交流等のレベルの連携に留まっており，幼児期に培った資質・能力を小学校に引き継ぐためのカリキュラムの編成・実施には至っていないことが指摘されている。

　第二に，遊びを通して学ぶという幼児期の教育の特性に対する認識が，小

学校や保護者を含む社会全体に十分共有されていないことである。遊びは，幼児にとって主体的な学びとしての重要な意味を持つ。しかし，こうした遊びの教育的意義に対する理解が十分進んでいないため，幼児教育について「いわゆる早期教育や小学校教育の前倒しと誤解」[10]されがちであることが指摘されている。

　第三に，障害のある子どもや外国籍の子どもなど，特別な配慮を要する子どもに対して，幼児教育施設においてどのような支援が行われてきたのかが十分引き継がれていないために，就学後に適切な支援ができないなどのケースが散見されることである。発達障害や医療的ケア児などの特別な支援を要する児童や，外国に繋がりのある児童は近年増加し続けており，小学校教員がこうした児童に支援する場面が増えている。こうした児童に対する適切な指導・支援を行うためにも，幼保小のあいだでの情報共有の重要性が増しているといえる。

　第四に，地域における幼保小の接続を図っていく上で，多様な設置主体・施設類型がある幼児教育施設と小学校とが学びの接続を行う環境を整える必要があるが，その体制が不十分な自治体も多いことである。文部科学省による「幼児教育の推進体制事業」を契機に，幼児教育センターを設置し，幼児教育アドバイザーを置く都道府県や市町村が増えてきてはいるものの，地方自治体の間で取組に差があり，アドバイザーの質にもばらつきがあることが指摘されている。

　こうした現状を踏まえ，今後，幼保小が学びの接続を進め，「架け橋期」の教育の質を充実させていくため，まとめではさまざまな提言がなされている。

　提言の中心となっているのは，幼児期と小学校との学びの連続性を保障するための，5歳（年長）の時期から小学校1年生の時期までの2年間にわたる一貫した「架け橋期カリキュラム」の作成である。これまでは，入学した子どもたちが学校生活に早期に適応することを目指した「スタートカリキュ

142　第2部　教員養成の実践と制度を考える

ラム」を，小学校が独自に作成・実施するケースはしばしば見られた。また，幼児教育施設側でも，卒園が近くなった時期に，小学校入学を見据えて独自の「アプローチカリキュラム」を作成していたケースがある。しかし，今回の提言においては，「幼保小が協働し，共通の視点を持って教育課程や指導計画等を具体化できるよう，架け橋期のカリキュラムを作成することが重要」[11]であると明記されている。

　共通のカリキュラム作成を軸に据えた幼保小協働の土台を作るために，特に重視されているのが双方の教員・保育者の対話の場づくりである。まとめでは「幼児期の遊びを通した学びが小学校の学習にどのようにつながっているかについて，幼保小の先生が子どもの姿の事例を通して，具体的に対話をすることが重要になる」[12]と指摘している。たとえば，数に対する幼児の興味が小学校での算数の学習への関心につながっていく具体的な事例などをもとに，幼児教育施設と小学校とがそれぞれ大事にしている子どもの経験等について，対話を通じて相互理解を深めていくことが必要であるとしている。

(2)小学校教員から見た幼保小接続の難しさ

　芦田・甲斐（2024）は，幼小連携・接続に対して小学校教員が感じる困難について，大阪府内の小学校教員561名を対象とする質問紙調査を通じて明らかにしている。それによれば，教員が感じる困難は「教員側の時間不足」「カリキュラム・教育方法の違い」「カリキュラムの時間調整」「教員の知識不足」「就学前教育・保育施設の多様さ」など10のカテゴリーに分類される[13]。このうち，「教員側の時間不足」のカテゴリーに分類されたものには，「普段の仕事量の多さにより，交流する時間を設けにくい」といった回答や，打ち合わせや準備に時間がかかったり，園との物理的な距離があったりするため，交流が困難であるとの回答が目立っている。また，「教員の知識不足」というカテゴリーには，「幼保の取り組みを，小学校でどのように活かせばよいか分からない」「幼保の知識が少ない教員には，分からないことが多い」

といった回答が分類されている。そもそも小学校教員が幼児教育に対する知識をあまり有していないために，幼児期の学びをどのように日々の教育活動の中に活かしていけばよいかわからず，戸惑っていることを伺わせる回答である。

　芦田らの研究結果では，現場の教員が物理的にも時間的にも制約がある中で幼保小の接続を進めなければならない現状が浮き彫りとなっている。また，教師自身が幼児教育についての知識が少ないことを自覚しながらも，お互いの教育への理解を深めるために相互の保育・授業参観を行うほどの余裕すらもないことがうかがえる。現場で働く小学校教員は，幼児が遊びを通して学ぶ姿を実際に目にする機会が少なく，また遊びの中のどのような経験が，小学校における教科の学習につながっているのかを具体的に理解することが困難であることが推測される。

　こうした現場の状況を鑑みると，保育者養成・教員養成の段階で幼児教育と小学校教育の違いを理解し，幼児期からの長期的な展望をもって学びを継続するための視点を，学生のうちから獲得しておくことが望ましいといえる。

3．教員養成カリキュラムにおける幼保小連携・接続の取り扱いの現状

　では，現在の教員養成大学・学部のカリキュラムにおいて，幼保小連携・接続に関する内容はどのように取り扱われているのだろうか。

　幼保小連携・接続において，小学校で中核的な役割を果たす教科は生活科である。先にも触れた学習指導要領の総則では，幼児期の教育を通して育まれた資質・能力を踏まえた教育活動を実施するために，「低学年における教育全体において，例えば生活科において育成する自立し生活を豊かにしていくための資質・能力が，他教科等の学習においても生かされるようにする」[14]ことの重要性が指摘されている。特に，入学当初においては，幼児期に遊びを通して育まれてきた力が，小学校での各教科の学びに円滑に接続さ

144　第2部　教員養成の実践と制度を考える

れるように，「生活科を中心に，合科的・関連的な指導や弾力的な時間割の設定など，指導の工夫や指導計画の作成を行う」[15]べきであることが明記されている。本節では，大学における小学校教員養成カリキュラムの中でも生活科に関連する科目に注目し，幼保小連携・接続がどのように取り扱われているのかを，先行研究を通して確認しよう。

　叶内ら（2022）は，幼保小接続において中核を担う生活科の役割に着目し，生活科関連科目における幼保小連携・接続の取り扱いについて調査を行っている。全国の国立大学のうち，小学校教員養成課程を設置する52大学がweb上で公開している生活科に関連する科目のシラバス237件について調査を行い，調査項目全てが回収できた34大学149件について分析を行っている。それによれば，シラバスの「到達目標」「授業の概要・テーマ」「授業計画・内容」のいずれかに「スタートカリキュラム」「幼小接続・保幼小接続」「幼児期」「幼児教育」「幼児」等の幼保小接続に関連する記述が見られたのは，54件（36.2％）であった[16]。生活科関連科目は免許法上，「教科に関する専門的事項」に関わる科目と，「各教科の指導法」に関わる科目に大別されるが，前者については選択または選択必修科目となっているなど，必修としていない大学もみられた。

　また，生活科関連科目を担当している教員の主要専門分野は，非常勤や専門不明の教員を除けば，「教科に関する専門的事項」「各教科の指導法」いずれの科目においても「理科」が最も多く，次いで「生活」，「社会」が続く結果となっている[17]。教員の主要専門分野ごとに，シラバスにおける幼保小接続に関する内容の記載の有無を見ると，「理科」を専門とする教員が担当するケースでは，シラバスにおいて幼保小接続に関する内容を記載しているのは34人中8名（23.5％）にとどまっているのに対し，「生活」を専門とする教員では26名中17名（65.4％）が取り扱っているなど，教員の元々の専門分野によって幼保小接続に関する内容の扱いに差があることが明らかとなっている[18]。

西川（2021）は，過去のシラバスを web 上に公開している国立大学 9 校の小学校教員養成課程を対象に，2000年代初頭から2020年までに至る生活科のシラバス1241件の記載内容の変遷を分析している。

それによれば，幼保小接続に関連するキーワード（「幼小連携・保幼小連携」「スタートカリキュラム」「アプローチカリキュラム」「小1プロブレム」「10の姿」など）の出現率をみると，「スタートカリキュラム」が2010年度から2012年度にかけて急増したことが明らかになった。一方，「小1プロブレム」については，2011年に23.4%の出現率を記録したのが最高で，その後は出現率が下がり続けていることもわかった[19]。

「スタートカリキュラム」への言及が2010年ごろに急増したのは，2008年の小学校学習指導要領改訂の際，学習指導要領解説（生活編）に，幼児教育との接続のためにスタートカリキュラムを作成することが明記されたためではないかと，西川は考察している。また，「小1プロブレム」に関する記述が減少しているのは，近年の幼保小接続の目的が，小1プロブレムへの対応から「学びの接続」にシフトしていることが背景にあると指摘している。

さらに幼保小連携・接続に関連する表現[20]を細かく拾い上げて集計すると，2011年以降は生活科シラバス全体のうち約30%前後で何らかの幼保小連携・接続に関する表現が使用されていることがわかった。ただし，大学ごとに見ると，2008年度以降，徐々に幼保小連携・接続に関する記述が見られる大学が増加する一方で，2008年度以降2020年まで幼保小連携・接続に関する表現が一度も出現していない大学があるなど，各大学によるばらつきがみられることが示された[21]。

また同調査では，幼保小連携・接続に関連するキーワードと，幼児期の教育に関連するキーワード[22]のいずれも使用していないシラバスの割合は，2008年には45.5%だったのに対し，2020年には10.3%まで減少していることが明らかになっている[23]。

叶内ら（2022）と西川（2021）の調査を通して，国立教員養成大学・学部の

146 第2部 教員養成の実践と制度を考える

初等教育教員養成課程においては，大学が開講している生活科関連科目の中で幼保小連携・接続に関連する内容を取り扱う割合は3割程度にとどまることが明らかになった。西川の研究からは，幼児期の教育に関する記述も含めると，幼保小連携・接続及び幼児教育についての内容を生活科関連科目の中で扱う傾向は，近年，徐々に高まりつつあることが見て取れる。しかし，大学や担当教員による差は大きく，現状では，教員をめざす学生がどの大学で学ぶかによって，幼保小接続に対する意識や，幼児期の教育の特性に対する理解の程度に違いが生じる可能性があることが推測される。

　小学校において幼保小連携・接続の要となる科目とされる生活科であるが，全国の国立教員養成大学において，学生が生活科の専門的事項や指導法に関する授業を履修する際，幼保小連携・接続に関する内容が授業内で扱われない割合が，シラバスを分析する限り約7割にも上るという事実は，非常に重いと言わざるを得ない。幼児期からの「学びの接続」が求められるこれからの時代を見据えて，質の高い教員養成を行っていくためには，小学校教員養成課程において幼保小連携・接続に関する内容を拡充させていくことが重要であるといえる[24]。

4．幼保小の対話の前提となる「子ども観」と「学び観」の共有

　先にも述べたように，今後，子どもの「学びの接続」を充実させていくため，幼保小の保育者・教員が共同で「架け橋カリキュラム」を作成する流れが加速していくと予想される。共同でのカリキュラム作成において，重視されているのが幼保小の保育者・教員間の「対話」である。特に，架け橋期を通じてどのような子どもの資質・能力を育んでいくのか，そのために保育者や教師はどのような援助・指導をするのか，年間の活動や各教科の単元構成の中で遊びや学びのプロセスがどのように進んでいくのか，といったカリキュラムを構成する「共通の視点」を整理するために，「幼児期の終わりまでに育ってほしい姿」を手がかりにして対話を進めることが重要であるとさ

第 8 章　幼保小接続を見据えた教員養成のあり方に関する考察　147

れている[25]。

　しかし，実際にはいきなり対話をはじめようとしても，幼児教育施設と小学校との間には教育観・子ども観の違いがあり，子どもの姿の捉え方が異なるため，保育者と教員との会話が成立しないこともしばしばあるようだ。

　われわれは令和 5 年度及び令和 6 年度の「上越教育大学研究プロジェクト」において，「架け橋期の教育の充実に向けた幼保小の接続のあり方に関する研究」プロジェクトを立ち上げ，「幼保小の架け橋プログラム」に採択された先進的な自治体に対する聞き取り調査を実施するなどして，架け橋期カリキュラム作成の実態と課題について研究を行ってきた。以下は，2024年2 月にわれわれの研究プロジェクトチーム[26]が実施した，滋賀県教育委員会の担当者への聞き取り調査[27]において得られた語りからの抜粋である。語りの引用はイタリック体とし，引用者による補足を括弧内に示す。

> *（子どもに対する）捉えとして面白かったのが，小学校側は（子どもが）話が聞けないっていうことが出てきまして，逆に園の方は，（子どもが）話がとても聞けるようになってきてるって（捉えていて），「聞く」に対しての捉えが，小と園とで違うということが…（中略）…出まして。おそらくここは，小学校側が，先生が前に立ったら聞くものだっていう認識でやっている。けれども，園はそうじゃない。だから，「聞く」ことの捉えっていうか，指導観とか子ども観っていうところが，やっぱりまずそこが違う。*

　滋賀県では，公立・私立の幼稚園，保育所，認定こども園と小学校との間で「架け橋カリキュラム」の作成を行ったが，校園が集まる最初の会議で，KJ 法によって子どもに対する考えを出し合ったという。上記の語りは，その話し合いのときの気づきについて述べた部分である。同じ「聞く」という言葉を使っていても，どのような場面で「聞く」ことを重視するのかが幼児教育施設と小学校とで異なっていることがわかる。幼児教育施設側において「聞く」とは，遊びや生活の中で自分の主張を押し通すだけでなく，友達の話や主張に耳を傾けようとする態度を指すのに対し，小学校の教師にとって

148　第2部　教員養成の実践と制度を考える

「聞く」とは，授業中に教師の話を静かに集中して聞き，理解しようとする姿勢で授業に臨むことを指すことが多い。

　話し合いの過程で，幼保小の言葉や概念の使い方の違いに対する気づきを得ていくことは，お互いの子ども観や指導観をすり合わせていく上で重要なプロセスである。しかし，幼児教育施設と小学校のそれぞれにおける子どもの捉え方の違いは，教育に対する双方の考え方の根底にまで響いており，その隔たりを埋めていくのは容易ではないようだ。滋賀県の担当者も，1回の会議ではその差は埋まらなかったと述べる。

> 　ただ，この1回だけの会議体でカリキュラムを開発するベクトルを合わせたからといって，みんながそれで，授業観とか保育観とか子ども観が合うかって，実はそうではなかったです。
> 　一つ，やっぱり違うなと思ったのが「環境」。小学校の先生の聞き取り調査の時に，…（中略）…「小学校は園ほどにきめ細やかにできない」ってことを小学校の担任の先生がおっしゃいました。「例えば，環境を整えるとか」っていうふうにおっしゃって。「環境」って（いう言葉を）使いますよね，幼児教育（では）。（担当者が）「環境って何ですか？」って（その小学校の先生に）聞くと，牛乳パックとかを重ねて一人ずつの用具を収めるための箱とか，一人ずつの置き場所が決められるような整理された棚とかいうふうにおっしゃったんです。…つまり，（その先生は）「環境」というのは子どもたちが正しく整理整頓するための環境って，やっぱり捉えていたんです。…「環境」っていう用語ひとつをとっても，理解が十分にできるかっていうと，そうではないということも見えました。

　幼児教育においては，「環境を通した保育」という間接的な教育方法をとることが基本とされている。それは，子どもの発達に応じて，多様な素材や道具に触れられる魅力的な「環境」を保育者が整えることで，子ども自身が興味関心をもった対象物に主体的に関わり，自発的な遊びが展開していくことを通してさまざまなことを学ぶことができるという，幼児期の発達特性に合わせた「学び」の捉え方に支えられている。この学びの捉え方の根底には，乳幼児期の子どもは大人から教えられなくても，興味ある対象に自ら働きか

け，試行錯誤することを通して体験的に学ぶことができる力を持っているという，「有能な学び手」としての子ども観がある。

こうした幼児教育における基本的な「学び」のスタイルや，保育者が有している子ども観を知らずに，幼児の姿を語る対話の中で使われる「環境」という言葉を小学校教員が耳にすると，上記の語りのように，理解がすれ違うことになってしまう。幼児期に子どもが何を学んでいるのかを小学校教員が理解するためには，なぜ「環境」が子どもの「学び」に重要な意味を持つのか，どのような「環境」を整えることが子どもの「学び」を促進するのかといった，幼児期の「学び」の特徴を理解することから始めなければならないのである。

もちろん，幼保小の保育者と教員が丁寧に対話を繰り返していくうちに，お互いの子どもの見方の違いに気づき，時間をかけて理解をすり合わせていくことは可能であろうし，そうした相互理解のプロセスこそが重要であることは言うまでもない。しかし，繰り返しになるが，現場でさまざまな業務を抱えながら働く多忙な教員にとって，話し合いの時間を長時間確保することは現実的とはいえない。個々の小学校教員が，現場で幼保小接続に取り組むことになってから，幼児期の学びの特徴を理解するよう努力することを求めるのではなく，小学校教員の免許を取得する際に，あらかじめ養成段階で幼児教育に関する知識を身につけることができるシステムを構築することが望ましいのではないだろうか。

また，先に述べた幼児期の発達に即した体験的で試行錯誤的な「学び」のスタイルは，小学校低学年においても継続している。小学校に入学すると，子どもの活動そのものは授業を通した意識的・系統的な「学習」へと移行していくが，子ども自身の認知構造が，概念を通した抽象的な思考の発達による仮説推論的な学習に切り替わるのはまだ先のことである。このため，特に小学校低学年児童の担任教師は，1・2年生の児童の発達に即した教育方法で授業を行うためにも，幼児期の体験的な学びのスタイルを十分理解してい

る必要があるといえる。これらのことから，幼児の発達や幼児教育の方法に関する基本的な知識と理解は，小学校教員養成課程において，必須の事項として取り扱われることが望ましいと考えられるのである。

5．まとめ

　本稿では，近年の幼保小接続に関する議論を確認することを通して，小学校教員養成課程における，幼児期の学びに関する内容の取り扱いの必要性について検討してきた。

　本学も含め，小学校教員養成カリキュラムは，SDGsや「主体的・対話的で深い学び」などの新しいトピックを扱う授業を大学独自科目として新規に開講するなど，年々，過密化の一途を辿っている。また，小・中の両免を取得する学生が多数派であるため，それらの免許科目に加えて幼児教育関連科目を選択履修する時間的・精神的余裕が，学生の多忙な大学生活の中でますます失われつつある。

　このような状況の中で，小学校教員を目指す学生の負担を増やさないよう留意しながら，教員養成段階において幼児期の学びについても理解を深められるような工夫が必要である。ひとつには，すでに開講されている生活科関連科目において，幼保小連携・接続に関する事項についての内容を充実させていくことが考えられる。また，生活科以外の指導法の科目においても，教員の相互乗り入れや，幼稚園教諭や保育士等，幼児期の教育の実態を知る外部講師の招聘等を積極的に行い，授業全体の中で1－2回，トピック的に幼児期からの「学びの接続」や低学年児童の指導の留意点について扱うなどすることも有効であろう。

　本学の学生は，1年次に履修する「教育実地研究Ｉ」において半日間の幼児教育施設における観察実習を行う機会が設けられている。「教育実地研究Ｉ」は，すべての学生が，現場で3歳から5歳の幼児の姿を見ることができる貴重な実習である。実習の事前指導のみならず，生活科やその他の授業に

おいても幼児の学びや発達について耳にする機会があれば，実習を通して幼児に対する理解を一層深めることができるであろう。

　大学におけるこうした取り組みを進めるためには，教員養成にあたる大学教員自身が長期的な視野で子どもの育ちを捉え，小学校における指導のあり方を，幼児期の学びとの繋がりの中で理解しようとする意識をもつことが重要である。

　教員養成大学の教員は，今後，さまざまな校園で幼保小連携・接続の取り組みが進められていく場面において，最新の知見や研究成果をもとに現職教員のための研修を担ったり，相互理解を深めるための対話のファシリテーターを務めたりするなど，地域における「学びの接続」に貢献する役割を果たすことが求められる。幼保小接続の取り組みが進みつつある変化の時代に，大学における教育が取り残されないよう，教員養成大学はつねに学校現場に学び，地域の実情に関する情報共有を行うことを通して，最新の動向を学生の教育に還元できるよう，日々努力していくことが必要である。

注
⑴文部科学省『小学校学習指導要領（平成29年告示）』21頁。
⑵同，21頁。
⑶文部科学省『小学校学習指導要領（平成20年告示）』https://www.mext.go.jp/a_menu/shotou/new-cs/youryou/syo/sou.htm
⑷文部科学省『小学校学習指導要領（平成29年告示）』21頁。
⑸文部科学省『幼稚園教育要領（平成29年3月）』2頁。
⑹文部科学省「幼保小の架け橋プログラム」https://www.mext.go.jp/a_menu/shotou/youchien/1258019_00002.htm
⑺文部科学省「幼保小の架け橋プログラムの実施に向けての手引き（初版）」
https://www.mext.go.jp/content/20220405-mxt_youji-000021702_3.pdf
⑻幼児教育と小学校教育の架け橋特別委員会（2023）『学びや生活の基盤をつくる幼児教育と小学校教育の接続について〜幼保小の協働による架け橋期の教育の充実〜』

152　第2部　教員養成の実践と制度を考える

https://www.mext.go.jp/content/20220307-mxt_youji-1258019_03.pdf

⑼文部科学省「令和元年度幼児教育実態調査」https://www.mext.go.jp/component/a_menu/education/detail/__icsFiles/afieldfile/2020/01/30/1278591_06.pdf

⑽幼児教育と小学校教育の架け橋特別委員会（2023）『学びや生活の基盤をつくる幼児教育と小学校教育の接続について～幼保小の協働による架け橋期の教育の充実～』11頁。

⑾同，9頁。

⑿同，9頁。

⒀芦田祐佳・甲斐愛菜（2023）「幼小連携・接続に対して小学校教員が感じる困難－参加経験のある取り組みの違いに着目して－」『大阪教育大学紀要　総合教育科学』第72巻，108-109頁。

⒁文部科学省『小学校学習指導要領（平成29年告示）』21頁。

⒂同，21頁。

⒃叶内茜・永瀬祐美子他（2022）「【研究ノート】円滑な保幼小接続をめざす初等教育教員養成の在り方－生活科に関するシラバス分析から－」『児童学研究』第46号，57頁。

⒄同，57頁。

⒅同，57頁。

⒆西川由佳（2021）「幼児教育と幼小接続の観点からみる小学校教員養成課程の生活科シラバスにおける特徴」『お茶の水女子大学　子ども学研究紀要』第9号，63頁。

⒇同，64頁。「幼小接続・保幼小接続」と同義の表現を指す表現であり，実際の調査で自由記述の中に見られた「保・幼・小連携」「幼児教育と小学校教育の接続と連携」「幼少接続・連携」「幼保小の連携と生活科」「幼稚園・保育所からの接続」「幼児教育から小学校教育への円滑な接続」「幼児期からの学びの接続」「幼児教育と生活科の連携」など22の表現を指す。

21同，66頁。

22「幼児」「幼児教育，幼稚園教育，保育，就学前教育」「幼児期，幼年期」「幼稚園，保育所・保育園」「幼稚園教育要領」等のキーワードを指す。

23同，67頁。

24ちなみに本学で公開されている2024年度のシラバスにおいて，幼保小連携・接続に関連すると思われるキーワードを含む科目は5科目あった。「総合・生活」，「発達心理学」，「教育と保育の原理」，「保育・人間関係の指導法」，「保育・環境の指導法」である。「発達心理学」は選択必修科目，後三者の科目は幼稚園教諭免許及び

保育士資格を取得する場合のみ履修する科目であり，すべての学生が履修するわけではない。小学校教員免許を取得する学生全員が履修するのは，1年次に履修する「教科に関する専門的事項」に関わる科目である「総合・生活」（必修）のみである。同科目の授業の概要では，「本授業は，幼児教育と小学校教育との両方の性格を併せ持つ生活科と小学校における総合的な学習を中心とした授業内容によって実施される。授業においては幼児教育の特質及び小学校教育の特質，遊びの意義，体験を通して学ぶことの意義…について学ぶ」といった表現が見られ，生活科の特色が示されているが，授業計画の中には幼保小連携・接続に関する具体的内容の記載はなかった。

(25)文部科学省「幼保小の架け橋プログラムの実施に向けての手引き（初版）」21頁を参照。

(26)研究プロジェクトチームのメンバーは，代表者である山口のほか，平間えり子（学校教員養成・研修高度化センター），白神敬介（発達支援・心理臨床教育学系），大島崇行（学校教育学系），中山卓（上越教育大学附属幼稚園）の5名である。

(27)インタビューは2024年2月8日に実施した。インタビュー項目は，①架け橋期カリキュラム作成の経緯について，②カリキュラムシートや実践記録について，③協働でカリキュラムを作成する作業についての幼保小の先生の感想，④カリキュラム作成を通しての幼保小の先生の意識の変化，⑤カリキュラム作成のための体制づくりについて，⑥架け橋期コーディネーターの役割　の6項目であった。

引用文献

芦田祐佳・甲斐愛菜（2023）「幼小連携・接続に対して小学校教員が感じる困難―参加経験のある取り組みの違いに着目して―」『大阪教育大学紀要　総合教育科学』第72巻，101-117頁。

叶内茜・永瀬祐美子他（2022）「【研究ノート】円滑な保幼小接続をめざす初等教育教員養成の在り方―生活科に関するシラバス分析から―」『児童学研究』第46号，54-59頁。

文部科学省（2008）『小学校学習指導要領』

文部科学省（2017）『小学校学習指導要領』

文部科学省（2017）『幼稚園教育要領』

文部科学省（2019）「令和元年度幼児教育実態調査」https://www.mext.go.jp/component/a_menu/education/detail/__icsFiles/afieldfile/2020/01/30/1278591_06.pdf（2024年10月1日最終閲覧）

文部科学省（2023）「幼保小の架け橋プログラムの実施に向けての手引き（初版）」
　　https://www.mext.go.jp/content/20220405-mxt_youji-000021702_3.pdf　（2024年
　　10月1日最終閲覧）
西川由佳（2021）「幼児教育と幼小接続の観点からみる小学校教員養成課程の生活科
　　シラバスにおける特徴」『お茶の水女子大学　子ども学研究紀要』第9号，59-70
　　頁。
幼児教育と小学校教育の架け橋特別委員会（2023）『学びや生活の基盤をつくる幼児
　　教育と小学校教育の接続について〜幼保小の協働による架け橋期の教育の充実
　　〜』https://www.mext.go.jp/content/20220307-mxt_youji-1258019_03.pdf
　　（2024年10月1日最終閲覧）

第9章

明治期以降の聴覚障害教育の教員養成の内容の変遷と
インクルーシブ教育システム構築に向けた教員養成学の構想

坂口嘉菜

1．はじめに

　文部科学省に設けられた「新しい時代の特別支援教育の在り方に関する有識者会議」によって令和3（2021）年1月25日に「新しい時代の特別支援教育の在り方に関する有識者会議　報告」が示された。その報告では，インクルーシブ教育システムの構築に向け，「障害のある子供と障害のない子供が可能な限り共に教育を受けられる条件整備」「障害のある子供の自立と社会参加を見据え，一人一人の教育的ニーズに最も的確に応える指導を提供できるよう，通常の学級，通級による指導，特別支援学級，特別支援学校といった，連続性のある多様な学びの場の一層の充実・整備」を進めていくことが基本的な考え方として示された。障害のある子供の教育的ニーズに合わせた学びが多様な学びの場で行われるためには，特別支援学校のセンター的機能，特に他の学校への支援がより求められることになったのである。

　特別支援教育に関する指導・助言の役割を求められる特別支援学校の教員は，教育職員免許法第3条第3項のとおり，特別支援学校の教員の免許状のほか，特別支援学校の各部に相当する学校の教員の免許状を有する者でなければならない。専ら「自立教科等」を教授する教員はこの限りではなく，同法第4条の2　第2項，教育職員免許法施行規則第62条～65条の2により，特別支援学校自立教科教諭免許状（理療，理学療法，音楽，理容，特殊技芸の5領域），特別支援学校自立活動教諭免許状（視覚障害教育，聴覚障害教育，肢体不自由教育，言語障害教育の4領域）を有していればよいことになっている。

なお，特別支援学校教諭免許状は，視覚障害者，聴覚障害者，知的障害者，肢体不自由者，病弱者（身体虚弱者を含む。）の５領域が含まれている。

　教育職員免許法第３条第３項の規定にかかわらず，同法附則第15項の定めにより，幼稚園・小学校・中学校・高等学校の教諭免許状を有する者は，当分の間，特別支援学校の相当する部の教諭等となることができる。そのため，特別支援教育が開始された平成19（2007）年度時点では，特別支援学校における在籍校種の免許状保有率（全体）は68.3％，前年の平成18（2006）年度時点では61.1％であり，免許保有率の低さが課題とされていたが，令和５（2023）年度時点では87.2％と上昇し（文部科学省初等中等教育局特別支援教育課，2024），免許保有の重要性や取得機会が周知されてきているものと考えられる。しかし領域ごとにみれば令和５年度の視覚障害教育の当該障害種の免許保有率は65.3％，聴覚障害教育は60.3％，知的障害教育は90.3％，肢体不自由教育は88.3％，病弱教育が81.8％であり，領域によって偏りが生じていることは明らかである。

　免許取得にはいくつかの方法があるが，中でも大学の教職課程がしめる役割は大きく，文部科学省に設置された「特別支援教育を担う教師の養成の在り方等に関する検討会議」は令和４年７月に「特別支援学校教諭免許状コアカリキュラム」を示した。「教職課程コアカリキュラム（令和３年８月４日教員養成部会決定）」とは，「教育職員免許法及び同施行規則に基づき全国すべての大学の教職課程で共通的に修得すべき資質能力を示すもの」のことである。従前の大学における教員養成においては，どちらかといえば「大学の自主性や独自性を発揮する教育内容」と「地域や採用者のニーズに対応した教育内容」に重きが置かれていた。大学は教育と研究の２つの機能をもち，その関係を密接にすればするほど各大学の独自性が生まれやすいものの，一方では研究の内容や地域・教育現場からのニーズに合わせた内容に偏りやすくなるという側面を有している。山中・吉利（2010）は教育職員免許法認定講習受講者を対象とした専門性に関する意識調査を行い，受講者（教員）の中

第9章　明治期以降の聴覚障害教育の教員養成の内容の変遷とインクルーシブ教育……　157

で子供の実態の正確な理解と個別的な支援の力量が重視され，個別的な支援を裏付ける「個別の教育支援計画」や「個別の指導計画」の作成に関しては重要となる専門性として位置付けられていなかったと報告している。教育現場で必要とされる専門性については，実態把握や指導法・支援方法といった具体的かつ即時性のある内容が挙げられやすい。これらのニーズに応えながらも，前述のとおり，センター的機能として特別支援学校教員が他の学校への支援を行ったり，障害の重複化，多様化，複雑化がみられる子供たちの教育的ニーズに合わせて指導したりすることを視野に入れていく必要がある。特別支援学校の教員養成機関となる大学については，教職課程の質の向上を図るとともに全国的にその質を担保することも考えなければならない。

　「特別支援学校教諭免許状コアカリキュラム」は，各大学の自主性，独自性などを尊重しながらも，特別支援教育の教員に求められる資質を担保できるよう，特に「特別支援学校学習指導要領を根拠とする自立活動，知的障害のある子供のための各教科等，重複障害者等に関する教育課程の取扱いや，発達障害」についての内容を教育職員免許法体系に位置付けたのである。

　本稿は，特別支援学校（聴覚障害）を中心とした聴覚障害教育に関わる教員の養成に限定し，聴覚障害教育が開始された明治期以降に行われた教員養成の形式や内容を概括する。教育が開始されてからその教員に求められた学修内容はどのようなものであったのか，また，その枠組みはどのようにしてつくられたものなのか，その歴史の中から教員養成における不易と流行の関係を明確にするとともに，「特別支援学校教諭免許状コアカリキュラム」をふまえ，これからの教員養成の在り方について論じる。

　聴覚障害教育は補聴器や人工内耳など医療の進歩とともに歩み，教員に求められる専門性が変容してきた。今日の特別支援学校（聴覚障害）や難聴通級指導教室においては言語聴覚士が配置されるなど，より一層教育の役割・専門性の明確化が求められる。大学における教員養成学の確立に向け，聴覚障害教育を一例としながら，教員が子供たちの教育的課題をどのように捉え

158　第2部　教員養成の実践と制度を考える

ていくのか，また，大学での教員養成の在り方について考える。

2．盲唖学校の設立と盲唖学校教員の資格と養成（明治期）

　明治5（1872）年9月に発布された学制には，中学校の種類に「其外廃人学校アルヘシ」との規定があるが実際に実施されることはなく，小学校の種類の項に移動した後も実施されることはなかった。明治11年には古河太四郎によって京都府に盲唖院が開設され，明治13年には山尾庸三らによって東京に楽善会訓盲院が設置された。楽善会訓盲院は明治17年に聾唖児童も対象として訓盲唖院となるが，訓盲唖院になる以前も聾唖児童を受け入れていたという記録がある（東京教育大学附属聾学校，1975）。翌年には文部省直轄学校となり，のちに東京盲唖学校となった。特殊教育学校が文部省直轄学校となったことで特殊教育学校の法制化が進み，新たに盲唖学校を設けるための法的準則が必要であったことから，明治23（1890）年の小学校令改正（第二次小学校令）の第四十〜四十二条に盲唖学校の設置・廃止等に関する規定が設けられた。これを受け，翌年の明治24年には省令第十八号で教員の資格等に関する事項を定めることとなったという（文部省，1978）。

　楽善会訓盲院では，当初明確な教育課程は定められていなかった。明治15年に楽善会訓盲院規則が改訂され，唖生に関する条項が規則に加えられた（図1）（東京教育大学附属聾学校，1975）。これによれば，カリキュラムは学課と技芸に分けられ，両方を履修するものもあれば，どちらかだけを専修するものもあった。

　明治期の小学校の教育課程は，1年間学べば1学年上に進級できるといった履修主義ではなく，6か月学んで試験を受け，合格できれば1つ上の級に進級するといった修得主義であった（杉村，2015）。特殊教育学校においても小学校等と同様に修得主義でカリキュラムを構成していたことが分かる。

　教課については以下の規定がある。

第9章　明治期以降の聴覚障害教育の教員養成の内容の変遷とインクルーシブ教育……　　159

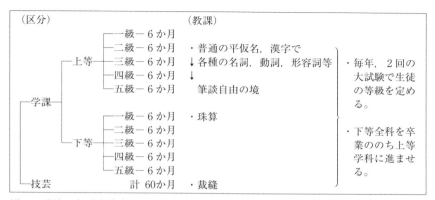

図1　明治15年改定楽善会訓盲院規則の概要（東京教育大学附属聾学校（1975）より引用）

「第一款　凡ソ教課ハ生徒ノ年齢及ヒ其性質ノ利鈍等ニ依テ固ヨリ進歩ノ遅速異同アル者ナレハ予メ其書目品類等ヲ此ニ掲クルヲ要セスト雖トモ概ネ盲ハ習字素読講義暗誦数学作文音楽按摩針治　唖ハ筆談講義数学裁縫等ノ諸科ヲ授ケ教授方法ハ大凡普通小学ノ体裁ニ倣ル更ニ実地ニ就テ盲唖適宜ノ斟酌ヲ加フヘキ者トス」

　当初，唖生に対しても書籍習字等を指導するほか，聾唖聴音器を用いて発音指導を行っていた。明治13（1880）年にイタリアのミラノで開かれた第2回国際聾教育会議において，すべての学校で口話法を用いて指導することが採用され，日本にもアメリカから聾唖聴音器が届き，発音の指導にも積極的であった。しかし，その効果については統一した見解が得られず，教員もまたその教授方法の獲得に難航し，規定から除外したとの記録がある（東京教育大学附属聾学校，1975）。しかし，発音指導を全く行わなかったわけではなく，その指導法の確立に時間を要していた。どちらかといえば，概要にある「筆談自由の境」，つまり社会において筆談を通じ不自由なく意思疎通が図れることが目指され，筆談できることを目標として設定したカリキュラムであった。

160　第2部　教員養成の実践と制度を考える

技芸は手に職をつけて自立に向かうという意味が大きく，盲生を対象に開始されたものであるが，唖生にも作業に従事させるようになった。上越では郷土の偉人として馴染み深い前島密も楽善会の一員であり，訓盲院の創立に大きく関わっている。前島密は技芸の中で盲生と唖生に駅逓局で使用する封筒を製作させ，純益金を生徒に分配し，学資金にあてさせていた。つまり技芸は生徒を自立に向かわせる作業学習であり，盲聾教育における積極的な職業教育につながっていく内容であったと考えられる。

明治16年に東京府知事に届け出た教員資格には，裁縫師に関するものもあり，作業学習の内容が充実されていったことがうかがえる。その他，学課に関しては以下の記述がある。

「○文学教師・助教補　普通小学科教授書　通例修身漢文及仮名字用法等ニ熟セシモノ　算術加減乗除ヨリ開立開平ニ至ルヲ期トス」

普通小学校と同じ教授書を用いながら，概ね小学校に準じた教授方法で教えられること，実地の指導においては盲唖生の実態に合わせて教えられることが教員に求められていた。

文部省直轄学校となった際，珠算が筆算に修正されたが，正規に訓盲唖院規則が改正されたのは明治19年7月であった。教育課程の区分とは異なるが，尋常科（読方，習字，作文，算術，筆談，体操）と技芸科（図画，彫刻，指物，裁縫）に分けて教科課程と修業年限が初めて示されたのである。読方については「発音と口談は生徒の性質により授けた」との記載があり，あくまで一人一人の実態に合わせた指導であったと考えられる。

明治33（1900）年の小学校令改正では就学の猶予・免除規定を明確にしたため，小学校就学が困難になった盲・聾児が出現するようになり，全国的に盲唖学校の設置が促進されることとなった。それに伴い，盲唖学校教員需要も増え，明治36年には東京盲唖学校に教員練習科が設けられた。盲聾教育の分離によって東京盲学校が設置され，東京盲唖学校が東京聾唖学校に改称する年に，教員練習科も師範科に名称を変えている（のちに師範部となる）。明

第9章　明治期以降の聴覚障害教育の教員養成の内容の変遷とインクルーシブ教育……　　161

表1　東京盲啞学校　教員練習科学科課程（東京教育大学附属聾学校（1975）より引用）

学科目	第1学期　毎週時数		第2学期		第3学期	
修身	道徳の要旨	1	同	1	同	1
教育	盲啞の教育および教育史	8	盲啞の教授法	8	実地授業	26
国語	講読および文法の大要	3	同および詠歌	3		
生理	生理および衛生の大要	3	同	3		
図画	臨画写生画	3	同	3		
機械使用法	点字盤，点字タイプライター，点字ステレオタープ，補聴器	4	同	4		
唱歌	平易なる唱歌	2	同	2		
体操	普通体操および遊戯	3	同	3		
合計		27		27		27

　治36年度，日本には国立・公立の盲啞学校が2校，私立の盲啞学校が18校あり，啞生は668名，教員は110名であったというが，教員のほとんどは小学校の教員をしていたものであった（加藤，1994）。

　盲啞の教育に従事する者の養成を目的とした教員練習科は，定員10名，修業年限を1年とし，表1の学科課程を設定していた。学科は小学校の教員を養成する師範学校の内容を盲聾の教育にあてはめたものを基本とし，教科の内容を重視しながら機械使用法などの科目を立てている点が特徴的である。また，3学期には実地授業にほとんどの時間を割くなど，理論だけでなく実習を重視した教員養成の形式をとっていた。このときの教員養成について佐々木・中村（2004）は，教員練習科（師範科）に期待されたことの一つとして教員の資質向上があり，聾啞教育に関する教育学的素養，聾啞生徒の指導法（特に「国語指導」），補聴器具の使用法の習得が目指されていたとの見方を示している。

3．盲啞学校の設立と盲啞学校教員の資格と養成（大正〜昭和期）

　大正12（1923）年の「盲学校及聾啞学校令」において，盲聾教育が分離され，盲学校及び聾啞学校の教育の目的が明確に示された。「第一条　盲学校ハ盲人ニ，聾啞学校ハ聾啞者ニ普通教育ヲ施シ其ノ生活ニ須要ナル特殊ノ知

識技能ヲ授クルヲ以テ目的トシ特ニ国民道徳ノ涵養ニ力ムヘキモノトス」により，盲学校及び聾唖学校が小学校に類する各種学校ではなく，法令上でも正規の学校であることが示されたのである。しかし，これはあくまで学校の設置に関わるものであり，教育課程の内容の区別までは示されることがなかった。ただし，北海道及び府県に盲学校と聾唖学校の設置義務が課せられたため，それまで慈善事業として設置されていた聾唖学校も公教育へと転換していくこととなり，特殊教育が公教育へ向かう転機となった。

　また，盲学校と聾唖学校には初等部と中等部を置き（土地の情況によってはどちらかを置く），予科や研究科，別科を置くこともできると示された。しかし，義務教育制に関しては記載がなく，この課題は持ち越しとなった。

　この頃の聴覚障害教育は，口話法の指導が広まっている頃であった。大正9（1920）年には神学博士 A.K. ライシャワ夫妻，宣教師 L.F. クレーマ女史によって日本聾話学校が開校され，アメリカの口話法指導を取り入れた指導が行われていた。名古屋盲唖学校でも口話法による指導が進められ，大正14（1925）年には西川吉之助，橋村徳一，川本宇之介によって日本聾口話普及会（のちの聾教育振興会）が発足する。日本聾口話普及会との共催で名古屋市立盲唖学校（名古屋聾学校）によって数多く行われた講習会「聾口話教員養成講習会」も戦前日本の聾学校の教員養成を担っていたという指摘がある（前田，1996）。1926年から1942年までの間に名古屋聾学校では計17回の講習会が開かれており，比較的後半の講習会では，受講者がほぼ聾学校に就職していたという記録からも，聾学校の教員養成としての役割が大きかったことがうかがえる。

　同様に，大阪府立聾口話学校も聾教育振興会との共催で6回の講習会を開き，京都府立聾唖学校でも聾唖学校教員養成講習会を開き，教員養成にあたっていた。東京聾唖学校も，既に設置していた師範部だけでは需要に応えられず，昭和16年から22年までの間に10回の聾唖学校教員養成講習会を開いている。

第9章　明治期以降の聴覚障害教育の教員養成の内容の変遷とインクルーシブ教育……　　163

表2　東京聾唖学校師範部の普通科（甲種乙種）の学科目と毎週教授時数（東京教育大学附属聾学校（1975）を引用し改変した）

大正12年8月改訂	昭和17年4月改訂		
	第1学期	第2学期	第3学期
修身2 教育，心理6 教授法3 発音法，手話法4 国語4 図画3 手工，手芸2 体操3 生理(耳鼻咽喉)1	修身1 聾唖教育史2 聾唖教育学および教授法4 発音指導法2 国語学4 教育心理学2 聴力測定法2 音声学2 音声物理学2 耳鼻咽喉科学2 図画及び手工(手芸)2 体操2 手話要領2 教育実習4	修身1 聾唖教育史2 聾唖教育学および教授法2 発音指導法2 国語学4 教育心理学2 聴力測定法2 音声学2 音声物理学2 耳鼻咽喉科学2 図画及び手工(手芸)2 体操2 手話要領2 教育実習6	修身1 聾唖学校管理法，聾唖社会施設概要4 発音指導法2 体操2 教育実習21

　この時期，教員養成で扱われた講習内容はどのようなものであったのだろうか。大正12年と昭和17年の東京聾唖学校師範部の普通科（甲種乙種）で開かれた学科目と毎週教授時数を表2に示した。これと比較し，名古屋聾学校で昭和7〜8年に行われた第9回の講習会の科目及び教授時間数は，修身1，生理1，心理1，一般教育学1，一般教授法1，聾教育理論3，聾教授法3，発音及発語法2，国語1，図工1，手工1，遊戯体育1，授業練習18であった（前田，1996）。

　東京聾唖学校は手話要領と発音指導法を教えながらも，どちらかといえば教育心理学や聴力測定法，音声学，音声物理学，耳鼻咽喉科学といった理論を重視していたことが分かる。これに対し，名古屋聾学校の講習会では，授業練習に多くの時間を割くなど，教育実践に重きを置いた教員養成が行われていた。当時の聾唖学校教員の間では，大阪で手話の指導に重きを置いた教員養成がなされていたという認識がもたれており，地域によって教員養成の

164 第2部 教員養成の実践と制度を考える

内容に差があったと考えられる。特に，手話か口話かといった論争が続く聾教育においては，教員養成でもその考え方が反映された内容になっている。

　また，この頃までは聾唖学校の教育課程が小学校等の教育課程に準じていたことから，各教科の指導法などが聾唖学校の教員養成の中でも扱われていた。現代の教員養成では，特別支援学校（聴覚障害）の教員養成の中で各教科の指導法をとりあげる例はほとんど見受けられないことと比較すると，この時代の教員養成の在り方の特徴として考えられるだろう。しかし，これは当初から計画された枠組みではなく，特殊教育学校の教育課程の編成について十分な検討がなされていなかったことで，小学校等に準ずる形式にならざるを得なかったと考えられる。そのことが聾唖学校における教育学的素養，指導法の充実につながり，教科指導の方法や工夫について，理論と実践の双方を盛り込んだ教員養成を行う仕組みをつくっていたと見ることもできるかもしれない。

4．義務教育制の開始と教育課程編成領域「養護・訓練」（学校教育法制定〜）

　昭和22（1947）年3月に制定された学校教育法においては，特殊教育を行う学校として盲学校，聾学校および養護学校が設けられ，就学が義務とされた。しかし，養護学校は当時設立されておらず，就学義務が現実的ではなかったため，昭和23（1948）年から盲学校と聾学校への就学を学年進行で義務付けることとなった。こうして聾学校の在籍者は増加し続け，昭和34（1959）年に聾学校の在籍者数は20,744人になり，これをピークに減少へ転じている。

　学校教育法による新学制においては，教育課程の基準を学習指導要領の基準によることとし，昭和22年以降各教科の学習指導要領が発表されていった。教員養成についても，各府県に必ず教員養成のための大学・学部を置くこととなり，教員養成に必要な教育課程は教員の資格付与条件と関連することから昭和24年に教育職員免許法が制定実施された。同法では盲学校，聾学校，

養護学校教諭免許状が定められ，その他，各部に相当する学校の教員の免許状を取得が必要であると規定され，最低取得単位数が示された。

　昭和29（1954）年に教育職員免許法施行規則が示され，特殊教育に関する専門科目の単位の修得方法が規定された。聾学校教諭免許状の専門科目については，聾教育，言語指導の理論及び実際，聾心理，聴覚音声生理及び病理，聾教育実習が定められた。

　平成元（1989）年施行の教育職員免許法等の一部改正を受けて，特殊教育に関する科目は第一欄「心身に障害のある幼児，児童又は生徒の教育の本質と目標に関する科目」「社会的，制度的又は経営的な事項に関する科目」，第二欄「心身に障害のある幼児，児童又は生徒の心理，生理及び病理に関する科目」，第三欄「心身に障害のある幼児，児童又は生徒の教育課程及び指導法に関する科目」，第四欄「心身に障害のある幼児，児童又は生徒についての教育実習」に分けられ，最低修得単位数が免許状の種類ごとに示された。「聾心理，聴覚音声生理及び病理」の2科目が第二欄「心理，生理及び病理」の1科目に統合され，「言語指導の理論及び実際」は聾教育に含まれ「教育課程及び指導法」の1科目になった（瀬尾，1993）。なお，平成10（1998）年施行の教育職員免許法等の一部改正では第一欄の科目名が「教育の基礎理論に関する科目」に変更されている（瀬尾，1998）。

　平成18（2006）年の学校教育法等の一部を改正する法律により特殊教育は特別支援教育へと転換することとなり，それまでの盲学校教諭免許状，聾学校教諭免許状，養護学校教諭免許状は特別支援学校教諭免許状となった。特別支援教育に関する科目は第一欄「特別支援教育の基礎理論に関する科目」，第二欄「特別支援教育領域に関する科目」，第三欄「免許状に定められることとなる特別支援教育領域以外の領域に関する科目」，第四欄「心身に障害のある幼児，児童又は生徒についての教育実習」となり，備考には以下のように記載されている。

「イ　視覚障害者又は聴覚障害者に関する教育の領域を定める免許状の授与を受けようとする場合にあつては，当該領域に関する心身に障害のある幼児，児童又は生徒の心理，生理及び病理に関する科目（以下「心理等に関する科目」という。）並びに当該領域に関する心身に障害のある幼児，児童又は生徒の教育課程及び指導法に関する科目（以下「教育課程等に関する科目」という。）について合わせて八単位（二種免許状の授与を受ける場合にあつては四単位）以上（当該心理等に関する科目に係る一単位以上及び当該教育課程等に関する科目に係る二単位（二種免許状の授与を受ける場合にあつては一単位）以上を含む。）」

　平成元（1989）年施行の教育職員免許法等の一部改正以降，また，特別支援教育に移行してから，心理等に関する科目や教育課程等に関する科目といった科目の枠組みが示されるに過ぎず，その内容については大学によって大きく異なるようになったと考えられる。聾学校（特別支援学校（聴覚障害））の教員養成にあっては，手話口話論争やオーディオロジーの急激な進歩にあって，時代による関心ごとが大きく変わっている。

　例えば，昭和39（1964）年の聾学校学習指導要領では特別な指導として聴能訓練と言語指導が挙げられ，それらは国語科や律唱科といった教科の中で指導されていた。教育課程の編成領域に「養護・訓練」が新設された後も，養護・訓練の内容として担当教師が挙げたものは発音指導，読語指導，聴能訓練，感覚訓練，作文指導といったものが多い（小川口，1973）。特に発音，読語，聴能が多くを占めるのは，聴覚口話法の広まりによって指導内容が決定されていたことが影響したものと考えられる。「養護・訓練」が「自立活動」に改訂された後も，これらの発音指導・聴能訓練をどのように体系づけるかといった視点で指導内容が考えられる傾向にあった（丹野，2019）。近年では，発音指導については指導者の不足や手話の広まりによって自立活動の中の指導時間数が減少しているという報告もあり（波多野・谷本，2013），指導内容がコミュニケーションモードに対する社会の考え方や子供の実態とは異なる外部要因によって変わっている実態がある。指導内容にその時代の考え方や事情を反映しやすいこと自体に良さがある一方，聴覚障害教育におけ

る不易とは一体何であったのかという検討と，コアカリキュラムが不易を表すものであったのかどうかかという検証を今後行っていく必要があるだろう。

5．特別支援学校教諭免許状コアカリキュラムと教員養成学に向けて

特別支援学校教諭免許状コアカリキュラムの中で，聴覚障害者に関する教育の領域について示されたものを表3に示した。心理等に関する科目では，他の障害種（領域）と共通した3つの到達目標を示している。特に3）の「家庭や保健，医療，福祉及び労働機関との連携の重要性」は特別支援学校のセンター的機能の拡充をねらった目標であると考えられる。

教育課程及び指導法の科目のうち，教育課程においては，教育課程編成の意義や方法，自立活動の目標設定に至るまでの手続き，個別の指導計画とカリキュラム・マネジメントの関係について強調されるものとなった。聴覚障害教育においては，前述の通り，言語指導と聴能訓練を養護・訓練が新設される以前から重視する流れがあり，自立活動となった現在においても，言語指導と聴能訓練をどのように位置づけるかといった逆向きの設定が行われやすい。また，最新の研究動向などを参考にして新たな指導内容が自立活動の指導の時間の中で行われることもあるが，本来，自立活動は一人一人の子どもの実態把握に基づき，中心的な課題から個別の指導計画の目標が立てられるものであるため，子供の実態と合わない指導になってしまうこともある。このように，子供の実態把握以前に指導内容が決められやすい聴覚障害教育の中の「指導，訓練」の意識に対して，コアカリキュラムの到達目標は，子供の主体性の重要性を訴えたものであるとも考えられる。

さらに，教育課程及び指導法の科目のうち指導法においては，各教科等の指導における配慮事項について示すとともに，自立活動及び自立活動の指導との関連を踏まえた学習指導案の作成が示された。自立活動が教育活動全体を通じて指導されるものであるという理念に基づき，各教科等との関連が重視されたと考えられる。

表3　特別支援学校教諭免許状コアカリキュラム
第2欄特別支援教育領域に関する科目聴覚障害者に関する教育の領域

	心身に障害のある幼児，児童又は生徒の心理，生理及び病理	心身に障害のある幼児，児童又—教育
全体目標	聴覚障害のある幼児，児童又は生徒の聴覚器官の病理面と心理面及び生理面の特徴並びにそれらの相互作用について理解し，幼児，児童又は生徒一人一人の聞こえや言語発達の状態等を理解するとともに，家庭や関係機関との連携について理解する。	特別支援学校教育要領・学習指導要障害）において編成される教育課程理解するとともに，カリキュラム・
一般目標	(1)聴覚障害のある幼児，児童又は生徒の心理，生理及び病理の理解と障害の状態等の把握 聴覚障害の起因となる聴覚器官の病理面と心理面及び生理面の特徴並びにそれらの相互作用について理解し，幼児，児童又は生徒一人一人の聞こえの状態と言語面及び心理面の特性と発達を把握することを理解するとともに，家庭や保健，医療，福祉及び労働機関との連携について理解する。	(1)教育課程の編成の意義 特別支援学校（聴覚障害）の教育において教育課程が有する意義を理解する。
到達目標	1）聴覚障害の起因となる聴覚器官の病理面と心理面及び生理面の特徴並びにそれらの相互作用について理解している。 2）観察や検査を通して聴覚障害のある幼児，児童又は生徒一人一人の聞こえの状態と言語面及び心理面の特性と発達を把握することを理解している。 3）家庭や保健，医療，福祉及び労働機関との連携の重要性について理解している。	1）生きる力として知・徳・体に加え，障害による学習上又は生活上の困難を改善・克服する力を育むことを目指すために教育課程を編成することについて理解している。

第9章　明治期以降の聴覚障害教育の教員養成の内容の変遷とインクルーシブ教育……　169

は生徒の教育課程及び指導法 課程ー	心身に障害のある幼児，児童又は生徒の教育課程 及び指導法ー指導法ー
領を基準として特別支援学校（聴覚について，その意義や編成の方法をマネジメントについて理解する。	聴覚障害のある幼児，児童又は生徒の障害の状態や特性及び心身の発達の段階等を踏まえた各教科等（「自立活動」を除く。）の指導における配慮事項について理解し，具体的な授業場面を想定した授業設計を行う方法を身に付ける。以下，この「指導法」における「各教科等」について同様とする。
(2)教育課程の編成の方法とカリキュラム・マネジメント	(1)各教科等の配慮事項と授業設計
幼児，児童又は生徒の聴覚障害の状態や特性及び心身の発達の段階等並びに特別支援学校（聴覚障害）の教育実践に即した教育課程の編成の方法とカリキュラム・マネジメントの考え方を理解する。	聴覚障害の状態や特性及び心身の発達の段階等を踏まえた各教科等の指導における配慮事項について理解するとともに，自立活動及び自立活動の指導と関連付けた具体的な授業場面を想定した授業設計を行う方法を身に付ける。
1）聴覚障害の状態や特性及び心身の発達の段階等並びに学習の進度を踏まえ，各教科等の教育の内容を選定し，組織し，それらに必要な授業時数を定めて編成することを理解している。 2）各教科等の年間指導計画を踏まえ，個々の幼児，児童又は生徒の実態に応じて適切な指導を行うために個別の指導計画を作成することを理解している。 3）自立活動の指導における個別の指導計画の作成と内容の取扱いについて理解するとともに，教科と自立活動の目標設定に至る手続の違いを理解している。 4）個別の指導計画の実施状況の評価と改善を，教育課程の評価と改善につなげることについて，カリキュラム・マネジメントの側面の一つとして理解している。	1）聴覚障害の状態や特性及び心身の発達の段階等を踏まえ，各教科等の指導に必要となる聴覚の活用や音声，文字，手話，指文字など多様な意思の伝達の方法を適切に選択・活用することについて理解している。 2）聴覚障害の状態や特性及び心身の発達の段階等を踏まえ，各教科等の指導に必要となる言語概念の形成を図り，体験的な活動を通して，思考力や表現力を育成することについて理解している。 3）聴覚障害の状態や特性及び心身の発達の段階等を踏まえ，各教科等の指導の効果を高めるために必要な学習環境の整備とICT及び教材・教具を活用することについて理解している。 4）聴覚障害の状態や特性及び心身の発達の段階等に応じた自立活動及び自立活動の指導との関連を踏まえた各教科等の学習指導案を作成することができるとともに，授業改善の視点を身に付けている。

特別支援学校教諭免許状のコアカリキュラムの中で各教科等の指導について言及されたものの，指導の中の配慮事項を示すにとどまり，聴覚障害教育における各教科等の指導法の特徴や考え方については示されていない。それはあくまで各学部に相当する教員免許状（小学校，中学校，高等学校）の中で学ぶものとされている実態には変わりがないのである。しかし，平成29（2017）年に実施された調査によれば，特別支援学校（聴覚障害）の国語の授業において準ずる教育課程（当該学年の国語）を編成している割合は小学部で78.7％，中学部で81.7％，高等部で91.9％であり，算数・数学の授業において準ずる教育課程（当該学年の算数・数学）を編成している割合は小学部で99.3％，中学部で96.6％，高等部で89.3％であった（国立特別支援教育総合研究所，2018）。聴覚障害教育においては，依然として教科教育の充実が課題であるものの，特別支援学校と小学校，中学校，高等学校の教員養成が別々の課程で行われている現在において，高い授業実践力を目指した教員養成が行いにくいという実態がある。授業設計には自立活動の視点が必要であるのと同時に，本来的な教科の専門性と視点を担保する必要がある。

　また，それは小学校，中学校，高等学校に在籍している聴覚障害のある児童生徒についても同じことが言える。インクルーシブ教育システムの実現を目指し，連続した学びの場を意識した場合，各教科等の指導について配慮事項だけで十分な学びが実現できると言えるだろうか。小学校，中学校，高等学校の教員養成の中で学ぶ内容はおそらく通常の学級に在籍し，更には特別な教育的なニーズがないと仮定された子供たちを想定した内容であり，実際に教育現場で教えるようになった新任教諭が困難として感じるのは，教員養成段階で想定していた子供たちと実際に在籍している子供たちとのギャップなのではないだろうか。特別支援学校の教員養成と各学部に相当する小学校，中学校，高等学校の教員養成が別の枠組みであるゆえの困難さについては教育現場が直面している課題である。

　そこで，新たな教員養成学の構想について，聴覚障害教育史をふまえて考

察すると，聴覚障害教育の教員養成は小学校等の教育課程に準じていた時代から，聾学校の学習指導要領，さらには特別支援学校の学習指導要領が確立している時代へと流れていくにあたり，特別支援学校の専門性と小学校，中学校，高等学校の教科等の専門性が離れていったのである。戦前の教員養成のように特別支援学校（聴覚障害）の教員養成の中に各教科等を位置付けていくことは現実的ではないかもしれないが，教育課程及び指導法の科目や大学独自の科目の中で，各教科等の大学教員をゲストティーチャーとして招きながら，特別支援学校の各教科等の授業について構想していくことはできるだろう。また，小学校，中学校，高等学校の教員養成の中で，配慮事項にとどまらず，特別な教育的ニーズのある子供を想定した指導法を設け，その授業設計の根幹として個別の指導計画があることを知り，その児童生徒の中心的な課題や年間の目標を意識した教科の授業づくりを構想することは，教科教育の充実にもつながるのではないだろうか。

　インクルーシブ教育システム構築に向け，各学校の免許状の溝を埋めるような視点をもった教員養成学を展開することは教育現場における今日的課題の解決にもつながると考える。教員養成大学としての強みを生かし，インクルーシブな新しい教員養成学を構想していきたい。

引用文献

新しい時代の特別支援教育の在り方に関する有識者会議（2021）『新しい時代の特別支援教育の在り方に関する有識者会議　報告』（https://www.mext.go.jp/b_menu/shingi/chousa/shotou/154/mext_00644.html　令和6年10月1日閲覧）

波多野雄一・谷本忠明（2013）「聴覚障害特別支援学校（聾学校）で取り扱われる特徴的な自立活動の内容に関する調査：手話使用の広がりを背景とした発音発語・指導に関する2002年調査結果」『広島大学大学院教育学研究科附属特別支援教育実践センター研究紀要』11号，53～61頁。

加藤康昭（1994）「日本の障害児教育成立史に関する研究―成立期の盲・聾唖者問題をめぐる教育と政策―」『茨城大学教育学部紀要（教育科学）』43号，125～142頁。

国立特別支援教育総合研究所（2018）『特別支援学校（聴覚障害）におけるコミュニケーションと言語に関する実態調査（経年調査）報告書』

前田朋子（1996）「昭和初期名古屋聾学校における教員養成講習会：その講習内容と資格」『特殊教育学研究』34巻(2)，41〜47頁。

文部科学省初等中等教育局特別支援教育課（2024）令和5年度特別支援学校教員の特別支援学校　教諭等免許状保有状況等調査結果の概要（https://www.mext.go.jp/content/20240322-mxt_tokubetu01-000034858_1.pdf　令和6年10月1日閲覧）

文部省（1978）『特殊教育百年史』東洋館出版社。

文部省（1992）『学制百二十年史』ぎょうせい。

日本特殊教育学会特別支援学校教員免許状等の在り方検討WG（2021）特別支援学校教員免許状等の在り方検討WG報告書（https://www.jase.jp/data/pdf/license_wg.pdf　令和6年10月1日閲覧）

小川口宏（1973）「聾学校における新設領域『養護・訓練』に関する調査研究」『特殊教育学研究』第10巻第3号，34〜43頁。

佐々木順二・中村満紀男（2004）「聾唖学校における専門的教員の増加および口話法の導入と保護機能の分離―大正期から昭和戦前期の福岡盲唖学校を事例として―」『心身障害学研究』28巻，81〜97頁。

瀬尾政雄（1993）「障害児教育教員の養成・免許制度の概要」三澤義一（編）『障害児のための教師教育』中央法規出版，3〜6頁。

瀬尾政雄（1998）「特殊教育の教員養成」『こころの科学』81巻，87〜90頁。

杉村美佳（2015）「明治期における等級制から学級制への移行をめぐる論調―教育雑誌記事の分析を中心に―」『上智大学短期大学部 紀要』36号，19〜31頁。

丹野傑史（2019）「養護・訓練に対する障害種間での捉えの相違―1971年告示学習指導要領の分析を中心に―」『長野大学紀要』40巻3号，25〜36頁。

特別支援教育を担う教師の養成の在り方に関する検討会議（2022）特別支援学校教諭免許状コアカリキュラム（https://www.mext.go.jp/content/20220726-mxt_tokubetu01-000024192_1.pdf　令和6年10月1日閲覧）

東京教育大学附属聾学校（1975）『東京教育大学附属聾学校の教育―その百年の歴史―』東京教育大学附属聾学校

山中友紀子・吉利宗久（2010）「特別支援学校教諭免許状の取得を希望する教員の免許制度に対する意識とニーズ」『岡山大学教育実践総合センター紀要』10巻，41〜46頁。

第10章

栄養教諭の教員養成を考える
―栄養教諭制度20年を迎えて―

野口孝則

1．はじめに

　2005（平成17）年に栄養教諭制度が創設され，新しい教諭としての栄養教諭養成が開始されてから20年が経過した。この間，食育基本法や健康増進法をはじめとした食と栄養と健康に関する日本国内の制度改正等が実施され，健全な食生活を送るための基礎を培う「食に関する指導（食育）」が全国の小学校や中学校を中心に推進されてきた。本論文では，栄養教諭としての職務の充実が図られてきた20年間を振り返り，栄養教諭の現状や課題を整理するとともに，養成・職務・研修・大学院教育のあり方について論述する。

2．栄養教諭の職務

　栄養教諭は，食生活を取り巻く社会環境の急激な変化に伴い，深刻化する子どもの食に関する課題に対応するべく，学校におけるより効果的な食に関する指導体制の整備の一環として制度化され，2005（平成17）年4月より学校への配置が開始された。栄養教諭は，これまでの学校栄養職員の資質に加え，教育的資質を身に付けた「教育に関する資質と栄養に関する専門性をあわせもつ教員」である。

　栄養教諭は，学校教育法第37条第13項において，「児童の栄養の指導及び管理をつかさどる」者として位置づけられており，子どもが将来にわたって健康に生活していけるよう正しい知識に基づいて自ら判断し，「食の自己管理能力」や「望ましい食習慣」を子どもたちに身につけさせるため，学校に

おける食育の推進に中核的な役割を担っている。

　文部科学省は，栄養教諭制度の創設に係る学校教育法改正にあたっての通知の中で，栄養教諭の職務を「栄養に関する指導及び管理のうち，指導には，児童生徒に対する栄養に関する個別的な相談指導や，学級担任，教科担任等と連携して関連教科や特別活動等において食に関する指導を行うこと，食に関する指導に係る全体的な計画の策定等への参画などが含まれること。また，管理については，学校給食を教材として活用することを前提とした給食管理，児童生徒の栄養状態等の把握，食に関する社会的問題等に関する情報の把握などが含まれること」として記している。さらに，文部科学省は，栄養教諭の概要として栄養教諭の職務を「食に関する指導」と「学校給食の管理」を一体のものとして行うことで，教育上の高い相乗効果がもたらされるとし，表1に示すようにそれぞれの内容を示している。

　栄養教諭の配置は，制度創設当初は全国4道府県（北海道，福井県，大阪府，高知県）に34名であったが，2008（平成20）年には47都道府県すべてに配置され，2023（令和5）年度現在，全国の学校に6,924名の栄養教諭が配置されている。

表1　栄養教諭の職務（栄養教諭制度の概要：文部科学省）

　食に関する指導と給食管理を一体のものとして行うことにより，地場産物を活用して給食と食に関する指導を実施するなど，教育上の高い相乗効果がもたらされる。
(1)食に関する指導
　①肥満，偏食，食物アレルギーなどの児童生徒に対する個別指導を行う。
　②学級活動，教科，学校行事等の時間に，学級担任等と連携して，集団的な食に関する指導を行う。
　③他の教職員や家庭・地域と連携した食に関する指導を推進するための連絡・調整を行う。
(2)学校給食の管理
　栄養管理，衛生管理，検食，物資管理等

3．学校において求められる個別的な相談指導

　栄養教諭の職務として位置づけられた個別的な相談指導であるが，栄養教諭創設以前の学校栄養職員においても児童生徒への個別指導は実施されてきた。

　1989（平成元）年改訂の学習指導要領において，個に応じた指導が重視されるようになったことを受け，1992（平成4）年に文部省が発行した「学校給食指導の手引（平成4年7月）」では，「第3節　個別指導と栄養相談」において，極端な好き嫌いや食生活の乱れなどのある児童生徒に対し，適切な個別指導を実施する必要性を述べている。個別指導の主体は学級担任としながら，学級担任からの依頼等に応じ，学校栄養職員が個別指導に積極的に関わるよう示されており，学校栄養職員の役割として，当該児童の食生活等の情報交換や保護者との相談，学校医，養護教諭との連携をしながら，児童生徒に対する直接・間接の個別指導を進めることが大切であると示されている。

　2000（平成12）年に文部科学省が発行した「食に関する指導参考資料」では，「第3章　学校教育活動と食に関する指導」において，食に関する指導上の留意事項として個別指導の充実の必要性が示されている。極端な好き嫌いや小食，肥満などが見られる場合に，実態を十分に把握し，適切な指導助言を行うものとし，具体的な対応例として，校内栄養相談室の設置について示されている。栄養相談では，専門的知識と接し方が重要となるため，学級担任，学校栄養職員，養護教諭，学校医，主治医，保護者などの間で十分な連携を取り，共通理解を図り，児童の心を傷つけないよう，また無理のない指導を行うことが大切であると示されている。

　このように，学校栄養職員においても，食に起因する個別の健康課題を有する児童生徒に対し，学級担任や保護者，養護教諭，学校医等と連携しながら個別の対応を進めることが求められてきた。しかし，その実施主体は学級担任とされ，学校栄養職員は補佐として積極的に関わることとされていた。

176　第2部　教員養成の実践と制度を考える

　栄養教諭が創設された2005（平成17）年には，国民の食育の推進のため食育に関する施策を総合的かつ計画的に推進することを目的とした食育基本法が制定された。翌2006（平成18）年に策定された，食育推進基本計画では，学校における食育の推進の施策として「食育を通じた健康状態の改善等の推進」の中で，子どもの健康課題の改善について示された。

　2011（平成23）年に策定された第2次食育推進基本計画以降，学校における食育の推進の施策の中で，栄養教諭の一つの役割として個別的な相談指導の推進が示され，2021（令和3）年策定の第4次食育推進基本計画では，「栄養教諭は，学級担任，養護教諭，学校医，学校歯科医等と連携して，保護者の理解と協力の下に，児童生徒への指導において，やせや肥満が心身の健康に及ぼす影響等，健康状態の改善等に必要な知識を普及するとともに，偏食のある子供，やせや肥満傾向にある子供，食物アレルギーを有する子供，スポーツをしている子供等に対しての個別的な相談指導を行うなど，望ましい食習慣の形成に向けた取組を推進する」と記されている。

　2021（令和3）年1月の中央教育審議会答申では，「今後，ますます多様化する社会の変化の中で，子供たちの置かれている生活環境も様々であり，食育においても今まで以上に個別に寄り添った支援が求められる」ことが示され，栄養教諭の専門性に基づく指導の充実が求められている。栄養教諭制度が創設されて以降，社会環境のさらなる急激な変化に伴う子どもの食に起因する健康課題の多様化，個別化から，栄養教諭による個別的な相談指導の重要性はさらに高まってきている。

4．栄養教諭による個別的な相談指導

　2019（平成31）年に文部科学省が示した「食に関する指導の手引—第二次改訂版—」において，個別的な相談指導は，「課題の改善を目的として期間を決めて定期的，継続的に指導を進めることにより，対象の児童生徒の行動変容を促し，改善，あるいは，より良好な生活を行うための習慣を獲得でき

る」ようにするものであり，学校全体で取り組み，主に担任が対象となる児童生徒を抽出し，実際の指導は，栄養教諭が中心となり関係者と連携を取りながら実施するよう示されている。

　学校において想定されている個別的な相談指導には，偏食のある児童生徒，肥満・やせ傾向にある児童生徒，食物アレルギーを有する児童生徒，スポーツをしている児童生徒，食行動に問題を抱える児童生徒，また，栄養や食が関係する疾患を有する児童生徒を対象としたものがあり，いずれも指導の内容が専門的なものであることから，栄養教諭は，その資質・能力を生かし，主体となって指導を行うことが求められている。

　個別的な相談指導を効果的に進めるには，全教職員が児童生徒の食に関する課題を理解し，学校として計画的，組織的に個別指導が行えるよう校内指導体制を整備することが重要となる。そのため，学校における食育推進の基本となる「食に関する指導の全体計画」に個別指導の内容を具体的に明記し，教職員や関係機関の連携のもと，計画（plan）→実施（do）→評価（check）→改善（action）のサイクル（以下，PDCA サイクル）に沿って取り組む必要がある。

　「食に関する指導の手引—第二次改訂版—」における個別的な相談指導の具体的な流れは，「目的・期間の決定」→「アセスメント（現状把握と課題の抽出）」→「個人目標の設定」→「相談指導計画（栄養補給計画，行動計画，栄養教育計画，連携についての計画）」→「相談指導の実施」→「再アセスメント」→「個人評価」として示されている。これらの流れには，管理栄養士の行う栄養管理や栄養教育にみる栄養ケア・マネジメントの考え方が用いられている。栄養ケア・マネジメントとは，「栄養スクリーニング」，「栄養アセスメント」，「栄養ケア計画」，「実施」，「モニタリング」，「評価」の6要素で構成されている。個人の栄養状態をもとに課題を抽出し，目標と計画を立て，必要な栄養ケアを提供し，再アセスメントとしてのモニタリング，評価をしながら個人の栄養状態を改善し，QOL（生活の質）を向上させるものである。学校における個別的な相談指導においても，あらかじめ決まった内容を指導するの

ではなく，個人の課題に基づいて必要な指導を計画し，それらを実施し，指導の効果について評価をしていくことで，児童生徒の QOL の向上につなげていく必要がある。

「食に関する指導の手引―第二次改訂版―」には，個別的な相談指導における校内の教職員の役割について示されている。個別的な相談指導における栄養教諭の役割は，栄養学等の専門知識に基づき中心となって取り組むこと，PDCA サイクルを活用して実施していくこと，養護教諭や学校医等と連携の要として取り組むこと，主治医や専門医とも密接に連携を取りながら対応すること，保護者に対する助言など，家庭への支援や働きかけを細やかに行うことなどが示されている。また，栄養教諭が個別的な相談指導を行う際の必要な資質・能力として，管理栄養士・栄養士としての専門性の高い知識やスキル，発達段階に合わせた指導スキル，コミュニケーション能力，マネジメント能力であると示されている。

栄養教諭は，栄養と教育の専門家としての資質・能力を発揮し，教職員や関係機関等と連携し，PDCA サイクルに沿って個別的な相談指導を進めていくことが求められ，管理職の指示や教職員の助言・協力を受けながら，指導計画の作成や見直し，計画に沿った指導と評価，結果の共有を継続的に行うことで，よりよい内容や方法で効果的な個別的な相談指導の実施による課題の解決を図ることができると考えられる。

5．栄養教諭免許制度

栄養教諭は，学校教育法において「児童生徒の栄養の指導及び管理をつかさどる」と定められ，栄養教諭免許状の取得には管理栄養士・栄養士の基礎資格を前提とし，その上に教育に関する専門性を併せ持つこととされている。そのため，栄養教諭一種免許状を取得するためには，管理栄養士免許を有するか，もしくは管理栄養士養成課程修了の証明が必要であり，管理栄養士養成課程修了には82単位の履修が求められる。その単位数に加えて，教員免許

科目として22単位（栄養に係る教育に関する科目の4単位と教職に関する科目の18単位で構成される）を取得する必要がある。その他，学校栄養職員からの移行措置として，所定の在籍年数と単位の修得によって栄養教諭免許を取得できる（任用替え）制度も設けられている。

　管理栄養士養成校は管理栄養士免許の取得を目指すことが学びの中心であり，卒業の時点で厚生労働省が実施する管理栄養士国家試験を受験し合格しなければならない。養成校の教員も学生もともに，履修単位を積み重ねることに力を注ぎすぎてしまう傾向があり，学部教育における充実した教育や実習の環境にあるとは言い難い。例えば，養成校教員においては，学生募集に大きく影響する管理栄養士国家試験合格率を強く意識し，日常的な教育においても国家試験のための受験対策を優先しがちであり，また，管理栄養士国家試験に合格することを目指して入学してきた学生においては，国家試験に合格できることを中心に教育をする養成校教員の授業を高く評価しがちである。

　前述のように，学校教育現場で児童生徒への個別的な相談指導を中心とした対人能力が求められる栄養教諭を養成することが求められているにも関わらず，国家試験予備校としての模擬試験と解答解説を繰り返してばかりの詰め込み型の教育が多くの管理栄養士や栄養教諭の養成校にみられることは大変残念なところである。

　本学大学院の学校ヘルスケア領域を志望する受験生は，「将来は栄養教諭になりたいが，学部4年間の学びだけでは栄養教諭として学校現場に出ることに不安を感じる」という志望理由が最も多いのも事実である。

6．栄養教諭養成課程の課題

　栄養教諭養成課程の課題として，先行研究では以下の点が指摘されている。
①教育実習期間の短さ
　教育職員免許法の第十条の四において，栄養教育実習は事前事後指導を除

くと1単位のみであり，日数としては5日間の教育実習である。これは他の小中学校教諭免許取得のための教育実習の4週間と比較して明らかに短く，制度開始当初から問題視されている点である。大富ら（2008）や上田ら（2009）の先行研究においても，実習担当者，実習生共に，教育実習期間の短さについて指摘している。

②実践的指導力養成の場の不足

現在の栄養教諭養成課程では，指導案作成や模擬授業に関する科目は1～2単位のみであり，専門的な栄養に関する授業法や指導法などの技術を学ぶ機会が少ない。大富ら（2008）によると，実習生の実習後の意見として，「模擬授業を増やす」「指導案の書き方をさらに詳しくする」「知識を増やす」「気づき・気配りができる」「人前でもあがらない」「コミュニケーション能力を高める」などを今後の課題としており，明らかに教育実践の場や環境が不足していることがうかがえる。

③栄養教諭から学ぶ機会の不足

栄養教諭は全校配置されていないため，養成校学生の実習先の小・中学校に栄養教諭・学校栄養職員が在籍しない場合もある。上田ら（2009）によると，実習指導担当者に栄養教諭や学校栄養職員を含むかどうかによって実習内容に相違がみられることが明らかになっている。学校教育現場における栄養教諭が実施する授業や給食提供の様子を学ぶことなく栄養教諭になる者がいる可能性を否定できない。

7．栄養教諭・学校栄養職員の職務に関する先行研究

神戸ら（2012）は，栄養教諭が授業を行う上での課題として，①時間の不足，②栄養教諭自身の資質の不足，③他の教職員の理解や連携の不足の3点を挙げており，特に，食育推進の困難さの原因として，栄養教諭自身の資質や能力の不足と，さらなる資質向上の必要性を指摘している。しかし，栄養教諭の資質や能力について初任時と現在を比較した研究は行われていない。

また，栄養教諭の経験年数に応じた資質や能力の具体的な指標や到達度についても明らかにされていない。特に，現職栄養教諭は「教育に関する資質」について課題意識を多く抱いていることが多く，小林ら（2010）は，多くの栄養教諭が授業実践力に不安を抱いていることを明らかにしている。しかし，その指導技術や授業力について一般教職員の指標を用いて詳細に検討した研究は見られない。

　また，岸田ら（2009）は，環境面において必要なものとして，管理職の理解，教職員間の共通理解を挙げている。しかし，食育や栄養教諭・学校栄養職員の職務に関して共通理解を図るための具体的な取組や解決策については明らかにされていない。

　以上のように，栄養教諭の職務に関する大きな課題が挙げられているが，先述の通り，栄養教諭養成課程の教員自身の取り組みの姿勢（忙しさ，栄養教諭養成への熱意等）をはじめ，管理栄養士養成を主軸とする教育カリキュラムの中で栄養教諭の免許科目を履修することの難しさも重なり，近年，養成校における栄養教諭免許に関わる教職科目の履修希望者が減少していることも大きな問題だと考えている。

8．栄養教諭へ期待されていること

　栄養教諭制度創設からの20年間，学校における給食管理業務に加え，食に関する指導について実践的な教育指導法の開発・検討や，食に関する指導の評価等に関する研究が積み重ねられてきた。しかし，栄養教諭配置による成果を明確に示すことができていない現状が続いている。

　例えば，総務省行政評価局が平成27年10月に発表した「食育の推進に関する政策評価」の中で「栄養教諭の配置が学校における食育に関する体制の整備に関与していると考えられる一方，児童の朝食欠食率の減少への寄与は明確には把握できなかった」と報告しており，今後もさらなる栄養教諭の配置効果の実態を把握する必要性があることを指摘している。

栄養教諭制度創設時に文部科学省が作成した「食に関する指導の充実と栄養教諭に期待される役割」として，「食に関する指導の全体計画策定への参画」「他の教職員との連携協力による食に関する領域や内容に関する指導」「他の教職員や家庭・地域との連携・調整」などが示されている。また，食に関する指導の充実のためには，各教科や学級活動など学校教育全体で食育が実践されていくことが大切であり，栄養教諭と教職員との連携が必要不可欠である。このように，栄養教諭は学校内や家庭・地域との食育に関するコーディネーターとしての役割も期待されている。

9．栄養教諭教育実習の現状について

栄養教諭の教育実習を受講した経験のある栄養教諭養成課程卒業者18名に対する聞き取り調査を実施した結果を示す。教育実習の実習先については，小中併せて7割以上が出身校ではない学校での実習を実施していた。その理由として，栄養教諭の配置のある学校を選んで実習に行くことを優先した結果であると考えられた。そのため，実習先の栄養教諭の配置の有無については，小学校に実習に行った者16名のうち10名が，栄養教諭がいる学校での教育実習を行っていた。

教育実習の期間は，必要最低限の1週間だった者が18名中8名，2週間が8名，3週間が1名と，単位取得可能な最低期間よりも長期にわたって実習を行っている者が多く見られた。

指導担当者について伺った結果，主要な担当者として最も多かったのは学級担任であった。栄養教諭の教育実習として，学級に入って児童・生徒の様子や担任の動き，声かけ，授業の様子を観察することは重要である。しかし，「栄養教諭になるための教育実習」として栄養教諭・学校栄養職員の職務に触れる機会を設けるためにも，指導担当者には，栄養教諭・学校栄養職員の存在は必要不可欠であると考えられる。今回のアンケート結果の中には，「栄養教諭の先生が忙しすぎるため，実習期間中ほとんど会うこともできな

かった」という記述もみられた。

　内容ごとの実習時間内訳と教育実習満足度について、「全く満足していない」が1名でもみられた項目は、「校内における連携調整の参観、補助の満足度」「児童・生徒集会等の参観・補助の満足度」「家庭地域との連携・調整の参観、補助の満足度」「個別指導の参観、補助の満足度」であった。

10. 栄養教諭・学校栄養職員が必要としているスキルを身につけるために行うべき養成や研修への提言

　今回の報告のまとめとして、栄養教諭・学校栄養職員が今ある能力を生かしつつ、さらなる資質向上のために必要となるスキルについて考察をすると、次の4点が挙げられる。

　(1)業務の効率化、時短化のためのスキル
　(2)周囲の教職員の理解を得るために働きかけるスキル
　(3)調理員や若手への指導のためのスキル
　(4)自らの業務に自信を持つためのスキル

　そして、これらのスキルを栄養教諭・学校栄養職員が身につけるためには、次の項目に関して、これまで以上に積極的な姿勢で養成や研修を行っていく必要があると考えられる。

働きかけ力

　働きかけ力は、周囲を巻き込んで物事を進めることができる力である。栄養教諭・学校栄養職員が働きかけ力を身につけるメリットは、働きかけ力があれば、一人職の栄養教諭・学校栄養職員であっても周囲の力を借りながら活動を進めることができることである。具体的には、以下のようなスキルが挙げられる。

　　・児童・生徒からの話を傾聴する
　　・児童・生徒から興味・関心ややる気を引き出す

184　第2部　教員養成の実践と制度を考える

・他の教職員から助言や指導を引き出す

・調理員の意欲をアップさせる

・地域の人がいろんな話題で声をかけてくれるようになる

　そこで，これらのスキルを身につけるための改善策や研修内容として，養成課程においては，クラスや部活動やサークルなどに所属し，集団での身の振る舞いを学ぶことが一助になると考える。さまざまな考え方の者が集まった場で意見をとりまとめ，周囲を巻き込む働きかけができる力をつけることができると考える。

　研修としては，経験年数の異なる世代間での研修を行っていくことが良いだろう。その際，ベテランと新人を同じグループにすることによって，新人がベテランから学ぶ機会を作るように働きかけるべきである。また，働きかけ力は経験年数が上がることで身につく力であるため，ベテランの技や知恵を若手が吸収する機会を作っていくことも重要であろう。

創造力

　創造力は，状況の変化や実践の成果をふまえて，より効果的・発展的に展開することを目的として，感性を活かした新たな方法を提案することができる力である。この方法は単なる思いつきではなく，客観的事実に基づいた，現状の課題に即した新しい発想による提案である必要があるだろう。

　栄養教諭・学校栄養職員が創造力を身につけるメリットとして，具体的には，以下のようなスキルが挙げられる。

・複数のもの（物，考え方，技術など）を組み合わせて，実践を工夫できる

・従来の常識や発想を転換し，新しい方法や問題の解決策を工夫することができる

・計画の中に発達段階などの個別性を活かした手法を取り入れることができる

・教材となる新しい給食メニューの開発

・児童・生徒の興味・関心をひく教材づくり

そこで，これらのスキルを身につけるための改善策や研修内容として，まずは広い視野で多くのことに興味・関心を持ち，取り組んでいる課題に関する情報を広く収集し，取捨選択やいろいろな組み合わせを行ってアイデアを出す経験を積み上げていくことが重要だろう。また，誰かに相談することとともに，課題と向き合い，自身で考え，知恵を絞って解決策を導く経験をすることも創造力を鍛えるために大切である。

養成課程においては，毎回の授業や実習のなかで，テーマに沿った自身のアイデアを柔軟に提示することを繰り返し，その結果やさらなる改善策を提案する機会を作ることなどが考えられる。

また，研修では，多職種とかかわる機会を持つことを意識し，多くの人との交流から情報を得て，自分自身のアイデアを出せる機会を設けることが必要であろう。さらに，献立とリンクさせた授業を展開していくためにも，学習指導要領や教科書の内容を把握し，それらを踏まえたうえで地域の特色や自身が伝えていきたい食育の観点を大切にした給食を作っていくことも創造力の育成につながるだろう。そして，その給食を教材とした授業の開発を何度も繰り返して行っていくことにより，これまでに前例のない新しい食育に挑戦しながら，児童・生徒の生活に密着した指導を展開できるような栄養教諭・学校栄養職員となっていくべきであろう。

「指導と評価の計画」の作成・改善

評価計画では，授業のどの場面でどのような視点で児童・生徒の様子を見取るか前もって決めておくことや，机間指導やプリントの点検を行い，学習したことが理解できたか児童・生徒自身が振り返り，教師が児童の理解度を把握することを栄養教諭も意識すべきである。

指導計画や評価計画の振り返りとしては，授業の分析が挙げられる。授業の様子をビデオに撮るなどして，自分が児童・生徒の発言を的確に受け止め

ることができているか，また，発問や示した内容が適切だったのかを振り返り，それらの分析結果から示される課題を次の食育に生かすよう改善を行うことが重要だろう。

この点については，栄養教諭養成課程において，指導や評価の計画・作成を「栄養に係る教育に関する科目」として学ぶ機会を得ているが，その授業は2単位のみであり，「指導計画」を考えるという段階のみで終わり，実践内容に基づく評価や改善については学んでいない現状がある。

したがって，食育実践の評価ができる指導計画を立て，振り返りを行いながら栄養教諭が実践する食育の意義や有効性を数値と文章で示し，実践研究結果として学会発表や論文執筆の形でまとめていくことが重要であろう。

そのために，養成課程においては，各教科の学習指導要領を把握し，指導のねらいや他教科との関わりを捉えた上で授業内容を構成していくことを意識した養成校での教育が必須である。

また，研修では，現場の他の教員に相談しながら指導や評価の知恵を得ることが重要であろう。また，各都道府県の栄養士会等の研修に参加し，栄養教育の評価方法や成果のまとめ方について学び，栄養教諭や学校栄養職員同士で各々の取り組みを評価し合う場を作る必要がある。

調査の集計と発表

栄養教諭が調査の集計・活用能力を向上させることで，児童・生徒の実態把握を感覚的なものだけでなく，教職員，保護者，児童・生徒，そして地域の関係者に向けた的確な情報発信が可能になる。具体例を以下に示す。

・保護者に対して，おたより（給食献立一覧表や食育だより等）に，児童・生徒の調査集計結果を表やグラフでわかりやすく報告ができる
・教職員に対して，クラス間でのアンケート結果の比較による食への興味・関心の相違点について報告できる

そのためには，養成課程において，統計学に関する授業内容を充実させる

こと，そして，現職栄養教諭の研修では，アンケートの作成・集計方法について学ぶ機会を設け，表計算ソフトを用いたデータの扱い方に関する講習を開催することなどが求められる。そして，今後の栄養教諭に期待したいことは，学校現場で取り組んでいる食育実践や給食提供に関するデータをまとめ，学会発表や論文執筆につなげることによって，栄養教諭が実践する食育の効果を積み重ねることである。

引用文献

上田秀樹，他（2009）「栄養教諭制度における栄養教育実習の現状と課題」『大阪樟蔭女子大学学芸学部論集』46，63-76頁。

大富あき子，他（2007）「栄養教諭制度の施行に伴う教育活動記録−Ⅱ−鹿児島県内学校栄養士を対象とした栄養教諭制度に関する意識調査−」『鹿児島県純心女子短期大学研究紀要』37，66-77頁。

大富あき子，他（2008）「栄養教諭制度の施行に伴う教育活動記録−Ⅳ−栄養士養成課程在学中における短期大学生の栄養教諭に対する意識の変化−」『鹿児島純心女子短期大学研究紀要』38，93-113頁。

神戸美恵子，他（2012）「栄養教諭の職務の現状と課題−実態調査を中心に−」『高崎健康福祉大学紀要』11，47-60頁。

岸田恵津，他（2009）「兵庫県における栄養教諭の職務の現状と課題−任用1年後の栄養教諭を対象とした調査より−」『兵庫教育大学研究紀要』34，123-130頁。

小林陽子，他（2010）「栄養教諭の職務に関する実態調査−家庭科教諭と栄養教諭の連携に関する一考察（その1）−」『群馬大学教育学部紀要　芸術・技術・体育・生活科学編』45，153-163頁。

金川克子（2009）『食生活の基礎と事例から学ぶ食事支援・指導』中央法規出版

総務省（2015）『食育の推進に関する政策評価書（要旨）』

農林水産省（2006）『食育推進基本計画』

農林水産省（2011）『第2次食育推進基本計画』

農林水産省（2016）『第3次食育推進基本計画』

農林水産省（2021）『第4次食育推進基本計画』

文部省（1989）『小学校・中学校学習指導要領』

文部省（1992）『学校給食指導の手引（平成 4 年 7 月）』慶應通信

文部科学省（2000）『食に関する指導参考資料』東山書房

文部科学省（2004）『食に関する指導体制の整備について（答申）』（平成16年 1 月20日）

文部科学省（2004）『栄養教諭制度の創設に係る学校教育法等の一部を改正する法律等の施行について（通知)』（平成16年 6 月30日）

文部科学省（2019）『食に関する指導の手引―第二次改訂版―』

文部科学省（2017）『栄養教諭を中核としたこれからの学校の食育〜チーム学校で取り組む食育推進の PDCA〜』

第11章

競技力と体育指導

―アスリートは学校体育指導の高い専門知識を持つか―

土田了輔

1. はじめに

令和6年5月8日，文部科学省は，全国の教員不足を補うために，アスリートを「専門性の高い人材」としてとらえ，特別免許を与えて教員に採用する新たな運用指針を都道府県教育委員会に通知した[1]。

この指針によると，特別免許状は「教職課程を経ていないながらも，教師として学校教育に貢献することのできる優れた知識経験等を有する者が授与対象者となる」[2]。とされている。本稿では特に，学校体育指導において「専門性の高い人材」とされたアスリートに焦点を当て，保健体育科における「専門性」について検討することで，教員養成学について考えてみたい。

2. アスリートへの特別免許状授与

文部科学省は，令和6年5月8日，「特別免許状の授与及び活用等に関する指針」の一部改訂を行い，「社会に開かれた教育課程」を実現すべく，各都道府県教育委員会に対し，多様な人材を学校現場に積極的に迎え入れ，現代の学校が直面する教育課題の克服の一助とするよう求めた[3]。

本稿に関連する保健体育科については，令和5年度に既に「アスリート出身者の教師としての入職に関する事例集」[4]が示されており，アスリートのセカンドキャリアとしての教員への道が明示されていた。

この指針の一部改訂に加え，パリ五輪開幕が三か月後に迫っていたことも影響したのか，各種ネットニュースは五輪経験者と特別免許授与に関する記

190　第2部　教員養成の実践と制度を考える

事を特に保健体育と関連づけて報じた[1]。

　先の改訂された指針では，第3章　特別免許状の授与，第1節　授与候補者の教師としての資質の確認，第1項　教科に関する専門的な知識経験または技能，の中で，普通免許状との同等性を過度に重視せず，特別免許状の趣旨を損なわない範囲で，特別免許状授与候補者の資質を確認することとされており，その資質の例として，「4．各種競技会，コンクール，展覧会等における実績（特に，競技会においてはオリンピック競技大会等国際的な規模において行われるものに出場した者，日本選手権若しくはこれに準ずる全国規模の大会において優秀な成績を収めた者又はこれらの者を指導育成した実績を有する者については，原則として体育又は保健体育に関する専門的な知識経験等を備えていることが想定される）」[5]と示されている。このことから，特別免許を授与される者に期待される専門的知識や経験は，専門競技に関する技術や戦術と解釈される。

3．アスリートと体育授業者の「専門性」の離齬

　文部科学省が公表しているアスリートから教師に転身した人の事例集[6]では，「真摯に競技に取り組む中で培ってきた，自ら課題と目標を設定し結果が出るまでやり切る力や結果がいいときも悪いときも諦めずに自らを律して前を向く力。これらの得難い能力や経験を次世代や社会のために生かしている元アスリートの事例を通して教師としてのセカンドキャリアを考えてみてはいかがでしょうか」[7]と示されている。そして，「特定の競技で長年活躍された方や，大会等で優れた成績を残された方」[8]は，特別免許状を受けることができるとされている。

　要約すると，アスリートに求められている資質・能力は，自ら目標を設定する力，結果の良し悪しに関わらず諦めずに継続して取り組む力ということになる。そして，上記のような資質・能力は，特定の競技で優れた成績を残したり，長年活躍したりした人ということになる。

　ここで先の改訂された指針と事例集をみると，特別免許を授与される者が

備えているとされる資質は，その者が取り組んできた専門競技の技術，戦術なのか，取り組みの姿勢なのかという疑問が湧くが，以下ではその両方について検討してみる。

　たしかに，世界のトップレベルで活躍している多くのアスリート達は，継続して厳しいトレーニングに取り組んでいるだろう。しかしながら，諦めずに継続して取り組むことが重要であれば，むしろ競技では優秀な結果が出なくても活動を継続できた人のほうが適任ともとれる。また，アスリートの不祥事も枚挙に遑がないことに鑑みると，成績を残したアスリートが人格的にも優れていると決めつけるのはやや短絡的な印象を受ける。

　次に，先の事例集では「教科の領域の一部」[9]について高い専門性や幅広い知識のある人物は，特別免許状の授与を前提とした採用選考や，特別非常勤講師として単独でその領域の指導や評価を行うことができるとされている。教科の一部の例としては，保健体育のバスケットボールに関する授業などを例に挙げている。この記載から，専門性を発揮してほしい教科の領域の一部とは，該当者の専門としてきた競技の技術や戦術，あるいはトレーニング方法等が想定されている印象を受ける。

　しかしながら，この指導内容については，慎重に議論する必要があろう。そもそも，日本の小学校から高等学校までの学習指導要領では，バスケットボール等という競技種目を指導する種目優先主義は採用されておらず，ボール運動系であれば，ゴール型，ネット型，ベースボール型という大きな3つの括りの中で，その「型」に共通する技術や戦術を指導するという内容優先主義が採用されている[10][11]。なぜならば，「体育授業では，限定的な時間・場所で数多の球技種目を直接体験することは現実的に望めないので，指導内容の精選が不可避の課題」[12]と考えられているからである。すなわち，日本の体育，保健体育の学習指導は，種目（特有の内容）「を」教えるのではなく，種目「で」（型に共通する内容を）教えることが求められているのである。

　たとえば，ネット型の授業でバレーボールという種目を手段として用い

192　第2部　教員養成の実践と制度を考える

単元を構想した場合，バレーボールに特有のレシーブ，トス，スパイクといった一連の攻撃（三段攻撃）は，同じネット型のバドミントンやテニス，卓球等の「一発返し」種目との共通性を意識した内容を指導することが肝要になる。「一発返し」種目では，ネットを隔てた対戦相手から送球されてくる球を返球する際，打球という動作の中に球を「確保する局面」と「進行させる局面」を融合させていると捉えなおすことが必要で[13]，バレーボールという種目の中では，この一連の打球局面が三段階に分割される場合があることの理解が指導内容の一つになろう。しかしながら，このような種目横断的な専門知識は，トップアスリートの競技生活とは無関係であることから，教員志望の学生に対し，養成段階で授けるべき知識の典型例ということになる。このような日本の特殊事情に鑑みると，トップアスリートが持つとされる専門性が，ただちに体育教師としての専門性にはならない。

　加えて，トップレベルの競技の事象に特化された技術や戦術が，原初的なレベルに留まって「できない」「わからない」と困惑している学習者の現状とミスマッチを起こすことは容易に想像されよう。

　先のバレーボールの例で言えば，味方のコート内で3回繋げて返球する（三段攻撃）前に，ボール操作に未熟練な児童・生徒が無理にパスを繋げようとすれば，味方コート内での失策が次々に発生し，相手に得点を奪われるという失敗体験を積み上げることになりかねない。ではパス技能を高めるために練習を行っても，体育授業の限られた時間内では，学習者の全てが技能を十分に向上させる可能性は極めて低い[14]。このように，特定種目の長期間トレーニングによる技能向上が，競技スポーツに従事していたアスリートの専門的知識や体験の中心なのに対し，学校体育の授業では，この図式が必ずしも当てはまらない点が大きなポイントでもある。

　バレーボールをはじめ多くの球技の攻撃のねらい（競争目的）は，ボールを目的地に移動する[15]ことなのであって，そのプロセスでどのように味方内で攻撃を組み立てるかという方策は，失点しないように情況に合わせて選択

第11章　競技力と体育指導　　193

をすればよいだけである。スポーツとは情況に応じて自分達にとって今“お得”なやり方でゲームを構築している営みにすぎず，トップアスリートにとって必須なやり方が，体育授業の学習者にとって“お得”とは限らない。そればかりか，体育の学習者がトップアスリートのプレイを形だけ模倣しても，ゲームの中でことごとく失敗体験という学習を重ねることで，球技の技術や戦術の意味や価値が学習できないおそれがある。

　以上みてきたように，トップアスリートがもつとされる競技の技術や戦術という専門的知識は，学校体育で求められる専門的知識とは著しく異なり，この点がアスリートと体育授業者の「専門性」の乖離と考えられる。

4．小学校体育専科教員にみる教員としての「専門性」

　この節では，小学校体育専科教員に関する議論に見られる「専門性」に焦点を当てる。小学校体育は，いわゆる専科教員を重点的に配置する科目として，外国語，理科，算数とともに注目を集めている。小学校体育専科で活躍が期待されているのは，中学校・高等学校教員免許（保健体育）保有者であろう。

　中学校・高等学校教員免許（保健体育）保有者の持つ「専門性」と，文部科学省のいう特別免許授与者の対象となるアスリートの「専門性」とは若干異なると考えられるが，これら体育専科教員を巡る議論の中で体育の教科指導の「専門性」について示されている内容を概観するのは，体育授業と競技スポーツの専門的知識を比較する上で意義があるであろう。

　令和3年7月，文部科学省では「義務教育9年間を見通した指導体制の在り方等に関する検討会議」を開催し，「義務教育9年間を見通した教科担任制の在り方について（報告）」[16]をまとめた。同報告では，優先的に専科指導の対象とすべき教科について，「教科指導の専門性を持った教師によるきめ細かな指導と中学校の学びに繋がる系統的な指導の充実を図る観点から」[17]，外国語，理科，算数，体育を専科指導の対象と明示した。この報告の中で，

194　第2部　教員養成の実践と制度を考える

体育を対象教科とする理由は，「運動が苦手な児童をはじめ全ての児童に，できる喜びを味わわせていくことが求められるとともに，学年が上がるにつれて技能差や体力差が広がりやすく，個々の能力に適した指導・支援を安全・安心を確保しながら行う必要がある。生涯にわたって心身の健康を保持増進し豊かなスポーツライフを実現する資質・能力を育む上で，高学年児童の発達の段階，能力や適性，興味や関心に応じて，運動の楽しさや喜びを味わい，自ら考えたり工夫したりしながら運動の課題を解決する学習を展開し，中学校の内容も見据えた系統的な指導を行うことができる専門性が必要」[18]とされている。

　この動向を受けて，日本体育科教育学会は，令和5年7月に開催された第28回大会において，「小学校体育専科教員の役割と教員養成の在り方」と題してシンポジウムを実施した。同シンポジウムにおいて，文部科学省初等中等教育局企画官の鈴木は，小学校教育で専科指導の対象として選ばれた教科（外国語，理科，算数，体育）の共通項を「系統的な学びの重要性」「教科指導の専門性」としている[19]。さらに，優先対象として体育が選ばれた背景は「子供の体力向上」「教員の年齢構成」とし，専門性担保のために，「中学校・高等学校の免許保有」，「専門性向上のための免許法認定講習の受講・活用」「教科研究会等の活動実績」を挙げている[20]。一方，実際に中学校・高等学校保健体育の免許保有者で小学校の体育専科教員として勤務している岩﨑[21]は，体育専科教員として必要と思われることとして，①子どもが好き，②学ぼうとする態度，③ICTスキル，④接し方，⑤自分の専門は「体育」という意識，⑥子どもや学校の実態に対応できる柔軟性の6点を列挙している。これらの中で，体育の「専門性」を検討する上で最も興味深いのは⑤自分の専門は「体育」という意識，であろう。体育の「専門性」を検討する上で，教師自身が体育を「専門」と意識することが重要という事態は，一見理解しがたいかもしれない。しかしながら，この点こそが，アスリートが学校体育指導を指導する上での「専門性」を検討する鍵となる。

第11章　競技力と体育指導　195

　先の岩﨑は，中学校の保健体育教諭から小学校の体育専科教諭として勤務した上での感想として「①中学校勤務時代は，運動部活動の生徒に専門競技があるため，公式ルールに近い形で授業をしてしまいがちであった。しかし，小学生には，学習者に合わせた教材づくりがより大切になる」[22]と述べている。鈴木[23]が専門性担保のためとしていた「中学校・高等学校の免許保有」，「専門性向上のための免許法認定講習の受講・活用」「教科研究会等の活動実績」も，こうした学習者に合わせた教材づくり等の能力が，教師の専門的知識として重要であるという意味で一致した見解とみることもできるが，鈴木が専門性の担保であげた「中学校・高等学校の免許保有」者である岩﨑が，なぜあえて⑤自分の専門は「体育」という意識が必要としたのかが興味深い。すなわち，自分の専門は「体育」という意識は，ともすれば中高保健体育教師の専門免許が，学校の体育授業を指導する上での専門性を担保する条件にならないかもしれないことを暗示している。

5．アスリートは学校体育指導の高い専門知識を持つか

　自身もハードル走のオリンピアンとして活躍した為末大は，著書の中で「ある競技を専門的に行ってきた人がその競技を教えようとするとうまくいかないことが多い」と述べている[24]。また，同著の中で運動学者の三輪は，体育の教科書の中に出てくるハードル走の動作が難しすぎるとして「6，7時間程度の体育授業であの動きが身につくとは到底思えません」[25]と述べている。

　日本の学習指導要領は，スポーツ種目を直接指導内容とするものと，いくつかに大括りして共通の内容を教えるものとがある。前者の例として，陸上運動（陸上競技）などが挙げられるが，長期に亘るトレーニングでパフォーマンスを向上させていく競技スポーツの取り組みと異なり，日本の学校体育は，先の三輪が指摘したように，技能を十分に向上させる時間はなく，極めて短時間で種目の特性を広く浅く経験させることしかできない。先に三輪が

指摘したように，たとえ中学校であっても，ハードル走に費やせる時間はせいぜい6～7単元時間である。加えて，用具の出し入れから振り返りの記述等を含めると，実際にハードルを跳ぶ時間は，毎回20分前後，1単元でも120分から140分程度しか取れない。つまり，日本の学校体育は，トレーニングをして技能を向上させるというスポーツ活動とは別の枠組みで捉えられねばならない。

また，後者の例として，ボール運動系が挙げられるが，ボール運動系のいずれかの種目のアスリートを特別免許等で採用しても，当該の教師は自身の専門競技としてきた「種目を」教えたくてもそれができず，「種目で」（型に共通する内容を）教えることもできない。ちなみに，日本の体育指導（球技）に大きな影響を与えたアメリカの戦術学習モデル（A Tactical Games Approach）を見ると，Secondary Level のバスケットボールにおいては Lesson 1～Lesson 25の指導が示されている例がある[26]。1つの Lesson の中に2つの練習ゲームが示されており，1つのゲームにどれくらい時間をかけるかなど，詳細は示されていないが，仮に1 Lesson が1単位時間だとすると，25回の単元（日本の中学校のバスケットボール単元のおよそ倍程度），1つの練習ゲームを日本の1単元時間（中学校50分）に行った場合は，実に50回の単元になる。このような授業回数の単元は，日本では不可能である。

ここで今一度，「体育が専門という意識」[27]という言葉に戻る必要があろう。

先の岩崎は，指導がスポーツ競技に偏向しがちな中学校・高等学校の保健体育教諭の指導観を，小学校の体育指導をする上でのマイナス要素として捉えている。そしてこのことは，小学校専科にのみ言えることではなく，先の為末の言を借りれば，中学校・高等学校でも場合によっては同様の事態を引き起こしている可能性があることに注目したい。

部活文化として学校に根付いたスポーツ競技は，その指導が中学校教師の労働をブラックと言わしめるほどに多くの時間を要する営みである。現在でこそ活動時間の見直しが行われ，週のうち活動がない日が設定されるに至っ

第11章　競技力と体育指導　197

ているが，長い時間と労力をかけてトレーニングすることで，技能の向上を
目指すという活動パターンは部活からトップレベルのアスリートまで変わら
ないモデルといっていい。今は一部かもしれないが，中高保健体育の専門免
許をもった体育教師が部活にのめり込んでしまうのも，自身の競技の専門性
が部活でこそ発揮されるからかもしれない。

　今回，文科省が求めている「特定の競技で長年活躍された方や，大会等で
優れた成績を残された方」[28]というのは，一年間のうち大半の時間を，特定
の競技の「練習（トレーニング）」に当てており，そのたゆまぬ継続的な「練
習（トレーニング）」によって大会等で優れた成績を維持してきた人物に違い
ない。トップアスリートにとって，120分程度の時間は，場合によっては1
日の総練習時間にも満たないわけで，常識的に考えればそのような短時間で
何らかの技能を獲得する＝「できる」ようにするのは至難の業といえる。競
技出身の保健体育免許取得者である中学校・高等学校の体育教師は，自身が
競技のコーチではなく，「体育」の教師であると自覚できないと，小学校の
体育専科の教師はおろか，中学校，高等学校の現場でも体育教師としては務
まらないのは，先の岩﨑や為末の指摘の通りである。

　競技の世界では，当該競技の中で発達した技術・戦術に名前が冠され，使
用される。そうした技術・戦術は，当該競技の中では意味や価値を持ち，現
実に使用されたり，日々改良が重ねられたりして，変化・発展していくもの
である。しかしながら，日本の体育授業の世界では，先のバレーボールの例
にあったように，高度に発達して名前が冠された技術・戦術が発達する前の，
混沌として原初的な「名もない変化局面」[29]を扱うし，ボール運動系のよう
に，そもそも種目主義を廃して「型」としてのまとまりの中で指導する領域
では，逆に種目の専門用語を極力排除するような指導が求められるが[30]，特
定の競技種目に特化して取り組んできたアスリートは，種目の専門用語を廃
して一般人にわかりやすく説明するような機会もなければ必要性もない。す
なわち，トップアスリートは日本の体育授業においては，専門性（専門種目

198　第2部　教員養成の実践と制度を考える

の高度すぎる知識）を発揮できない構造があるのである。鈴木[31]は，限定的な時間や場の中で広範な内容を抱える体育授業においては，「特徴の似通った種目をカテゴリー化し，各群から選定した運動をプロトタイプ（典型事例）として取り上げて指導することにより，個別のスポーツ種目に特化した末梢的な知よりもむしろ当該種目群の内に（さらにはスポーツ全般に）通底する原理や概念の理解を促す，という方法が採用されることになる」として，体育授業と競技スポーツ指導の違いを示している。

6．まとめ

　上述の通り，競技を極めてオリンピックなどの国際大会で活躍することと，学校の教員になって体育授業を指導することは，あまりにもかけ離れた営みである。この原稿を執筆している最中にも，インターネット上では，文科省が公表したアスリートへの特別免許状の授与に対する否定的な見解が溢れ出し，オリンピアンの政治家の醜聞が取り沙汰される事態となっている。しかし，本稿は感情的な議論ではなく，アスリートと体育の学習者では，スポーツをすることの意味が全く異なることを示してきたつもりである。

　スポーツについては宣言的知識と手続的知識という，全くことなる2つの知識があることが知られている。一般的に，「わかる知識」と言われているのが宣言的知識であり，概念や原理などに関する知識と言われ，言語化される知識とも言われている。他方の手続的知識は，「できる知識」と言われており，言語化しづらいが，行動ができるための知識と言われている。

　興味深い事に，パフォーマンスを言語化すると，その後のパフォーマンスを一時的に阻害する場合もあることが報告されている[32][33]。トップアスリートはパフォーマンスを言語で説明する義務は必ずしもなく，「できる知識」があれば十分ということになる。

　翻って，教員はどうか。たとえ指導する対象が身体運動文化という非言語的な行為だったとしても，教師が行為を言語化して伝えることは必須である。

むしろ，指導するための言語をどのように学生に持たせるかが，教員養成機関たる大学の指導の要ともなっている。そのような言語は，往々にして特定のスポーツ種目に特有の専門用語ではなく，競技スポーツ未経験の学習者と意思疎通するための言語である。

　本稿は，学校体育指導において「専門性の高い人材」とされたアスリートに焦点を当て，保健体育科における「専門性」について検討することで，教員養成学について考えることを目的とした。アスリートが競技スポーツの世界で経験してきたことが，我が国の学校体育で指導する上でも「専門性」となり得るかについて検討してみたが，結果はかなり否定的にならざるを得なかった。特に，児童・生徒との意思疎通や教材づくり等，指導の方法面についての不足より，内容面，すなわち学習指導要領が，そもそも種目優先主義を採用していない点が，競技種目の世界から来るであろうアスリート，あるいはコーチにとって大きな障壁になると予想される。

　保健体育科が扱う素材である身体運動文化は，その文化に従事する人々が膨大な時間をかけて身につけ，極めていく（きた）ものである。そうした場合，素材を教材化し，限られた時間の中で児童・生徒に提示し，その理解を深める手順や方法を，競技に倣って実施しようとすると，かなり無理があることが明らかになった。しかし，ではどうすればよいかという内容論と方法論を，保健体育科は未だ十分な知見を持ち合わせていない可能性がある。この点が，教員養成学を考察する上での一つの視点となるであろう。

注

1）令和6年8月2日時点で確認できるネットニュースのサイトは，「日本経済新聞」（https://www.nikkei.com/article/DGXZQOUE089X90Y4A500C2000000/），「Yahoo! JAPAN ニュース」（https://news.yahoo.co.jp/articles/e21cc64ae380bc3d29913545d77359719e54bfab），「産経新聞」（https://www.sankei.com/article/20240424-PMSXDBFQP5LRHN6GKBHIMHM6SE/），「沖縄タイムス プラス」（https://www.okinawatimes.co.jp/articles/-/1355786），「DOTSU-NET 日刊教育

200 第2部 教員養成の実践と制度を考える

版」（https://education.dotsu.co.jp/articles/detail/101580），「NEWS PICKS」（https://newspicks.com/news/9949813/?ref=education）など。いずれも2024年8月2日現在閲覧可能なサイト。

引用文献

⑴文部科学省総合教育政策局教育人材政策課（2024）「特別免許状の授与及び活用等に関する指針」，https://www.mext.go.jp/content/20240529-mxt_kyoikujinzai01-000014888_05.pdf．2024.08.02.11：04閲覧。

⑵前掲⑴

⑶前掲⑴

⑷文部科学省（2023）「アスリート出身者の教師としての入職に関する事例集」，https://www.mext.go.jp/content/20240529-mxt_kyoikujinzai01-000014888_06.pdf．2024.08.02.11：40閲覧。

⑸前掲⑴

⑹前掲⑷

⑺前掲⑷

⑻前掲⑷

⑼前掲⑷

⑽鈴木理・土田了輔・廣瀬勝弘・鈴木直樹（2003）ゲームの構造からみた球技分類試論，体育・スポーツ哲学研究，25(2)，pp. 7-23。

⑾鈴木理・廣瀬勝弘・土田了輔・鈴木直樹（2008）ボールゲームの課題解決課程の基礎的検討，体育科教育学研究，24(1)，pp. 1-11。

⑿鈴木理・土田了輔（2022）ゲームの指導内容開発のための考察視座，体育・スポーツ哲学研究，44(2)，pp. 101-113。

⒀前掲⑿

⒁松枝公一郎（2019）中学校学習指導要領解説保健体育編におけるネット型の例示は実現可能なのか，教師教育と実践知，4巻，pp. 55-62。

⒂前掲⑽

⒃義務教育9年間を見通した指導体制の在り方等に関する検討会議（2021）「義務教育9年間を見通した教科担任制の在り方について（報告）」，https://www.mext.go.jp/content/20210729-mxt_zaimu-000015519_1.pdf，2024.08.02.15：43閲覧。

⒄前掲⒃

⒅前掲⒃

⑲鈴木文孝（2024）小学校高学年における教科担任制の推進について，体育科教育学研究，40(1)，pp. 47-48。

⑳前掲⑲

㉑岩﨑　敬（2024）大分方式の体育専科教員をしてきて感じたこと，体育科教育学研究，40(1)，pp. 49-52。

㉒前掲㉑

㉓前掲⑲

㉔為末　大（2024）『ぼくたちには「体育」がこう見える　「体育」は学びの宝庫である』，大修館書店。

㉕前掲㉔

㉖Mitchel, S.A., Oslin, J.L., and Griffin, L.L. (2006) *Teaching Sport Concepts and Skills A Tactical Games Approach for Ages 7 to 18*, Third Edition, Human Kinetics, Champaign, IL.

㉗前掲㉑

㉘前掲⑷

㉙土田了輔（2011）『学校体育におけるボールゲームの指導論　学習内容の開発研究』，ブイツー・ソリューション。

㉚前掲㉙

㉛鈴木　理（2023）地域連携の基盤としてのスポーツ指導の社会的分業，大学地域連携学研究，2巻，pp. 1-5。

㉜Flegal, K.E., and Anderson, M.C. (2008) Overthinking skilled motor performance: Or why those who teach can't do, Psychonomic Bulletin & Review, 15(5): 927-932.

㉝Chauvel, G., Maquestiaux, F., Ruthruff, Didierjean, A., and Hartley, A. (2013) Novice motor performance: Better not to verbalize, Psychon Bull Rev. 20: 177-183.

第12章

これからの健康教育を担う教員像と，
その社会的・経済的価値

池川茂樹　髙橋壯太

はじめに

　現行の法的・社会的枠組みのもと，教員は児童生徒の現在および将来の健康増進に寄与する健康教育の重要な担い手である。しかし，時間的余裕の欠如や高度情報化社会の弊害により，十分な健康教育が実施されていない現状が懸念される。これらの課題を分析し，適切な健康教育の推進による国民医療費の削減効果や，それに伴う教員の社会的・経済的価値の向上の可能性について考察する。また，これらの考察を基に，今後の健康教育を担う教員に求められる教員像や資質について提言する。

Key Points

➤学校における適切な健康教育の実施は，児童生徒の現在および将来の健康増進に寄与する。また，将来的な健康増進に伴う国民医療費の削減は，教員の社会的・経済的価値の向上にもつながる。

➤社会的にも法的にも，教員が健康教育を担うための基盤は整備されている。しかし，実際には「時間的余裕の欠如」や「高度情報化社会の弊害」により，十分な健康教育が実施されていないことが予想される。

➤「協働力」「教科等横断的な思考」「情報リテラシー」「健康教育カリキュラムのマネジメント能力」を備え，健康教育を推進できる教員の養成が，今後の教員養成系大学に求められる。

1. なぜ今，「予防」が重要なのか？

(1)日本の家計や経済を圧迫する医療費

日本の国民医療費は年々増加傾向にあり，これが国民の家計や経済に多大な負担を強いている。1991年に21.8兆円であった国民医療費は，2001年には31.1兆円，2011年には38.6兆円，そして2021年には約45兆円に達し，30年で約2倍にまで膨れ上がっている[1]。また，国内総生産（GDP）に対する医療費の割合も，1991年の4.6％から2021年には8.2％に上昇し[1]，日本の経済における医療費の負担が年々増大している。この傾向は，日本の経済成長に比して医療費負担が急速に膨張していることを示しており，医療費の経済に対する圧力が強まっていると言える。この値は国際的に見ても高水準にある。経済協力開発機構（OECD）加盟38か国の中で，日本は国民医療費の対GDP比率で5位（COVID-19，いわゆる新型コロナウィルス感染症パンデミック以前の2019年時点）に位置しており[2]，他の先進国と比較しても，国民が医療費に支払う割合が高いことがわかる。すなわち，日本が高度な医療サービスを提供し続けている一方で，そのコスト負担が国民生活に及ぼす影響が大きいことを示唆している。

さらに，2021年の国民医療費の財源構成を見ると，公費（国庫負担と地方負担の合計）が全体の約4割，保険料が約5割，そして残りの約1割が患者自身の負担となっている[1]。特に注目すべきは，国庫負担額が約11兆5000億円に上り，国の一般会計予算（2021年度は約107兆円[3]）の約1割を占めている点である[1]。この額は社会保障費（2021年度は約36兆円[3]）の約3割に相当することからも，国民医療費の増加が社会保障サービス全体の質的低下を招いている可能性がある。

従って，国民医療費の高騰に対する適切な対策を講じることは，国民全体の福祉を守り，持続可能な社会や経済の実現に向けて不可欠である。

⑵なぜ日本の国民医療費が高騰しているのか？

　日本の国民医療費の高騰には複数の要因が存在すると考えられる。その一つとして挙げられるのが，医療費単価の上昇である。医療技術や医療機器の進歩は，医療の質を向上させる重要な要素である一方で，これが医療費の単価を押し上げる要因となっている。例えば，超音波診断装置やMRI装置，内視鏡検査機器などの高度な医療機器が導入され，医療現場で広く利用されている。これらの機器は非常に高額であり，その導入および維持にかかるコストが医療費に転嫁され，国民医療費を押し上げている。

　医療費高騰のもう一つの大きな要因として，中高齢者の割合の増加が挙げられる。一般的に，加齢に伴い，医療機関を受診する機会や，検査において異常が発見される頻度が増加することは，直感的に理解されるが，厚生労働省が発表している統計データ[4]においてもこの傾向を確認することができる。実際に年代間で比較してみると，20〜30歳台を境に1人あたりの年間医療費は徐々に上昇し，50〜60歳台を超える頃からさらに医療費の増加が加速している（図1）。このように，医療費が嵩む中高齢者の割合が年々増加しており，65歳以上の高齢者の割合は1990年時点では12.1％であったものが2020年には28.6％まで上昇し[5]，国民医療費の増加に大きく寄与している。さらに，その割合が2040年には34.8％，2060年には37.9％にまで達するという予測がなされており[5]，今後も高齢化による国民医療費の増加が続くことが懸念されている。

　では，なぜ高齢になると医療費が増加するのか。これは身体活動量の減少と密接に関連していると考えられる。身体活動量の低下は生活習慣病[6]や感染症[7]，熱中症[8]などの発症を促すことが知られている。特に運動不足は，マイオカイン（筋肉から分泌される生理活性物質）の分泌量低下を介して生活習慣病（2型糖尿病，動脈硬化や心筋梗塞などの心血管疾患，アルツハイマー病などの認知症，乳がんや大腸がんなど）の発症を引き起こし，肥満はその過程を加速させるとされている[9]。加齢に伴う身体活動量の低下[10]やその他の生活習

第12章 これからの健康教育を担う教員像と，その社会的・経済的価値　205

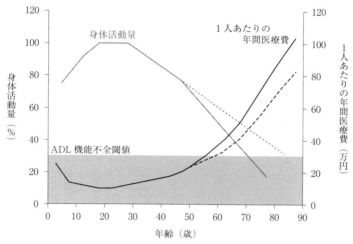

図1　加齢に対する身体活動量と1人あたりの年間医療費の変化

身体活動量[10]（グレー実線）と1人あたりの年間医療費[4]（黒実線）は，鏡像関係にある。また，身体活動量がピーク時の30％にあたるADL機能不全閾値[10]（グレー網掛け）を下回ると，要介護状態に陥り，医療費の増加が一層顕著になる。一次予防による介入で20％の体力を改善（グレー破線）させると，20％の医療費削減効果（黒破線）が見込まれる[18]。

慣に起因する疾病のリスクの増大が，1人あたりの年間医療費の増加に直結していると考えられる。事実，身体活動量が高い若年時には医療費はあまりかからないが，加齢に伴い身体活動量が低くなるにつれて1人あたりの年間医療費が高くなることが図1でも確認できる。特に，要介護状態に陥るとされる身体活動量がピーク時の30％（ADL機能不全閾値）[10]を下回る年齢では，医療費の増加もさらに顕著になる。その様子はまるで，1人あたりの年間医療費の変化が身体活動量の変化を鏡で映したようでもある。また，中高齢者において，身体活動量に関連する指標である最大酸素摂取量（持久力の指標）と，肥満度（BMI），血圧，血糖値，血中脂質（コレステロール，中性脂肪）といった生活習慣病のリスク指標との間には強い相関があることも報告されている[11]。このことからも，加齢に伴う身体活動量の低下が生活習慣病を中心とした疾病の発症リスクを高め，その結果として医療費が増加するというメ

カニズムを理解することができる。

(3)国民医療費の高騰を抑えるための対策

　前述の通り，我が国における国民医療費の高騰は深刻な課題となっており，この問題に対応するため，政府は「高齢者の医療の確保に関する法律[12]（通称，高齢者医療確保法）」や「健康増進法[13]（21世紀における国民健康づくり運動[14]，いわゆる『健康日本21』の法的根拠となる法律）」，「がん対策基本法[15]（通称，がん対策法）」や「健康寿命の延伸等を図るための脳卒中，心臓病その他の循環器病に係る対策に関する基本法[16]（通称，脳卒中・循環器病対策基本法）」などの法律を施行し，生活習慣病を中心とした疾病の予防を国家的な戦略として推進している。

　一方，予防医学の観点から「予防」には３つの段階が存在する[17]。第一に，疾病を未然に防いで健康の保持・増進を目指す「一次予防」，第二に，発症前期（または潜伏期間）の段階で疾病を早期発見し，発症する前や症状が軽度であるうちに早期治療を行う「二次予防」，そして第三に，既に発症した疾病を重症化・慢性化させず，リハビリテーションにより早期の社会復帰を促す「三次予防」である（図２）。これらの予防措置において，一次予防が最も費用対効果が高く，経済的にも国民の健康面からも有益である。例えば，COVID-19（いわゆる新型コロナウィルス感染症）のパンデミック時には，予防接種や密集の回避，マスクの着用，手指消毒といった一次予防が最も推奨されていたことは記憶に新しい。これに対し，抗原検査や早期の受診・自宅療養は二次予防，ECMO（体外式膜型人工肺）を用いた治療は三次予防に位置付けられ，後者ほど身体的負担はもちろん，医療費負担や社会的負担も格段に跳ね上がる。このように，新型コロナウィルス感染症の事例においても，一次予防の重要性が強調され，医療資源の効率的な使用と費用抑制が図られていたことがわかる。新型コロナウィルス感染症だけではなく，その他の疾病においても同様のアプローチが求められる。すなわち，運動や食事の改善を

第12章　これからの健康教育を担う教員像と，その社会的・経済的価値　207

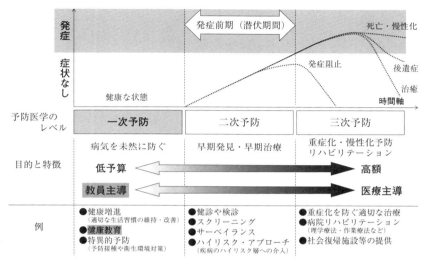

図2　疾病の予防手段とその特徴
疾病の段階ごとに予防の手段が異なる。一次，二次，三次と予防医学のレベルが上がるほど，医療主導となり，コストもかかる。反対に，一次予防は低予算で実行できるが，医療サイドからの介入は難しい。（図はシンプル 衛生公衆衛生学2021[17]を参考に著者が作成。）

基本とした生活習慣病等の一次予防が国民医療費の高騰を抑えるのに効果的と考えられる。実際に，信州大学の研究グループでは，複数の自治体や病院の中高齢者に対して，個人の体力レベルに合わせた適切な強度の運動（個人の最大酸素摂取量の70％強度，つまり換気閾値を超える強度のウォーキング）を一定量（週合計60分以上）行うといった一次予防を指導し，1人あたりの月間医療費の5か月間の推移を追跡している。すると，運動を指導した群は，運動を指導されなかった対象群に比べて，1人あたりの月間医療費が約20％有意に削減されたことを報告している[18]。この結果は，運動習慣の改善を中心とした生活習慣病等の一次予防を全国的に推進した場合，2021年度を基準とした単純計算で年間9兆円の医療費削減効果が見込まれることを示唆している。さらに，運動だけでなく，栄養指導や禁煙支援，飲酒制限などを組み合わせた多角的なアプローチを行えば，その効果は一層大きくなることが予想され

る。言い換えれば，一次予防を中心とした健康教育の推進は，年間9兆円以上の経済的価値があるということになる。今後，国民医療費がさらに増加する見込みであるため，その経済的価値はさらに高いものとなる。

したがって，国民医療費の急騰や社会保障制度の持続可能性に対する懸念が高まる中，生活習慣病等に対する一次予防のさらなる推進が不可欠である。

2. 健康教育は教員の経済的価値を高める

(1)現在の一次予防推進の効果は十分ではない

かつては生活習慣病を「成人病」と呼び，国は1982年に公布の「高齢者の医療の確保に関する法律[12](旧法令名：老人保健法)」や2002年に公布の「健康増進法[13]」，2006年に公布の「がん対策基本法[15]」などを通じて，長い間その対策を重要課題として生活習慣病等の一次予防の推進に取り組んできたことは前述のとおりである。しかし，その効果が皆無とは言えないものの，十分な成果を上げているとは言い難いのが現状である。また，国民医療費の高騰は止まることを知らず，2018年には「健康寿命の延伸等を図るための脳卒中，心臓病その他の循環器病に係る対策に関する基本法[16]」が成立するに至っている。では，なぜこれほどまで長期にわたり施策が講じられているにもかかわらず，生活習慣病等の一次予防の推進が十分な効果を発揮していないのであろうか。その原因の1つとして，医療サイド（医師，看護師，保健師など）からの一次予防に関するアプローチが社会構造的に困難であることが挙げられる。この問題を理解するためには，まず一次予防，二次予防，三次予防の具体的な内容について確認しておく必要がある。

図2は，それぞれの予防段階における具体的な内容の例を示している。一次予防は，疾病を未然に防ぎ，健康の保持・増進を目指すもので，運動習慣や食事習慣の改善に取り組む「健康増進」，その意義や方法を説く「健康教育」，および予防接種や衛生環境の改善などを行う「特異的予防」の3つが含まれる。二次予防は，疾病の早期発見・早期治療を目標とし，「健診（総

合的な健康診断)」や「検診（特定の疾病に対する診断)」，さらに「スクリーニング（大勢の中から罹患者をピックアップすること)」や「サーベイランス（集団における疾病の発生状況を監視すること)」などが含まれる。そして，疾病の重症化を防ぎ，社会復帰を促す三次予防には，重症化を予防するための適切な「治療」や「リハビリテーション」，および「社会復帰施設の提供」などが含まれる。これらの内容を見てみると，一次⇒二次⇒三次と進むにつれて医療サイドからの寄与が強まる一方で，逆に数字が小さいほど医療サイドからの介入が難しくなることがわかる。例えば，一次予防に含まれる健康増進，健康教育，特異的予防の衛生環境改善や，二次予防における任意の健診や検診は，健康状態に明確な問題がない人々，つまり医療機関へアクセスする機会が少ない層を対象としている。そのため，医療サイドからの直接的なアプローチが難しく，最も医療費削減効果が期待される一次予防や，一部の二次予防が十分な効果を示せない要因となっている可能性がある。

　このように，疾病の罹患者だけでなく，健康な人を含めたすべての人々の健康行動への介入が求められる一次予防に対しては，より広範な社会的支援や政策的な工夫が必要である。現行の政策が期待通りの効果を発揮しない理由は，このようなアプローチの難しさにあると考えられる。

(2)一次予防の担い手としての教員

　現代社会の枠組みの中で，生活習慣病等の一次予防を効果的に推進するためには，どのような方策が必要であろうか。その鍵を握るのは，学齢期のすべての子どもに対して健康の維持・増進を指導する立場にある教員であると考えられる。2024年現在，適用されている学習指導要領においては，小学校の体育科[19]で「健康な生活」や「病気の予防」，中学校の保健科[20]で「健康な生活と疾病の予防」，高等学校の保健科[21]で「現代社会と健康」「生涯を通じる健康」「健康を支える環境づくり」といった，生活習慣病などの疾病の一次予防に関わる健康教育が行われている。また，他の教科や領域との連携が

求められており，理科や家庭科，道徳，特別活動等においても，教科等横断的な健康教育が期待されている[22]。さらに，学校保健安全法[23]第5条では，学校は「児童生徒等及び職員の心身の健康の保持増進を図るため，児童生徒等及び職員の健康診断，環境衛生検査，児童生徒等に対する指導その他保健に関する事項について計画を策定し，これを実施」することが義務付けられている。すなわち，授業時間外においても児童生徒への疾病の一次予防および二次予防が法的に求められている。また，学校における疾病の一次予防，特に健康教育の重要性は，健康増進法[13]第4条やがん対策基本法[15]第23条など，他の法律にも明記されている。これらの法律により，教員が疾病予防に関する指導を行うことが求められ，教員は疾病の一次予防（および二次予防の一部）の実施者として社会的に位置づけられている。以上より，法的および社会的に，教員が疾病の一次予防（および二次予防の一部）の中心的な役割を担うための基盤はすでに整っていると言える。したがって，生涯を通じて健康的な生活を送るための疾病の一次予防は，教員が主導して実施すべきと考えられる。

　一方で，学校において十分な疾病の一次予防，特に健康教育が適切に実施されているかについては，懐疑的な見方も存在する。保健科の授業時数が学習指導要領で定められた通りに実施されている割合は，依然として低いとされる。例えば1998年度以降，小学校の体育科では，3・4年生で合計8単位時間，5・6年生で合計16単位時間程度の保健領域の授業が実施されることとなっているが[19]，沖縄県を対象とした2001年度の調査[24]では，この実施時数を概ね達成できているのは3・4年生で57.0%，5・6年生で66.3%と報告されている（実施すべき時数は「○時間程度」と幅を持たせているため[19]，3・4年生で3〜5時間/年，5・6年生で6〜10時間/年以上で達成と見なした）。また，体育科の実技授業が実施できない雨天時に，代替措置として保健領域の授業を"雨降り保健"として行うケースも指摘されており[25-26]，系統立った効果的な授業が行われていない実態も考えられる。さらに，教員を目指す大学生

666名を対象に行われた健康情報に関する知識テストでは，保健に関する知識や素養が不十分（平均値±標準偏差＝64.4±10.9点）であったことが報告されている[26]。この報告によると，半数以上の対象者が不規則な授業形態で保健教育を受けており，保健に対する関心が低かったことも明らかにされている[26]。これらの実態を踏まえると，現状において学校で十分な保健指導や健康教育が実施されているとは言い難い。すなわち，教育基本法[27]第2条（教育の目標）に示される「第二条一　幅広い知識と…（中略）…健やかな身体を養うこと」の達成には，依然として課題が残っていると言える。

　仮に学校において，疾病の一次予防を適切に指導できる教員を養成することができれば，将来的には国民医療費の削減が期待され，それに伴い教員の経済的価値も向上する可能性がある。例えば，前述の「1(3)国民医療費の高騰を抑えるための対策」に基づくと，疾病の一次予防の推進によって，単純計算で年間約9兆円規模（2021年度基準）の経済的効果が見込まれる。この効果を教員1人あたりの給与増加額に換算すると，年額733万円の増額（全国の初等・中等教育機関の教員数を122.8万人[28]と仮定）に相当，あるいは全国で約136.2万人の教員増員（全国の小・中学校教員の平均年収を661万円[29]と仮定）に相当する。もちろん，学校における健康教育の充実が国民医療費の削減に完全に寄与するわけではなく，削減によって生じた財源の全てが教員に還元されるわけでもないため，これらの試算はあくまで理論的なものである。しかしながら，教員による効果的な健康教育の実施が，教員の社会的・経済的価値を高める大きな可能性を秘めていることは明白であろう。

(3)学齢期の健康教育は，将来の健康行動を変容させられるのか？

　ここまで，教員による効果的な健康教育の実施が大きな可能性を秘めていることについて論じてきたが，これは学齢期の健康教育が将来，特に中高齢期の健康行動にプラスの影響を及ぼすことを前提としている。果たして，学校教育は30～40年以上先の児童生徒の健康行動を変容させる効果があるのだ

212　第2部　教員養成の実践と制度を考える

ろうか。

Nieman ら[7]は，18～85歳の被験者1002人の体力レベルを3段階に分け，それぞれの特性を比較している。その結果，体力が高い被験者ほど肥満度および喫煙率が低く，運動を高頻度かつ長時間実施し，フルーツを食べる頻度が高い（つまりビタミン類をよく摂取している）ことが示された。また，興味深いことに，高体力者ほど高学歴である傾向も明らかとなった。この結果は，所得や人種などが影響している可能性が除外されていないものの，学校教育が将来の健康行動に影響を与える可能性が十分にあることを示唆している。

さらに，Cutler と Lleras-Muney[30]は，イギリスおよびアメリカの複数のデータセット（NHIS，NLSY，MIDUS，HRS，SOS の25歳以上のデータ）を用いて，学校教育が将来の健康行動に与える影響を多面的に分析している（図3）。彼らの研究では，健康保険の有無に関わらず，教育年数の増加と共に運動習慣のような一次予防に関わる健康行動や，大腸がんや乳がんの検診率といった二次予防に関わる健康行動が改善することが示されている。さらに，教育年数が10～12年を超える（すなわち高等学校以上の学歴を有する）と，将来の肥満率や喫煙率，飲酒頻度についても改善が見られることも報告されている。ただし，このような将来の健康行動改善の要因については，教育による知識や認知能力の向上のほかにも，教育による所得の向上（高学歴者ほど高所得となり，健康的な行動の選択肢が広がる）や教育を通じた社会的サポートの強化（高学歴者はより多くの社会的サポートを受けやすい立場にある）なども影響している可能性が考えられる。そこで，彼らは，これらの要因が健康行動に及ぼす影響の寄与度についても算出している。その結果，健康行動の内容により若干の差はあるものの，所得を介した影響：社会的サポートを介した影響：知識や認知を介した影響の割合はそれぞれ20～30％：10％：30％であることが明らかとなっている。この結果は，学齢期における健康教育によって得られた知識や認知能力，すなわちヘルスリテラシーが，将来の健康行動の改善に30％寄与する可能性を示唆している。

第12章 これからの健康教育を担う教員像と、その社会的・経済的価値　213

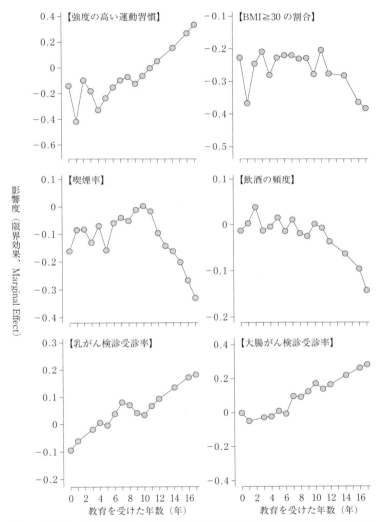

図3　疾病の一次予防および二次予防に関わる健康行動に対する教育の効果

学歴が高まると，将来の一次予防に関わる行動等（運動習慣，肥満の割合，喫煙率，飲酒の頻度）や二次予防に関わる行動（乳がんや大腸がんの検診受診率）が改善する。（図は Cutler DM & Lleras-Muney A. *J Health Econ*, 2010.[30] を著者が改編。）

214　第2部　教員養成の実践と制度を考える

　これらの研究結果を踏まえると，教員による効果的な健康教育の実施が，児童生徒の将来の健康行動を促し，ひいては国民医療費の削減にまで寄与する可能性があると推察される。

3．健康教育を担える教員養成のために

⑴学校における健康教育の現状と社会的課題

　前述の通り，学校における健康教育は，30〜40年以上先の児童生徒の健康行動を変容させる可能性を十分に有している。しかしながら，「2⑵一次予防の担い手としての教員」で論じた通り，現状では学校において十分な健康教育が実施されているとは言い難い状況である。この状況が生じる要因としては様々なものが考えられるが，特に，以下に示す「時間的余裕の欠如」および「高度情報化社会の弊害」は，教員養成の段階で解決可能な重要な課題であると考えられる。

　　時間的余裕の欠如

　学習指導要領に基づく保健領域の授業時間が，規定通りに確保されていない教育現場が少なからず存在することは，先に述べた通りである。この背景には，各教科の指導内容が多岐にわたるため計画通りの進行が困難であり，保健領域の授業が後回しにされがちである現状が一因となっている可能性が考えられる。たとえば，雨天時に体育実技の授業が実施できない場合，"雨降り保健"として保健領域の授業が代替的に行われることが指摘されているが[25-26]，このような一時的対応では，効率的かつ系統的な健康教育の実施は困難である。また，健康教育における各教員の責任範囲が明確でないことも，時間不足による健康教育の停滞を助長する一因となっている可能性がある。例えば，2018年度から学校での実施が義務化[31]された「がん教育」に関する研究において，「誰が担当すべきか」の認識を問うた調査[32]では，保健体育教諭が「養護教諭が行うべき」と考え，養護教諭が「保健体育教諭が行うべ

第12章　これからの健康教育を担う教員像と，その社会的・経済的価値　215

き」と考える傾向が確認されている。このように，責任範囲の認識に不一致
が見られることから，健康教育が適切に実施されない状況も一部で生じてい
ると考えられる。

　さらに，教員の多忙化は日本社会において深刻な問題であり，広く認識さ
れている。小学校教員の30％以上，中学校教員の60％近くが過労死ライン
（1ヶ月あたり80時間以上の時間外労働）を超える長時間労働を強いられている
現状[33]は，教育現場の過酷な労働環境を示している。このような状況に起因
する時間不足の問題は，健康教育の質とその実施状況にも重大な影響を与え
ている。例えば，健康教育は学級担任，保健体育教諭，養護教諭，栄養教諭
など複数の教員が担っているが，それぞれの多忙さゆえに連携が不十分とな
る場合が多い。この結果，効率的かつ系統的な健康教育の実施が困難となり，
児童生徒に対して十分な知識とスキルを提供することが難しい状況に陥って
いることが想像できる。

高度情報化社会の弊害

　高度情報化社会において，教員が効果的な健康教育を実施することには，
いくつかの課題が存在する。

　まず，教員は必ずしも健康や医学の専門家ではない点が挙げられる。高度
情報化社会では，情報が指数関数的に増加しており，医学情報も例外ではな
い。例えば，1950年には医学情報が2倍に増加するまでに50年を要していた
が，1980年にはその期間が7年，2010年には3.5年，2020年にはわずか0.2年，
約73日となったと言われている[34]。つまり，2010年に医学部に入学した学生
が，卒業までの6年間で必要な医学知識が約3倍に増加する状況を経験して
いることになる。このように医学の専門教育を受けた者でさえ，膨大な情報
を全て理解し活用することは極めて困難な状況であるのに，医学の専門家で
はない教員がその情報を適切に把握し，児童生徒に教育することはさらに難
しいと言える。

加えて，アクセス可能な情報のすべてが正確であるわけではないという問題も，教員が適切な健康情報にアクセスすることを難しくしている。ある研究によれば，主要な SNS の 1 つである旧 Twitter（現 X）において，偽情報が正確な情報よりも10〜100倍の速さで拡散されると報告されている[35]。さらに，検索エンジンや SNS は個々のユーザーの嗜好に基づいて情報を最適化するため，エコーチャンバー現象[36]（同じコミュニティ内で自身と似た意見に囲まれることにより，偏った考え方が増幅される現象）やフィルターバブル現象[37]（検索サイトや SNS のアルゴリズムによって特定の価値観に閉じ込められる状況）が生じ，情報の偏りが発生する可能性も指摘されている。このような検索エンジンや SNS のアルゴリズムの影響によって，教員が信頼できる健康情報にアクセスしづらくなるというリスクも高まっている。さらに，誰もが容易に大量の情報にアクセスできる環境が整備された結果，児童生徒も真偽の定かでない情報に晒される状況が生まれている。場合によっては，児童生徒が教員よりも多くの情報（その正確性は不明であるが）を持つこともあるため，教員が児童生徒からの質問に対して十分に対応できない状況が生じる可能性もある。

これらの点を踏まえると，高度情報化社会において健康教育を実施することは，健康の専門家ではない教員にとって大きなハードルとなっている。今後，情報化がさらに加速する中で，「正しい健康情報を伝える」という従来のスタイルの健康教育はますます難しくなることが予測される。

⑵健康教育を担う教員に必要な能力とは

学校における効果的な健康教育の実施に向けて解決すべき課題として，「時間的余裕の欠如」と「高度情報化社会の弊害」を挙げてきたが，これらの課題に対応するためには，教員が「協働力」，「教科等横断的な思考」，そして「情報リテラシー」という 3 つの重要な能力を身につけることが求められる。

第12章　これからの健康教育を担う教員像と，その社会的・経済的価値　　217

協働力

　「協働力」とは，複数の教員や専門家と連携し，効果的に健康教育を推進するための能力を指す。この能力には，学級担任，保健体育教諭，養護教諭，栄養教諭といった校内の関係者に加え，学校医，学校歯科医，学校薬剤師といった学校外の専門家とも協力し，授業内容を調整して健康教育の時間を確保するための協議を行う力が含まれる。これにより，教育現場において限られた授業時間を効率的に配分し，持続的で質の高い健康教育を実現することが可能となる。さらに，協働することは，異なる視点から物事を捉えることを可能にし，フィルターバブル現象[37]による情報の偏りを軽減する効果も期待できる。

　しかし，教員同士の調整に過度の時間を費やしてストレスをかけることは，時間の浪費やモチベーションの低下を招き，本来の目的である「時間的余裕の欠如」の解決につながらない。したがって，ICT 機器やアプリケーション，AI の活用力を身につけることも，時間の効率化を図り，こうした問題を回避するために重要である（これは，後に示す「情報リテラシー」にも関連する）。

教科等横断的な思考

　「教科等横断的な思考」とは，健康教育を他の教科と関連づけ，統合的な学習体験を提供できる，柔軟かつ創造的な考え方を指す。この能力は，学習者に対して幅広い視点からの理解を促し，複合的な知識の習得を目指すものである。

　小学校，中学校，高等学校のすべての学習指導要領において，「各教科等および各学年相互間の関連を図り，系統的，発展的な指導ができるようにすること」と明記されており[19-21]，教科等横断的な指導の実践が推奨されている。さらに，小学校学習指導要領では，「学校における食育の推進並びに体力の向上に関する指導，安全に関する指導及び心身の健康の保持増進に関す

る指導については，体育科，家庭科及び特別活動の時間はもとより，各教科，道徳科，外国語活動及び総合的な学習の時間などにおいても，それぞれの特質に応じて適切に行うように努めること」との記載がある[19]。中学校[20]および高等学校[21]の学習指導要領にも同様の記載が見られる。例えば，理科の授業で体の仕組みを学ぶ際に，保健領域の内容を組み合わせて健康意識を高める指導を行うことが可能である。

このような教科等横断的な視点での授業構成は，限られた授業時間内でも健康教育を効率的に実施する手段となり，「時間的余裕の欠如」を補完する上で有効なアプローチとなる。

情報リテラシー

「情報リテラシー」とは，インターネットや SNS を含む多様な情報源から得られる膨大な情報を批判的に評価し，適切な情報を選別し，活用できる能力を指す。この能力は，正確な情報と誤情報が混在する高度情報化社会において，特に重要である。「情報リテラシー」の中でも，適切な方法で検索し，信頼性の高い情報にアクセスする「情報検索能力」，収集した情報を分類・整理し，トレンドやパターンを見つけ出して根拠に基づいた判断を行う「情報分析能力」，そして，情報の信憑性や複雑な問題を客観的に検証するための「論理的思考力」が特に求められる。また，エコーチャンバー現象[36]やフィルターバブル現象[37]といった，認識の歪みや思考の偏りに基づくバイアス（先入観や思い込み）が誰にでも生じ得ることを理解し，自らをメタ的（俯瞰的）視点から客観的に捉える能力も重要である。これにより，自身がバイアスに晒されていることを自覚し，情報に対してより慎重な態度を取ることが可能となる。

さらに，教員自身が適切な情報を見極める力を持つことは，児童生徒に対して情報の取捨選択の重要性を指導する上でも必要不可欠である。このように「情報リテラシー」の向上は「高度情報化社会の弊害」に対応し，自身や

児童生徒が誤った健康情報に惑わされないようにするための鍵となる。

(3) まとめ：これからの健康教育を担う教員像と教員養成

　これまで述べてきたように，情報リテラシーを有する複数の教員や専門家が協働し，教科等横断的に多様な視点からアプローチすることで健康教育を効果的かつ効率的に実施することが，生涯を通じたヘルス・リテラシーの育成に不可欠である。一方で，従来の学校教育では，児童生徒からの質問に対して教員が正確な回答を提供することが求められてきた。しかし，情報量の増加に伴い，教員が常に最新かつ正確な情報に基づく回答を準備することが難しくなった現代において，この考え方について再考すべき時期に来ているのではないか。

　一方，児童生徒が自ら健康に関する情報にアクセスできる現代の状況は，高度情報化社会の大きな利点でもある。この利点を活かし，教員は児童生徒のヘルス・リテラシーを育成することを目指し，"共に疑問を探求する" 役割を担うべきではないだろうか。すなわち，教員は必ずしも正解を持つ必要はなく，むしろ「情報リテラシー」を備えた教員が，児童生徒とともに情報を評価し，実生活に応用できるよう支援するという教員像を我々は提唱したい。すなわち，教員はオーガナイザー（主催者），コーディネーター（調整役），ファシリテーター（共創支援者）として，学習の場を組織し，議論を推進する役割を担うことが重要となる。オーガナイザーとして学習の全体像を整理し，適切なリソースや専門家を組織して健康教育を推進する役割を果たす。また，コーディネーターとして，健康情報への「アクセスと獲得」→「理解」→「処理と評価」→「適用／利用」の順に活動を調整し，議論や学習活動を円滑に進行させる。さらに，ファシリテーターとして，議論が本筋から逸れないよう進行を支援し，児童生徒の意見を引き出しつつ，理解と実践を促す役割を担う。これらの役割を担える教員が求められるのではないだろうか。

　そのような役割を担うためにも，教員には，これまで同様，カリキュラム

220　第 2 部　教員養成の実践と制度を考える

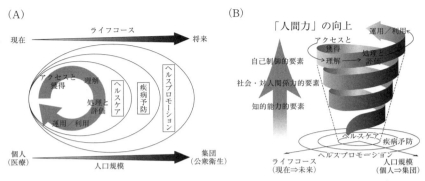

図 4　ヘルス・リテラシー発展のプロセスと健康教育カリキュラムのモデル
WHO は人口規模とライフコースの拡張によるヘルス・リテラシーの発展プロセスを提唱している（A：図は Sørensen et al., *BMC Public Health*, 2012.[38]を著者が簡略化・改編）。これに加え，我々は「人間力」[39]の軸を加えることで，これからの時代の学校における健康教育カリキュラムのモデル[40]を提唱している（B）。

をマネジメントする能力も大切である。世界保健機関（WHO）は「人口規模（個人の健康〜公衆衛生）」と「ライフコース（現在の健康状態〜未来の健康状態）」の 2 つの軸を基に，ヘルスケアから疾病予防，そしてヘルスプロモーションへとヘルス・リテラシーが発展するプロセス[38]を提唱している（図 4 A）。これに加え，我々は「人間力（知的能力的要素〜社会・対人関係力的要素〜自己制御的要素）」[39]の軸を新たに加えることで，健康教育を多次元的に発展させる健康教育カリキュラムのモデル[40]を提唱している（図 4 B）。健康教育を実施する際，教員には，児童生徒の発達段階に応じ，「人口規模」「ライフコース」「人間力」の 3 つの軸を考慮しながら，学習内容や活動を適切にオーガナイズすることが求められる。

　以上を踏まえると，「協働力」，「教科等横断的な思考」，「情報リテラシー」に加え，「健康教育カリキュラムのマネジメント能力」を備えた教員の養成が必要であると言えるのではないか。これらの能力を備えた教員を養成することは，児童生徒の現在および将来の健康を守り，国民医療費の削減に寄与し，ひいては教員自身の社会的および経済的価値の向上につながることが期

第12章　これからの健康教育を担う教員像と，その社会的・経済的価値　221

待される。従って，教員養成系大学において，これらの能力を育成するための教員養成カリキュラムの構築と実施を，我々は提言したい。

参考文献

⑴厚生労働省. 令和3（2021）年度 国民医療費の概要. 厚生労働省，2023. https://www.mhlw.go.jp/toukei/saikin/hw/k-iryohi/21/dl/data.pdf.

⑵清水 麻生. 医療関連データの国際比較―OECD Health Statistics 2021およびOECDレポートより―. 日医総研ワーキングペーパー，464，2022.

⑶財務省. "財政関係基礎データ（令和3年4月）"財務省. 最終更新2021年4月7日. https://warp.ndl.go.jp/info:ndljp/pid/11670033/www.mof.go.jp/budget/fiscal_condition/basic_data/202104/index.html.

⑷厚生労働省保険局調査課. 国民医療費・構成割合・人口一人当たり国民医療費，診療種類・性・年齢階級別. 2024. e-Stat. https://www.e-stat.go.jp/dbview?sid=0003356094.

⑸内閣府. 令和5年度 高齢化の状況及び高齢化社会対策の実施状況. 内閣府，2024. https://www8.cao.go.jp/kourei/whitepaper/w-2024/zenbun/06pdf_index.html.

⑹Handschin C, Spiegelman BM. The role of exercise and PGC1α in inflammation and chronic disease. *Nature*, 454, 463-469, 2008.

⑺Nieman D, Henson DA, Austin MD, Sha W. Upper respiratory tract infection is reduced in physically fit and active adults. *Br J Sports Med*, 45, 987-992, 2011.

⑻Uchida K, Kamijo YI, Ikegawa S, Hamada K, Masuki S, Nose H. Interval walking training and nutritional intake to increase plasma volume in elderly. *Med Sci Sports Exerc*, 50, 151-158, 2018.

⑼Pedersen BK, Febbraio MA. Muscle as an endocrine organ: Focus on muscle-derived Interleukin-6. *Physiol Rev*, 88, 1379-1406, 2008.

⑽Haskell WL, Phillips WR. "Effects of exercise training on health and physical functioning in older persons." In: *The 1997 Nagano Symposium on Sports Sciences*, edited by Nose H, Nadel ER, Morimoto T, 399-417. Carmel, Ind: Cooper Publishing Group, 1998.

⑾Morikawa M, Okazaki K, Masuki S, Kamijo Y, Yamazaki T, Gen-no H, Nose H. Physical fitness and indices of lifestyle-related diseases before and after interval walking training in middle-aged and older males and females. *Br J Sports Med*, 45,

216-224, 2011.

⑿高齢者の医療の確保に関する法律. 昭和五十七年法律第八十号, 1982年. https://laws.e-gov.go.jp/law/357AC0000000080/20270518_505AC0000000031.

⒀健康増進法. 平成十四年法律第百三号, 2002年, https://laws.e-gov.go.jp/law/414AC0000000103#Mp-At_8-Pr_1.

⒁厚生労働省. 健康日本21厚生事務次官通知. 厚生労働省, 2000. https://www.mhlw.go.jp/www1/topics/kenko21_11/t1.html.

⒂がん対策基本法. 平成十八年法律第九十八号, 2006年, https://laws.e-gov.go.jp/law/418AC1000000098.

⒃健康寿命の延伸等を図るための脳卒中, 心臓病その他の循環器病に係る対策に関する基本法. 平成三十年法律第百五号, 2018年, https://laws.e-gov.go.jp/law/430AC0100000105.

⒄辻 一郎. "4-1 疾病リスクと予防医学". In シンプル 衛生公衆衛生学2021, 辻 一郎, 小山 洋 編, 53-58, 東京：南江堂, 2021.

⒅増木 静江. IoT を活用した大規模個別運動処方のための携帯端末アプリの開発. 平成30年度 AMED ICT 関連事業成果報告会 抄録集, 16-17, 2019.

⒆文部科学省. 小学校学習指導要領（平成29年告示）, 2017. https://www.mext.go.jp/content/20230120-mxt_kyoiku02-100002604_01.pdf.

⒇文部科学省. 中学校学習指導要領（平成29年告示）, 2017. https://www.mext.go.jp/content/20230120-mxt_kyoiku02-100002604_02.pdf.

㉑文部科学省. 高等学校学習指導要領（平成30年告示）, 2018. https://www.mext.go.jp/content/20230120-mxt_kyoiku02-100002604_03.pdf.

㉒文部科学省. 小学校学習指導要領（平成29年告示）解説 体育編, 2017. https://www.mext.go.jp/content/20240918-mxt_kyoiku01-100002607.pdf.

㉓学校保健安全法. 昭和三十三年法律第五十六号, 1958年, https://laws.e-gov.go.jp/law/333AC0000000056.

㉔高倉 実, 小林 稔. 小学校体育「保健領域」の実施状況および教員の意識とその変化について（第1報）：研究デザインとベースラインデータ. 学校保健研究, 45, 248-256, 2003.

㉕赤田 信一, 植田 誠治, 山本 章, 谷 健二. 中学校保健体育教師を対象とした保健授業の実施に関する調査研究（第1報）：保健授業をより円滑に実践するための教師のニーズを, そのサポート体制の構築に向けて. 静岡大学教育学部研究報告（人文・社会科学篇）, 51, 133-143, 2001.

⑯髙橋 岳，友定 保博，下村 義夫．教員志望学生における保健知識の習得状況と授業担当に関与する要因の検討－小学校教員免許志望群と中高保健体育教員免許志望群の比較から－．山梨学院大学スポーツ科学研究，2，19-28，2019．

⑰教育基本法．平成十八年法律第百二十号，2006年，https://laws.e-gov.go.jp/law/418AC0000000120．

⑱文部科学省．学校基本調査－令和6年度 結果の概要（速報）．文部科学省，2024．https://www.mext.go.jp/content/20240821-mxt_chousa01-000037551_001.pdf．

⑲厚生労働省賃金福祉統計室．令和5年賃金構造基本統計調査．2024．e-Stat．https://www.e-stat.go.jp/stat-search/files?page=1&toukei=00450091&tstat=000001011429&tclass1=000001213360．

㉚Cutler DM, Lleras-Muney A. Understanding differences in health behaviors by education. *J Health Econ*, 29, 1-28, 2010.

㉛厚生労働省．がん対策推進基本計画（第2期）．厚生労働省，2012．https://www.mhlw.go.jp/file/06-Seisakujouhou-10900000-Kenkoukyoku/0000196975.pdf．

㉜町田 悠希．小学校におけるがん教育の現状と課題．令和3年度上越教育大学大学院修士論文，2022．

㉝文部科学省．教員勤務実態調査（平成28年度）の分析結果及び確定値の公表について（概要）．文部科学省，2018．https://www.mext.go.jp/component/a_menu/education/detail/__icsFiles/afieldfile/2018/09/27/1409224_004_3.pdf．

㉞Densen P. Challenges and opportunities facing medical education. *Trans Am Clin Climatol Assoc*, 122, 48-58, 2011.

㉟Vosoughi S, Roy D, Aral S. The spread of true and false news online. *Science*, 359, 1146-1151, 2018.

㊱Brady WJ, Wills JA, Jost JT, Tucker JA, Van Bavel JJ. Emotion shapes the diffusion of moralized content in social networks. *PNAS*, 114, 7313-7318, 2017.

㊲Pariser E. *The Filter Bubble: What the Internet Is Hiding from You*. New York: Penguin Press, 2011.

㊳Sørensen K, Broucke SV, Fullam J, Doyle G, Pelikan J, Slonska Z, Brand H. Health literacy and public health: a systematic review and integration of definitions and models. *BMC Public Health*, 12, 80, 2012.

㊴内閣府人間力戦略研究会．人間力戦略研究会報告書 若者に夢と目標を抱かせ，意欲を高める～信頼と連携の社会システム～．内閣府，2003．https://www5.cao.go.jp/keizai1/2004/ningenryoku/0410houkoku.pdfed（cao.go.jp）．

⑷野口 孝則，池川 茂樹，留目 宏美．"「健康・安全・食に関する教育」における「人間力」の規定可能性"．In「人間力」を育てる－上越教育大学からの提言6－，上越教育大学 編，13-38，新潟：上越教育大学出版会，2022.

第13章

構成主義的学習観に基づく
主体性を重視した教員養成・研修の一体的構築に向けて
―英語を中心とする言語教育の教師教育（リカレント教育）に焦点をあてて―

阿部雅也

1．はじめに

　産業革命の影響を受け，国のビジョンに沿った人材育成や標準化された教育が重視された20世紀とは対照的に，21世紀の学びは，個人の学びが復権し，知識へのアクセス手段も多様化してきている（Collins & Halverson, 2009）。知識量や習得速度よりも，質の高さや多様性が重視され，個々人が生涯にわたり主体的に学習を継続する力，新たなものを創造する力が重要視されている。このような時代の変化に伴って学習理論も変遷してきており，主な例としては行動主義，認知主義，構成主義，社会構成主義などが挙げられる。特に1980年代後半以降は，マルチメディア技術の発達に伴って構成主義に基づく教育観が広がり始めた。ICT 技術の急速な進展と教育改革による ICT 機器の教育現場への普及によって，近年はさらにそのような教育観が重要視されている（久保田，2003）。学校教育においても構成主義に基づく学習観の転換（三宅，2014）が求められており，教師教育も例外ではない。人が生涯にわたって学習を主体的に繰り返し，知識技能を更新していく「リカレント教育」の重要性が叫ばれており，教師教育はその一分野に位置づけられるといえる。中央教育審議会（以下，中教審）答申（2022年12月）「『令和の日本型学校教育』を担う教師の養成・採用・研修等の在り方について〜『新たな教師の学びの姿』の実現と，多様な専門性を有する質の高い教職員集団の形成〜（答申）」では，子どもの学習観転換に伴う「新たな教師の学びの姿」として，「主体

的な姿勢」「継続的な学び」「個別最適な学び」「協働的な学び」が重視され，教師が自ら問いを立て，実践を通して学びを深め，他者との対話や振り返りを通して知識を構築していくこと，また，実践を理論に基づき省察することなどが挙げられている。こういった学習観は，構成主義・社会構成主義の学習理論と合致しており，教師が能動的に知識を構築し，生涯にわたって学び続ける「リカレント教育」を後押しするものでもある。

　本稿では，学習観の大きな転換をもたらした構成主義・社会構成主義に注目し，これらを大きく「構成主義」と捉えて，それを土台とした言語教育系の教師教育における研究や実践に焦点を当てて検討する。これらの理論は相互に相容れない部分もあろうが，本稿ではそれらの共通部分に目を向け，構成主義・社会構成主義（以降，「構成主義」）を一連の理論の前提となる認識論，学習観と捉えながら，教員養成・研修の現状と課題を概観する。その上で養成から研修までを通した教師教育（リカレント教育）の枠組みを検討することを目的とする。

2．教員養成・研修の現状と課題

　本節では，教員養成・研修の現状と課題を分析し，構成主義に基づく教員養成・研修システムの必要性を検討した上で，その後の「教師教育のあり方」の検討につなぐ。

2.1　教員養成・研修の現状

　教員養成・研修の歴史を1980年代以降に遡ると，この頃より世界各国で子どもたちの学力保障が検討され始め，「教師が何を知り，なぜそれを知る必要があるのか」など，教師の教育に関する知識や力量形成の研究に関心が向けられ始めた。1990年代以降，教師の資質能力向上は重要な課題と認識され，教員養成・採用・研修全体に関わる改革が進められている。そのような動きの根源には，戦後の開放制による教員養成において，果たして教師の実践的

な資質能力の育成が成し得たのか，という問いが存在している（石井，2014）。

この四半世紀，世界的に見ても教師の力量向上と，それを支える養成・研修体制の構築に向けた研究と政策が進展してきた。PISA など世界規模調査の影響を受け，各国で児童生徒に育成すべき資質・能力への関心が高まり，教師教育は高等教育機関のみならず，国家レベルでの取り組みへと変化した。例えば，Darling-Hammond & Lieberman（2012）は，教師の専門性向上に向けた各国の取り組みを整理した上で，「教師の専門性を示す授業基準の明確化」を始め，「初任者研修におけるメンタリングや協働的な実践体制の確立」，「教師が継続的に学び合える文化や仕組みの構築」など8つの実践の重要性を提言している。このようにスタンダード・ベースの教師教育やその評価指標に目が向けられ，その達成に向けた研究やそれらに基づいた政策，様々な取り組みが進められている。我が国においてもそれは例外ではなく，子どもたちの実態把握，学力向上，学力保障など，世界レベルの研究動向の影響も受けながら，教師教育への関心が寄せられている。

中教審答申（2015年12月）「これからの学校教育を担う教員の資質能力の向上について」において「学び続ける教員像」が明確に打ち出され，これを受けて国のリーダーシップの元，大学での教員養成と採用後の研修を接続的に捉える「養成・採用・研修」の一体的改革が進められてきている。また，大学が教員「養成」を，任命権者（教育委員会）が「採用」や「研修」を担うという明確な役割分担がなされ，両者が共に教員の職能開発を支えるという方針も意図されていた。そのような動きの中で，「標準化された教員の資質能力の要素としての教職スタンダード」を元に養成・研修を行い，その評価結果で教育の質や専門性の保証に関する説明責任を果たそうという流れは「アカウンタビリティー・モデル」（安藤，2021）とも捉えられる。そこではややもすると「時間的効率性」や研修成果の「即効性」のみが重視され（安藤，2023），学習者としての教師の成長を丁寧に見取って段階的に指導助言を行う，自律的成長を見守り支えるなど，長期的な職能発達に関わる視点が失

われがちである。

昨今では，先述の答申「『令和の日本型学校教育』を担う教師の養成・採用・研修等の在り方について」(中教審，2022) で 3 つの柱が示された。そこでは，教師の学びの姿の転換や，養成段階から教職生活全体を通じた理論と実践の往還，多様な背景や高い専門性を有する質の高い教職員集団の形成などが強調されている。ここで言う「多様な背景」，「高い専門性」は，「理論と実践の往還」と併せてどのように実現できるだろうか。そもそも，教員養成と研修は別々に扱われるべきものなのだろうか。

2.2 教員養成・研修の課題と本稿の目的

学校教育現場の抱える課題に目を向けると，教師の多忙は解消されず，研修などの職能開発に割ける時間の不足や，その形骸化も報告されている。例えば，経済協力開発機構 (OECD) が2018年に実施した国際教員指導環境調査 (TALIS) の結果 (国立教育政策研究所，2019) では，日本の中学校教員の 1 週間の労働時間は56.0時間と48カ国の中で最も長く，38.3時間の各国平均を大きく超えている。内訳を見ると，部活動などの課外指導に費やす時間が7.5時間，事務的な業務が5.6時間と他国と比べて長く，逆に授業や指導に役立てる「職能開発」の時間は0.6時間と最も少なく，参加国平均の2.0時間には遠く及ばない。教師の主体性を期待するのは難しい状況が垣間見える。

様々な取り組みが現場で試行錯誤される中，昨今の教職の高度化をめぐる議論は実践的指導力が「現場の即戦力」に誤って読み替えられ，教職の高度化が「脱専門職化」に取って代わられるという懸念 (石井，2014) も示されている。また，前述の「アカウンタビリティー・モデル」(安藤，2021) とも言える職能開発施策の下，教師の主体性，当事者性は薄れ，教師の専門性や教育への信頼感は社会的にますます危ぶまれる状況にあるとされる。

先述した中教審答申の 3 つの柱に関連して，鹿毛ら (2023) は，「主体的・対話的で深い学び」の実現を目指すこれからの時代の教師の学びのため

には，教師自身がもつ学習観の質的転換が必要であるとする。子供たちの学び（学習観）とともに教師自身の学び（研修観・学習観）を転換し，「新たな教師の学びの姿」を実現することが求められている。その一方で，教職員研修の多くは，講義形式の一方的な情報伝達や，単なる手法を教示するだけのハウツー型の研修に偏っているという批判も少なからず存在する（石井，2014；中原，2014；佐藤，2015；中村・パイク，2018）。

　他方，養成段階においては，理論知（学問知）が優先されがちで，現場が求める実践知と乖離している現状が報告されている。日本語学校における教員養成の例として，伊藤（2011）の報告では，学校現場から送り出し側の大学に対する批判で，教員養成課程での座学ばかりの講義で実践力が身に付いていないといった声が聞かれるとする。大学の養成課程で，理論だけでなく進路を想定した実践的指導法や技能別指導方法を習得させてほしいといった要望もあると言う。また，国語科教育法の学習内容に関する研究においても，鶴田（1997）は，大学における学びが教材研究や指導案作成方法，「授業で何をどう教えるか」といったレベルだけにとどまることはできないとするものの，学生の立場からはそのような点が最も知りたい，学びたい学習内容となっているという現実的ギャップの存在を指摘している。養成・研修段階で，このような限定的，表層的な学びや，理論知か実践知かといった「二項対立」に終始していては，教職で求められる理論と実践を兼ね備えた専門性や，柔軟な課題対応力，主体的に学び続ける姿勢を身につけることは難しいであろう。

　若者にとっての教職の魅力低下も深刻である。2023年9月，「急速な少子化が進行する中での将来社会を見据えた高等教育の在り方について」が中教審に諮問され，大学進学者の減少など，日本の大学が危機的状況にあると警鐘が鳴らされている。教員志望者の減少に加えて，教育現場における人手不足，研修文化の衰退など，研修に関わる課題も山積である。

　上記のような現状や課題は，現代社会における教育の複雑化・多様化に対

230 第2部 教員養成の実践と制度を考える

応できる教員を育成する観点からも深刻である。教師には，主体的に学び続け，子どもたちの多様なニーズに応えられる専門性が求められている。だが，これまで見てきたように，現在の教員養成・研修は，こうした姿勢・能力を備えた教師の育成を必ずしも一貫したシステムの中で支援するものではない。

このような中，専門職として主体的に「学び続ける教師」を育成するための「養成・研修段階を通じた一体的な学び」は，「理論と実践の往還」と合わせてどのように実現できるだろうか。そこで本稿では，そのリカレント教育を推進するシステムは何の理論に基づき，どのような組織や人材が関わっていくべきなのか，その具体を提案することを目的とする。

2.3　構成主義の視点からのアプローチの必要性

現代の子どもたちの多様なニーズに応えるために，多様な背景，高い専門性，そして，「主体的に学び続ける姿勢」が教師像として求められている。だがこれまで見てきたように，現職教員の研修においては，多忙による時間不足や研修の形骸化，一方的な情報伝達型の研修といった課題があり，教師の主体的な学びが阻害されている現状がある。また，養成段階においても，理論と実践の乖離や学生のニーズとのミスマッチといった課題が見られ，教職に必要な専門性や主体性を育む上で障壁となっている。では，専門職として生涯にわたって学び続ける教師をどのように育成することができるだろうか。

この問いに対する本稿の一つの答えとして，「構成主義の学習観に基づく教師教育」が，そのような教師の主体性を育成するために最適解であると主張する。その理由として以下3つが挙げられる。構成主義の学習観では：①能動的な知識構築を促し，②自己調整学習力を高め，③状況に応じた柔軟な対応力を養うことが重視されるからである。

①「能動的な知識構築」について，構成主義では，知識は学習者自身が情報を主体的に解釈し，能動的に構築していくもの（Piaget, 1952）と考える。

教師教育者が一方的に知識を伝達するのではなく，学習者自身が経験を通して学びを深め，自分なりの理解を構築していくことを重視する。これは，教師としての主体性や自律性を育み，リカレント教育を推進する上で重要となる。

②「自己調整学習力」について，構成主義では，学習者自身の目標設定，学習計画，自己評価などの自己調整学習力を重視する。教師教育においても，学習者自身が自身の学びを管理し，振り返り，改善していく力を育成することに主眼を置く（Schön, 1983）。これは，教師として，常に自身の実践を振り返り，改善していく主体性と学びの持続性を育むことにつながるだろう。

③「状況に応じた柔軟な対応力」について，構成主義では，知識は文脈に依存し，状況によって変化するもの（Lave & Wenger, 1991）と考える。教師教育においても，学校現場での様々な状況を切実に想定した学習や，多様な背景を持つ人材との交流や実際の教育現場での実習や実践，課題解決を通して，状況に応じた柔軟な対応力を養うことが重要となる。この学習観を参加者が一学習者として経験することで，将来教師として多様な子どもたちのニーズに対応し，創造的な教育実践を展開していくための主体性と高度な専門性を育むことにつながるだろう。

教師教育における学習者，つまり一人ひとりの教師も，他者との関わりの中で自身の考えや実践を相対化して捉えられるように，多様な価値観，能力，経験値を持つ人材と交流する場を確保する必要がある。年齢，校種，業種の壁を超えて学び合う機会を創出することで，新たな学びや気づきが得られるようになる。このような教員養成・研修システムの再構築によって，構成主義的学習観に基づく学びが得られ，理論知か，実践知かといった「二項対立」を超え，理論と実践の往還が実現するだろう。そのリカレント・システムの具体については4節で詳述する。

3．構成主義に関連する教員養成・研修に関する先行研究

　本節では，構成主義に基づく一体的な養成・研修システムの構築に向けて，先行研究からの理論的・実践的な示唆を得ながら，それらを具体的に応用したシステムのあり方や方法を検討することとする。

3.1　教員養成における構成主義に関連する事例研究

3.1.1　言語教育等に関わる教員養成の事例研究

　教員養成と採用に関する全国的調査（神保・伊東，2004）によれば，教員採用側の教育委員会が重視している人物像は「教育に対する情熱と熱意」，「問題に対応する柔軟性」「分かりやすい授業の展開」であり，それに加えて，英語科教員として特に必要な能力として「英語の語学的知識」や「英語での授業力」などを挙げている。一方で，阿久津（2008）は英語科教員養成において，教育実習生に対する担当指導教員の評価を分析したところ，学生たちは英語教育への熱意は高い評価を受けている一方で，授業場面での英語力に本人が自信を持てていないことを明らかにしている。しかし，これらの課題は短期間で克服することが困難であり，教育実習やその他教育現場での実際の教授経験が，学生自身の課題認識や英語学習へのモチベーションを高める貴重な機会になっていると指摘している。つまり，学内の学びに限らず，教育現場で実際に児童生徒と関わる中で，目的意識，相手意識が自然と育まれるような実践的な教授経験の機会を設けることの重要性がここで示されている。

　国語科教育法における教員養成においても同様に，実務的・方法的な知識・技能の習得だけでなく，実践経験を通した学びが重要視されている。鶴田・須貝（2001）は，模擬授業中心の授業実践経験だけでは，学生が真に必要とする実践的指導力の育成には限界があるとし，「実践に役立つ知識・技能・方法は学生一人ひとりが切実な実践経験の場を通して獲得するしかな

第13章　構成主義的学習観に基づく主体性を重視した教員養成・研修の一体的構築に向けて　233

い」と指摘している。ここで言う「切実な」教授経験とは，教授行動の To
do リストをただ覚えることなどではなく，目的意識を持って学習者に働き
かけ，その反応を評価して次の教授計画の改善につなぐというサイクルを実
際に経験することである。模擬授業は文脈から切り取られた教室環境を前提
としている限り，実践経験の代替とはなり得ない。例えば，模擬授業でも相
手意識を持ち，児童生徒の反応を想定して授業実践力のレベルを評価する工
夫や，授業観察を通して，具体的な学習者の反応を分析し，それに対する効
果的な指導方法を検討する機会を設けることなどが有効であることが示され
ていると言える。

　また，三島ら（2009）は，授業実践に対する教師効力感が高まるような教
授経験を実際に持つことが，大学における教職課程での学習継続意志や学習
内容に関する興味価値を高めていたことを報告しており，教授経験の影響力
を裏付けるものと言える。小柳ら（2015）は上記のような，大学外での活動
で得られる多様な経験が，将来教師となる学生にどれくらい大きな効果をも
たらすか，大学の講義方法も含めてさらに検討することが，教員養成分野に
おける課題であるとしている。

　では，大学の講義等においてはどのような体験が学習効果を向上させるの
だろうか。奈田・堀（2014）は，教員養成大学での講義において，講義内容
は同じだが，その内容を自身の経験と重ね合わせながら聞くことを推奨した
ところ，活きた知識を学んでいるという実感を持つ中で，学生に楽しさ（自
己の知識が現実に適応するように再構成されていくといった自己成長の感覚）が生じ，
様々な気づきや質問が生まれやすくなったことを報告している。これは教員
養成の学内での取り組みに大きな示唆を与えるものである。

3.1.2　構成主義の視点からの教員養成への示唆

　前述のように，構成主義における学びは，学習者が与えられた情報をその
まま受け入れるのではなく，能動的に知識を構成する（Piaget, 1952）ことを

前提とする。学習は社会的相互作用や現実世界での経験を通じて促進されると考える。さらに，社会構成主義は，知識が個人の内面に構築されるだけでなく，社会的な相互作用や文脈を通じて共同的に構築されることを強調する理論的枠組みである（Vygotsky, 1978）。

これまでの先行研究で得られた示唆を構成主義の観点からまとめると，教員養成においては，学生の体験的で主体的な学びを促進する必要がある。具体的には，学生の関心や問題意識，学習経験と関連付けた学びのデザイン，学生同士が協働的に学ぶ学習環境，振り返りを通して学びを深める批判的省察，そして変化する教育現場に対応できる柔軟な対応力を自ら学び取らせることが重要となる。これらリカレント教育の入口とも言える学びを通して，学生は理論と実践を結びつけ，主体的に学び続ける教師へと成長することができる。この実現のためには，教員養成を教員研修と一体化させることがより一層重要になる。これについては，以下3.2以降で検討することとする。

3.2　教員研修における構成主義に関連する事例研究

秋田（1999）は教師の発達研究のモデルを4つに分類し，そのうちの一つの方法として成長・熟達モデルを挙げている。そこで，本稿における今後の議論では参加教師を指導経験年数で区分し，1〜5年を「初任前期」，6〜10年を「初任後期」，11〜15年を「中堅前期」，16〜20年を「中堅後期」，21年〜を「ベテラン期」とする。本項では，この成長・熟達モデルを参考に養成との接続を考え，最も養成段階に近いと言える初任教師の教師教育に関する先行研究や，異なる経験年数の教員集団のビリーフの検討，経験年数による周囲との関わり方の違いを扱った研究などを取り上げ，それらを元に教員養成との一体的な研修システム構築のあり方や，今後の研究の可能性を探る。

3.2.1　初任教師の教員研修に関する事例研究

官制研修における授業振り返りのための日誌 'teaching journal'（Richards

第13章 構成主義的学習観に基づく主体性を重視した教員養成・研修の一体的構築に向けて　235

& Lockhart, 1996)（以下，授業ジャーナル）を用いた教師の省察に関する先行研究として，Abe（2021）は，ある初任教師の授業ジャーナル，アンケート，およびインタビューの質的・量的分析を通して，研修における授業ジャーナルの有用性を「振返り」「動機付け（Deci & Ryan, 2008）」「変容」の3観点で検討した。その結果，発問方法など教師の指導実践だけでなく，振り返りの方法が批判的省察へと質的に変容し，上記動機付けのうち「自律性」と「有能性の欲求」を充足することで教師の実践への自信が高まることが示唆されたという。また，授業ジャーナルによる省察は自己との対話を促し，一時的他者 'temporary other'（Golombek & Johnson, 2004）としての役割を果たすことも示唆された。

　初任教師の振り返りとメンタリングに関する研究において，脇本ら（2010）は，子どもの姿をもとにした授業の振り返りを行うことが初任教師の力量形成に有効ではあるものの，対話が授業技術や理論的な内容中心で，具体的な子どもの話にならないことや，話題になる子どもに偏りが出るといった課題を指摘している。そこで，メンターとの対話が具体的な子ども中心の内容となるよう，子どもの様子を中心に授業を撮影し，振り返りでその映像を視聴しながら対話を行えるメンタリング支援システムを開発・試行した。その結果，上記の問題が解決したことを報告している。メンタリングは，経験豊富な教師が若手教師に対して，個人的な指導や助言を行うことで，その成長を支援するものであり，当該教師の不安や悩みを軽減し，自信や自己効力感を高める効果がある（Smith & Ingersoll, 2004）とされている。教員研修においても，こういった効果は有効に機能すると考えられる。また，養成段階と一体的に学びを推進することで，さらなる相乗効果が見込めるだろう。

3.2.2　協働的教員研修におけるメンタリングに関する事例研究

　Abe（2021）は，新潟県高等学校教育研究会が行なっている3プロジェクトで構成される現職教員向けの協働的研修プログラムの有効性を教師教育の

３モデル（Wallace, 1991）のカテゴリーに基づいて，質的・量的に分析した結果，教師の意欲の向上や実践の変容が示唆されたことを報告している。その一方で，８割の参加者が校内の同僚との協働に困難を感じていることも示唆された。また初任者を含めた若手教師は小グループで接するメンターにロールモデルを見出し，メンター・メンティー双方に協働的な学び合いが生じ，教師同士の強固な関係性が構築されたことを報告しており，研究の考察で，若手参加者の配置などグループ内の指導経験年数バランスを考慮することを研修プロジェクトに提案している。上記はHobson et al.（2009）の研究において，メンタリングが，メンティーにとって心理的，社会的なサポートとして機能するだけでなく，双方の職能開発（Professional development）や，校内外の実践者とのネットワーク構築にもプラスになるという報告とも一致する。また，構成主義に基づく研修のあり方が，養成・研修の参加者に主体性や専門性を育むきっかけを与えることを示すものでもあるといえる。

3.2.3　経験年数による教師の視点の違いに関する事例研究

　Abe（2021）は，英語学習に関するビリーフの違いに関して，生徒と教師間，及び教師間でどのような違いがあるか調査している。第二言語習得理論における主要な４つのアプローチの各視点と関連させて，研修プロジェクトに参加する日本人教員35名とその担当生徒496名にアンケート調査を実施し，比較分析を行った。その結果，生徒のビリーフは比較的行動主義に，教師は生得主義に傾いていることが明らかになった。また教師と生徒間で最も差異の大きかった「誤りの訂正」に関して，教師間のビリーフを質的に比較分析した結果，教師の視点には，1)教師の視点，2)学習者の視点，3)教師と学習者両方の視点，の３タイプが見られるとした。さらに，これらの分類に指導経験年数との関連性が示唆され，経験豊富な熟達教員ほど，2)学習者の視点に近かったという。この結果は，言語教師の活動志向に関する研究で経験豊富な教員は学習者中心の活動に傾倒する傾向があるとする山田（2014）の報

第13章　構成主義的学習観に基づく主体性を重視した教員養成・研修の一体的構築に向けて　237

告と一致する。日本では，各教育委員会が実施する教員研修が通常，採用年次ごとに行われている。この現状において，この研究が示唆するところは教員養成・研修の両段階において大きな意味を持つと言えるだろう。

3.2.4　初任後期とベテラン期教師の周囲への関わりの違いに関する事例研究

最後に，協働的教員研修が校内 OJT の協働性に与える影響に関する Abe (2021) の研究では，初任後期とベテラン期（秋田，1999）の教師がそれぞれ当該の協働的なモデル研修を受けた後，学校現場でどのように協働を促進しているのかをグラウンデッド・セオリー・アプローチによる分析によって明らかにしている。その結果，特徴的な協働性構築の９つの動きが抽出され，それらを統合して以下３つのカテゴリにまとめている。①不協和音の克服とチーム内教員への働きかけ　②生徒を起点にしたパフォーマンス評価の目標設定と共有　③教員間でのリーダーシップの流動性と協働性向上

　同研究では，3.2.1で述べた初任教員と同様に，ベテラン教員でさえ，他の教員との関係で困難さ（不協和音）を経験することが示されている。しかし，研修プロジェクトへの参加を通じて同僚への望ましい働きかけ方を学び，それを現場で文脈化することで，その困難さを克服している様子が報告されている。参加者らは，パフォーマンス評価の手順や評価ルーブリックについて同僚と議論し，生徒のパフォーマンス像を共有することを優先することで，協働を促進している。また，他の教員との議論に際しては，経験年数の差はあれど，年長者が上下関係のないフラットな関係性の中で控えめなリーダーシップを発揮することで，チームの協働性を向上することに貢献している様子が示されている。

４．考察

　３節で取り上げた先行研究は，構成主義の学習観と一致する要素が数多く見られ，また２節での課題や問いに答えるものであり，本稿が目指そうとす

238　第2部　教員養成の実践と制度を考える

る構成主義に基づく一体的な養成・研修システム構築のために重要な意味を持つと考えられる。そこで本節では，先行研究から教員養成・研修の一体的システムの構築へと応用可能な示唆を，主にAbe（2021）の研究成果に依拠してまとめた上で，その具体的方策について提案する。

4.1　システム構築へ応用可能な先行研究からの示唆に関する考察まとめ

3.2.1で紹介したAbe（2021）の省察に関する研究では，授業ジャーナルの作成が，教師の批判的省察と指導実践の変容を促進し，自律性と有能性の欲求（Deci & Ryan, 2008）を充足するという点で有効な手段であることが示されている。また，この手法は2.2で課題として触れた，学校現場の多忙による研修時間不足の状況にあっても，個人レベルで比較的取り組みやすい省察方法でもある。この手法が 'temporary other'（Golombec & Johnson, 2004）として自己との対話を促すことから，養成段階においても，模擬授業やマイクロティーチング後の振り返りに授業ジャーナルを活用することで，学生の省察を深め，自身の学びを管理し，振り返り，改善していく力を育成することが可能である。これは，2.3で論じた「②自己調整学習力」を高め，主体的な学びを促進できる可能性を示唆している。さらに，同項で紹介した脇本ら（2010）による研究では，メンターとの対話の中で変容が見られたことからも，構成主義に基づく協働的な学びの重要性が示されており，養成・研修の学びを一体的に構築することで，参加者間の相乗効果が見込めることを示す好例と言えるだろう。

次に，3.2.2でのメンタリングの研究では，協働的な現職教員研修が教師の意欲の向上や実践の変容を促進する一方で，勤務校内での協働を推進する難しさを感じる参加者が多いことにも触れられている。多様な背景を持つ人材が集う研修に学生も参加することで，学生・教師間のピア・サポートを体験し，同時に現場教師の切実な内情や悩みなどから対等な目線で学ぶ機会が得られると考えられる。特に，指導経験年数や年齢，資質・能力，校種など

第13章　構成主義的学習観に基づく主体性を重視した教員養成・研修の一体的構築に向けて　239

背景の異なる多様な人材（学生・教師）間の協働学習では，多様な視点を得ることができる。また相互に学び合う機会を得ることで，先述の養成段階における理論と実践の乖離や，研修の形骸化などといった課題を乗り越え，2.3で示した「①能動的な知識構築」力や「③状況に応じた柔軟な対応力」を養い，高度な専門性を備えた教員の育成につながるだろう。

　また，3.2.3では，経験豊富な教師ほど学習者としての視点から信念を語る傾向があることが示されており，教師が自身の学習経験を振り返り，学習者としての視点を持ち続けることで，2.3で論じた「③生徒の現状に応じた柔軟な対応力」，ひいては効果的な教育の実現につながることが暗示されている。これは，養成段階において，学生自身の学習経験を振り返り，それを教育実践に活かすことの重要性を示しており，養成・研修段階を一体化し，経験年数の異なる多様な人材が集う集団で教師教育を実践することの有用性を示唆するものでもある。

　最後に3.2.4で紹介した，経験年数の異なる教師の協働における，周囲への関わり方の違いに関する研究では，ベテラン教師でさえ他の教員との関係作りの困難さを経験するが，研修を通じて働きかけ方などのコツを学び，それを現場で文脈化することで克服していく様子が示されている。ベテラン教師が示す協働性や，生徒のパフォーマンス目標のチーム内共有を優先すること，上下関係のない関係性に基づくリーダーシップなどは，養成段階の学生や若手教師にとっては実践場面でのロールモデルとなり，リカレント教育の入り口として，貴重な学びとなるだろう。

　これらの先行研究から，実践経験と結びついた省察，多様な視点の獲得，そして協働的な学習環境が，あらゆる経験年数や背景を持つ教師の学びにとって重要であることが示唆されている。次項ではこれを受け，リカレント教育の視点から目指すべき一体的な養成・研修システムの具体について論じる。

4.2 教員養成・研修システムの一体的構築に関する具体的提案

　これまでの議論より，多様な背景を持つ人材が集い，交流する場を構築すること，つまり教員養成と研修を一体化し，構成主義に基づいた協働的な学びの場を設けることで，教師の成長を生涯にわたって効果的かつ持続的に支援できる可能性が示唆されている。これらの考察を受け，一体的な教員養成・研修システムの一例として「三位一体型連携システム」（図1）の構築を提案する。これは大学と学校現場，地域社会を有機的に結びつけ，教師の生涯にわたる学びを支援する循環型リカレント教育のシステムであり，以下3つの立場からの関わりが想定される。

　まず，大学においては，構成主義に基づいた協働的な学習環境を整備する。具体的には，学生同士が互いに教え合い，実際の教育現場での課題解決をテーマに現職教員を交えて学び合うピア・ラーニングや課題解決学習を導入する。これらの学修を通して，学生は理論と実践を結びつけ，主体的に課題解決能力を高めることができる。さらに，模擬授業やマイクロティーチングにおいても，課題解決，授業観察，相互評価，振り返りを組み込み，学生同士，

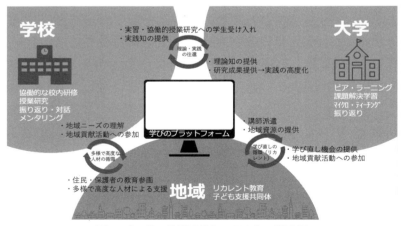

図1　「三位一体型連携システム」の概念図

そして現職教員とのフィードバックを交換し合い，協働的に学びを深める機会を設ける。

　次に，学校現場においては，学校を学びの共同体と捉え，教師同士が互いに学び合い，支え合う協働的な研修体制を構築する。具体的には，授業研究や校内研修を活性化させ，教師が日常的に実践を振り返り，対話を通して学びを深める機会を設ける必要がある。さらに，メンタリング・システムを導入し，経験豊富な教員が若手教員を同じ実践者として対等な視線でサポートすることで，若手教員の主体性を育てるとともに，経験豊富な教員自身も自身の実践を客観視し，新たな気づきを得る機会となる。これは，教師としての成長を促し，生涯にわたって学び続ける姿勢を育むことにつながる。

　さらに，地域社会との連携も，養成・研修を一体化したリカレント教育の実現のためには重要となる。地域住民や保護者も学校教育に参画してもらうことで，学校と地域社会との相互理解を深め，多様な人材が集い，共同体全体で子どもの成長を支援する協働的な体制を構築することができる。また，地域住民にも学び直し（リカレント教育）の機会を提供することで，教職への転向を目指す社会人や子育て後に教職復帰を目指す世代など，多様な能力や志を持った人材の発掘にも繋がる。具体的には，地域住民を講師として招いた授業や講演会，地域貢献活動を組み込んだ総合的な学習の時間などを実施することで，学生や教師は地域社会のニーズを理解し，地域社会に貢献する意識を高め，地域との関わりを深めることができる。同時に地域住民にとっても学校教育への理解を深め，学び直しの機会につながり，主体的に地域社会へ貢献する意欲を高めることができるだろう。

　そして，これらの活動を有機的に連携させ，多様で高度な人材を巻き込み，その土壌を広げていくためには，大学と学校現場，地域社会をつなぐ学びのプラットフォームを大学が構築することが有効である。このプラットフォームを通して，学生は学校現場での協働的な授業研究などの研修，実習，ボランティア活動などでリカレント教育の入り口を体験し，教師は大学の研究成

果や研修プログラムを活用して実践を高度化することができる。また，地域住民は学校教育に関する情報を得たり，意見交換を行ったりすることができるようになり，学びの循環が成立する。

このリカレント教育をベースとした三位一体型連携システムを通して，教師は，大学で学んだ理論を学校現場で実践し，その経験を大学に持ち帰り，さらに研究を深め，学生も大学で学んだ理論を現場教師とともに応用・実践する。そして，地域住民も学校教育へ参画することで，社会的な文脈の中での循環的な学びや，理論と実践の往還を経験し，参加者が生涯に渡って主体性と専門性を向上する真のリカレント教育の実現につながるだろう。

5．結論

本論では，教員養成学の理論的基盤としての構成主義についてふれ，教員養成・研修の現状や課題，先行研究を整理することで，教員養成を含めた一体的な教師教育（リカレント教育）のあり方を検討した。

従来の教員養成・研修システムには，いくつかの課題が存在する。研修段階においては，学校現場の多忙化による研修不足や形骸化，一方的な情報伝達型研修などが挙げられる。また，養成段階においては，理論と実践の乖離や学生ニーズとのミスマッチにより，主体的な学びが阻害されている現状がある。これらの課題を克服し，主体的に「学び続ける教師」を育成するためには，大学が学校や地域社会と連携し，養成・研修段階を通じた一体的な学びを構築し，理論と実践の往還を地道に受講者に体験させていく必要がある。

構成主義的な視点を取り入れ，大学と学校現場，地域社会を有機的に結びつけ，教師の生涯にわたる学びを支援する「三位一体型連携システム」を構築することで，教員養成・研修を，知識伝達型の学習から，学習者が主体的に知識を構築し，社会的な文脈の中でその意味を理解し実践していくプロセスへと転換することができる。プラットフォームを活用し，教員養成と研修を一体的に実施することで，多様な人材を巻き込みながら，学びの相乗効果

が得られ，目的意識・相手意識のある，より実践的な学びが実現するだろう。構成主義に基づく教員養成・研修システムを一体的に再構築することで，教師の自律性と専門性を向上させ，養成の段階から主体的な学びを支援することが可能となる。

　しかし，現状の多くの教員養成・研修システムは，必ずしもこのような学習観に基づいて設計・実施されているとは言えない。本論では，先行事例の数やデータの不足，偏りがあることも課題として挙げられる。また，今後の研究課題として，(1)学生の主体性を育む教員養成カリキュラムの開発と評価，(2)構成主義に基づく具体的な教員養成・研修システムの構築と実運用を通じて教師の成長や学生への教育効果，地域貢献度などを多角的に評価し，改善を図る実証研究，の2点が挙げられる。今後，より多くの教育機関がこのシステムを採用し，教師教育の質向上に貢献することを期待したい。

引用文献

秋田喜代美（1999）「教師が発達する道筋」，藤岡完治・澤本和子編『授業で成長する教師』41〜50頁，ぎょうせい。

阿久津仁史（2008）「英語科教員養成の成果と課題」『聖学院大学論叢』第20巻（第2号），155〜165頁。

安藤知子（2021）「教員研修の現状と今後の職能開発の在り方」『日本労働研究雑誌』No.730。

安藤知子（2023）「システム化された研修を運用／活用する―〈人の意識の問題〉をどう考えたら良いか」（日本教師教育学会編）『「令和の日本型」教育と教師―新たな教師の学びを考える』学文社。

石井英真（2014）「教員養成の高度化と教師の専門職像の再検討」『日本教師教育学会年報』第23号，20〜29頁。

伊藤通子（2011）「行動主義，認知主義，状況主義の学習理論に基づく新しい実技教育の可能性」『工学教育』59(1)，62〜68頁。

小柳和喜雄・木原俊行・益子典文（2015）「教員養成・現職研修の教育工学的アプローチの成果と課題」『日本教育工学会論文誌』39(3)，127〜138頁。

鹿毛雅治・河村茂雄・木村優・羽野ゆつ子・深沢和彦・姫野完治・秋田喜代美

（2023）「教師の専門的能力―その心理学的考察―」『教育心理学年報』62，238～252頁。

久保田賢一（2003）「構成主義が投げかける新しい教育」『コンピュータ＆エデュケーション』15，12-18頁。

国立教育政策研究所：OECD 国際教員指導環境調査（TALIS）（2019）https://www.nier.go.jp/kokusai/talis/pdf/talis2018_summary.pdf（参照日 2024.09.30）

佐藤学（2015）『専門家として教師を育てる―教師教育改革のグランドデザイン』岩波書店。

神保尚武・伊東弥香（2004）「全国公立中・高の英語教員募集内容と採用の観点に関する調査」JACET。

鶴田清司（1997）「『国語教育学』教育はいかなる教師像の実現をめざすべきか」『国語科教師教育の課題』，明治図書。

鶴田清司・須貝千里（2001）「『国語科教育法』での研究的模擬授業～文学教育と言語技術教育の相互乗り入れをめざして（その2）～」『都留文科大学研究紀要』55，21～44頁。

中原淳（2014）『研修開発入門』ダイヤモンド社。

中村文子・ボブ パイク（2018）『研修デザインハンドブック』日本能率協会マネジメントセンター。

奈田哲也・堀憲一郎（2014）「知識と経験との重ね合わせを推奨する講義は，学生の"学び続ける力"の形成に寄与するか」『日本教育工学会論文誌』37(4)，353～363頁。

三島知剛・斎藤未来・森敏昭（2009）「教育実習生の実習前後における教科・教職専門科目に対する大学講義イメージの変容」『日本教育工学会論文誌』33(1)，93～101頁。

三宅なほみ（2014）「教師の熟達化過程と教師教育の"高度化"―学習科学の視点から―」『日本教師教育学会年報』23，46～53頁。

山田智久（2014）「教師の成長におけるビリーフの変化」『Doctoral dissertation』北海道大学。

脇本健弘・苅宿俊文・八重樫文・望月俊男・酒井俊典ほか（2010）「初任教師メンタリング支援システム FRICA の開発」『日本教育工学会論文誌』33(3)，209～218頁。

Abe, M. (2021). *Investigating the Transformative Power of a Collaborative and Reflective Teacher Development Program: The Case in High School English Edu-*

第13章　構成主義的学習観に基づく主体性を重視した教員養成・研修の一体的構築に向けて　245

cation in Japan. Doctoral dissertation, Niigata University.

Collins, A., & Halverson, R. (2009). *Rethinking education in the age of technology: The digital revolution and schooling in America.* Teachers College Press.

Darling-Hammond, L., & Lieberman, A. (Eds.) (2012). Teacher Education around the World; *Changing Policies and Practices.* Routledge.

Deci, E. L., & Ryan, R. M. (2008). Self-determination theory: A macrotheory of human motivation, development, and health. *Canadian psychology/Psychologie canadienne, 49*(3), 182.

Golombek, P. R., & Johnson, K. E. (2004). Narrative inquiry as a mediational space: Examining emotional and cognitive dissonance in second-language teachers' development. *Teachers and Teaching: Theory and Practice, 10,* 307-327.

Hobson, A., Ashby, P., Malderez, A., & Tomlinson, P. (2009). Mentoring beginning teachers: What we know and what we don't. *Teacher and Teacher Education, 25,* 207-216.

Lave, J., & Wenger, E. (1991). *Situated learning: Legitimate peripheral participation.* Cambridge University Press.

Piaget, J. (1952). *The origins of intelligence in children.* International University.

Richards, J. C., & Lockhart, C. (1996). *Reflective teaching in second language classrooms.* Cambridge University Press.

Schön, D. A. (1983). *The reflective practitioner: How professionals think in action.* Basic books.

Smith, T. M., & Ingersoll, R. M. (2004). What are the effects of induction and mentoring on beginning teacher turnover?. *American educational research journal, 41*(3), 681-714.

Vygotsky, L. S. (1978). *Mind in society: The development of higher psychological processes.* Harvard University Press.

Wallace, M. J. (1991). *Training foreign language teachers.* Cambridge University Press.

第14章

「人間性」/「人間力」育成の機会を如何に提供しうるか
—ボードゲーム「ディプロマシー」を用いた試み—

小島伸之

1. はじめに

「教員養成学」は，2000年代において提唱された新たな学問領域である[1]。「教員養成学」構想実現への大学としての取り組みは，弘前大学において先駆的に行われてきたが，2017（平成29）年の国立教員養成大学・学部，大学院，付属学校の改革に関する有識者会議による「教員需要の減少期における教員養成・研修機能の強化に向けて」は，国立教員養成大学・学部全体に対して「教員養成学」の研究を組織的に行うことを提唱している[2]。弘前大学の試みにおいては，「「教員養成学」とは，教員養成学部における教員養成活動全体を自律的かつ不断に検証・改善し，質の高い教員養成を実現するための理論と方法論からなる，極めて実践的な学問領域」であり，「各教員がばらばらに自らの学問なり専門知識を教えておけば，結果として良い教員が養成されるという「予定調和論」ないし「なわばり無責任論」（横須賀薫）を乗り越えて，大学とその教員集団が質の高い教員養成に「責任」を果たして行くための理論的基盤（中略）として構想された」とされている[3]。

もっとも，「教員養成学」は「まだ足元がしっかりした学問とは言えない」現状にある[4]。そこには，提唱から間もない萌芽的学術領域という事情も大きいであろうが，それにとどまらない原理的な困難性も要因として存在するだろう。それは，「教員養成学」の根本にかかわる基礎的な価値，すなわち「教員養成」の「目的」とは何であるかという問題である。「教員養成」は「教育」の担い手の養成であり，「教員養成の目的」は「教育の目的」に関連

第14章 「人間性」/「人間力」育成の機会を如何に提供しうるか 247

する。しかし，教育の目的は何かという論点自体が教育哲学・教育思想の領域における古くて新しい論点であり，議論の収束は想定できない。より収束可能性の高そうな具体的な枠として，我が国の教育行政における教育の目的に限っても，その収束可能性は高いとは言えない。越後哲治は，近年の我が国の教育改革における教育の目的をめぐる議論の状況に関し，「これらの問題を考察するに際し，目的，目標，理念，建学の精神など類似概念が混在し，教育・福祉に関する諸法規においても混乱が見られる。このため，目的につながる系統図も明確にならず，科目間協働も十分に行われず，ただ指定科目の授業が行われ，全体的な成果も定かにならないのが，わが国の教育の現状でなかろうか。」と述べている[5]。

　こうした状況においては，教育行政が提示した教員の資質に関する提言等を手掛かりにしつつ，教員養成に携わる個々の教員が教員養成を意識して行っている具体的な試みについて，その状況を共有したうえで，帰納的に今後の議論の素材とする試みにも一定の必要性や有効性があると考えられる。

　そこで本稿は，近年教育行政が教員養成課程において育成を求めている資質能力のうち，「人間性」/「人間力」の養成について，法律学担当の「教科専門教員」である筆者が，新構想教員養成大学のひとつである上越教育大学において行っている，講義における試みについて紹介することを目的としたい。

2．教員に求められる資質としての「人間性」/「人間力」

　教育職員免許法第1条には，その目的として「教育職員の資質の保持と向上」が掲げられている。「教育職員の資質」について，2006（平成18）年，中央教育審議会（中教審）答申「今後の教員養成・免許制度の在り方について（答申）」は，「学生に身に着けさせるべき最小限度必要な資質能力についての理解が必ずしも十分ではないこと」を指摘している[6]。この答申の背景には，冷戦終結後の社会の急激な変化を背景に，それに対応するあらたな教員育成像の再検討が教育行政において進められてきたことがある[7]。こうした

検討の中で示された教員に求められる資質能力の一つが,「人間性」/「人間力」である。岩田康之は,日本・韓国・中国などの「東アジア型」教師像には,欧米流の専門職（profession）としての教師とは異なる,「師」としての人格的要素が求められると指摘しているが[8],確かに近年の我が国の教育改革に関する提言において,そうした人格的要素の育成が「人間性」/「人間力」という概念により明示されるようになってきている。

　1997（平成9）年,教育職員養成審議会（教養審）は「新たな時代に向けた教員養成の改善方策について（教育職員養成審議会・第1次答申)」を発表した。同答申は「教員に求められる資質能力」を「いつの時代も教員に求められる資質能力」と「今後特に求められる具体的資質能力」の二つに分け,後者の例の中に「豊かな人間性」を挙げた[9]。ただし,ここでの「豊かな人間性」については「人間尊重・人権尊重の精神,男女平等の精神,思いやりの心,ボランティア精神など」と例示されており,基本的に憲法的価値に淵源するものと捉えることのできるものであり,後に強調されることとなる対人関係能力／コミュニケーションスキル・リーダーシップや自己制御的要素等は未だ強調されていない。

　全人格的要素が強調されたのは,2005（平成17）年の中教審答申「新しい時代の義務教育を創造する」においてであった。同答申は,まず,これから求められる「新しい義務教育の姿」として,「学校の教育力,すなわち「学校力」を強化し,「教師力」を強化し,それを通じて,子どもたちの「人間力」を豊かに育てることが改革の目標である」と,教育目標としての「子どもたちの人間力」育成を示した上で[10],「あるべき教師像の明示」の箇所で,「優れた教師の条件」は「①教職に対する情熱」,「②教育の専門家としての確かな力量」,「③総合的な人間力」の3要素が重要であるとした[11]。そのうちの「総合的な人間力」について,「教師には,子どもたちの人格形成に関わる者として,豊かな人間性や社会性,常識と教養,礼儀作法をはじめ対人関係能力,コミュニケーション能力などの人格的資質を備えていることが求

められる。また，教師は，他の教師や事務職員，栄養職員など，教職員全体と同僚として協力していくことが大切である」と説明されている[12]。つまり同答申は，教育の目標としての「子どもたちの人間力」育成を掲げたうえで，それを担う教員にも「人間力」が求められると位置付けたのである。1997年教養審答申と対比した時，同答申では「豊かな人間性」が基本的には憲法的価値に基づく「人間尊重・人権尊重の精神，男女平等の精神，思いやりの心，ボランティア精神など」とされていたことに比して，2005年中教審答申の「総合的な人間力」はより広範かつ人格的要素の強い概念として示されていることがわかる。

　こうして教員養成に係る教育行政に登場した「人間力」という用語の源流は，2003（平成15）年に経済活性化戦略の一つとして内閣府人間力戦略研究会が発表した「人間力戦略研究会報告書」にも見出すことができる。同報告書は，「我が国においては，経済・社会システムのみならず，その根本をなす国民の基盤的な力である人間力が近年低下しつつあるのではないか」との認識を示したうえで，「人間力」を「社会を構成し運営するとともに，自立した一人の人間として力強く生きていくための総合的な力」と定義した[13]。「人間力」は，①知的能力的要素（基礎学力，専門的な知識・ノウハウ，論理的思考力，創造力など），②社会・対人関係力的要素（コミュニケーションスキル，リーダーシップ，公共心，規範意識，他者を尊重し切磋琢磨しながらお互いを高めあう力など），③自己制御的要素（意欲，忍耐力，自分らしい生き方や成功を追求する力など）の三つの要素からなるとしたうえで，「これらを総合的にバランスよく高めることが，人間力を高める」と述べている[14]。

　すでに述べた様に，1997年の教養審答申では「人間性」が，2005年の中教審答申では「人間力」が用いられていたが，2006（平成18）年の中教審答申「今後の教員養成・免許制度の在り方について（答申）」は，「これからの社会と教員に求められる資質能力」を示し，そこでは，1997年教養審答申と2005年の中教審答申がそれぞれ示した「教員に求められる資質能力」及び

「優れた教師の条件」の内容が併記され，「これらの答申の文言や具体的な例示には若干の違いはあるものの，これからの社会の進展や，国民の学校教育に対する期待等を考えた時，これらの答申で示した基本的な考え方は，今後とも尊重していくことが適当である」と述べられている[15]。

2008年（平成20年）には，中教審答申「学士課程教育の構築に向けて（答申）」がだされ，教員養成系大学・学部に限らない大学における「学士力」の育成が提示された。「学士力」は，「人間性」/「人間力」にも共通する要素を含んだ概念である。同答申は，「学士力」を「学士課程の専攻分野を通じて培う力」「教養を身に着けた市民として行動できる能力」として，その内容を，①知識・理解（専攻する特定の学問分野における基本的な知識を体系的に理解するとともに，その知識体系の意味と自己の存在を歴史・社会・自然と関連付けて理解する），②汎用的技能（(1)コミュニケーションスキル，(2)数量的スキル，(3)情報リテラシー，(4)論理的思考力，(5)問題解決力），③態度・志向性（(1)自己管理力，(2)チームワーク・リーダーシップ，(3)倫理観，(4)市民としての社会的責任，(5)生涯学習力），④総合的な学習経験と創造的思考力（これまでに獲得した知識・技能・態度等を総合的に活用し，自らが立てた新たな課題にそれらを適用し，その課題を解決する能力）と説明している[16]。ここでの「汎用的技能」と「態度・志向性」は，教員養成において示されてきた「人間性」/「人間力」と通底するものである。

2012（平成24）年中教審答申「教職生活の全体を通じた教員の資質能力の総合的な向上方策について（答申）」では，「総合的な人間力」の中に「豊かな人間性」を組み込んでいる。同答申は，「これからの教員に求められる資質能力」を，①教職に対する責任感，探究力，教職生活全体を通じて自主的に学び続ける力（使命感や責任感，教育的愛情），②専門職としての高度な知識・技能・教科や教職に関する高度な専門的知識（教科や教職に関する高度な専門的知識，新たな学びを展開できる実践的指導力，教科指導・生徒指導・学級経営等を的確に実践できる力），③総合的な人間力（豊かな人間性や社会性，コミュニ

ケーション力，同僚とチームで対応する力，地域や社会の多様な組織等と連携・協働できる力）とした[17]。

2015（平成27）年中教審「これからの学校教育を担う教員の資質能力の向上について：学び合い，高め合う教員育成コミュニティの構築に向けて（答申）」では，「人間性」と「人間力」が，再び並列的に扱われている。同答申の「これからの時代の教員に求められる資質能力」の箇所において，「教員が備えるべき資質能力については，例えば使命感や責任感，教育的愛情，教科や教職に関する専門的知識，実践的指導力，総合的人間力，コミュニケーション能力等がこれまでの答申等においても繰り返し提言されてきたところである。これら教員として不易の資質能力は引き続き教員に求められる」として「総合的人間力」が用いられているが[18]，他方，「教員養成に関する課題」の箇所では，「大きく変動する社会の中での教育の在り方に関する理解や，多様化した保護者の関心や要求に対応できる豊かな人間性とたくましさ，幼稚園，小・中学校をはじめとした各学校等の特色や関係性に関する幅広い知見，地域との連携・協働を円滑に行うための資質を備えた教員を養成することも重要である」とし，ここでは「豊かな人間性」が用いられている[19]。

2017（平成29）年文科省「公立の小学校等の校長及び教員としての資質の向上に関する指標の策定に関する指針」では「人間力」という用語は用いられず，「人間性」が用いられている。同指針では，「学習指導要領等の趣旨を実現するために教員に必要とされる資質の向上を図る」ことが必要として，①育成を目指す資質・能力の３つの柱（「知識・技能」「思考力・判断力・表現力等」「学びに向かう力・人間性等」）を踏まえた新たな時代に求められる資質・能力の育成，②教科横断的な視点に立った「カリキュラム・マネジメント」の実施，③学校段階等間の円滑な接続，④「主体的・対話的で深い学び」の実現，⑤学習評価の充実を挙げ，新たな時代に求められる教員の資質能力の要素に「人間性」を組み込んだ[20]。この箇所においては，2015年中教審答申の「教職を担うに当たり必要となる素養」が参照されているが，2015年中教

252　第2部　教員養成の実践と制度を考える

審答申で用いられていた「総合的人間力」の用語は用いられず，「総合的な人間性」が用いられている[21]。また，同指針「教員等としての資質の向上に関する指標に盛り込むべき内容に係る観点」の箇所では，指標に必ず含める観点の一つとして「教職を担うに当たり必要となる素養」を挙げているが，その内容として「倫理観，使命感，責任感，教育的愛情，総合的な人間性，コミュニケーション力，想像力，自ら学び続ける意欲及び研究能力」が例示されている[22]。

　以上の経緯を概観すれば，文科省は内閣府や中教審が「人間力」の用語を用いて説明してきた諸々の人格的資質能力の内容については継承しつつ，他方でそれらが積極的に用いてきた「人間力」という用語の使用に対しては消極的な姿勢を示す様になったことがうかがえる。

　その後，中教審答申においても「人間力」の用語が見られなくなる。2022（令和4）年の中教審答申「『令和の日本型学校教育』を担う教師の養成・採用・研修等の在り方について：「新たな教師の学びの姿」の実現と，多様な専門性を有する質の高い教職員集団の形成（答申）」は，「「令和の日本型学校教育」を担う教師に求められる資質能力」に関して「教師に求められる資質能力の再整理」という節を設けている。そこでは2017年の文科省告示が「子供の主体的な学びを支援する伴走者としての能力も備えている」ことを教師に求めていること，及び，2021（令和3）年中教審答申「『令和の日本型学校教育』の構築を目指して：全ての子供たちの可能性を引き出す，個別最適な学びと，協働的な学びの実現（答申）」によって教師に「ファシリテーション能力やICT活用指導力等」が具体的に求められた事により，教師像を「構造的に再定義する必要がある」としている[23]。そのうえで，2022年に改正された「公立の小学校等の校長及び教員としての資質の向上に関する指標の策定に関する指針」を引用し，同指針に基づき，「各自治体が指針の内容を定める際の柱」として，①教職に必要な素養，②学習指導，③生徒指導，④特別な配慮や支援を必要とする子供への対応，⑤ICTや情報・教育デー

第14章　「人間性」／「人間力」育成の機会を如何に提供しうるか　253

タの利活用を挙げているが，ここでは，独立した要素や項目において「人間力」や「人間性」の用語は用いられていない[24]。しかし，2022年中教審答申に基いて別に定められた「公立の小学校等の校長及び教員としての資質の向上に関する指標の策定に関する指針に基づく教師に共通的に求められる資質の具体的内容」（「求められる資質の具体的内容」）では，「教職に必要な素養に主として関するもの」として，「豊かな人間性，使命感，責任感，教育的愛情，人権意識，倫理観，社会性等」が挙げられ，「豊かな人間性」については「豊かな人間性や人権意識を持ち，他の教職員や子供達，保護者，地域住民等と，自らの意見も効果的に伝えつつ，円滑なコミュニケーションを取り，良好な人間関係を構築することができる」という文章の中で用いられている[25]。

　以上のように，現段階では，「人間力」概念は姿を消し，「人間性」概念も「教職に必要な素養」の一要素として組み込まれるに至っている。

3．教員養成大学・学部における「人間性」／「人間力」の育成

　「人間力」という用語はさしあたり現段階において，中教審答申などの教育行政に関する文章から姿を消したが，教員養成においてこれまで「人間力」概念に込められてきた内容を考慮しなくてもよくなったわけではないだろう。2022年「求められる資質の具体的内容」においても，1997年教養審答申には含まれていなかった「コミュニケーション力」に当たる内容は，「人間性」に組み込まれ，2005年中教審以来養成されるべき能力として継続的に示され続けている。そして，教育行政の答申等からは姿を消した，「創造力」・「社会性」などの要素も，そして内閣府の「人間力」に含まれていた「意欲」・「忍耐力」等の要素も，論理的な説明が困難でも，おそらくは教員にとってきわめて重要な資質であろうことは，直感的には首肯せざるを得ないものである。前章で紹介した2006年中教審答申が「これらの答申の文言や具体的な例示には若干の違いはあるものの，これからの社会の進展や，国民の学校教育に対する期待等を考えた時，これらの答申で示した基本的な考え

254　第2部　教員養成の実践と制度を考える

方は，今後とも尊重していくことが適当である」と述べたことがここで想起される。

　もっとも，「人間力」という概念に対して，学術的視点からはうさん臭さや定義の困難性の問題を感じざるを得ず，また大学の講義・演習の場で「人間性」を育成することが，果して可能であるのかという疑念が払底できないのは事実である。他方，大学において教員養成に当たっている立場から考えた場合，これまで「人間力」/「人間性」，ないしは「学士力」として示されてきた人格的要素の養成は，実践的にはやはり重要だと考える。本来であれば，人格的要素の育成は一般的側面においては家庭生活や日常生活での人生経験によりはぐくまれ，特殊的側面においては職場におけるOJTにて養成されるものであると思われる。しかし，教員採用試験の倍率が高く，また，教員養成系大学・学部の入学倍率も高かった時代においては，「人間性」/「人間力」に欠けると評価された志願者は教員採用試験の面接などでふるい落とされたと考えられるが，教員採用試験の倍率が下がりつづけ，教員養成大学・学部の入学倍率も下がっている現状においては，大学において人格的要素を養成する必要性や重要性は相対的に高まっている現状にある。

　しかし，岩田康之が述べるように，「人格的諸要素を大学における教員養成教育に取り込むことは容易ではない」[26]。そのため，大学での教員養成における「人間性」や「人間力」（人格的要素）の育成を正面から扱った研究もいまだあまり蓄積が見られていない状況にある[27]。

　人格的要素が鍛えられたり試されたりする—すなわち「人間性」や「人間力」が真に問われる—典型的な場面は，その人の予想を超えた危機的状況においてである。大学における講義・演習という場は，教育実習などの一部を除き，基本的に管理され保護された環境である。そうした場においては，学生たちの予測可能性の範囲を超えることはほとんど生ずることはなく，予測可能性の範囲を超えたことが生じたとすれば，それは深刻なトラブルの形態をとると考えられる。深刻なトラブルを講義や演習にあらかじめ組み込むこ

第14章 「人間性」/「人間力」育成の機会を如何に提供しうるか　255

とはむろんできず，深刻なトラブルを想定した講義や演習も，災害学習が災害直後を除いてなかなか当事者性やリアリティを感じさせることが困難であることと同様に，どこか「ごっこ遊び」的雰囲気や他人事感を伴うため，直接人格的要素を鍛えるものにはなりにくい。

　この様に大学生活において人格的要素が問われる，ないし鍛えられる場面は，むしろ講義・演習外の日常生活や課外活動においてであると考えられるが，何らかの方法で講義・演習の場面で「人間力」や「人間性」概念によって示されてきた教員に必要な人格的要素を育成することはできないであろうか。

４．「体験学習：選択体験（外交体験）」（学部１年生必修）における試み

　ここでは，大学の講義・演習の場において，教員に求められる人格的要素を育成する試みとして，筆者が「体験学習」という科目で取り入れている手法を紹介したい。「体験学習」は上越教育大学のカリキュラムにおいて，教職に必要な幅広い経験や技能・たくましい実践力を身に付けるための１年次の必修科目（演習１単位）として平成19年度から開設されている科目である。平成22年度からは，受講者全員が参加する「共通体験」と毎年10前後のグループに分かれて参加する「選択体験」を組み合わせて実施されている。その講義において筆者は，平成26年度より，主としてボードゲーム「ディプロマシー」を用いた選択体験「ゲーム体験で社会を知ろう」「外交・経済の社会体験」（吉田昌幸担当の経済ゲーミングシミュレーション体験と合わせて一つの「選択体験」）を実施している。

　ボードゲームの教育効果，特に論理的思考力やコミュニケーションスキルの育成に対する効果については，近年学術的にも社会的にも注目が寄せられている[28]。ボードゲームの大学初年次教育への利用を先駆的に実践しその内容を紹介した有田隆也の論文によれば，有田の試みは①ルールやメカニズムを理解する能力と技術，②勝つための戦略を考え出す能力と技術，③ルール

や分析の結果を説明・表現する能力と技術，④文化・教育的観点からゲームを評価する能力と技術の獲得を目標としている[29]。こうした先駆的実践の提示した目標を参考に，筆者は異文化体験とゲーミングシミュレーションによる社会認識を主たる目的とした講義として，「社会認識手法論」（学部3年生選択科目）を開講している。他方「体験学習」における「ディプロマシー」の活用においては，それらの目標はあまり強調せず，厳しく・容赦のない危機的状況を体験する機会の提供による人格的要素の育成を意図している。その意味を伝えるためには，「ディプロマシー」というゲームについて説明する必要があるだろう。

　「ディプロマシー」は，アラン・カラマー（当時ハーバード大学法学部学生）が1954年にデザインした外交ゲームであり，第一次世界大戦時のヨーロッパを舞台としたゲームである[30]。プレイヤーはイギリス，ドイツ，ロシア，トルコ，オーストリア・ハンガリー，イタリア，フランスの列強7か国となり，56の陸地エリアと19の海域エリアに分かれたマップ上で，駒を動かし，補給拠点を奪い合う。ゲームの舞台は第一次世界大戦当時のヨーロッパであり，列強による領土争奪をテーマとした軍事ゲームの一種であるといえるが，いわゆる「ウォーゲーム」とは違って，舞台やテーマはフレーバー的なものであり，具体的な兵器等も登場しない。ルール・システムにおける軍事的要素は薄く，抽象的で純粋な外交ゲームとしての性格が強いゲームである。

　「ディプロマシー」のゲーム進行は，おおよそ①外交フェイズ，②命令記入フェイズ，③命令解決フェイズに分かれて行われるが，このゲームの大きな特徴は，ゲーム開始時の担当国選択以外には運の要素が一切存在しないこと，すなわちすべての結果がプレイヤーの交渉力と行動選択のみにかかってくる点にある。ゲーム中のすべての結果に運の要素がかかわらないゲームとしては，将棋や囲碁やチェスなどのいわゆるアブストラクトゲームが存在しているが，ディプロマシーは7陣営に分かれて交渉を行い，その交渉を踏まえて駒の動かし方を秘密裏にプロットし，プロットした結果が同時に実施さ

れる点で，将棋などのいわゆるアブストラクトゲームとは大きな違いがある。7陣営は基本的には同一の戦力駒を有し，各駒の能力にも陸軍駒と海軍駒の移動可能範囲等の違いを除き，戦力的な差異は存在しない。したがって，他国の駒が存在しているエリアに侵入するためには，自国ないし他国（第三国）の駒の「サポート」が必須となる。他国の「サポート」を得るには交渉によって約束を取り付けたうえで，確実に正確にプロットに記入してもらうことが必要となり，そのためには綿密な交渉と信頼関係の構築が不可欠となる。そして，ルール上，外交フェイズにおける交渉で嘘をつくことも，外交フェイズで約束したことを命令記入フェイズで守らないことも許容されている。以上のようなゲームの性格・ルールを前提に，「ディプロマシー」は「友情破壊ゲーム」などと称されている[31]。

　つまり，「ディプロマシー」は，戦争における「戦闘」や「作戦」をシミュレートしたものではなく，他のプレイヤーとのコミュニケーションや信頼構築，誰が／どの情報が信頼できるのかまったく不透明な中での判断力，勝利するために適切なタイミングで他のプレイヤーを出し抜く機会を捉える決断力や勇気が試されるゲームなのである。「ディプロマシー」においては基本的には利害を異にするプレイヤーが，相互に適宜協力・敵対しつつ，最終的な勝利を競い合う。単純に，嘘をばらまいたり裏切りをすれば勝てるというわけではなく，時宜を誤ってそうしたことをすれば，信用を無くして没落する展開になることが多い。不信と裏切りの中で信頼と協力が必要となる「大人のゲーム」であるディプロマシーは，大学図書館のイベントや[32]，企業の研修やセミナーなど[33]でも用いられているツールである。

　すでに述べたように，大学の講義・演習において人格的要素を育成するためには，厳しく・容赦のない危機的状況に学生を置き，そうした窮地における経験を実際に体験する必要もあると考えられるが，むろん，そうしたシビアな状況を現実に大学が学生に提供することは問題を含み困難である。しかし，ゲームという勝敗がかかっている模擬的な場においては，学生がゲーム

のルールを守り真剣に臨むという条件の下で，「誰を／どの情報を信じ，それを生かすために自らどう判断し行動すればよいのか，失敗は敗北につながり，判断や選択のミスは許されない中で決断しなければならない」というシビアな状況を提供することが可能となるのである。

5．教育効果／リスク回避のための工夫

「ディプロマシー」を用いた人格的要素の育成につながるシビアな体験の提供は，「体験学習」が必修科目であることによっても担保されている。先に述べたように，「ディプロマシー」は「選択体験」の一つとして実施されておいる。「体験学習」は上越教育大学のカリキュラム上単位を取得しなければ進級できない科目であり，そのことがある程度の確実性をもって，真剣にプレイすることを担保する。「ディプロマシー」をプレイする「選択体験」を選ぶか否かはあくまで学生の選択によって決まり，全く希望しなかった学生が強制的に割り振られることは基本的にはない[34]。「ディプロマシー」が「友情破壊ゲーム」であることが広く知られていた場合，あえてシビアなゲームする「選択体験」を選ぶ学生はいなくなる可能性もある。しかし，「ディプロマシー」は古典的なボードゲームであるものの，ボードゲームブームともいわれる昨今の状況の中でもあまり遊ばれる機会の多くないゲームであることから，ほとんどの学生は「ディプロマシー」について予備知識を有していない。「外交体験」や「ゲーム体験」という名称とゲームの概要，それが教員としての「人間性」や「人間力」の育成につながるというガイダンスでの説明によって「ディプロマシー」体験を選択した学生のほとんどは，いわば突発的にシビアなゲームに真剣に取り組まなければならなくなることになる。

ディプロマシーはプレイ時間が少なくとも４時間以上かかるゲーム（多くの場合はそれよりはるかに長い時間のかかるゲーム）であるが，「選択体験」は集中講義での開講が認められていることで，基本的に土日祝日のいずれかを開

講日とし，通日ないし半日の連続講義として時間のかかるゲームを時間をかけて体験することが可能となっている。なお，新型コロナウィルス感染症流行下においては，対面での開講が困難となったため，電子メールや Google Classroom を用いて交渉やプロットの提出を行う「プレイバイメール」の形態をとった。

　突発的にシビアなゲームに取り組ませることに際しては，留意をしておかなければならないこともある。「体験学習」（「選択体験」）では，ルールの概要説明を行うガイダンスの際や実際に「ディプロマシー」をプレイする前後において，「ゲーム中のことはゲーム外に持ち出さない，ゲーム外のこと（既存の人間関係など）はゲーム内に持ち込まない」ことを繰り返し指示することを徹底しておこなっている。ガイダンスにおいては「「ディプロマシー」体験では心から人を憎んだり，殺意を覚える体験をする可能性がある」と説明することとしているが，学生の中でそれを本気で受け止める様子を見せるものは少なく，上記のような指示の意図について判然としない様子の学生が大半である。しかし，「ディプロマシー」体験の前にそのような指示を徹底しておくことはリスク管理のためにも重要である。学生の多くは，ゲームのプレイ後にその意味がわかった，という感想をもつようである。

　「体験学習」においては，教育効果をさらに多角的に高めるための仕掛けとして，基本的にチーム戦としている。「ディプロマシー」は基本的に７陣営，１陣営につき１人，すなわち７人のプレイヤーでプレイされるゲームであるが[35]，「体験学習」では，１陣営を複数の学生（2-4人）で担当するのである。前述したように，「ディプロマシー」においては，交渉フェイズにおいて各プレイヤーが他国と交渉を行い，その交渉結果を手掛かりに自陣営駒のプロットを行う。チーム戦とすることによって，自陣営の複数のプレイヤーのそれぞれが他陣営のプレイヤーと交渉をする機会が生じ，それぞれが交渉によって獲得した情報や交渉結果がしばしば矛盾する中で，自国の行動を決める際にチーム内で調整しなければならなくなる。こうしたチームの中で

のコミュニケーションやリーダーシップは，自国の行動については一人で判断・決定する一般的なプレイスタイルの「ディプロマシー」には存在しない要素である。こうしたチーム戦でのプレイが可能であるのも「体験学習」が必修であること，最低開講人数を（突発的な欠席などがなければ1陣営2人以上となる）14人以上と設定していることによる[36]。なお，チームの編成についてはランダムとし，既存の人間関係ができるだけ反映しないようにしている。各陣営にゲーム開始時の「所信表明スピーチ」を行わせること，ゲーム終了時の表彰式及び「振り返りスピーチ」を行う時間を設けることにより，モチベーションやチームの団結力を高め，自らの体験を省察して表現する機会としている。

　人格的要素の育成以外における教育効果を高める工夫としては，「ディプロマシー」の舞台となっている第一次世界大戦当時の世界の（ヨーロッパの）状況について，事前（年度によっては事後）に，学生それぞれが世界史の教科書や概説書，インターネットなどによって下調べをする機会を設けている点が挙げられる。ゲーム体験をもっぱら人格的要素の育成に限定せず，関連する知識の習得の機会ともするためである。こうした下調べを前提に，プレイ開始時やゲームへの勝利をあきらめそうになっている学生が目についた時，「国家のリーダーたる皆さんの行動には，何千万の国民の命運がかかっています。決して簡単にあきらめないで最後まで頑張ってください」と声がけを行っている。この声がけは開講当初は行っておらず，途中から試みで行ってみたものである。あまり効果がないようにも思われた試みであったが，想定していたより学生のモチベーションの惹起や回復には効果があるようである。

　「体験学習」における「ディプロマシー」は大学の教室で開講しているが，そのことがプレイを円滑にする有利な環境的要因となっている。マイクやプロジェクターを利用でき，また主たる会場となる教室以外に秘密外交をおこなう交渉スペースとして他の教室や廊下の利用などが利用できるからである。ゲームの進行をスムーズにするため，「体験学習」ではゲーム盤面の表示や

プロットの結果処理に jDip というコンピュータツールを利用している。
jDip の画面をプロジェクターに投影することにより，多くの参加学生に現
在の盤面を見やすく把握してもらうことが可能となる。教室には学生が自由
に使えるマイクを用意し，外交フェイズ中やその前後に「国際社会へのメッ
セージ」をマイクで発することができるようにしている。

「ディプロマシー」体験をすべて終了した後には，最終課題を課している。
その内容は，①「ディプロマシー」体験を踏まえ，自国の視点からゲームの
展開を具体的に書きながら，その時々にゲーム中に考えたこと，感じたこと，
学んだこと，外交体験の前と後で自分の意見や考え方が変化したことについ
て具体的に記すことと，②今回の体験学習が，「将来の職業（教員等）に向け
ての経験」としてどのような点で活用可能であるか，将来の職業（教員等）
の内容やそれに求められる資質などと体験したことを，具体的に関連づけな
がら書くこと，である。この課題により，「ディプロマシー」体験を教員等
としての将来の自分のキャリアデザインと関連させて，じっくり振り返る機
会にできるようにしている。

そのレポート（令和5（2023）年度「体験学習」）の一部を箇条書き的に抜粋
してみよう。以下，誤字脱字等以外はレポートの記述のまま引用する。

・この体験では自然とどこにどの国や地域があるか，地理的な情報を学ん
　だりすることができた。
・ペアの人や組んだ国との意思疎通をすることが難しいと感じた。何回も
　確認してもどこかでずれが出てきてしまうので口頭での交渉は簡単では
　ないのだなと身をもって学んだ。
・外交体験をする前はなぜ外交を学ぶためにこのゲームであるのかと思っ
　ていたがこのゲームでしか学べないことがあると思った。例えば他国と
　の関係の取り方であったり，状況に応じた判断力であったりがとても身
　につくと感じた。

- 人との意思疎通が難しいと学んだ。今回の授業では敵国のサポートをするとき，受けるときのどれにサポートをすればよいのか，してもらえばよいかを伝えること，読み取ることが難しかった。
- 自分の意見を伝える難しさも学んだ。自分の中ではしたいことが決まっていてそれを伝えられたら良いが自分の思っているそのままを伝えることがあまりできなかった。自分の考えていることとペアの人が考えていることが違ったときに自分は強く主張できないということを知った。
- 教員では目まぐるしく変わる中でありとあらゆる判断をとっさにしなければならないのでその圧迫感や重要性を学ぶことができた。
- 話し方や聞き方で人の信頼を得られるかが変わってくると感じた。そしてその判断には責任を持たなければならないと感じた。自分の性格として「何とかなるだろう」や「いけるだろう」と思って決断してしまうことがあると学んだ。
- 人間関係やコミュニケーションに関してもこの外交体験を通して向上することが出来たと思います。相手が伝えたいことが何かということを知る力だったり自分の意見を伝える表現力だったりを学ぶことができました。
- 危機管理能力の向上にも繋がったと思います。学校現場だと子供たちの安全だけではなく様々なことに気を遣わなければならない場面が多いと思います。そういったリスクを回避するための経験になったと私は思います。
- 常に危険と隣り合わせの状況でした。あらゆる場面を想定して，最悪な状況にならないように色々考えたり交渉したり行動することは学校現場でも応用することができると思います。
- 今回の体験学習を通して将来の職業に向けて学んだことで私が最も実感することができたのは初対面の相手との信頼関係の構築方法です。初対面の状態から相手から信頼を得ることは非常に労力を使うことを実感し，

また，崩れずらい信頼関係を作ることにも細心の注意を払わなければいけないことを知ることができた。

・今回の外交の体験学習で得た信頼関係を構築する術は将来，教員になった際に大いに役立てることができると考える。

・私がこのゲームを通して，自分が教員を志すものとして学びになったと感じることは，視野を広くもつことの大切さである。教員が一人であるのに対して多くの子どもたちと一緒に学習し，生活していくうえで，どうしても教員である自分に対して，よく関わってくれる子どもや，学習面や生活面から特別気を配っている子どもに対して視線を送ってしまいがちな印象があるが，そればかりになってはいけないように感じる。

　以上紹介したレポートの内容には，「ディプロマシー」を用いた「体験学習」を通じて，教員に求められる人格的要素を育成できる可能性の一端が示されているように思われる。むろん，課題レポートの記述である以上，出題者の求める回答に忖度し，実際の経験を膨らませてレポート内容を記述している学生もいるだろう。受講生の中で毎年一定の割合，簡潔なレポートしか書かないものもいる。しかし，少なくとも一部の学生が「ディプロマシー」の体験を通じて，たしかに人格的要素の育成の機会とし得た事実は，上記のレポートを通じて看取可能なように思われる。

6．おわりに

　本稿では，大学における一般的な科目では育成が困難であると考えられる，人格的要素（「判断力」「表現力」「問題解決力」「チームワーク・リーダーシップ」「創造的思考力」「コミュニケーションスキル」「忍耐力」「自分らしい生き方や成功を追求する力」など）の育成に関する筆者の試みの一つを紹介してきた。こうした試みにどのような意味がどの程度存在するのかについては，今後検証を重ねる必要もあろう。

264 　第2部　教員養成の実践と制度を考える

　教員養成学が関わる「人を育てる人を育てる」という営みには，明快さも，検証可能性も，実はそれほど存在しないのかも知れない。しかし，免許制の下で教員が存在する以上，「人を育てる人を育てる」営みは持続的に行われ続ける。試行錯誤を繰り返しながら，どのような試みに意味がありうるのか，またどのような試みは避けるべきであるのかについて，我々は考え続けなければならない。

注

(1)遠藤孝夫・福島裕敏編著『教員養成学の誕生：弘前大学教育学部の挑戦』東信堂，2007年，3-4頁。

(2)国立教員養成大学・学部，大学院，付属学校の改革に関する有識者会議「教員需要の減少期における教員養成・研修機能の強化に向けて：国立教員養成大学・学部，大学院，附属学校の改革に関する有識者会議報告書」2017年，18頁。

(3)前掲注(1)ⅱ頁。

(4)同前21頁。

(5)越後哲治「教育の目的と系統性に関する諸問題：わが国の教育法規等の分析を中心に」『京都文教短期大学研究紀要』第56集，2017年，21頁。

(6)中央教育審議会「今後の教員養成・免許制度の在り方について（答申）」2006年，https://www.mext.go.jp/b_menu/shingi/chukyo/chukyo0/toushin/attach/1337002.htm（2024年11月13日最終閲覧）。

(7)このことについて例えば，毛利猛「実践的指導力と大学における教員養成」（『教育学研究ジャーナル』第5号，2009年），岩田康之「教員養成改革の日本的構造：「開放制」原則下の質的向上策を考える」（『教育学研究』第80巻第4号，2013年），高橋平徳・日野克博・山崎哲司「教員に求められる資質能力と教員養成」（『愛媛大学教育学部紀要』第64号，2017年），津村敏夫「「教員に求められる資質能力」の考察：地方自治体の「求められる教師像」から読み解く」（『東洋学園大学教職課程年報』第1号，2019年）など参照。

(8)前掲注(7)岩田16頁。

(9)教育職員養成審議会「新たな時代に向けた教員養成の改善方策について（教育職員養成審議会・第1次答申）」1997年，https://warp.ndl.go.jp/info:ndljp/pid/1129365 9/www.mext.go.jp/b_menu/shingi/old_chukyo/old_shokuin_index/toushin/13153

第14章 「人間性」/「人間力」育成の機会を如何に提供しうるか 265

⑽中央教育審議会「新しい時代の義務教育を創造する（答申）」2005年，4頁。

⑾同前19頁。

⑿同前同頁。

⒀人間力戦略研究会「人間力戦略研究会報告書：若者に夢と目標を抱かせ，意欲を高める：信頼と連携の社会システム」2003年，10頁。

⒁同前同頁。

⒂前掲注⑹

https://www.mext.go.jp/b_menu/shingi/chukyo/chukyo0/toushin/attach/1336999.htm（2024年11月13日最終閲覧）。

⒃中央教育審議会「学士課程教育の構築に向けて（答申）」2008年，12-13頁。

⒄中央教育審議会「教職生活の全体を通じた教員の資質能力の総合的な向上方策について（答申）」2012年，2-3頁。

⒅中央教育審議会「これからの学校教育を担う教員の資質能力の向上について：学び合い，高め合う教員育成コミュニティの構築に向けて（答申）」2015年，9頁。

⒆同前16頁。

⒇文部科学省「公立の小学校等の校長及び教員としての資質の向上に関する指標の策定に関する指針（素案）」2017年，2頁。

㉑同前同頁。

㉒同前6頁。

㉓中央教育審議会「『令和の日本型学校教育』を担う教師の養成・採用・研修等の在り方について：「新たな教師の学びの姿」の実現と，多様な専門性を有する質の高い教職員集団の形成（答申）」2022年，28-29頁。

㉔同前同頁。

㉕文科省「公立の小学校等の校長及び教員としての資質の向上に関する指標の策定に関する指針に基づく教師に共通的に求められる資質の具体的内容」2022年，https://www.mext.go.jp/content/20220831-mxt_kyoikujinzai01-000024760_3_4.pdf（2024年11月13日最終閲覧）。

㉖前掲注⑺岩田16頁。

㉗その少ない先行研究の例として，大澤安貴子「「人間力」を育成する教師の実践」（『学校教育研究』第22巻，2007年），玉木洋「人間力成長による専門職人材の育成と組織力の向上：福井大学教職大学院と民間企業の事例」（『教師教育研究』第2号，2009年），遠藤孝夫「《人間形成》としての教員養成とヴァルドルフ教員養成の特

266 第2部 教員養成の実践と制度を考える

質：「芸術的訓練」の人間形成的役割」（『岩手大学教育学部研究年報』第74巻，2015年），などが挙げられる（なお，大澤2007は，内閣府人間力戦略研究会の「人間力」と，文科省の「生きる力」の理念は矛盾するものではないとしている（同25頁）。）。

(28)有田隆也「ボードゲームの教育利用の試み：考える喜びを知り生きる力に結び付ける」（『コンピュータ＆エデュケーション』31号，2011年），山崎玲奈「ボードゲームと思考力」（『京都光華女子大学・京都光華女子大学短期大学部研究紀要』第57号，2019年），柳町真子・布川博士「ボードゲームがもたらす効果の分析と一般化のための検討」（『日本感性工学会論文誌』第19巻第4号，2020年），村本宗太郎「自己表現を伴うボードゲームと他者とのコミュニケーションに関する基礎的研究：3種類のボードゲームプレイに着目して」（『常葉大学教育学部紀要』第42号，2022年），加賀俊介『ボードゲーム教育』（Poket island，2022年），与那覇潤・小野卓也『ボードゲームで社会が変わる：遊戯するケアへ』（河出新書，2023年）など。

(29)前掲注(28)有田36頁。

(30)ディプロマシーの詳細については，HP「Boardgamegeek」などを参照されたい。https://boardgamegeek.com/boardgame/483/diplomacy（2024年10月28日最終閲覧）。

(31)「プレイした人が「二度と遊びたくない」とつぶやく「友情破壊ゲーム」の元祖「ディプロマシー」とは？」https://gigazine.net/news/20210404-diplomacy/（2024年10月28日最終閲覧）。

(32)例えば，大正大学図書館ラーニングコモンズ「【ディプロマシー】交渉と決断」，https://www.tais.ac.jp/library_labo/learning_commons/blog/20140723/24930/（2024年10月28日最終閲覧）。

(33)例えば，「名古屋コロニアルディプロマシー：植民地争奪戦ゲームから学ぶ戦略的思考と交渉術」，https://jinjibu.jp/seminar/detl/127083/（2024年10月28日最終閲覧）。

(34)「体験学習」では，「選択体験」の中から第1～3希望までを選ぶ形式をとっている。

(35)より少ない人数（最低2人）でもプレイすることはルール上可能であるが，7人でプレイすることがベストとされている（前掲注(30)参照）。

(36)平成26年度から令和6年度までの期間において，「ディプロマシー」の「選択体験」は毎年開講している。

第3部　教科教育と教科専門の在り方を考える

第15章

教員養成学における教科内容構成の意義と課題

下里俊行

1. はじめに

　今日，教員養成において既存の教科内容を修得するだけでなく，急速に変化する世界情勢と社会環境に対応した新たな教科内容の構成が大きな課題となっている。本論は，どのような視点から新しい教科内容を構成すべきかについて教科内容学の視座から検討する。その際，教科内容には教師の側から見た教える内容と児童生徒の側から見た学ぶ内容との二側面があるが，本論では授業構成及び教材開発に関わる前者の側面に比重を置く。

　従来，教科内容とその構成のあり方を検討するうえで教科の原理的側面として教科の認識論的定義が出発点とされている（西園 2021）。この原理的側面が教科の内在的・本源的要素であるとすれば，それを個別具体的な外在的状況に応じて柔軟に展開できることが，教員の資質・能力の高度化の要である。この外在的状況には，学校が位置する地域の特性，学習指導要領・教科書等の変遷，教員と子どもの世代的知識形成，各学校のカリキュラム・デザインの特質，各クラスの目標，個々の子どもの興味関心の多様性等がある。教育過程においてこうした外在的状況は，教科内容の内在的原理が現実化・具体化される「場」であることを強調したうえで，本論では，第1に，教科内容の内在的・原理的な要素のあり方を日本教科内容学会での研究成果にもとづいて検討し，第2に，教科内容が具体化される「場」として地方都市・中山間地域を主対象とし，グローバル化時代，地球環境に人間の活動が影響を及ぼす「人新世」の時代，持続可能な発展を優先する価値観という枠組みで新しい教科内容を研究開発してきた本学の教科内容先端研究センターでの

270　第3部　教科教育と教科専門の在り方を考える

成果を踏まえて AI 時代における今後の教科内容の課題を展望する。

2．教科内容とは何か，その構成原理はどうあるべきか

　今日，教員養成の質の保証，つまり教員免許状の実質化の課題として指摘されているのが「一般学部とは異なる教科専門科目の在り方」である（原2024）。この教科専門科目は，教育職員免許法での「教科に関する科目」に対応する授業科目である。竹村信治によれば，教科専門科目の在り方の要点とは教育職員免許法・同施行規則が定めた「専門諸科学の学知」にかかわる内容であるが，その理由は，教育基本法での「幅広い知識と教養」が，たんに専門諸科学の学知の成果だけでなく，「『学習指導要領』，それに準拠した教科書の記述内容（＝教科教育内容）を専門諸科学の学知に照らして解釈する，あるいは吟味して展開する，さらには批評するメタ認知の力が『教育職員』には求められるからである」という（竹村 2015:4）。

　これら専門諸科学は，一方で，日本国憲法がさだめる「学問の自由」によっているが，諸科学そのものは「日本国」という枠組みを超えて成立し発展している。だから，自由にもとづき知識のあり方をたえず問い続けるという学問的な立場は，日本国憲法上の「学問の自由」とともに，全人類的な観点から真理を中心とする普遍的価値を探求する姿勢を意味し，それは教科の具体的な内容や目標を解釈するときに求められる姿勢でもある。たとえば，諸外国では，日本での「社会科」に対応する教科内容は「地理」「歴史」「市民科」「宗教」など，「国語」の場合は，当該国の「公用語」「文学」などの別々の教科で構成されているので，日本国の現行の教科内容は独自の構成になることは当然である。しかし，その独自の内容構成は，それを包摂するより普遍的な内容をめざすべきであるというのが教科内容の在り方を「問い続ける」学問的姿勢である。この場合，普遍性とは，国際的な学会（学問共同体）のなかで批判に耐えうる論拠をもった内容をもつということを意味している。これまで国民国家の形成，とりわけ国民の一体性の意識の育成に役だ

ってきた学校教育が，内向きの自分語りに終始するのではなく，文化の多様性を尊重する国際社会のなかで批判的検証に耐えうる内容を構成することが重要になっている（下里 2018）。

この「問い続ける」姿勢を教員がもつことについて，竹村は，学習者がいだく「問い」を「実質化」するうえでの援助者である授業者にとって望ましい姿である，と論じたうえで，この「『（問うべき問いを）問う力』を，学習者にも，教員養成の場の学生たちにも，また教室の実践者にも培っていくのは教科内容学の領分である」と述べて，ガダマーの『真理と方法』の一節「考えようとする者は自ら問わなければならない。……問うことによって，意味の可能性が開かれ，それによって，意味に富んだことが自分自身の考えに受け継がれる」，ドゥルーズの『ベルクソンの哲学』の一節「真の自由は，問いそのものを決定し，構成する能力の中にある」を引用している（竹村 2015:12）。こうした教科内容のあり方をふまえ，それぞれの「教科とは何か」を学問的に定義するさいに出発点になるのが「教科の認識論的定義」（西園・増井 2009）である。この定義から教科内容の内在的・原理的諸要素が展開されることになる。

この認識論とは，人間があるものを認識する行為の起源・方法・限界などを検討する領域である。〈対象Xについて“〜である”とみなす〉という行為のなかで，“〜である”という内容そのものについて論じる前に，「〜とみなす」（認識する）という行為に焦点をあてることが大切である。たんなる「定義」が「AはBである」という判断形式であるのに対して，認識論的定義においては「A」について認識した内容として「Bである」とみなす，という人間主体の側の認識行為の側面が強く自覚されている。だから認識論的定義には，「Bである」とみなした行為の相対性と限界の自覚あるいは自己反省の契機がふくまれている。認識論をそのようなものとして把握したうえで，教科内容を認識する際にどのような立場が求められるのか？　本論が提案するのが多元的実在論である（下里 2017）。

272　第3部　教科教育と教科専門の在り方を考える

　通常の日常的な生活では（意識されることなく）実在論の立場で認識行為がおこなわれている。つまり人間の認識を実在の反映・模写とみなす認識論の立場である。あるモノを指してたんに「これは○○だ」とみなすことである。実在する具体的なモノそのものと，特定の「○○」という名づけとを無前提に一致させて認識する文化を共有する人たちのあいだでは，モノと名称，実在と認識内容とのあいだにはズレはないので，この単純な実在論的な認識の仕方はとくに問題にされることがない。しかし，既存の文化秩序の流動化とグローバル化の進展のなかで多文化・多言語状況が優勢になっていくなかでは，モノと名称の単純な一致を前提にした認識論が通用する範囲が狭まり，かつ細分され分散していく。合衆国の哲学者R.ローティはこのような素朴な実在論を「自然主義」と呼んで批判した。つまり単純な実在論的認識論を共有していた既存の共同体が解体されるなかで，あれこれ認識内容が特定の支配的共同体によって社会的に構築されていたことが露呈して意識化された結果，特定の認識内容の「一面性」や既存システムによる「操作」の問題に焦点があてられ，学問領域でもサイエンス・ウォーズと呼ばれる現象がうまれた。こうした認識論上の問題状況を念頭において提案されてきたのが，多元的実在論である。これは認識作用・内容が（社会的に）構築されている側面を認めつつ，学問共同体（および人類共同体）において共有可能な理念としての「真理」を救い存続させようとする立場である。たしかに人文・社会科学の分野では認識内容の構築性はたびたび議論されているが，自然科学の分野では（科学史において前提になっている）認識内容の変化の背後には，人間の存在以前の実在とその精密な把握可能性が想定されてきた。これら両者を共存させるために提案されているのが，多元的実在論である。その要点は，①実在を取り調べる方法は複数存在する（多元的方法），②それらの方法は認識する主観から独立し，主観の思考のあり方を外在的に統制する「真理」を明らかにするものである。しかし，③実在を取り調べる方法を統一したり，実在の「真理」についての統一的な像や理論を構築したりする試みは失敗す

る，というものである（下里 2017：8）。この多元的実在論という認識論を教科の認識論的定義にあてはめると次のようになる。各教科は，人間の意識の内部と外部にある実在を，それぞれ固有の専門的な方法によって取り調べて，それぞれの固有の「真理」（真・善・美・公正・健康等の well-being を含む価値）として認識内容（つまり教科内容）を構成しているということができる。その際，教科内容は理論的な認識内容だけでなく実践的活動をも含んでいる。

　この教科内容が教員養成においてもつ役割について蛇穴治夫は次のように論じている。「社会に蓄積された諸科学の内容を理解し」たうえに，「それらを子どもに理解させて成長を促すための教材の開発力と適切な指導法を身につけた教師を大学において養成する」という教員養成課程の使命をふまえて，一方で専門諸科学の研究者，教科専門科目担当教員が「常に最新の知見に基づきながら，関連する学校教育の教科内容を，学問の体系に照らしながら専門的知識・技能として学生に教育すること」，さらに「学問の本質を踏まえた教材にあり方について学生に教育すること」，他方で教員養成課程の学生の側では「専門的知識に基づいて教科教育内容を解釈・理解し，さらには批判的な論も踏まえた上で，学校における授業を展開するための必要な能力を形成していく」ことが必要である（蛇穴 2018：6）。ここでは，教科内容における専門諸科学の内容をたんに「理解している」だけでなく「常に最新の知見」，「学問の体系性」を踏まえるとともに，時々の通説だけでなく「批判的な論」をも知ったうえで授業を展開する能力が求められている。このような教科内容の役割をふまえ，教科内容の課題として求められているのが「教員養成課程における授業内容の構成，及び学生に獲得させるべき能力を育成する方法，学問的な観点から教材開発等について，体系的に開発・検証すること」である。こうした論拠から蛇穴は教員養成課程における教科専門科目担当教員が扱う内容は「専門学部での専門教育の内容とは異なる」とともに教科内容を扱う授業担当教員が「専門学部で学問を修めた研究者が担当することに大きな意味がある」と結論づけている（蛇穴 2018：7）。

274　第3部　教科教育と教科専門の在り方を考える

　カリキュラム論の観点から教科内容研究の役割について論じた安彦忠彦は，「教科内容」という意味には，全教科の内容全体をさす場合と，各教科の内容をさす場合があり，カリキュラムの観点からは前者の「全教科内容」とともに「教科外内容」を含む全体構造を考える必要があることを強調し，教育課程論を再編成する必要があると述べている（安彦 2019:9-10）。

　もっとも，求められている教科内容が専門諸科学に立脚したものであることを考慮した場合，全ての教科内容をカバーできるような専門諸科学，あるいはすべての知識内容を総合的に扱う学術分野がなく，むしろ認識の方法と内容の多元性が重視される現状では，おそらく学術的には，哲学的な認識論，存在論，価値哲学，応用倫理学，美学といった専門諸科学の知見をメタ認知する領域，教育学的には教科固有の「見方・考え方」（の多様性と相互連関）についての見方・考え方を扱う領域の研究開発が不可欠になる。それは，教科内容研究だけでなく著しく専門分化した学問全体の課題でもある。

　各教科の内容をメタ認知するうえで示唆的なのが動物行動学の観点から「なぜ？」について4つに類型化している長谷川眞理子の論考である。ある現象についての「なぜ」の4つの視点とは，①現象が生じる直接的な仕組み・構造（至近要因）への問い，②現象がはたす機能・直接的結果（究極要因）への問い，③現象が中長期的な過程で生成してきた原因（発達要因），④ある現象が原初的なものからいかに派生してきたかという「系統進化要因」への問いである（長谷川 2020:8-9）。ここでは生物学を事例にして学術研究における「問い」の分節化の重要性が語られている。これを時間軸にそって換言すれば，①の同時的・機構的要因，②〜④の通時的要因に区別でき，この通時性は現象の②個体レベルと③・④集団レベルに区別でき，集団レベルも中期的スパン③と長期的スパン④に区別することができる。カントは時間と空間を人間が外界を認識するさいの，人間の側の尺度として位置づけたが，各専門分野，各教科においても，それぞれの時間の尺度（秒速以下から宇宙的規模まで）があり，その時間尺度に応じた枠組みで，与えられた現象を切り

取ったうえで「なぜ」と問いかけることになる。そもそも宇宙，地球，生命，人類，等々の形成物（自然史的過程）のうえに各教科の対象となる現象が生成されている。実在としてすべてを物理的現象として見ることもできるが，この物理学的意味にすべてを還元することはできず，その他の多様な意味の世界があり，そのことが存在の階層性の認識と学問的認識の重層性と多元性の根拠となっている。教員養成学の一構成部分としての教科内容学が，個別専門科学から自立した独自の視界をもつとすれば，安彦が示唆した「全教科内容」の領域における各教科の相互関係と全体構造への眼差しである。

　それでは，教科内容はどのように構成されるべきであろうか？　西園芳信は，教員養成における教科内容構成を開発する原理として教科の認識論的定義から出発することを提案して次のように説明している。「各教科は，その教科の背景に学問を持つ。その学問は，人間が自然・社会・文化との相互作用の中で対象とする内容や構造を認識したものが知識となり，学として体系化され人類文化の価値として継承されてきたものである。『教科の認識論的定義』は，この学問が対象とする内容や構造の意味とそれを知る方法を確定し定義する」（西園 2021：32）。つまり，西園によれば，教科の認識論的定義は，人類史のなかで形成された学問に立脚する教科の内在的原理を措定するものであり，教科の内容の学術的な根拠となるものとして位置づけられている。日本教科内容学会編（2021）では，この定義から出発して教科内容構成の「原理」，「柱」，「具体」が導出され，その効果として期待される「能力」が示されるとともに，各教科が「人間（個人・社会）」とどのようにかかわるのかが明らかにされるという全体構成になっている。

　各教科の認識論的定義にもとづく教科内容構成の具体的展開と体系については紙幅の関係で本論では触れることができないが，教科内容の体系性の前提となる学問分野を，西園は，フランスの哲学者ポール・フルキエに依拠して「人類が創出した文化体系」として5分野に整理している。「第1分野は，現実世界や自然や社会及び人間が創出した文化を対象にこれを科学的・概念

的に捉え真理を求める学問的世界（数学・自然科学・人文科学・社会科学)」，
「第2分野は，人間の内的世界や外的世界に対するイメージや感情を様々な
素材を通して表現する芸術（音楽・美術）表現の世界」（ただしここには文学な
どの言語表現や舞踏・演劇などの身体表現も含まれるはずである)，「第3分野は，
学問的世界の知識を活かして生活を創造する世界（技術・情報，家政学)」，
「第4分野は，様々な競技やスポーツによって身体の健康を訓練する体育」，
「第5分野は，人間の精神の在り方に関する宗教と倫理及び道徳」（西園
2021:26)。この5つの分野分けは諸学問をどう位置づけるのかという試みと
して価値がある。とくに重要なのは，各分野を文化概念で統合している点で
ある。「諸科学」も広義の「文化」（人間と環境との相互作用の産物）と捉える
視点は教科の全体性を検討するうえで不可欠の方法である。こうした5つの
分野に対応させて，第1分野として，数学科と理科，国語科と英語科，社会
科を位置づけ，第2分野の芸術として音楽科と美術科，第3分野として技術
科と家庭科，第4分野として体育科，第5分野として，社会科に含まれてい
る宗教・倫理を位置づけている（西園 2021:243-245)。この体系化の試みの課
題は，各学問領域の相互関係が明確ではなく並列的である点である。日本に
おける各教科の政策的形成の論理と個別学問の自生的な形成の論理との間に
はズレがあり，本来的に整合していないために，専門学問の視点では教科内
容は必然的に学際的にならざるを得ないし，現行の教科内容を基軸にした場
合は，専門的学問はその系統性から独立するかたちで異なる諸教科に配置さ
れることになる。この教科の体系性と，学問の体系性との次元の違いと学ぶ
主体の内面での体系化の問題をどう扱うのかは，教科内容学の大きな課題と
なっている（浪川 2021:31)。

　西園の成果をふまえて全教科の教科内容のあり方を模索しているのが，教
科間の関係性を解明しようとしているプロジェクトである（胸組 2022)。す
でに指摘した多元的実在論の視点からいえば，各教科の認識論的定義が相対
的であるのと同様に，全教科の内容の体系性と相互関係の捉え方の認識もそ

第15章　教員養成学における教科内容構成の意義と課題　277

もそも多元的でありうる。したがって，胸組が提案する教科内容間マトリックスの作成の試みも全教科内容の見方の一つとして価値がある。胸組は，西園らが提示した教科の柱と，合衆国の教育哲学者ジョセフ・シュワブが（A.コントを参照しつつ）提示した学問分野の階層性をふまえた教科内容の階層性を提案している。「基本となるのは自然現象を対象とする算数・数学科と理科，感性を用いる音楽科と図工・美術科，概念をまとめ表現する言語（国語科と外国語（英語）科）である。これらの上にあるのが家庭科と技術・情報科と保健体育科という特定の目的のための教科である。さらにその上に社会科がある。階層性とは下位にある教科は上位になる教科の構成要素となっていることである」。このような諸教科の階層性を前提に胸組は，感性的要素を階層1に，言語を階層2に位置づけ，さらに表現にかかわる要素を階層7に位置づける順序を提示している。それによれば，第1層に「音楽科と図工・美術科等の感性的要素」，第2層に「国語科（母語），外国語（英語）科（第二言語)」，第3層に「算数・数学科」，第4層「理科」，第5層に「技術科，家庭科，保健・体育科」，第6層に「社会科，家庭科，保健・体育科」，第7層に「音楽，図工・美術，身体，言語等の表現」が配置されている（胸組2022:7)。こうした試みは，一方で，胸組が構想するように教科横断を意識したSTEAM教育のあり方を具体化するうえで有益であるし，カリキュラム・デザイン上の目的に応じて別の階層性の構築も考えられる。いずれにしても教科内容を（それらを学ぶ）子どもの視点で全体性と体系性を構成しようとする構想として評価できる。この提案は，具体的な感性的受動的活動から言語を通じたより抽象的な論理的な受動的理解を経て，さらに複雑な論理的受動的理解，そして多様な素材・身体・言語による能動的な活動へと上昇する図式を示しており，各教科に内在する要素の相互関連についての見方の一つを提示している。こうした試みは，哲学的な一元的な（連続的で階層的な）世界認識を追求してきた歴史（ラヴジョイ 2013）や，近代における知識の分類や編成形式（カリキュラム，書誌分類，百科事典項目）の歴史（バーク

2004：131-280）をふまえてさらに精査するとともに，検索エンジンと生成 AI が普及しつつある時代に大きな挑戦を受けていることも指摘しておく必要がある。

西園（2021）が学問ベースの教科内容の類型的総合化をめざし，胸組（2022）が現行の教科内容をベースに階層的全体性を把握しようとしたのに対して，コンピテンシーの視点から教科内容のあり方を論じているのが奈須正裕（2023）である。OECD の Education2030 プロジェクトのなかで提起された個人と社会の well-being という目標をふまえて，奈須は，従来の内容（コンテンツ）習得優先から，たんに知識（知っていること）自体を最終目標にするのではなく，それを踏まえて「子どもがその知識を活用して洗練された問題解決を成し遂げ，個人としてよりよい人生を送るとともに，よりよい社会づくりに主体として参加できるところまでを目指すべきである」と述べている（奈須 2023：3）。この論点は，これまでの教科内容（コンテンツ）のあり方の否定というよりも，教科内容（コンテンツ）が，課題に対応できる諸個人のコンピテンシー（遂行能力）へと質的に高度化あるいは実質化すること，つまり，理論的に認知している状態から，人格と身体能力すべてを用いて具体化されることを求めるものである。この理論知から実践知への転移において重要なのは，奈須によれば，「非認知能力」としての「意欲や感情の自己調整能力，肯定的な自己概念や自己信頼などの情意的な能力や特性」「対人関係調整能力やコミュニケーション能力などの社会スキル」であるという（奈須 2023：4）。そこで奈須が提示しているのが，知識の転移を重視する「オーセンティック（authentic）な学習」である。それは，「具体的な文脈や状況を豊かに含み込んだ本物の社会的実践への参画として学びをデザイン」することで「現実の問題解決に生きて働く」ことをめざす学習の考え方であり（奈須 2023：10），「本物の社会的実践に当事者として参画する学びの総称」，つまり「『科学する』理科，『文学する』国語，『アートする』美術等，学びの文脈や状況を各教科等の背後にある本物の文化創造の営みになぞらえてい

く授業」であるという（奈須 2023:11）。このような個別具体的な文脈に応じたコンピテンシー・ベイスの学力が「汎用性」をもつという意味について，奈須は次のように指摘する。汎用性は「一切の文脈や状況を捨象した学びによっては実現できない。むしろ逆で，個々の内容について現実に展開されている本物の社会的実践という豊かな文脈や状況のなかで学ぶ，つまりオーセンティックな学習とすることにより，知識の転移可能性は高まり，生きて働く学びとなる」のであるから，そうして得られた「多様な学びの意味を自覚化し，その教科等の『見方・考え方』との関係で俯瞰的に比較・整理する中で，表面的には大いに異なる学習経験の間に存在する共通性と独自性に気付き統合的概念化に成功した時，学びは強靭かつ柔軟に機能する汎用性を獲得する」（奈須 2023:13）。これは，理論知が「どこからでもない眺め」であるのに対して，それを子どものたちの（現象学的社会学でいう）「生活世界」の具体的文脈に「埋め戻す」ことで実践知に転化することを意味している。このことを専門諸科学との関連でいえば，「専門的な学問が提供する『価値中立』的な知識や技法を，それとして提示するのではなく，それぞれの学ぶ主体が持っている個別具体的な『文脈に埋め戻すための枠組み』を提供すること」，いいかえれば，「誰が主体であるかに関係なく普遍的でどこでも成り立つ知識が一般学問の知識だとすれば，教科内容学が扱う知識は，そういった学問上の知識を，個別具体的な人間の生きる文脈，生活世界の中に生かしていく，あるいは，埋め戻していく，そのような枠組みを提供してはじめて生きた知識になっていく」（下里 2022:198），つまり，学ぶ側に個別身体化されたコンピテンシーになっていくということである。

　その際に重要なのは，竹村が提起し，長谷川が類型化している「問い」をどう構造的に把握し，子どもの内発的な「問い」を教員がどのように意味づけるのかである。その一例を社会科での教科内容に則して提案しているのが，次の表1である（下里 2022:203を一部修正）。

　こうした学問，教科，「問い」一般の類型化・階層化による教科内容の全

280　第3部　教科教育と教科専門の在り方を考える

表1　教科内容構成の原理に基づく問いと体験の枠組み

原理		問い	体験（アクティビティ）
存在する次元	現象	それは何か？ それはいくつ，どのようにあるのか？	多数の事実の連鎖から特定の事実を選び，同じものを数え，分類・類型化・個性記述。
	空間	どこに，あるのか？ なぜ，そうであるのか？	特定の事象の配置・立地の記述，事象間の関係性・因果連関の考察・解釈・意味づけ。
	時間	いつ，あったのか？ なぜ，そうなったのか？	特定の事象の時系列上の位置の記述，事象間の関係性・因果連関の考察・解釈・意味づけ。
価値の次元	人格	私・あなたにとって良い・悪いことは何か？ なぜ，そうなのか？	個人にとっての価値基準の調査・比較・選択・判断・表現，価値基準の根拠づけ・意味づけ（解釈）。
	共同性	私たち・あなたたちにとって良い・悪いことは何か？ なぜ，そうなのか？	個人が帰属する集団，他者集団（地域住民・国民・近隣諸国民・遠隔地住民等）の多様な価値基準の調査・比較・選択・討議・表現，価値基準の根拠づけ・意味づけ（解釈）。
	公共善	誰にとっても良い・悪いことは何か？ なぜ，そうなのか？	多様な共同体的価値判断の比較・選択，人類（将来世代を含む）・生物（多様性をもつ）・地球環境にかかわる価値判断との比較による共同体的価値判断の限界の理解，その根拠づけ・意味づけ（解釈）。

体性・体系性を構想する取組は総じて教科の内在的原理から出発している。それらに対して，もう一つのアプローチが教科の外在的状況から教科内容の新しい構成要素を構想する試みである。

3．外在的な課題からみた教科内容構成の方向性

　本学の教科内容先端研究センターでは，先端的な専門諸科学の知見と先端的技術に立脚して，グローバル時代の知識基盤社会にふさわしい次世代のための教科内容を研究・開発している。とりわけ地域課題の解決に貢献する教科内容を考えるため，2020年から本学を会場にして連続フォーラム「地域課題からみる学校教育の将来像」および連続セミナー「これからの教科内容」と題して各分野の第一線の専門家をまねいて，講演会と参加者による意見交

第15章　教員養成学における教科内容構成の意義と課題　281

換をおこなってきた。以下では，実施年月日，講師（所属），「テーマ」，概要の順で説明する。なお，講師名冒頭＊は連続フォーラムでの上越市創造行政研究所（上越市役所内シンクタンク）との共同企画を指し，それ以外はセンターの単独事業である。講師名冒頭＊は連続セミナーを指し，敬称は略させていただき，所属は当時のものである。

　2020年2月8日　＊進士五十八（福井県立大学長／造園家）「自然共生社会の実現に向けて」では，4つの多様性すなわち生物学的多様性，ライフスタイルの多様性，里山資本主義を含めた経済の多様性，そして自然と人間の相互作用が醸し出す景観（ランドスケープ）の多様性をめざす全体的・総合的な世界観を育てることの重要性が明らかにされた（参照：進士 1992）。

　2020年2月23日　＊藤山浩（持続可能な地域社会総合研究所・所長）「持続可能な地域づくりの実現に向けて」では，①大きな時代の転換の先を見通す力，「今まで」と「今から」は違うこと，②だまされず，本質と総合を見抜く力として氷山の隠れた部分に気付くこと，③競争の力ではなく，共生の力が重要で蹴落とし合いではなく助け合いを教えること，④世界は無数の地元でできているので美しく持続することが可能。底の浅いグローバリズムに流されず，保育園・学校・老人福祉施設等が連携して記憶と風景を地元で紡ぐ力を育むことの重要性が明らかにされた（参照：藤山ほか 2018）。

　2021年2月11日　朝岡正雄（育英大学教育学部・筑波大学名誉教授）「『身体で覚える』教育の再生に向けて」では，「頭で覚えたことは忘れやすいが，身体で覚えたことは忘れにくい」と言われるように知識の獲得とスキルの習得では異なる学習メカニズムが作用していること，例えば，靴紐の結び方の説明や逆上がりの指導など，日常的な運動とスポーツに通底する身体の現象学的視点で学ぶことの重要性が明らかにされた。

　2021年2月17日　小川康（薬剤師・チベット医）「これからの薬の教育のあり方」では，今後，求められる薬教育とは，薬と自然のつながり，社会との多様なつながり，過去の歴史に学び，未来へと新しい薬の文化を想像する学

びであることが明らかにされ，身近なフィールドでの身近な薬草を知る体験学習の事例が紹介された。

2021年2月24日　＊藻谷浩介（日本総合研究所・主席研究員）「コロナ禍でみえてきた地方の魅力と課題」では，パンデミックのなかで大都市集中型経済の限界を踏まえて，「お金」に依存したマネー資本主義ではなく，人と人とのつながりを核とした安心安全のネットワークづくりを重視する「里山資本主義」の可能性が明らかにされた（参照：藻谷ほか 2013）。

2022年2月2日　藤原辰史（京都大学人文科学研究所）「食と農の過去と未来の新しい学びを求めて」では，敗戦後ドイツの飢餓体験がナチスの台頭をもたらし，農業と農業機械が戦時体制と深く結びついているように，食の体験やあり方が，その後の社会全体の構造を大きく左右することから，食と農の歴史の学びの重要性が明らかにされた（参照：藤原 2019）。

2022年2月10日　篠原雅武（京都大学総合生存学館）「人新世の時代の新しい見方・考え方を求めて」では，温暖化や異常気象等のエコロジカルな事態が人間生活に対して危機的な影響を及ぼしている現実のなかで「人新世」という従来の見方の宿命論的な意味を反省し，新しい人間・自然観に立脚した生き方をデザインする建築家や都市計画家と協働する学際的能力の重要性が明らかにされた（参照：篠原 2020）。

2022年2月12日　＊中島恵理（信州大学・環境省元室長・長野県元副知事）「ローカルSDGsのデザイン：地域循環共生圏の創造に向けて」では，地域での持続可能な開発目標（SDGs）は「まちづくり」を進めるうえで重要な視点であることから国の環境基本計画で提唱された「地域循環共生圏」の考え方や国内での多様な取り組み事例を知ることで，それらを教科内容に活かすことの重要性が明らかにされた（参照：中島 2011）。

2022年11月5日　＊大南信也（特定非営利法人・グリーンバレー理事）「『創造的過疎』による持続可能な地域づくり──徳島県神山町のまちづくりに学ぶ」では，中山間地でのIT企業のサテライトオフィス誘致や高等専門学校

の新設等のＩターンや地方創生で注目される神山町での30年来の地道な取組と持続可能な地域政策・人づくりの大切さが明らかにされた。

2023年2月23日　小泉武夫（東京農業大学名誉教授）「発酵のまちづくりで健康な子どもの未来を──上越の発酵食の魅力」では，和食文化，発酵食を次世代に継承することの意義が明らかにされ，上越地域の発酵文化にかかわる先人の取組や現在の発酵食品による地域ブランドづくりの現状が明らかにされた（参照：小泉 2023）。

2023年2月28日　飯田哲也（特定非営利法人・環境エネルギー政策研究所所長）「グローバル危機の時代の『ご当地エネルギー』の現在と未来」では，世界の再生可能エネルギーの事例が明らかにされ，環境行政，森林組合，NPO等の取り組み報告を踏まえて雪国対応の直立型のパネルの導入や小水力発電などの可能性が明らかにされた（参照：飯田 2011）。

2023年7月5日　＊河西英通（広島大学名誉教授）「日本近現代史の最前線」では特定の地域についてひとくくりにする見方はとても危険で，そういう見方が考え方をストップさせること，「条件不利地域」という考え方そのものを見直す必要があり，すべての地域に可能性があることを学び，地域に密着した教材を開発する重要性が明らかにされた。

2023年7月27日　＊川村知行（上越教育大学名誉教授・上越市文化財調査審議会・元委員長）「地域の文化財の保護・活用の諸課題──上越教育大学所蔵の八角輪蔵を中心に」では，上越教育大学が所蔵する八角輪蔵が1823年制作で県内同種の輪蔵のなかで中程の古さであることから未指定であるとはいえ文化財としての価値が高いこと，こうした地域に眠る文化財の価値を調査し，学校教育で積極的に活用することの重要性が確認された。

2023年11月27日　＊長谷川鷹士（上越教育大学）「近現代教育史の最前線──師範学校教育の虚像と実像」では，戦前の師範学校像（虚像）を捉え直し，先行言説の批判的検討をふまえて，現在の教員養成の在り方をめぐる各種議論の前提を覆して教員養成学のあるべき方向性が明らかにされた。

284　第3部　教科教育と教科専門の在り方を考える

　2024年1月31日　＊松永桂子（大阪公立大学）・藤山浩（上越市創造行政研究所所長）「地域経済のリデザイン──持続可能な地域づくりに向けて」では，グローバル化の進展とともに地方都市・中山間地域では人口減少と経済の衰退が加速化し，大規模自然災害・感染症蔓延や食糧・エネルギーの海外依存や大都市一極集中のなかで持続可能な地域づくりのために地域経済の「小規模・分散・ローカル」の利点を活かした経済を再構築することの重要性と，そのため新しい取り組み事例が明らかにされた（参照：松永 2023）。

　2024年2月21日　宇根豊（百姓・農学博士）「『百姓』の眼差しからみた生物多様性の意義と課題──食べ物＝いのちをいただく意味を考える」では，「百姓」の積極的な意義を確認し，（農業ではなく全体的営みとしての）「農」の現場の視点から，農業近代化のなかの生物多様性の貧困化の問題や，害虫でもなく益虫でもない圧倒的多数の（絶滅が危惧される）「ただの虫たち」が豊かな水田環境を形成しているという学術的知見をふまえ，減農薬・有機栽培の重要性が明らかにされた（参照：宇根 2023）。

　2024年3月5日　桐村里紗（内科医・地域創生医・東京大学研究員）「エコリテラシーを高めるエディブル教育の可能性──人と地球全体の健康を実現するプラネタリーヘルスの社会実装に向けて」では，持続不可能な世界のあらゆる問題の解決は，次元を一つ上げて分断を統合し，共通言語を持ち，共通のネットワークを土台にすることで可能になる道筋が明らかにされ，その一方策としての多品種作物の相互共生を活かした「協生農法」が鳥取県の学校現場で実践されている事例などが紹介された（参照：桐村 2021）。

　これらのフォーラムおよびセミナーで扱われているテーマは，現在の世代がかかえている諸課題を次世代がどのように受けとめて解決をめざしたらよいのかについての方向性を模索するものである。教員は，過去の知的遺産を単純に再生産するだけでなく，現状に対してクリティカルに向き合い，よりよい世界を担うことができる次世代の成長を支えるという使命をもっている。このような観点から本センターが招聘した講師陣が提起した課題解決の方向

は，すべての教科に関連する次世代の教科内容の研究開発のために大きな示唆を与えてくれている。これらの諸課題は，一握りの専門家だけに課せられているのではなく，学校と地域で生活するすべての子どもたちが当事者として引き受ける必要がある。

４．むすびにかえて——AI 時代における教科内容の課題

これまでみてきた新しい教科内容を構成しようとする新しいアプローチがそれぞれ直面している新しい事態が，日常生活と学校現場におけるインターネットとの接続である。とりわけ，ここではイノベーション志向の教育環境での AI（人工知能）の利用の課題について指摘しておきたい。教育におけるAI 利用に関する最新の研究は，AI の現状では，得意な分野だけでなく，不適切な結果をもたらす傾向が強い不得意な分野（人文・社会関係）があることをふまえつつ，授業計画の作成，学習課題の採点，テスト，フィードバックの記述等の面での効率化と，学習のパーソナル化，教員の活動の最適化に貢献できる可能性を指摘している。その際，AI 活用における教員の役割として，AI 利用が学習の質をどれだけ向上させることができるか，その適否を判断し，学習者が現実的で実践的な学びを得られるように AI をどのように使うのかを指導すること，さらに教育向けの AI の開発に参加することが期待されている（Shauliakova-Barzenka 2024：93）。

他方で，AI 導入とともに倫理的事案の発生件数が増大している現状も憂慮されている。とくに教科内容にかかわるのが AI で生成される「偏見・先入観」の問題である。それは，GTP や Gemini のような大規模言語モデルの生成 AI がインターネット上の膨大な公開データを参照する際に，元データが「歴史的・社会的なバイアス」にしばしば影響されていることに起因している。また「差別」は，AI が「意図せずに」学習者のなかの特定集団に対して不利益を与えてしまう場合におこるが，それは AI が「人種」やジェンダー等の「文化的バイアス」を含むデータを生成（再産出）することによる

という。その背景の一つは，AI が参照するインターネット上の情報がいわゆる「グローバルノース（Global North)」つまりグローバル化の恩恵により市場経済の面で発展している国（欧米・日本）や地域（大都市圏）に偏在するかたちで構築されていることによる（Kamalov 2023:19)。したがって，教育において AI を活用する場合，教科内容の面で，非「グローバルノース」に関する情報内容やインターネット上に載らない，電子化され得ない（視聴覚以外の）情報内容，さらに本来ビッグ・データに内在する「隠れたカリキュラム」について教員の側が意識的にコントロールする必要があり，その意味で AI リテラシーとともに公正さを担保する倫理教育を今後のカリキュラムへ導入する必要があるという（Kamalov 2023:22)。

　いずれにしても，本論で検討した教科内容の構成に関する研究成果は，教員養成学における不可欠な構成要素として位置づけられる必要があるし，教科内容の内在的原理と外在的状況との不断のすりあわせが求められている。

引用・参照文献

安彦忠彦（2019)「カリキュラム論から見た教員養成教科内容学研究の構想」『日本教
　　　科内容学会誌』第 5 巻第 1 号，3 〜16頁。
飯田哲也ほか（2011)『今こそ，エネルギーシフト』岩波書店。
宇根豊（2023)『農はいのちをつなぐ』岩波書店。
小泉武夫（2023)『発酵食品と戦争』文藝春秋。
桐村里紗（2021)『腸と森の「土」を育てる：微生物が健康にする人と環境』光文社。
篠原雅武（2020)『「人間以後」の哲学：人新世を生きる』講談社。
下里俊行（2017)「社会科の教科内容構成の体系化」『日本教科内容学会誌』第 3 巻第
　　　1 号，3 〜20頁。
下里俊行（2018)「社会科の教科内容の体系的構築にむけて」，松田愼也監修『社会科
　　　教科内容構成学の探求：教科専門からの発信』風間書房。
下里俊行（2021)「教員養成における教科内容学研究の歴史」，日本教科内容学会編
　　　『教科内容学に基づく教員養成のための教科内容構成の開発』あいり出版，14〜
　　　22頁。

下里俊行（2022）「社会科内容学の現状と課題」，日本社会科教育学会編『教科専門性をはぐくむ教師教育』東信堂，190〜204頁。

進士五十八（1992）『アメニティ・デザイン』学芸出版社。

蛇穴治夫（2018）「教員養成の高度化を考える」『日本教科内容学会誌』第4巻第1号，3〜12頁。

竹村信治（2015）「教科内容学の構築」『日本教科内容学会誌』第1巻第1号3〜14頁。

中島恵理（2011）『田園サスティナブルライフ』学芸出版社。

奈須正裕（2023）「コンピテンシー・ベイスの教育と教科内容研究への期待」『日本教科内容学会誌』第9巻第1号，3〜14頁。

浪川幸彦（2021）「全教科を俯瞰した教科内容の体系性」，日本教科内容学会編『教科内容学に基づく教員養成のための教科内容構成の開発』あいり出版，37〜42頁。

西園芳信・増井三夫編（2009）『教育実践から捉える教員養成のための教科内容学研究』風間書房。

西園芳信（2021）「教員養成における教科内容構成開発の原理」日本教科内容学会編『教科内容学に基づく教員養成のための教科内容構成の開発』あいり出版，23〜36頁。

日本教科内容学会編（2021）『教科内容学に基づく教員養成のための教科内容構成の開発』あいり出版。

長谷川眞理子（2020）「生物をどのように教えるか？」『日本教科内容学会誌』第6巻第1号，3〜12頁。

バーク，ピーター（2004）『知識の社会史』（井上弘幸他訳）新曜社。

原健二（2024）「教職大学院教育における教科内容学の実質化に関する一提案」『日本教科内容学会誌』第10巻第1号，3〜14頁。

藤山浩ほか（2018）『「循環型経済」をつくる』農山漁村文化協会。

藤原辰史（2019）『食べるとはどういうことか』農山漁村文化協会。

松永桂子（2023）『地域経済のリデザイン：生活者視点から捉えなおす』学芸出版社。

胸組虎胤（2022）「教科横断とSTEAM教育の授業開発の重要性」『日本教科内容学会誌』第8巻第1号，3〜16頁。

藻谷浩介ほか（2013）『里山資本主義』KADOKAWA。

ラヴジョイ，アーサー・O（2013）『存在の大いなる連鎖』（内藤健二訳）筑摩書房。

Kamalov, F. et al. (2023) New Era of Artificial Intelligence in Education: Toward a Sustainable Multifaceted Revolution. *Sustainability*. 15.

Shauliakova-Barzenka, Irina (2024) Artificial intelligence in the educational envi-

288 　第3部　教科教育と教科専門の在り方を考える

ronment: the limits of pedagogical usefulness, *Multicultural Research*. No. 2(19),
pp. 87-97.

第16章

これからの教員養成における教科専門の在り方について
―教科専門教員としての論点整理の試み―

斎藤敏夫

1．はじめに

　急激に変化する予測困難な時代の中，我が国が提唱する新しい社会モデル
「Society 5.0」の実現に向けて，学校等における教育や学びの在り方にも大
きな変革が求められている。特に，中央教育審議会（2021）では，「令和の
日本型学校教育」の構築を目指して，「個別最適な学び」と「協働的な学び」
の一体的な充実，教科等横断的な学習や探究的な学習の充実などが提起され
ている。林（2022）は，大学における教員養成について「大きな社会変動を
背景として，教員養成のあり方を教育哲学的な視点から再検討し，教員養成
学として成立させる必要がある」と主張している。そのうえで，先行研究を
踏まえつつ，教員養成学を「教員養成学部及び教職大学院における教員養成
活動全体を自律的かつ不断に検証・改善し，質の高い教員養成を実現するた
めの理論と方法論から成る，極めて実践的な学問領域である」と再定義し
た[1]。また，教科専門の在り方については，国立の教員養成系大学・学部の
在り方に関する懇談会（2001）を引用したうえで，「教員養成と教育研究の
かかわりについての議論を歴史的に振り返って取り扱うなら，この報告書あ
たりから再検討する必要もあろう」と述べている[2]。

　このような背景のもと，本稿では教員養成における教科専門の在り方に焦
点を絞り，①個別最適な学び，②探究的な学習，③教科等横断的な学習，④
特異な才能のある児童生徒，⑤理論と実践の往還の5項目それぞれと教科専
門との関係性を改めて考え，これからの教員養成における教科専門科目及び

290 第3部 教科教育と教科専門の在り方を考える

教科専門教員の在り方について議論を深めるにあたって，見落とされがちと考えられる論点をいくつか提示したい。

2．個別最適な学び

国立の教員養成系大学・学部の在り方に関する懇談会（2001）では，特に小学校教員養成において「子供一人一人の成長にも個人差があり，小学校教員にはそれに対応した教育が求められている」と指摘している。「令和の日本型学校教育」における「個別最適な学び」はこの延長線上にあると考えるのが自然であろう。「個別最適な学び」とは，教師視点による「個に応じた指導」を学習者視点から整理した概念とされている[3]。また，「個に応じた指導」は「指導の個別化」と「学習の個性化」から構成されており，それぞれ「教師が支援の必要な子供により重点的な指導を行うことなどで効果的な指導を実現することや，子供一人一人の特性や学習進度，学習到達度等に応じ，指導方法・教材や学習時間等の柔軟な提供・設定を行うこと」，「教師が子供一人一人に応じた学習活動や学習課題に取り組む機会を提供することで，子供自身が（原文ママ）学習が最適となるよう調整する」ことが必要とされている[4]。学習意欲が低い子供や，基礎学力が不足している子供等に対して，「集団授業」とは異なるきめ細やかな対応が教師側に求められることは言うまでもないが，それだけではないことに留意することも必要である。「集団授業」では授業計画等の制約により十分に取り上げることができないであろう子供たちの「予測不可能な質問」，「素朴な疑問」，そして「教科の本質に迫る鋭い発言」に対しても，「個別最適な学び」においては柔軟に対応する力が必要になる。つまり，学習意欲が高い子供や基礎学力を十分に有している子供に対しても，学習進度や学習到達度等に応じた回答が求められているのである。そのためには，教科書内容の指導力のみでは十分でなく，教科内容や教科の背後にある学問への理解も不可欠となる。

一方で，すべての教科に対する高い専門性を個々の小学校教師に求めるこ

第16章　これからの教員養成における教科専門の在り方について　291

とは現実的ではないようにも思える。中央教育審議会（2015）で提唱された
「チームとしての学校」の理念を教科指導にも適用するならば，義務教育9
年間を見通した指導体制の在り方等に関する検討会議（2021）で示された
「教科担任制の推進」は，「個別最適な学び」に対しても有効に機能するかも
しれない。いずれにしても，教科専門の在り方を議論する前提として，学習
意欲が高い児童生徒に対する「個に応じた指導」を誰にどこまで求めるのか，
共通認識として明確にしておくことが必要ではないだろうか。

3．探究的な学習

「令和の日本型学校教育」では，「学習の個性化」により児童生徒の興味・
関心等を生かした探究的な学習等を充実させることが期待されている[5]。探
究的な学習について，たとえば能代谷・内山（2022）は，探究活動の質を左
右する教師の働きかけは二層構造をなしているとし，「一層目として各教科
の授業等での日常的な働きかけが生徒の主体的な探究活動を支える基盤とな
り，二層目である探究型の授業における働きかけの有効性に影響を及ぼして
いると考えられる」と述べている[6]。この研究報告は高等学校の「理数探
究」に基づいたものであるが，より広く「探究的な学習」にも合致すると思
われる。この「一層目」にあたる働きかけは，国立の教員養成系大学・学部
の在り方に関する懇談会（2001）が教員養成学部の教科専門科目に求めた
「子どもたちの発達段階に応じ，興味や関心を引きだす授業を展開していく
能力の育成」とも整合する。児童生徒の興味・関心を引き出すためには，や
はり高等学校までの教科内容の理解では十分でなく，そのため教員養成にお
ける教科専門の在り方が重要となることが確認できる。一方，「二層目」に
あたる働きかけの成否は，教師自身が少なくとも年単位で学術的研究（探
究）を経験してきたか否かに大きく左右される。そして，十分な学術的研究
（探究）力を備えた教員養成こそがかつての教員養成系修士課程の目的のひ
とつであり，特に教科専門教員に求められる使命のひとつであった。過去に

は，教員の資質能力向上に係る当面の改善方策の実施に向けた協力者会議（2013）から「個別分野の学問的知識・能力が過度に重視される一方，学校現場での実践力・応用力など教職としての高度の専門性の育成がおろそか」であると糾弾された国立の教員養成系修士課程ではあるが，学校において「探究的な学習」を充実させたいのであれば，教科専門の在り方を議論するだけでは不十分で，教職大学院の制度設計を見直すことも必要になると思われる。いずれにしても，議論の前提として，「探究的な学習」への知見をどこまで個々の教師に求めるのかを明確にしておかなければならないだろう。また，探究活動そのものは外部機関と連携する場合においても，日々の授業と探究活動内容との紐づけは個々の教師に求められることに留意したうえで，教科専門の在り方を議論することが必要である。

4．教科等横断的な学習

Society 5.0に向けた人材育成に係る大臣懇談会（2018）は，「Society 5.0」において必要とされる資質・能力を身に付ける方策の一つとして，「思考の基盤となる STEAM 教育[7]を，すべての生徒に学ばせる必要がある」と述べている[8]。STEAM 教育は「高等学校における教科等横断的な学習の中で重点的に取り組むべきもの」としつつ，「小学校，中学校においても，児童生徒の学習の状況によっては教科等横断的な学習の中で STEAM 教育に取り組むことも考えられる」としている[9]。一方で，「STEAM 教育等の教科等横断的な学習の前提として，小学校，中学校，高等学校などの各教科等の学習も重要であることは言うまでもない」と釘を刺していることにも注意する必要がある[10]。特に，小学校中・高学年以上の指導においては，「各教科等の内容を，徐々にその中核的な概念を使って指導すること」により，児童の「見方・考え方」を鍛えていくことの重要性が指摘されている[11]。つまり，教科等を横断する学習のための準備として，まずは横断する教科等それぞれの内容を十分に学習していることが児童生徒に求められる。そして，誤解を

恐れずに言えば，これまでは主に各教科内にあった学習のゴールラインが，その先にある「教科等横断的な学習」を見据えたチェックポイントとなり，ゴールラインはさらにその先へ移設されたと想い描くこともできる。とはいえ，当該複数の教科に精通していることを個々の教師に期待するのは現実的でなく，多くの場合，他の教師や学校外との協働により「教科等横断的な学習」を提供することになる。その場合でも，少なくともひとつの教科に軸足を置いた指導ができるよう，特定教科等の専門知識を十分に身に付けておくことが「チームとしての学校」の一員として求められる。であれば，教員養成系大学の教科専門科目のいくつかは，その到達目標を「教科等横断的な学習を見据えたチェックポイント」のようなものとして定める必要があるのではないだろうか。教育職員免許法等により授業内容は大きく変えられないとしても，最終のゴールラインは「教科横断的な学習」にあるという意識改革は，今後すべての教科専門教員に求められるであろう。

　一方で，これは児童生徒のみならず教師自身に対しても言えることだが，各教科等の内容理解が十分でないと浅薄な教科等横断しかできず，「Society 5.0」において必要とされる資質・能力の育成には遠く及ばない。たとえば，「買い物学習は『算数・数学』との横断学習といえるのか」といった議論を耳にする。もちろん児童生徒の発達段階を考慮しなければならないが，結局のところ「数学的な見方・考え方」をどこまで活用しているのかが「算数・数学」との横断学習の深浅を決める。現時点ではこの「深浅」の解釈が曖昧であるため，「教科等横断的な学習の推進」と大号令をかけたところで，受け取り方は個々の教師によって多様であり，また，同じことが教員養成系の大学教員に対しても言える。このような状況のまま教科専門の在り方を議論するのは不毛であるようにも思えるが，これは言い過ぎだろうか。

５．特異な才能のある児童生徒

　中央教育審議会（2021）は，特定分野に特異な才能のある児童生徒に対し

て，「我が国の学校において特異な才能をどのように定義し，見いだし，その能力を伸長していくのかという議論はこれまで十分に行われていない状況」にあるとし，そのような議論の必要性も述べている[12]。「特異な才能」の定義がはっきりしない現段階で奥行きのある議論はできないが，「能力の伸長」については学校外と十分な連携のもとで対応することが現実的であるだろう。また，「特異な才能」を学校において見いだそうとするのであれば，もちろん教師には「見いだす」ための能力が求められる。「特異な才能」のうち，「顕在能力」を見いだすことは比較的に容易であるかもしれない。しかしながら，授業等を含む日々の学校生活において，児童生徒の「潜在能力」を見いだすことは真に挑戦的である。たとえば，ある児童生徒が授業内で独創的なアイデア（につながる可能性を秘めた内容）を披露したものの，十分に取り上げられなかったとする。それが授業時間の制約等によるものであれば仕方のないことかもしれない[13]が，教師自身がその独創性・可能性や学問的価値に気づいていないとすれば，「隠れた才能」を引き出す機会をひとつ逸したことになる。特に教科の授業において，教師が児童生徒の「特異な才能」を見いだそうとするならば，教科内容に関する専門知識だけではなく，特定分野の学問的な知識・能力も身に付けておかなければならない。そして，そのような知識・能力を備えた教員をかつての（国立の）教員養成系修士課程で養成していたことは思い出しておく必要がある。

6．理論と実践の往還

　国立の教員養成系大学・学部の在り方に関する懇談会（2001）では，「高い専門性や特定分野に強い教員を養成していくためには，修士課程で対応していく必要がある」として，修士課程を一層充実していくことを求めていた。その後，中央教育審議会（2012）は，国立の教員養成系修士課程について「学校現場で求められている質の高い教員の養成をその最も重要な使命としていることに鑑みれば，今後，教職大学院を主体とした組織体制へと移行し

ていく」という方針を打ち出した[14]。教員の資質能力向上に係る当面の改善方策の実施に向けた協力者会議（2013）も，「いまだ研究機能と高度専門職業人養成の機能区分が曖昧であり，高度専門職業人養成としての役割を十分果たしているとは言い難い」と国立の教員養成系修士課程の課題を挙げ，「高度専門職業人養成の目的からすると，教育学や教科専門に関する理論研究に偏ったり，個別分野の学問的知識・能力が過度に重視されたりする状況は，本来期待されている役割を果たしているとは言えず，（中略）国立の教員養成を主たる目的とする修士課程については，高度専門職業人としての教員養成機能は，今後教職大学院が中心となって担うことから，原則として教職大学院に段階的に移行する」ことを求めた。さらには，国立教員養成大学・学部，大学院，附属学校の改革に関する有識者会議（2017）も，「理論と実践の往還」を取り入れた教科領域教育導入の必要性を訴えている[15]。

　ここで教職大学院の中核的な理念である「理論と実践の往還」と「教科専門」との関係性を確認しておきたい。「教科専門」が「実践」に含まれないことは明らかであろう。また，教科の背後にある「学問」は「実践」と往還するようなものではないから，「教科専門」は「理論と実践の往還」における「理論」にも含まれない。このことから，「教科専門」は「理論」と「実践」を往還するための基盤として位置付けられると考えるのが妥当である。では，その基盤を形成する内容は，教員養成のどの段階で身に付けることが想定されているのだろうか。ひとつに，「教科専門」に関する内容は学部段階で身に付けておき，教職大学院では「理論と実践の往還」に専念することが考えられよう。しかしながらこの場合，教科の専門知識について教職大学院修了生の優位性が見いだせず，高度専門職業人養成の目的と整合しているか疑問が残る。そのように考えると，教科専門内容への理解の深化は教職大学院において成されるべきであろう。学部卒とストレートマスターで「実践力」に差はみられないという趣旨の発言をされた教育委員会もある[16]現状において，教職大学院で「教科専門」，「理論」，「実践」のバランスをどのよう

に配分すべきかを再検討しなければ，教職大学院の理念と整合性の取れたカリキュラムは構築できないと思われる。

7．教科専門科目の在り方について

　国立の教員養成系大学・学部の在り方に関する懇談会（2001）では，教科専門科目の目的を「他の学部とは違う，教員養成の立場から独自のものであること」とし，これに基づいて各大学で教科内容構成学や教科内容学が構築され，教科専門と教科教育を架橋する授業科目が開講されている。両者の架橋が重要であるという基本認識に異論はないが，そのためには教科専門・教科教育それぞれの知識・技能を十分に修得しておく必要があることを忘れてはならない。このことは第4節で指摘した「教科等横断的な学習」と「各教科の学習」の関係性と同様である。そして，教科専門内容においては教科の背後にある学問の理解が不可欠であると多くの教科専門教員は考えている。小学校教員に大学レベルの学問的知識は必要ないという声もあるようだが，学問的知識の広さや深さは教師の発言や児童生徒との対話の中で顕著に表れることを，教科専門教員は痛切に感じるとともに重く受け止めている。そのうえで，教師に求められる資質能力として必要と思われる内容を，教科専門の立場から精選して授業を行なっているのであって，現在の教科専門科目の授業内容は教員養成を軽視していないであろう。そのような授業が依然として過度に偏ったものであるということであれば，たとえば本稿で取り上げた5項目に対して，どのような教員を養成すべきか，より具体的に共通認識として定めなければ，教科専門科目における授業内容との乖離はいつまでも解消されないであろう。

8．教科専門教員の在り方について

　教員養成学における今後の議論によっては，教科内容構成などの授業を拡充すべきという方向性も十分に考えられる。この場合，いわゆる「カリキュ

第16章　これからの教員養成における教科専門の在り方について　297

ラム・オーバーロード」を回避するために教科専門科目数の削減という選択肢も含めた議論が交わされるかもしれない。さらに，教科の背後にある学問理解をそこまで重要視しないということになれば，現在の教科専門教員も過剰に高度な専門知識を教授していることになる。また，教科専門教員の専任としての必要性も薄れ，教職課程認定基準で定められた必要専任教員数を下回らなければよいという解釈が成り立つ可能性が高まるであろう。

　教科専門教員の強みは，特定分野の学問に対する深い専門知識と高度な学術研究遂行力[17]である。しかしながら，近年は自由な学術研究活動のみならず教科教育や教育実践の研究論文実績も期待されている。運営費交付金削減の影響等により，国立の教員養成系大学教員の人員削減が避けられない状況であることも要因のひとつであろう。教科専門教員が教科教育系の授業を担当することができれば人員削減に貢献できるかもしれないが，当然ながら教科教育を主研究領域とする教員による授業内容には遠く及ばない。そして，逆もまた然りである。教員養成学において質の高い教員養成を目指すのであれば，教科教育実践に関する活字実績を画一的に求めるよりも，むしろ教職大学院の学校実習，あるいはその他の連携において「探究的な学習」の企画・運営への積極的な参画等を人材評価に係る重要項目とすることで，教科専門教員の強みを活かしていくべきであろう。そして，その取り組みを実践論文・報告書として活字化するか否かの判断は教員の自主性に委ねても良いのではないだろうか。

　教科専門教員の在り方を議論する前提として，教職大学院でも真の意味での学術研究（探究）力を備えた教員を養成するのかどうか明確に示すことも重要である。現行の教職大学院の制度に鑑みて，そのような教員の養成は，建前上はともかくも，実質的に私立大学等の教員養成系修士課程に委ねるという方策のほうが現実的であるように思える。もしも教職大学院において学術研究（探究）力を備えた教員を養成する覚悟があるのであれば，教科専門教員には教員養成学の目的を十分に理解し，かつての修士課程の反省を踏ま

えたうえで新しい養成体系を確立することが求められる。

9．おわりに

　本稿では，教科専門の在り方について議論を深めるにあたり，教科専門教員とその他の教員との間で乖離のありそうな論点をいくつか列挙した。今回取り上げた5項目に限っても個々の教員により解釈の相違があり，つまるところ「どのような教員を養成すべきか」といった問いに対する教育方針の具現化が不十分であることが主要因であると考える。しかしながら，あくまで教科専門を担当する一教員としての立場からの見解であるため，本稿の考察に対して異議を唱える読者も多いと思われる。それも含めて，これからの教科専門の在り方に関する論点とすべきであろう。

　教科専門の在り方を議論するにあたり，もう一つ確認しておきたいことがある。それは共通理解をどのレベルで図るのかという問題である。教員養成学において全学的に議論するのか，基本的な方向性をたとえば"教科専門教員グループ"内で共有することを目標とするのか，それとも従来通り教科専門科目を担当する教員個々の解釈に委ねるのか，このあたりも明確にしておかないと議論の本筋を見失うことになりかねない。いずれにしても，教員養成系の各大学において教員養成学の目的を理解し，カリキュラム構成に対する基本認識を共有したうえで個々の授業を整合的に担当する，といった体系を全学的に形成できるかどうかが試される。

注
(1)林（2022），1頁。
(2)林（2022），6頁。
(3)中央教育審議会（2021），18頁。
(4)中央教育審議会（2021），17頁。
(5)中央教育審議会（2021），28頁。
(6)能代谷・内山（2022），64頁。

第16章　これからの教員養成における教科専門の在り方について　299

⑺STEAM：Science, Technology, Engineering, Art, Mathematics。中央教育審議会
　（2021）では，STEAM の A の範囲を芸術，文化のみならず，生活，経済，法律，
　政治，倫理等を含めた広い範囲（Liberal Arts）で定義している（中央教育審議会
　（2021），56-57頁）。

⑻Society 5.0に向けた人材育成に係る大臣懇談会（2018），13頁。

⑼中央教育審議会（2021），57頁。

⑽中央教育審議会（2021），58頁。

⑾中央教育審議会（2021），40頁。

⑿中央教育審議会（2021），43頁。

⒀集団授業においては取り上げられなかったとしても，授業外のどこかにおいて「個
　別最適な学び」として対応すべきである。

⒁中央教育審議会（2012），17頁。

⒂国立教員養成大学・学部，大学院，附属学校の改革に関する有識者会議（2017），
　9-10頁。

⒃日本教職大学院協会年報（2020），15-16頁及び38頁参照。

⒄本稿では研究遂行力の定義を明示しないが，研究者に求められる一般的な資質能力
　と理解してもらって差し支えない。

引用文献

中央教育審議会（2012），教職生活の全体を通じた教員の資質能力の総合的な向上方
　　策について（答申）（中教審第154号）。

中央教育審議会（2015），チームとしての学校の在り方と今後の改善方策について
　　（答申）（中教審第185号）。

中央教育審議会（2021），「令和の日本型学校教育」の構築を目指して～全ての子供た
　　ちの可能性を引き出す，個別最適な学びと，協働的な学びの実現～（答申）（中
　　教審第228号）。

林泰成（2022）「新しい教員養成学の構築に向けて～教育哲学的観点から～」『上越教
　　育大学研究紀要』第42巻，1～10頁。

国立の教員養成系大学・学部の在り方に関する懇談会（2001），今後の国立の教員養
　　成系大学学部の在り方について―国立の教員養成系大学学部の在り方に関する懇
　　談会―。

義務教育9年間を見通した指導体制の在り方等に関する検討会議（2021），義務教育
　　9年間を見通した教科担任制の在り方について（報告）。

能代谷賢治・内山哲治（2022）「"探究"の質を向上させるための教師の働きかけ」『宮城教育大学教職大学院紀要』第3巻，53〜65頁。

教員の資質能力向上に係る当面の改善方策の実施に向けた協力者会議（2013），「大学院段階の教員養成の改革と充実等について」（報告）。

Society 5.0に向けた人材育成に係る大臣懇談会（2018），Society 5.0に向けた人材育成〜社会が変わる，学びが変わる〜。

国立教員養成大学・学部，大学院，附属学校の改革に関する有識者会議（2017），教員需要の減少期における教員養成・研修機能の強化に向けて―国立教員養成大学・学部，大学院，附属学校の改革に関する有識者会議報告書―。

日本教職大学院協会年報（2020）『2019年度日本教職大学院協会年報』日本教職大学院協会。

第17章

論説文読解に議論の論証モデルの要素を援用する試み
―教科の立場から「教員養成学」の具体を探る―

渡部洋一郎　尾矢貞雄　岩舩尚貴

1．本稿の目的

　中央教育審議会は，社会の変化が複雑で予測困難性を増す中，学ぶ側からの視点で学校教育を捉え直すことで，すべての児童生徒の可能性を引き出す「個別最適な学び」と「協働的な学び」の一体的な充実を図ることを目的とした答申を2021年1月に公表した[1]。さらに，遡ること2012年8月に出された答申では「グローバル化や情報通信技術の進展，少子高齢化など社会の急激な変化に伴い，高度化，複雑化する諸課題への対応が必要となっており，多様なベクトルが同時に存在・交錯する，変化が激しく先行きが不透明な社会に移行しつつある」との指摘がなされ，「これからの学校は，基礎的・基本的な知識・技能の習得に加え，これらを活用して課題を解決するために必要な思考力・判断力・表現力等の育成や学習意欲の向上，多様な人間関係を結んでいく力の育成等を重視する必要がある」と述べられている[2]。しかし，その一方で，2018年に実施された国際教員指導環境調査（TALIS）によれば，中学校教師の一週あたりの平均勤務時間はOECDのそれがおよそ38時間であったのに対し，日本の場合は56時間であり加盟国中，最長であったという[3]。もとより，教員が不足する中，教育振興基本計画の理念を継承しつつGIGAスクール構想をどう実現していくのか，また，子どもたちが多様化する中，学び手の学習意欲をどのように喚起し，いかに学習指導要領に定められた学習内容の着実な定着を図っていくのかは，これからの教育に求められる重要な具体的課題の一つと言えるだろう。

302　第3部　教科教育と教科専門の在り方を考える

　このような状況を踏まえ，文部科学省では「教員養成教育の改善・充実を図るべく，高度専門職業人養成としての教員養成に特化した専門職大学院としての枠組みとして『教職大学院』制度」を創設した。そこでは，次の2点が目的として掲げられている。

　1．学校現場における職務についての広い理解をもって自ら諸課題に積極的に取り組む資質能力を有し，新しい学校づくりの有力な一員となり得る新人教員

　2．学校現場が直面する諸課題の構造的・総合的な理解に立って，教科・学年・学校種の枠を超えた幅広い指導性を発揮できるスクールリーダー

　しかしながら，先に掲げた中教審答申（2012）の，「『大学における教員養成』及び『開放性の教員養成』の原則については，今回の改革でも基本的に尊重するものとし，国公私の設置形態を問わず，幅広い大学が参画することを前提とする必要がある」という文言にも見られるように，教員養成教育においては，一体，以前の何を継承し，どこをどのように変えることで高度な専門職としての教員養成を達成しようとしているのかの具体的枠組みが実際に提唱されてきたわけではない。事実，林（2022）が「この原則は理解できるものの，こうした扱いが，結果的に，教職の専門性を弱めることになっているのではないかと思われる」という指摘[4]をすでに行っていることに加え，さらに踏み込んで言えば，遠藤・福島（2007）らが「その修了によって司法試験の受験資格が付与される法科大学院の制度とは異なり，教職大学院の場合には，その修了や修了時に授与される『教職修士（専門職）』の学位は，教員となるための前提的資格とされるものではなく，従来の教員免許制度自体には何らの変更も加えられていないという事実」があるとも述べている[5]。すなわち，教職大学院創設から十数年を経る今日でも，その具体像を論じ実効性のあるシステムを提案することは，まだ十二分には構築されていないというのが現状ではないのだろうか。本学が「教員養成学」を研究領域を超え

た学際テーマとして位置付け，それに正面から取り組もうとする意義はここ
にある。

　一方，翻って考えるに，「教員養成学」はすでに遠藤・福島（2007）らによ
って論じられ，その理論や歴史，教員養成学に基づく教員養成の実践・検証
などが試みられている。が，その多くは教員養成学を制度としての側面から
考察し，入門期カリキュラムの在り方や実習に関わるティーチングの検討に
終始しており，実際の小・中学校における授業の大半を占める各教科でそれ
を具体的にどう扱えば，所与の目的が達成されるのかを見据えた分析を行っ
ているわけではない。本稿は，こうした状況に鑑み，国語科教育学の立場か
ら実際の教科書教材を用いた授業検討の在り方の中に，教員養成学に資する
教材解釈の実像を事例的に明らかにすること，加えて，そうした試みを提案
する意義を学び手の側から論ずることを目的としたい[6]。

2．対象とする論説文とその特徴

　本節では，上記の目的を達成するため，まず対象となる論説文の概要を示
し，当該教材の特徴について言及する。本稿で用いる具体的な教材は，教育
出版の小学校六年生の教材，「人類よ，宇宙人になれ（立花隆）」である。以
下に本文の概要を示す。

　　　人類にとって宇宙とはどんな場なのだろうか。現在，私たちは地球で生活をし，
　　宇宙へは一部の科学者や研究者が研究や調査のために時々出向くだけだが，将来
　　は宇宙への進出がどんどん続き，やがて地球の外で生きる人々が地球にとどまっ
　　て生き続ける人よりも多数を占めるような時代が来るのだろうか。それとも，宇
　　宙は現在と同じように一部の人が時々出かけていっては戻ってくるような仕事の
　　場にとどまるのだろうか。
　　　こうした質問を宇宙関係者にぶつけてみると，どこの国でも答えははっきりと
　　どちらかに別れ，多くの場合，後者の立場を取ることが多いようである。実際，
　　宇宙ステーション「ミール」で約一年間，宇宙に滞在したことがあるソ連の宇宙
　　飛行士ムーサ＝マナロフも明確に後者の立場を取っていた。マナロフは，いかに

宇宙の環境が人間にとって過酷なものであるかを説いた後，宇宙で働くことが出来るのは，強い意志と強靭な体を持った人間にして初めて出来ることで，普通の人にはまず出来ないだろうと断じた。それも，一時の苦しみを乗り越えれば，あの地球に戻れると思うからこそ我慢できるのであって，宇宙に行きっぱなしの人生など，考えるだけでも耐えられないというのだ。

しかし，私たちの住んでいる地球は，太陽無しには生きられない。いずれ遠い未来に太陽の寿命が尽きれば，確実に地球も滅んでしまう。また，それ以前に，大気の成分バランスがちょっとでも変わったり，気候が変化して地球の平均気温が少しでも狂えば，人間の生存条件はたちまちにして失われてしまうのである。つまり，それほど微妙なバランスの上に我々は存在しているのであって，このバランスが遠い将来まで確実に現在と同じように維持されるという保証はどこにもない。

宇宙環境は，確かにマナロフが言うように本質的に人間の敵と言ってもよいぐらいに厳しい環境である。生命維持装置なしに人間が宇宙環境に放り出されたら，すぐに死んでしまう。人間がこの宇宙環境で今日まで生きてこられたのは，地球という巨大な宇宙船が，地球環境という生命維持装置を提供してくれていたからである。これまでのところ，この宇宙船「地球号」は大した故障なしにやってきたが，それは奇跡的な偶然に支えられてのことであり，これからもそれが続く保証はない。

もし，故障が起きたら，ということを考えれば，この宇宙船が故障しないように管理していく必要があるし，万一故障した場合に備えて，それを修理する能力を身につける必要がある。さらに言うなら，単なる修理では済まないような宇宙船「地球号」の大事故に備えて，もう一つの宇宙船（もう一つの地球）を建造しておく必要がある。今はまだ太陽系の中の惑星を探索しているだけだが，いずれにしても遠い将来の太陽の死を免れることは出来ない。それを免れるためには，人類は，太陽なしで生きる技術を開発して，太陽系の外へとその生きる場を延ばしていく必要がある。

そのようにして，人類はその生きる場所を地球の外へ外へと拡大していき，やがては銀河系全体に，あるいはもっと向こうの宇宙へと進出していくのか。それとも，あくまで地球をただ一つの生きる場として，宇宙は時々ちょっと出かけていっては戻る場所にとどめるのか。その決定は，人類自身が下すことが出来る。

かつて，アメリカの宇宙飛行士ラッセル＝シュワイカートは，人類の宇宙進出を評して，これは，太古において水中にしかいなかった生物が初めて陸上に進出

した時にも比すべき，一大転回点であると言った。そのたとえになぞらえて言えば，宇宙を時々出かけていってはすぐ戻る場所としかとらえない人々は，陸上生物にならず，両生類にとどまった生物と同じ発想に立つ人と言えるだろう。私は，やはり人類進化の取るべき道は，宇宙両生類になることでなく，地球人から宇宙人へと至る道であろうと思う。

本教材は，平成8年度版の教科書から論説文として採録されているものであり，その後，平成23年度版からは読書教材として扱われている[7]。一般に，論説文の特徴は，筆者の主張が明確な根拠を伴って述べられるところにあるとされるが，例えば，佐渡島（2015）は「意見文と論説文は，共に，ある物事に関して，筆者が自分の考えを相手に伝え，相手を説得するという目的を持つ」として，論説文の定義を次のように述べている[8]。

　　論説文は，意見文と比べて，扱う話題がより時事的で，書き方が分析的である。社会でそのときに話題となっている事柄，特に問題となっている事柄を取り上げることが一般的である。そして，その問題の中心を突き止めたり背景を探ったりしながら，どう考えたらよいかという提案を行う。つまり，単に主張と根拠を述べるのではなく，事柄の分析や解説が重要な要素となる。―〔中略〕―また，相手を説得するためには，強い根拠ばかりでなく，前提となる論拠や条件の見極めも重要である。

こうした定義に基づけば，論説文とは「時事的な問題を，それを取り巻く要因との関連の中で考察し，核心に関わる解説も含みながら根拠を伴った明確な主張として説得的に述べる」ところにその特徴があると言えるだろう。また，その際，主張の前提となる論拠や条件の見極めも考慮する必要がある。では，こうした論説文を扱う場合にどのような理論の援用を前提とするべきなのか，そのありようを次節以降で検討したい。

3．議論の論証プロセスとしての Toulmin Model

Toulmin Model は，国語科教育における論証構造を抽出する際の枠組み

や論説教材の構成要素の関係を考える際の分析モデルとして従来活用され，近年でも論証能力を育成するための基盤として，鶴田（2011）や河野（2011）を始めとする多くの論者が当該モデルを援用した学習論考を発表している。また，日常の論理における不確実な要素を考慮できること，論証過程での根拠と理由を区別し，見逃しやすい問題点について意識化できることなども同モデルを用いる利点として言及されてきた。こうした点に加えて，難波（2009）は，Toulmin Model に関する論考が数学／哲学／法学／科学等の各専門領域の研究者によって今なおなされる現状とその広がりを Hitchcock らの著作をもとに指摘している（渡部：2016b）。

　ところで，同モデルの刊行物としての一般的な初出は，英国の言語哲学者 Toulmin, S. E. による *The Uses of Argument*（1958）になるが，そこでは，日常の言語における論証のプロセスとして，6つの要素からなる以下のような要素間の連接が提案されている（図1）。

(1) Claim（主張，C）；論説や価値の結論となる要素

(2) Datum or Data（事実，D）；主張の根拠として提示される要素

(3) Warrant（理由付け，W）；なぜその事実からある主張（結論）ができるのかを橋渡しする要素

(4) Backing（裏付け，B）；理由付けが正当であることを証明する要素

(5) Qualifier（限定，Q）；話者の主張（結論）に関する確からしさの度合いを表す要素

(6) Rebuttal（反証，R）；主張が合理的に適用される範囲，いわばそれ以外を排除する要素

すなわち，「Dという事実が存在する場合，Bという裏付けによってWのような理由が考えられるはずだから，Rという例外が存在しない限り，一般的には（Q）おそらくCという主張（結論）が導き出せるだろう」という一連の陳述が Toulmin の提唱する日常の言語における論証のプロセスになる。図1は同モデル初期の一般性を持つ要素の連接になるが，同モデルの理解を

第17章　論説文読解に議論の論証モデルの要素を援用する試み　307

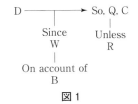

図1

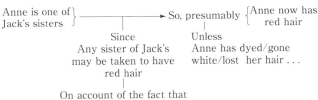

図2

深めるため，もう少し具体的な例で見てみよう。

　図2は，Toulmin（2003）による日常場面への同モデルの応用例になる[9]。この例における事実（D）は「AnneはJackの姉妹の一人だ」であり，結論（C）は，限定詞（Q）を伴って「Anneは現在おそらく赤毛だろう」になる。なぜ，結論（C）が「Anneは現在おそらく赤毛だろう」という推測的な表現になるのかと言えば，一つには，「AnneはJackの姉妹の一人である」という事実（D）に加え，「Jackの姉妹は以前に会ったとき，全て赤毛だった」という裏付け（B）があるからである。すなわち，そうした事実や裏付けから考えれば，「Jackの姉妹は誰であれ，赤毛であると考えてよいのでは…」という理由（W）が生まれるのである。

　ただし，この一見するともどかしい推測的表現プロセスにこそ，Toulmin自身の独自性が含まれることを見逃してはなるまい[10]。つまり，なぜ，「AnneはJackの姉妹の一人である」という事実（D）と「Jackの姉妹は以前に会ったとき，全て赤毛だった」という裏付け（B）に基づいて，シンプ

308 第3部 教科教育と教科専門の在り方を考える

ルに結論（C）を「だから Anne は赤毛なのだ」という表現にしなかったのか，そして，なぜ，「Jack の姉妹は誰であれ，赤毛であると考えてよいのでは…」という理由（W）や「Anne は現在おそらく赤毛だろう」という結論（C）のような持って回った陳述表現になっているのだろうか（下線部稿者）。それは，「Anne は Jack の姉妹の一人である」という事実（D）に加え，「Jack の姉妹は以前に会ったとき，全て赤毛だった」という裏付け（B）があったとしても，結論（C）が導かれるまでの間に，相応の時間的な経過がある場合を考慮する必要があるからに他ならない。すなわち，「Anne は Jack の姉妹の一人だ」という遺伝的な血縁関係があり，そうした体質的な要因から「Jack の姉妹は以前に会ったとき，全て赤毛だった」という事実に基づく観察体験があったとしても，その観察的事実から時が経てば経つほど，今現在もそうである保証はない，という訳である。例えば，大きくなって髪を染めることだってあるだろうし，年を取って白髪になることだってあるだろう，あるいは，（病気や治療のため）髪が抜けてしまったということも可能性としてはあるのではないか。Toulmin はそう考えるがゆえに，「Anne が髪を他の色に染めていない，年を取って白髪になっていない，あるいは，髪が抜けてしまわない限りは」という例外を排除する Rebuttal を「反証」として付し，主張や結論が合理的に適用される範囲を担保するのである。また，そうした「反証」によって例外がある程度排除されたとしても，最終的な主張や結論（C）はどの程度確からしいのか（逆に言えば，どの程度曖昧なのか）という指標を Qualifier という限定詞によって示している[11]。

　およそ，日本における国語科教育では，こうした Toulmin Model の受容に関わり，「ある事実Dを根拠とすれば，自分はWのような理由があると思うので，結論はCである」のような3要素のみによるシンプルなスタイルを取り，論理的な思考力を育もうとしている。しかし，この点については，すでに，渡部（2016a）において指摘したように，Toulmin がかつて三段論法を批判した際，形式的に演繹的な推論形式に不備が認められなかったからと

言って，そこにはどんな生産的な意義を見出せるのかという疑問を次のような例で説明していることに留意する必要があるだろう。

〔Minor Premise〕Anne is one of Jack's sisters.

〔Major Premise〕All Jack's sisters have red hair.

〔Conclusion〕So, Anne has red hair.

ここでは，大前提が「ジャックの姉妹はみな赤毛である」と規定されているが，そもそもそう述べることが出来るのは，大前提〔Major Premise〕を設定する段階でジャックの姉妹の髪色をすでに確認しているからではないのか，というのが Toulmin の問題意識であった。つまり，事前に個々の髪色が確認されているのなら，結論で述べられていることはそれ以前の情報（大前提）の単なる繰り返しだろうと言うのである（渡部：2016a）。このような点に関わっては，既に牧野（2008）も以下のような指摘を行っている[12]。

> この場合，結論を導くうえで不可欠となるのが「ジャックの姉妹はみな赤毛です」という大前提である。しかし，考えてみてほしい。既に「ジャックの姉妹はみな赤毛」だと確認できているのならば，「アンは赤毛です」という結論を導くために，わざわざ議論をする必要があるのだろうか。トゥールミンはそう問いかける。しかし，もしこれが「少なくとも以前は，ジャックの妹はみな赤毛だった」という前提であれば，そこに議論の余地が生まれる。これが形式論理学に対する彼の問題意識であり，その後の非形式論理学の発展に向けた分岐点となった。

　ここには，議論をする意味，言い換えれば，議論を行う必要性はどのようなところに生まれるのか，という本質的な問いが含まれている。このことは，議論を考えるうえで非常に重要な点であろう。我々は，日常において「議論の余地がある」という言葉を用いることがあるが，これは「それぞれが意見を出し合って内容を検討し，今よりも良い状況を模索できる可能性があること」を意味している。すなわち，議論しようとする対象に改善や変更の可能性がある場合に使う言葉であって，ある事実が確実かつ周知のものであり変更の可能性がなければ，逆に「議論の余地はない」ということになる。

310　第3部　教科教育と教科専門の在り方を考える

Toulmin 自身は，このことを「議論や主張」は「説明」とは異なるという陳述で解説する。つまり，「議論や主張」は，対象に「曖昧性」が存在するがゆえに行う意味があるのであって，確実かつ皆が知っている周知のことが連続するようなものは，対象に「曖昧性」が存在しない以上，「議論や主張」を行う必然性はないというのである。言い換えるならば，「議論という行為は，対象に存在する曖昧性や確定していない不確実性を特定の観点から吟味することで，ある種の可能性を生産性のある主張として提案する営み」であるのに対し「説明という概念は，確実かつ周知の事実から導かれる，必然的かつ曖昧性のない結論」ということになるだろう（渡部：2023）。したがって，議論は，最終的な主張が必然的かつ確定的な事実としての結論でない以上，そのプロセスに必ず曖昧性や不確実性が含まれなければならない。本稿307頁で述べた「なぜ，結論（C）が『Anne は現在おそらく赤毛だろう』という推測的な表現になるのか」という二つ目の理由は，議論の本質はどのような点にあるのか，という Toulmin 自身の考えとそれを反映した同モデルの「曖昧性や不確実性を含む要因W」にこそあるのだと思われる。

4．Toulmin Model を論説文の教材解釈に生かすための基礎

　前節において述べたように，Toulmin Model の原型特質をどう理解し，それを国語科教育に生かすのかという点については，改めて考えるべき必要があるが，本節では，同モデルを具体的な教材解釈にどのように援用するのかについて考えてみたい。本稿第2節でその概要を示したように論説文「人類よ，宇宙人になれ」では，異なる二つの主張がそれぞれに説得的な根拠を伴って述べられている。例えば，冒頭に掲げられる「将来は宇宙への進出がどんどん続き，やがて地球の外で生きる人々が地球にとどまって生き続ける人よりも多数を占めるような時代が来るのだろうか。それとも，宇宙は現在と同じように一部の人が時々出かけていっては戻ってくるような仕事の場にとどまるのだろうか」という問いに対して，ムーサ＝マナロフは，明確に後

者の立場を取っていた。すなわち，宇宙は人間が生きていくには過酷すぎる環境であり，強い意志と強靭な肉体を持った人間にして初めて出来ることで，普通の人にはまず無理であると思われること，加えて，一時の苦しみを乗り越えれば，あの地球に戻れると思うからこそ我慢できるのであって，宇宙に行きっぱなしの人生など，考えるだけでも耐えられないというのが，彼が主張したいことの骨子になる。換言すれば，宇宙は時々出かけて行ってはすぐ戻るべき場所で，人間が安心して暮らせるのは地球なのだというマナロフの主張は，宇宙をめぐる過酷な環境や自分自身の宇宙飛行士としての実際の体験などがその主張の根拠となっている。

　一方，立花隆は，そのことを否定はしないものの，地球の存在は太陽という恒星に拠る以上，その寿命がいずれ尽きてしまえば地球は太陽無しでは今の姿はとどめえないこと，また，それ以前に気候変動などによる地球環境の悪化などがあれば，現在の生態バランスが一挙に崩れ人間の生存条件が失われかねない危険性があることを述べている。ゆえに，いずれ人間は太陽に依存しなくても生き残る術を見出し，否が応でも太陽系の外へと活動の場を広げてその生存可能性を探らなければならないという立花の主張は，恒星としての太陽の寿命と地球環境の悪化による人類生存のリスクなどがその主張の根拠と言えるだろう。

　これらの主張は，それぞれ明確かつ説得的な根拠を伴って述べられているがゆえに，どちらの内容もそれなりに妥当性を持ち，一方が正しく，もう一方が間違っているという訳では決してない。では，同じ問題をめぐって，一見すると相反する二つの主張が出てくるのはなぜなのだろうか。例えば，ここに，前節において検討した Toulmin Model の特質が関わってくるのである。Toulmin が示す反証の Rebuttal 要素は，主張が整合性を保持できる範囲を担保し，それ以外を排除することが主たる機能であるが，「～ではない限りは」という反証は，「～である限りは」という限定と表裏をなす。すなわち，限定（～という例外が存在しない限り）の意味を持つ反証 Rebuttal

は，そうした点において，「このような場合であれば」という前提や条件を限定的に作り出す働きも有するはずである。通常，同じ事実を出発点においても，何を前提としてその事実を捉えるのかというスタンスが異なれば，選び取られる理由付けも最終的になされる主張も人によって様々であろう。つまり，対象をどのような角度から捉え，そこに何を見出しいかなる主張を行うのかという一連の議論は，こうした状況や隠れた文脈とでも言うべき前提条件によってその中核が支えられているのではないだろうか。

５．理論を応用することの意味と学び手の操作能力を高めること

　論説文は，書き手である筆者の主張が明確な根拠を伴って説得的に述べられるところにその特徴がある。そうした意味では，「人類よ，宇宙人になれ」における「宇宙をめぐる過酷な環境や自分自身の宇宙飛行士としての実際の体験」に立脚したムーサ＝マナロフの主張「宇宙は時々出かけて行ってはすぐ戻るべき場所で，人間が安心して暮らせるのは地球なのだ」は，それなりの妥当性を持って読むことが出来る。しかしながら，「恒星としての太陽の寿命と地球環境の悪化による人類生存のリスク」に基づく立花の主張「いずれ人間は太陽に依存しなくても生き残る術を見出し，否が応でも太陽系の外へと活動の場を広げてその生存可能性を探らなければならない」にも相応の説得性を見出すことが出来るのではないだろうか。

　一般に，小・中学校の国語教科書に掲載される論説文の場合であっても，そこには紙幅の都合があるため，一教材が二十ページを超えるようなものは通常存在しない。本教材は，小学校六年掲載のものであり，相反する二つの主張が盛り込まれているがために，十六ページにも及ぶ論説文となっているが，この教材を学び手の側から捉えれば，根拠の裏に潜む主張を確かならしめる条件をどのように見出すのか，に本教材学習の重要なポイントの一つがあると考えるべきである。例えば，マナロフのケースで言うと，「地球という惑星が人類の生存に適しており，その環境が急激に悪化せず，なおかつ惑

星の寿命を考慮に入れなくても良いような」条件のもとでは，という前提があって初めてその主張と根拠が妥当性を帯びてくるのであり，反対に立花の例で言えば，「遥か未来に恒星としての太陽の寿命が尽き，地球を取り巻く環境が悪化する恐れのあるような」条件のもとでは，宇宙へ進出せざるを得ないという主張と根拠が妥当性を帯びるのである。我々の日常におけるケースで言うなら，科学的に普遍の真理や命題でもない限り，どんな場合においても妥当性を持つ主張というものはない[13]。すなわち，ここで引用した教材文の場合，主張を確かならしめる条件として作用しているのは，対立軸を支配する「時間」という概念である。つまり，時間軸を図3のように現在に近い時点に設定すれば，よりマナロフの主張が妥当性を帯びてくるし，逆に限りなく遠い未来に時点を設定すると立花の主張が現実味を帯びてくる。

　一時期，小・中学校の国語科においては，批判的な思考に基づく情報の吟味やテクストの読みは今日的な重要課題であった。しかし，先行研究において言われるような主体的・積極的にその内容を吟味することは，言葉で言われるほど簡単なものでもない。批判的に読み解くためには，相応の手掛かりが必要なのであって，何らの事前の構えなく，制作者の思惑に気付いたり，主張の妥当性を吟味することは容易ではないだろう。本稿では，そうした作業を「潜在的な指標となる軸を手掛かりに論説文を読み解いていくというプロセス」に求めた。この「潜在的な指標となる時間軸」とは，具体的に言えば，Toulmin Model における Rebuttal という反証要素を援用し，主張や結

図3

論が合理的に適用される範囲を担保するという限定的な前提条件の設定から生成されたものである[14]。一般に，論説文の学習では，主張と根拠・理由の整合性を吟味することに目が向けられがちだが，例えば，こうした教材の読み解き方―当該の主張はどのような前提のもとになされたものなのか，という主張を確からしめる条件を見出すような方略―を学習者が読みの力として蓄えれば，通常，限られた紙幅の中で単一の主張しか述べられない論説文の場合であっても，潜在的な異なる主張を前提条件の操作から自分で見出すことが出来るのではないだろうか。

　教員養成学を大学全体のカリキュラムから論じ，教育実習の在り方を検討することなども含めて，そのありようを考えることも必要だろうけれども，実際の現場に立てば，その日から授業は行われ，その授業の多くを占めるのは教科である。教科の中で，理論をどう援用し実践に役立てるのか，また，そのことは学習者にどのような力をつけることに繋がるのか，教科を専門とする立場に立つものは，教科の枠の中でそれらを考えるというスタンスこそが重要なのだろうと思う。今日，初等教育の段階にあっても，高学年における教科担任制の導入が検討され，実際に「教材研究の深化等により，高度な学習を含め，教科指導の専門性を持った教師が多様な教材を活用してより熟練した指導を行うことが可能となり，授業の質が向上」すること，「児童の学習内容の理解度・定着度の向上と学びの高度化を図る」ことなどを趣旨・目的とした報告がなされている[15]。そこでは，特定の教科に関わる提言が行われているが，稿者らはそれは特定の教科のみに関わった問題ではないと考えている。例えば，実際の初等教育の現場で勤務する教員は，小学校教諭免許状に加え，特定教科の中学校教諭免許状や高等学校教諭免許状を有しているものも一定数存在するが，そうした現場にあっても，なぜ，あえて教科担任制の導入が必要とされなければならないのか。誤解を恐れずに言えば，教員養成のカリキュラムを複数校種の免許取得という観点から考慮した場合，その取得のための学修が知識の習得に偏りすぎ，それを応用し，どう実際の

学習場面に活用するかという面が教科の授業科目において余りにも貧弱だからではないのだろうか。そうした意味で，我々は教養としての基礎的な教科に関わる知識を教員免許状取得希望の学生がどのように利活用することで，学び手の単なる知識習得にとどまらない応用力を育てることに繋がるのかを今一度考えてみるべきだろうと思う。

注

(1)中央教育審議会（2021）第Ⅰ部　総論

(2)中央教育審議会（2012）p.1

(3)国際教員指導環境調査（2018）（TALIS：Teaching and Learning International Survey）

(4)林（2022）p.2

(5)遠藤・福島（2007）p.i

(6)本稿では，教材文を用いた教材解釈の実像をまず先に述べ，続いて，そうした解釈の背景にある理論の応用について説明する。以上を踏まえ，最後の第5節において，それを教科の枠組みで考えることの意義を教員養成学との関連でまとめたい。

(7)直接の参照及び引用は，平成23年度版に拠った。なお，現行の版には掲載はない。

(8)佐渡島（2015）p.108

(9)Toulmin Model の初出は，Toulmin, S. E.（1958）になるが，その後，Cambridge University Press より，First paperback Edition が1964年に発行されている。また，2003年には同出版会から Updated Edition が出され，図2の引用は同版の p.117 に拠った。

(10)後述するように，日本における Toulmin Model の受容は原型そのものを6要素のまま取り入れた訳ではなく，Data, Warrant, Claim の3要素のみの活用にとどまっている。それは同モデルがなぜわざわざ6つの要素を用いて曖昧な推測表現を意図的に使用しているのかの理解が不足している部分に原因があるからであり，これは教育的な臨床場面への応用を考えるにあたり大きな課題となっている。

(11)Toulmin Model における限定詞 Qualifier には数種類のパターンがあって，実は場合ごとに使い分けられている。すなわち，使用される副詞句が presumably のような高確率を表すケースでは，一連の陳述が曖昧性を含む結論であっても，かなりの確率でそう言えるはずだという陳述話者の確からしい自信を示し，逆に possibly

316　第3部　教科教育と教科専門の在り方を考える

や may be を用いると，その結論の確からしさは相応に低くなり，主張の曖昧性が
高くなるというメルクマールの役割を果たすのが限定詞 Qualifier になる（渡部：
2016a 参照）。

⑿牧野（2008）　p. 94

⒀例えば，水素と酸素の化合から水ができるという原理は，洋の東西や古今を問わず
そうであるけれども，我々が行う議論や主張は前提となる条件や置かれる状況が異
なれば，それがどんな場合でも説得性を持つ内容たり得るわけではないということ
を意味している。

⒁相反する二つの主張が，それぞれ妥当性と説得性を持つ範囲とは何かを考えること
により顕在化される前提条件のこと。

⒂義務教育9年間を見通した指導体制の在り方等に関する検討会議（2021）　p. 5

引用文献

遠藤孝夫・福島裕敏（2007）『教員養成学の誕生―弘前大学教育学部の挑戦―』東信
堂

河野順子（2011）「論証能力を支える論理的思考力の発達に関する研究―論理科カリ
キュラム開発へ向けて―」『熊本大学教育学部紀要』人文科学　第60巻　7-16.

義務教育9年間を見通した指導体制の在り方等に関する検討会議（2021）「義務教育
9年間を見通した教科担任制の在り方について（報告）」令和3年7月

教育出版（2005）『ひろがる言葉　小学国語』六

国際教員指導環境調査（2018）『教員環境の国際比較：OECD 国際教員指導環境調査
（TALIS）2018報告書―学び続ける教員と校長―』ぎょうせい　2019年

佐渡島紗織（2015）「意見文・論説文」『国語科重要用語事典』明治図書出版　108.

中央教育審議会（2012）「教職生活の全体を通じた教員の資質能力の総合的な向上方
策について（答申）」平成24年8月28日

中央教育審議会（2021）「『令和の日本型学校教育』の構築を目指して～全ての子供た
ちの可能性を引き出す，個別最適な学びと，協働的な学びの実現～（答申）」令
和3年1月26日

鶴田清司（2011）「論理的な思考力・表現力を育てるために―論証における『根拠』
と『理由』の区別―」『国語の授業』第225号　34-39.

難波博孝（2009）「論理／論証教育の思想⑴」『国語教育思想研究』第1号　21-30.

林泰成（2022）「新しい教員養成学の構築に向けて～教育哲学的観点から～」『上越教
育大学研究紀要』第42巻　1-9.

牧野由香里（2008）『「議論」のデザイン　メッセージとメディアをつなぐカリキュラム』ひつじ書房

渡部洋一郎（2016a）「Toulmin Model における可能性と不確実性の概念―説明・議論・推測の狭間―」『上越教育大学国語研究』第30号　上越教育大学国語教育学会　1-11.

渡部洋一郎（2016b）「Toulmin Model：構成要素をめぐる問題と連接のレイアウト」『読書科学』第58巻第1号　日本読書学会　1-16.

渡部洋一郎（2020）「主張表出における根拠と理由の相関―国語科教育での分類の実際と概念の本質―」『表現研究』第111号　表現学会　41-50.

渡部洋一郎（2023）「論理概念としての『根拠』と『理由』の相関―小学校及び中学校国語科教科書における記述内容の問題と Toulmin Model との相違―」『読書科学』第64巻第2号　日本読書学会　95-111.

Toulmin, S. E.（1958）*The Uses of Argument*, First Published, Cambridge University Press

Toulmin, S. E.（1964）*The Uses of Argument*, First paperback Edition, Cambridge University Press

Toulmin, S. E.（2003）*The Uses of Argument*, Updated Edition, Cambridge University Press

第18章

古典教育を視座とする教員養成学の試み

舩城　梓

1．はじめに

　今日の教員養成の質的・量的な一つの隘路となっているもの，あるいは今後隘路となるものは，国語という科目，中でも古典教育の領域ではないかと考える。本稿においては，現代日本における教員養成について考える上での教員の古典教育能力涵養に関し，状況の考察・検討と，方策の提言を行う。

2．背景

　平成24年（2012）「大学改革実行プラン」に始まり，平成25年（2013）の「これからの大学教育等の在り方について（第三次提言）」を経て，平成27年（2015）の「国立大学法人等の組織及び業務全般の見直しについて」に至る平成末の大学改革方針とその実施は学界に強い衝撃を与えた[1]。

　ことに教育学系[注1]大学・大学院は，この改革において「組織の廃止や社会的要請の高い分野への転換に積極的に取り組むよう努める」こと，すなわち教職課程以外の課程（生涯学習指導系の課程を含む）を廃止し，その「リソース」を「質の高い教員養成」に振り向けることが求められた[2]。この施策は，教育に関する事柄を広く取り扱う教育学系大学・大学院から，教員養成を専らとする教員養成系大学・大学院への専門化・集中化を推し進めるものであったといえる。この方向性は，令和の現在においても，重ねて示されるところである[3]。

　この改革の影響は甚大であったと言ってよい。一例を挙げれば，新潟大学教育学部においては，上記改革に伴い「芸術環境創造課程」，「健康スポーツ

科学課程」，「生活科学課程」，「学習社会ネットワーク課程」の 4 課程150名の募集を，平成29年（2017）4 月入学者より停止するに至っている[4]。

　ここで問題となるのは，教員養成系大学に課せられた，「質の高い教員養成」という主要ミッションである。教育学系大学の様態を教員養成に絞り込んでまでもその確実な遂行が求められているこのミッションの成否は，そのまま，大学教育はもとより，教育全体の成否に結びつく。

　しかし，このミッションは，いかにすれば実現可能であるのであろうか。例えば，「質の高い」とは具体的にはどのような，またどこまでの状態を指し，どのような方法で実現するのか。教員養成はどのように成り立つのか，あるいは成り立たせるべきであるのか。そのような根本的観点から，これらの問題を改めて考え直すことが必要なのではないか。

　本書の執筆者たちは，教員養成学を企てるにあたり，それぞれの学問的立場及び意識からそれぞれに「教員養成学を考える」わけであるが，本稿ではひとまず如上のような問題意識を起点として議論を進めることとしたい。

3．基礎的フレームワーク

　教員養成学は，ここに緒に就いたあるいは就かしめようという体系である。ゆえに教員養成の在り方を根本から論ずるというその基本的な実践を行うに際して，なおその範囲・方法等を整備する必要があると思われる。

　その上で，私見ながら最低限以下の七つの問いが教員養成学に必然的に備わるものであって，議論開始にあたって，枠組みとして機能すると考える。

　⑴教員とは何か。

　⑵教員養成は必要であるか。

　⑶教員養成は可能であるか。

　⑷教員養成は何を目標・目的とするか。

　⑸教員養成を最低限度実現するための条件あるいは方策とはどのようなものか。

320 第3部 教科教育と教科専門の在り方を考える

(6)教員養成を理想的に実現するための条件あるいは方策とはどのようなものか。

(7)教員養成を現実的条件下で実現するための方策とはどのようなものか。

上記七つの問いのうち，先行して解決すべきより重要な問題は(1)〜(4)であると考えられるが，これらについての解を根本から導くことは，教育学を元来の専門としない筆者では任に堪えざるところである。

だが，これらの問いが，「教育者養成」ではなく，「教員養成」について問うものであることを踏まえることで，(1)〜(4)の問いへの回答を代替的に示すことはできよう。すなわち，わが国の現行の学校教育制度と，学校教育法，教育職員免許法等の教育法規に基づく教員免許制度の存在を以て，教員の定義付け，教員養成の必要性及び可能性，その目標を満たしている根拠と見なすのである。例えば，(1)については教育職員免許法第二条に規定される教育職員（教員）の定義を，直接にその答えとすることになる[注2]（なお(4)については，議論の展開の必要上，後段で内容を確認する）。

ただし，これを採る場合，(5)〜(7)についても一定の限定の中での解決のみ可能となることについては留意の必要がある。つまり，(5)〜(7)は，

(5)′ 現行の教育制度・教育法規を前提とした上で，教員養成を最低限度実現するための条件あるいは方策とはどのようなものか。

(6)′ 現行の教育制度・教育法規を前提とした上で，教員養成を理想的に実現するための条件あるいは方策とはどのようなものか。

(7)′ 現行の教育制度・教育法規を前提とした上で，教員養成を現実的条件下で実現するための方策とはどのようなものか。

という形で再提示されることになる。

この時(5)′については，畢竟 教育職員免許法並びに同施行規則に示された免許取得要件を，その過程の質のいかんを問わずに満たさせることと基本的に同義となると考えられる。ために(5)′については本稿では論じない。

以上から，今議論が可能な教員養成についての問いは，(6)′及び(7)′となる

と言えそうである。

これにより，以下(6)′・(7)′に対する解を模索することになるが，ともに現行の教育制度・教育法規を前提とし，(7)′が現実的リソースをその条件としても，なお対象とする範囲は広く単純に解を得ることは難しく思われる。

よって改めて筆者の専門たる古典文学・国語教育に引きつけた形で，

(6)″ 現行の教育制度・教育法規を前提とした上で，国語教育，ことに古典教育の観点から見て，教員養成を理想的に実現するための条件あるいは方策とはどのようなものか。

(7)″ 現行の教育制度・教育法規を前提とした上で，国語教育，ことに古典教育の観点から見て，教員養成を現実的条件下で実現するための方策とはどのようなものか。

と，問いを極限し，その解をめぐって以下に論を進める。

4．現行制度・法規から見た国語教育

4.1 教育基本法における教育の目標

本章では，前章での論題設定を受けて，教員養成を論ずる前提となる現在の教育関連の制度・法規，また古典教育の現状の概略を確認しておきたい。

現在の教育は，平成十八年（2006）の教育基本法の改正に端を発する継続的改革の大きなうねりの中にあるのであり，国語科教育もまたその影響下にある。この現行教育基本法の第一条[5]は，「教育は，人格の完成を目指し，平和で民主的な国家及び社会の形成者として必要な資質を備えた心身ともに健康な国民の育成を期して行われなければならない」とし，その上で，さらに第二条において教育に五つの目標を与えその達成を求めている。前章に掲げた教員養成学の七つの問いのうち，(4)の「教員養成は何を目標・目的とするか」を，現行教育制度を前提として捉えなおせば，究極的には，この教育基本法の五つの目標の達成・実現にそれが求められると考えられる。

そして，この五つの目標のうち，

五　伝統と文化を尊重し，それらをはぐくんできた我が国と郷土を愛する
　　 とともに，他国を尊重し，国際社会の平和と発展に寄与する態度を養
　　うこと。

の達成は，国語，なかんずく古典教育に依るところ大と言えよう。よって国
語教育／古典教育の目標は少なくともその一部がここに置かれるであろう。

　この事情のゆえに，教育基本法改正以後の改革の中で国語分野に関する改
革も少なからず取り組まれてきた。しかし，それらの中には「伝統と文化」
の「尊重」に結実するか疑わしい施策もある。その一つが，現行『高等学校
学習指導要領』6) における国語の大幅な科目・内容の改訂である。

4.2　『高等学校学習指導要領』の改訂と古典教育

　平成30年（2018）に告示された現行の『高等学校学習指導要領』は，従前
のそれに比して非常に大掛かりな改訂が加えられた。

　国語科についても，科目の整理と新設，それに伴う単位数の変更，さらに
は新設「論理国語」での法律などの実務的文書の取り扱い開始，等，変更規
模とその影響の大きさは明白である。

　その中で，古典に関連しては，

①古典に関する内容を含む科目（「言語文化」・「古典探究」）では，「我が国の
　伝統的な言語文化に対する理解を深めること」が重視され，ことに「言
　語文化」では「文語文法のみの学習の時間を長期にわたって設けるよう
　なことは望ましくない。」とされ，「あくまでも，古典の世界に親しむこ
　とを目指している」ことを強調7)

②「古典探究」・「言語文化」を含めたいずれの科目でも話し合いや発表，
　文章化などの課題を通じた「話すこと・聞くこと」「書くこと」領域の
　活動を重視

という，これも大規模な変更が加えられた。

　このうち，ことに「言語文化」での「国語総合」における文法学習の取扱

いからの方法の変更・取り扱い時間の削減の方針と，「読むこと」から「話すこと・聞くこと」「書くこと」等の表現の学習への振替の方針については注意を要するであろう。

　文法学習の削減の目的は，「古典の世界に親しむこと」にあるとされ，その意図は，古典の文章・内容に触れる時間，あるいは文法以外の単語や文化事項に関する学習の時間を確保することであると考えられる。しかしながら，確保した時間を表現活動に振り向ける傾向が強いことから，果たして必要十分な「親し」みを生じうるかは明確でない。

　あるいは，削減には文法学習の煩瑣を嫌う中学生・高校生を慮っての部分があるかもしれない。従来，中学生・高校生の古典学習に関して意識調査を行った諸研究では，文法学習に苦手意識を抱く者の多さを指摘する。例えば野田千裕・若杉祥太・林徳治の研究（2014）では，古典が苦手と回答した高校生145名中101名が「文法の理解」を苦手な内容として挙げる[8]。文法学習を必修科目から可能な限り取り除き，古典への拒絶感を下げることで，相対的に「親しみ」を増すことを企図しているとも考えられる。

　さりながら，古典学習は一面において語学の側面を持つ。語学学習の基礎である文法事項への習熟を，選択科目である「古典探究」のみで主に行うことは，既存の現代語訳に依存せず古典の原文を自在に読む能力，ある意味での異文化／異言語コミュニケーションの能力の習得を，これまでの学習内容に比して低下させる可能性を持つであろう。

4.3　古典教育の変化に伴う教員養成環境の考察

　以上述べてきたような高等学校における古典教育のあり方の変更と，教員養成はどのように関連するのか。それは，つまるところ，教員養成の段階において，学生・教員の両者ともに，より多くの労力・負担を必要とするような変化を引き起こすと考えられる点で関連がある。

　最も影響が出るのは，高等学校の国語科教員の養成であろう。教育者とし

ての活動を過不足なく行うためには，当然のこととして，生徒レベルをはるかに超えた古典文学に対する読解，理解，洞察及び教材運用の能力が必要となる。その能力の基礎たる高等学校までの学びの削減は，高等学校での古典教育の実施を従前に比して容易にしつつも，教育の充実については教員養成の場における新たな能力の補充と伸長なしには難しくなるという，逆説的状況をも生み出しうる。教員養成が充実しない場合，古典教育の質が低下し，さらに教員養成の困難を招くという悪循環に陥る可能性があるのである。古典文法を用いずに，しかし背景にある古典文法を意識しながら，古典の教育を行うには，高度な古典文法の運用能力と，古典文法を用いないことを補う古典あるいは文化に関する該博な知識が必要とされるからである。

　上述の高等学校における新たな教育のあり方は，2022年度入学生より実施されており，その成果を見定めるにはなお暫しの時間が必要であろうが，教員養成が岐路にあることは間違いなかろう。しかもそれは，古典教育を主に担う中学校及び高等学校の国語科教員に限らないという問題がある。

5．教育体制の一貫性と古典教育

　この国語教育の岐路において，古典教育を担う／古典教育と関わる教員をどのように養成するかという問題は，教育そのものの成否を左右する。なんとなれば，現行の体制においては，学校教育は幼稚園に始まり高等学校・大学・大学院に至るまでの，一貫した体系となることが想定されているのであり，国語教育，あるいはその中の古典教育も全学校種において段階的に展開・実施されることになっているからである。

　『小学校学習指導要領』[9)]では平成20年告示版に〔伝統的な言語文化と国語の特質に関する事項〕を置き，第5・6学年で「㋐親しみやすい古文や漢文，近代以降の文語調の文章について，内容の大体を知り，音読すること。」並びに「㋑古典について解説した文章を読み，昔の人のものの見方や感じ方を知ること。」を学習するとするなど，明確に古典関連の学習内容を含めた。

現行平成29年告示版でも学習内容はそのまま踏襲されている。

『幼稚園教育要領』[10]は，平成29年告示版にて，〔環境〕領域の「内容」に「(6)日常生活の中で，我が国や地域社会における様々な文化や伝統に親しむ。」を新設，「内容の取扱い」の(4)で，「文化や伝統に親しむ際には，正月や節句など我が国の伝統的な行事，国歌，唱歌，わらべうたや我が国の伝統的な遊びに親し」むようにすべきことを述べているが，これも既述した教育基本法第二条の目標の五を受けるもので，以降の学校教育での古典学習への前駆を成すものといえる。

このように，幼児教育において日本の伝統行事や歌に触れさせ，小学校教育にて神話・伝承，詩歌，次いで古典原文に親しませ，中学校・高等学校で古典学習を行うという体系が，国語教育の中には組み上げられている。

よって中学校・高等学校の国語教育は無論，幼稚園・小学校の教員にも，以降の学校種での展開を見据えながら，適切に古典教育・伝統的文化教育を行うだけの，識見・能力の具備，そしてその発揮が求められることになる。つまり，教員養成系の諸学校においては，ほとんど全ての学生に，古典教育を成り立たせうる識見・能力が必要とされているのである。

以上から，教員養成系大学に課せられた「質の高い教員養成」というミッションの，少なくとも一部に，このような識見・能力の具備の実現が含まれるものと考えられる。

6．古典教育の観点から見た理想的教員養成条件の検討

ここでは如上のような現行の教育制度・教育法規の内容とその効果を前提として，教員養成の理想的条件について検討したい。

現行の教育制度・教育法規の有様，ことに高等学校での変革を踏まえれば，古典また伝統的言語文化に関する教育を過不足なく行うに足る実力を有する教員を養成するには，最低限，削減以前の高等学校レベルまでの古典文法，語彙，文学・文化・歴史等の周辺知識を補った上で，従来と同等かそれ以上

のレベルでの教育養成のための学修が必要であろう。

その目指すところは，幼稚園から高等学校に至る学校教育において，伝統的言語文化教育あるいは古典教育に関して，「環境を通した教育」及び教科教育の指導に足るだけの，一般社会人レベルを超えた，より深く広い文学的・語学的・文化的教養の獲得・充実である。

ただし，高等学校での学習内容が削減された関係上，以前と同様の教育能力を涵養するためには，学修により多くの負担を要するという現実がある。逆に言えば，教員養成系の教員側・学生側双方について，従前と同程度あるいはそれ以下の負担で，このような学修が自然かつ円滑に実現されることが，理想的あり方といえる。では，どのような条件が整えば，負担が少ない理想的あり方を実現可能といえるのであろうか。

能力を涵養するための教員養成における負担を，学生のそれまでの課外の自己学習・読書経験や，社会全体によって提供される「環境を通した教育」などで肩代わりもしくは補助することができれば，より自然かつ円滑な学修が可能であるといえる。

ここに言う，「環境を通した教育」（「環境を通して行う教育」）とは，幼児教育における基本的な教育方法を表す概念である。『幼稚園教育要領解説』[11]によれば，

教育内容に基づいた計画的な環境をつくり出し，その環境にかかわって幼児が主体性を十分に発揮して展開する生活を通して，望ましい方向に向かって幼児の発達を促すようにすること

と定義されており，小学校以降の教科教育と対になるものである。「環境を通した教育」は，通常，幼児教育における教育方法の基本概念であるが，しかし，小学校以降生涯学習に至る教育・学習とも無縁ではありえない。いずれの人間も，自己を取り巻く何らかの環境（自然環境・社会環境・人文環境の全て）と関わり，活動し，影響を受けることを通して，様々なことを学習する。「環境を通した教育」は，意識こそされないが，小学校以降も継続され

ているのである。他者からの感化はその代表的例であろう。

　つまり成長に適した良い環境が整備され与えられれば、人はその整備された方向に向けて学習・成長をすると考えられるのであって、文化的素養もまた「環境を通した教育」によって獲得されることが少なくないといえる。

　このように、古典教育・伝統的言語文化教育についての理想的教員養成の実現条件としては、教員養成系諸学校の教育的努力の他に、教員養成課程に至るまでの学生の主体的な学習と、学習を意識付けし継続可能にする環境が重要であると考えてよい。

７．学生の読書経験による古典教育能力の涵養についての検討

　如上のように、教員養成における古典教育能力涵養のための要件が、教員養成課程での教育、あるいはそこに至るまでの学校教育で確保されることが難しい場合、理想的には、カリキュラムの外で、個々人の読書体験や家庭における文化的導きにより、古典の素養を補助的に確保することができれば、理想的かつ円滑であると考えられる。現行『高等学校学習指導要領』（平成30年告示版）でも「我が国の言語文化に関する事項」として、「伝統的な言語文化」・「言葉の由来や変化、多様性」とともに「読書」に関する指導事項を設けて、読書習慣の育成・改善を図っていることからもそれは伺われる。

　しかし、現状で言えば、学校教育の外で古典に触れる機会はほとんどないと推定される。筆者は2017年に教員養成（幼児教育）系学科に所属する短大生100名ほどを対象に、古典に触れた経験を簡易に確認する目的で、文学に登場するキャラクター名の認識の有無についてアンケート調査を行った[12]。結果としては、国語教科書に採用された作品に現れるキャラクターの認知度は高いが、それ以外では低いという傾向が見られた。これは、学校教育の場を離れた個々人の主体的な読書経験にあっては、古典に触れることがないか、あるいはあってもごく少ないということを意味する。

　もとより、この調査はごく簡易なものであり、完全に正確とすることは難

しいであろうが，古典受容の青少年期における低調さという大勢については間違いないものと考える。それは個人での読書や，社会全体での「環境を通した教育」によって，問題なく古典受容の維持・継承が図られる良好な状況は存在しないことを示すであろう。

　教員養成においては，学校教育の場のみが伝統的言語文化あるいは古典の受容・継承の場といえることを前提に教育の方向性を定め，より広範で深い古典／伝統的言語文化についての学びを行う必要がある可能性がある。

8．環境を通じた古典教育能力涵養に関する検討

　上述したように，古典の受容が学校という場を中心とした場によってのみ行われるようになってきているとして，例えば，伝統文化が日本の社会の中で問題なく維持されており，「環境を通した教育」によって学びを得ることが可能であるならば，教員養成においてさほど負担を増やさずとも，古典あるいは伝統的言語文化の教育能力の獲得が容易となる可能性は高い。

　例えば，季節感ないし季節観などはそのような，有効な伝統文化の一つ足りうるであろう。日本文化あるいは日本文学の世界において，季節の変化（それは自然の様相の微妙な変化ともいえる）への認識は非常に重視され，その扱いは繊細を極める。例えば『古今和歌集』では，春上（巻一）冒頭が前年12月の年内立春から始まり，立春，雪中の春，鶯を待つ，花を待つ，鶯，若菜摘み，春霞…[13]と，時間順になるよう歌を配置して自然の有様を丹念に追う配列を採用しており，この配列そのものが文学的営為として重要な役割を果たしている。

　このような季節観，自然を繊細に捉えようという人間の営為の蓄積に沿って，日本文学は形成されてきたのであり，古典文学・日本文化の価値の一端はそこにある。このような季節意識を，環境を通して学ぶことが出来れば，古典教育／伝統的言語文化教育にも大いに役立つと考えられる。

　では，このような伝統的季節観は今の日本の中に保持されているのであろ

うか。これも筆者としては否定的に考えざるを得ない。上述のような季節観は日本において急速に崩れつつある。根拠として，卑近なものながら，以下に一例を挙げてみたい。

　歌手・森山直太朗に「さくら（独唱）」（2002）という多くの人に親しまれた有名な曲がある。この曲は社会の中でも広く卒業と結びついた歌，いわゆる卒業ソングとして認識されているようである[注3]。筆者は学部生向け授業の中で毎年，この曲がどのような状況を歌ったものであるかを質問してみる。するとほとんどの学生が，卒業による別れを歌ったものであるとする。

　だが通常の自然の状況，また伝統的季節観に鑑みれば，本来この曲を卒業と結びつけるのは難しい。なぜなら，この曲では桜の花が「今咲き誇」り，「舞い散って」いる状況を歌うからである[14]。全国の桜（ソメイヨシノ）の開花は，多く3月の下旬から4月の初めであり[注4]，開花後5〜7日程度で満開に至る。よって卒業式の時期（3月上旬から中旬頃）に桜が満開ないし「咲き誇」り花が盛んに散る状態であることはまれである。ゆえに，その歌詞を踏まえる限りにおいては，森山直太朗「さくら（独唱）」を卒業と結びつけることは，時期的面から，必ずしも適切でないといえるのである。

　実は，90年代中頃までは，桜はその生態に沿って4月に関連付けられており，3月の卒業に用いるのを避ける文化的規範があったと考えられる。これは，卒入学・園関連歌曲の歌詞における桜の扱いを考えれば分かりやすい。今，管見に入った児童向け歌曲集を見るに[15]，開花関連の桜の用例は基本的に入学・園関連歌（さとうよしみ「えんにいくみち」，サトウハチロー「きょうからお友だち」，伊藤アキラ「ドキドキドン！一年生」等）に見られる。卒業関連歌では，天野蝶「そつぎょうしきのうた」は桜を取り上げるが「つぼみ」，新沢としひこ「さよならぼくたちのほいくえん」（1996）は「さくらのはなびら」を取り上げるが卒園後の入学時を想像したものである。小林純一「卒業式の歌」のみは「さくらよかおれ」と桜に呼びかけており，例外的に開花後の可能性があるが判然としない。以上の用例は概ね桜と4月あるいは入学・

330　第3部　教科教育と教科専門の在り方を考える

入園との結びつきを傍証する。

　もちろん，世の中の様々な楽曲を人生のどのような節目と結びつけるかについては，個々人の捉え方に任される。その点では自由ともいえる。

　さりながら，通常このような卒業ソングは，学校の卒業行事との関わりの中で定番化・固定化するものであって，広く「さくら（独唱）」が卒業ソングとして認知されるにあたっては，学校の存在が作用しているものと推定される。換言すれば一般社会以上に文化の継承に責任を有する学校教育においてすら，伝統的文化，季節観が移ろいつつあるということである。それは「環境を通した教育」の環境の一部としての教員・学校の問題をも示唆しよう。

　とりわけ桜は日本文化を象徴する重要な花樹であり，日本の文化的営為の基盤にある。その捉え方の変化を物語る上記の現象は，伝統的文化／伝統的言語文化の本質の維持・保存の未来に改めて警鐘を鳴らすものといえる。

　しかも，このような文化的困難への対応は，教育の力をまたざるを得ないところがあり，教員養成系諸学校においては，この困難への対応を可能とするべく教員養成の再構築を必要とすることが指摘されうると考える。

9．古典教育に向けた現実的条件下での教員養成方策の提言

　ここまでに見たように，現状，持続可能な古典・伝統文化教育を見据えた教員養成のための理想的条件の確保は，困難である。読書習慣や伝統的文化の社会あるいは教育における保持・維持が十全とは言い難い以上，教育に携わる者に可能な限りその補いが必要になると考えれば，教員養成の場においては，新たな取り組みが求められるものと言える。

　では，現実的な条件下でそのような補填を行って教員を養成し，学校における古典あるいは伝統文化教育ひいては教育基本法第二条の五の目標を実現していくためには，どのような方針に基づく方策が考えられるであろうか。

　これについては，現在の現実的条件に鑑みれば，全体において，古典・伝

統的文化と向き合うための，知識・美意識・習慣の不足が教員養成上の制約として存在すると理解される。

よってその解消のための教員養成における方策は，「専門的な深い知識の確保」という方針の下に，学生・教員双方にとっての負担抑制を可能な限り目指しつつ，行われることになる。当然様々な方策が考えられるが，本稿では，教員養成系諸学校における和歌学習への取り組みの強化を提言したい。

これは，和歌が日本の文学・文化の基底にあり，和歌を学ぶことで数多くの古典文学・伝統的言語文化への理解を促進するからである。既述の通り，我が国の古代から今日に至る美意識・自然観は，和歌との関わりの中で発展してきた。自然と人事（人間の営み）とを詩歌の対象とするという，良く知られた「花鳥諷詠」の概念は，近代の高浜虚子によって導かれた俳句創作上の理念注5であるが，和歌以来の伝統から学んだものである。幼児教育において年中行事が重視されるのも，行事，すなわち自然と人事との関わりの中に，我が国の伝統的文化の本質があるためと言ってよい。和歌を学ぶことは，古典に触れつつ，同時に我が国の伝統文化を習得することに直結する。

ために，教員養成系諸学校における和歌学習の強化は，日本の伝統的言語文化への理解を促して，古典教育の質の向上につながるものと考える。

その上で，この古典に通じた教員育成のための方策を，さらに可能な限り円滑に行うための手段を二つ挙げておきたい。

第一には，勅撰集を中心とする体系的・集中的な和歌への接触である。現在の学校教育における和歌の取扱いは，『萬葉集』・『古今和歌集』・『新古今和歌集』の三大歌集から，少数を取り上げて学ぶ形態であることが多いが，和歌，ことに自然詠については，ある程度以上まとまった分量に接することで，初めてその本質や，和歌における自然の捉え方を理解できるところがある。筆者は，中学校・高等学校の複数の教員から異口同音に，和歌単元実施の困難に関する訴えを聞いた経験を有するが，これも細切れに和歌を学ぶ学習形態によって引き起こされる状況であると思われる。

332　第3部　教科教育と教科専門の在り方を考える

　よって，教員養成課程では，演習等を通して，文法や注釈に意を用いながら，何かしらの歌集（ただし勅撰集，ことに後の和歌全体の基礎である『古今集』が望ましいと考えられるが）を通読，ないし可能な限り満遍なく読んでいくことで，和歌学習を円滑にすると考えるものである。

　第二には，理科教育・社会科教育分野との協力である。和歌における，自然や人事の取扱いは，決して実際の世界の有様と乖離_{かい}するものではない。むしろ，眼前の景を詠むのではない題詠であっても，対象の実際の有様に一致するよう詠み出されているかが重視される。

　例えば，鴨長明の歌論書『無名抄』には，源頼政が歌合で鳰^{にお}という水鳥の巣について「揺られきて」と描写して詠んで勝ったことについて，祐盛法師が「鳰の浮巣は，波に揺られて移動するようなものではない。海の潮は満干があるので，それを分かって鳰が巣をかける際には，葦^{あし}の茎を中心に通して，しかもそれを広げて周囲に巣をつくるので，潮が満ちれば巣は上昇し，潮が引けばそれに従って巣は下降するのである。もし勝手に揺られて移動するようであれば，風が吹けばどこともなく揺られ出て，大波に砕かれたり人間にとられたりするであろう」と言い，これを知らず頼政を勝ちとした歌合の参加者を強く批判したという逸話を載せる[16]。

　ここに言う鳰とは，現代で言うカイツブリのことであり，実際に水辺に生える葦などの植物に水草の葉や茎などを絡めて巣を形成し，その巣は水位・潮位が変化しても流されずに浮かびあがることで知られる[注6]。この逸話は，自然の有様と和歌の描写との一致とが，歌人たちの間でも尊重され，作歌の折に留意されていたことを意味する。

　このように，和歌の景物が，実際の自然・人事を背景としている以上，必要十分な形で和歌を読解・学習するには，自然・人事の具体的有様を知っていることが助けとなる。「花鳥風月」・「雪月花」等と総称される景物の美は，例えば月の満ち欠けや生物の生態，開花の時期や天候・気象といった自然の具体的客観的事象を，過去の人々がどのように捉えたのかということの現れ

でもある。その意味で自然の美しさを主観的・抒情的に把握する人文学的営為は，自然そのものを客観的に把握する自然科学的営為を受けながら成り立つのであり，自然科学的知識・思考を身に付けることは，古典・伝統的文化の維持・教育にも有効である。同様のことは，歌枕の地理的知識等に関する社会科教育にもいえる。よって理科教育・社会科教育の分野との協力・連携は，和歌学習を充実させしめ，古典に通じた教員の養成を円滑にすることにつながると考える。

10. 終わりに―生きる力の発露と再生産に向けて

以上のように，国語，中でも古典教育の領域から見た教員養成について考察したが，その社会的な使命と希求に応じた教員養成・教員供給の，国語教育・古典教育・伝統的文化教育面から見た難しさが改めて確認された。

教員養成とは，つまるところ，教員志望者が学校教育を通して育んできた生きる力を最終的に引き出すプロセスであるといえる。そのプロセスによって引き出された生きる力が「生きる力の再生産」に向けて発揮されるゆえに，養成の成否は生きる力の投入に依存し，「生きる力の再生産」は養成の成否に依存するという循環構造を持つ。よって教員養成系においては，通常の他の高等教育におけるミッション以上に，知識・教養及び経験という生きる力の基底となる事柄の，教員養成の課程内外での集積の量と質の確保が，その発揮のために求められるということになる。すなわち，持続可能な「生きる力の再生産」のためには，教員養成への充実・一貫したリソース（人・物・時間・文化等々）の供給が必要なのである。

その点で，「生きる力の再生産」にかかせない国語教育，特に一体に困難を伴う古典教育の力を持った教員の養成には，直接・間接の多くのリソースを必要とするが，現状ではそれを充足しえておらず，対策を要する。古典教育を自在に行う教員を養成することへのリソースの供給増強は，教員養成及び「生きる力の再生産」の成否を左右するのであり，喫緊の課題であるとい

える。これが本稿の結論である。

　なお，一言付言すれば，本稿では教員養成系諸学校をのみ取り上げ，国語科教員のもう一つの供給元である，人文社会科学系大学・大学院については度外視した形で議論を行った。これは人文社会科学系大学・大学院では，学生個人がその希望によって教員免許状を取得できるものの，学校組織そのものは教員養成を直接のミッションとしないことから，教員養成学上の初期課題としては特殊の要素が大きいことによる。今後，改めて人社会学系大学・大学院のミッションと教員養成の問題について論じられる必要があろう。

　さりながら，教員養成系諸学校については，教育基本法の目標を前提においた場合の，現在の教員養成上の課題と，養成に至る条件・環境の検討，課題への方策の提言を行うことで，教員養成学の一つの方法を提示しえたと考え，本稿を閉じることとする。大方の御批正を待ちたい。

注

注1　「教育学並びにそれに関連する学問・教育を行う」ことと「教員養成を行う」ことは，厳密には一致せず，前者が後者を包摂する。必ずしも通用の用語ではないが，本稿では前者に関する大学・大学院の組織を「教育学系」（大学／大学院／学部／学科等）と呼称し，後者に関してを「教員養成系」（大学／大学院／学部／学科等）と呼称する。

注2　教育職員免許法第二条によれば，「幼稚園，小学校，中学校，義務教育学校，高等学校，中等教育学校及び特別支援学校（中略）幼保連携型認定こども園」の「主幹教諭（中略），指導教諭，教諭，助教諭，養護教諭，養護助教諭，栄養教諭，主幹保育教諭，指導保育教諭，保育教諭，助保育教諭及び講師」を言う。

注3　例えば，2020年2月にゲオホールディングが一般の人々を対象に行った調査では，卒業ソングとして想起される曲の第4位に，2021年2月にLINE株式会社が高校生を対象に行った調査では，同じく第5位に，ランクインしている。（ゲオホールディングコーポレーション「～あなたはどの曲を歌ったか覚えている？～ゲオ，「卒業ソングアンケート」を実施」（URL：ttps://www.geonet.co.jp/news/17312/，最終閲覧：2024.9.26），LINE「高校生が選ぶ卒業ソングは○○！第二ボタンはもらう？（イマドキ中高生事情（2021年02月16日））（URL：https://lineresearch-

第18章　古典教育を視座とする教員養成学の試み　　335

platform.blog.jp/archives/37166631.html，最終閲覧：2024.9.26））

注4　なお，気象庁 web サイトの「さくらの開花日」（URL：https://www.data.jma.go.jp/sakura/data/sakura003_06.html，最終閲覧：2024.9.26）によれば，東京の2011年から2020年の期間で，最も早く開花したのが3月14日（2019年），最も遅いのが3月31日（2012年），最も多く開花したのが3月21日（2015年，2016年，2018年），平均開花日が3月24日となる。

注5　「花鳥諷詠」については，日本近代文学館『日本近代文学大事典』同項（講談社，1977）等参照

注6　【浮巣】項（『日本国語大辞典』（第二版）二巻（小学館，2001），p.144）等，参照。

引用文献

1）文部科学省「大学改革実行プラン」（第17回中教審大学教育部会資料）（URL：https://www.mext.go.jp/b_menu/shingi/chukyo/chukyo4/siryo/attach/1322871.htm）
教育再生実行会議「これからの大学教育等の在り方について」（2013.5.28，URL：https://www.mext.go.jp/b_menu/shingi/chousa/shisetu/029/attach/1338022.htm，最終閲覧：2024.9.26）
文部科学大臣「国立大学法人等の組織及び業務全般の見直しについて」（平成27年6月8日文科高第269号）（2015.6.8，URL：https://www.mext.go.jp/component/a_menu/education/detail/__icsFiles/afieldfile/2015/10/01/1362382_1.pdf，最終閲覧：2024.9.26）

2）文部科学省高等教育局「新時代を見据えた国立大学改革」（日本学術会議幹事会資料，2015.9.18）。なお当該文書は，前掲1）「国立大学法人等の組織及び業務全般の見直しについて」の解説資料である。

3）文部科学省「『令和の日本型学校教育』を担う教師の人材確保・質向上プラン」（2021.2.2，URL：ttps://www.mext.go.jp/content/20210201-mxt_kyoikujinzai01-000012476-1.pdf，最終閲覧：2024.10.16）
中央教育審議会「『令和の日本型学校教育』を担う教師の養成・採用・研修等の在り方について」（2022.12.19，URL：https://www.mext.go.jp/content/20221219-mxt_kyoikujinzai01-1412985_00004-1.pdf，最終閲覧：2024.10.16）

4）岡野勉「新潟大学における教育学部新課程の廃止―総合大学における芸術・スポーツの位置付けを求める運動の展開とその帰結―」（日本教師教育学会，「日本教師

教育学会年報」27巻，2018，p.26）

新潟大学「平成29年度新潟大学入学者選抜における教育学部の一部課程及び大学院教育学研究科の修士課程の学生募集停止について」（2015.10，URL：www.niigata-u.ac.jp/wp-content/uploads/2016/04/kyouiku_teishi.pdf，最終閲覧：2024.9.26）

5）教育基本法（文部科学省ウェブサイト URL：https://www.mext.go.jp/b_menu/kihon/about/mext_00003.html，最終閲覧：2024.9.26）

6）文部科学省『高等学校学習指導要領』（平成30年告示）（2018.3，URL：https://www.mext.go.jp/content/20230120-mxt_kyoiku02-100002604_03.pdf，最終閲覧：2024.9.26）

7）文部科学省『高等学校学習指導要領解説』国語編（2017.3，URL：https://www.mext.go.jp/component/a_menu/education/micro_detail/__icsFiles/afieldfile/2019/11/22/1407073_02_1_2.pdf，最終閲覧：2024.9.26，p.190）

8）野田千裕・若杉祥太・林徳冶・「高校生の国語に対する苦手意識に関する調査研究」（「日本教育情報学会」誌，日本教育情報学会，2014.8，pp.138-139）

9）文部科学省『小学校学習指導要領』（平成29年告示）（2017.3，URL：https://www.mext.go.jp/content/20230120-mxt_kyoiku02-100002604_01.pdf，最終閲覧：2024.9.26）

10）文部科学省『幼稚園教育要領』（平成29年告示）（2017.3，URL：https://www.mext.go.jp/content/1384661_3_2.pdf，最終閲覧2024.9.26）

11）文部科学省『幼稚園教育要領解説』（2018.2，URL：https://www.mext.go.jp/content/1384661_3_3.pdf，最終閲覧：2024.9.26）

12）拙稿「伝統・文化教育についての「言葉」領域施策をめぐって：児童文学の活用と方法」（「常磐短期大学研究紀要」46号，常磐短期大学，2018.2，pp.13-26）

13）片桐洋一『古今和歌集全評釈』（講談社，1998，p.318）

14）森山直太朗『大傑作撰【花盤】』（ユニバーサル，UPCH-20426，2016.9），ブックレット

15）早川史郎編曲・編纂『こどもと行事』（日音楽譜出版，刊行年不明）
西崎嘉太郎編著『卒業式・卒園式の歌』（全音楽譜出版，刊行年不明）
大澤巧一郎・夏原明倶構成『行事ともだちのうた1』（音楽之友社，1985）
早川史郎編曲・編纂『幼児の四季1』（エー・ティー・エヌ，1986）
『MY SONG』（教育芸術社，1986）
『全校音楽4　入学卒業』（音楽之友社，1988）
有村さやか・小泉明美・望月たけ美編著『保育のためのやさしい子どもの歌』（ミ

ネルヴァ書房，2023)

16) 鴨長明『無明抄』「ニホノウキス」（大曾根章介・久保田淳編『鴨長明全集』，貴重本刊行会，2000，p.69)

第19章

初等教育教員養成課程の大学生の小学校英語指導に対する教師効力感の育成

―英語指導に対する不安を軽減するために―

大場浩正　渡邉政寿

1．はじめに

　現行の小学校学習指導要領（文部科学省，2018）が2020年度より実施され，中学年で外国語活動が，そして高学年では教科としての外国語が始まった。特に，高学年においては教科化されて以来，授業の内容・方法や学習成果に対して，社会からの関心や期待が高まっている。しかしながら，学習指導要領に謳われているように，言語活動を通してコミュニケーションを図る素地や基礎となる資質・能力を育成することは，これまで外国語活動や外国語の指導経験が少ない教師にとっては大変重い課題である。コミュニケーション活動を基盤とした授業展開にとって重要な英語運用力に不安を抱いていたり，また，小学校での英語指導に対する自己研鑽の時間の確保が難しいと感じている現職教員が多いことがこれまでの調査で明らかになっている（AEON，2019，2021；及川，2017；大城・深澤，2018；大場，2022；立野・大場，2022；チェン・村上，2013；前田，2021；米崎・多良・佃，2016など）。小学校外国語（英語）教育における指導力の向上や英語運用力への不安の軽減のためには教員研修の充実が重要である。現在ではオンラインも含め，様々な研修会が開催されているが，多忙な教員にとって参加が難しい場合も多いのが現状であるだろう。

　従って，今後は，現職の教員のみならず，教員になる前の教員養成段階において小学校外国語（英語）教育を担う指導力や英語運用能力の向上を目指

第19章　初等教育教員養成課程の大学生の小学校英語指導に対する教師効力感の育成　　339

した教育内容と方法が問われることになるだろう。しかしながら，初等教員養成課程の大学生においても，小学生に英語を教える際の授業構成や自身の英語運用能力（特に話す力）などに大きな不安を抱えていることが明らかになっている（井上・細井・森下，2017；酒井・内野，2018；澁井，2019；白土，2022；津田，2022；三浦・菅井，2018；渡邉・大場，2022，2023など）。小学校教員として教育現場で実際に英語を指導する前段階である初等教員養成課程において，学生自身が英語運用能力や授業デザインに対して自信を持ち，教師としての自己効力感を高めることは，小学校における外国語活動・外国語の指導に対して持つ不安を最大限に軽減するために大変重要なことであるだろう。

　本研究の目的は，(1)本学の初等教育教員養成課程に学ぶ大学生が，小学校英語指導に対して，どのような不安を持っているか，および(2)それらの大学生が全学必須科目である「小学校英語指導法」の授業における学びを通して，不安をどのように変化させ，教師効力感をどのように高めるのか，の2点を明らかにすることである。1点目は，初等教育教員養成課程での学びを充実させるために，まず学生の現状を正確に把握する必要性から調査するものである。2点目は，初等教育教員養成課程における教員養成活動としての授業科目「小学校英語指導法」の効果を検証することによって，筆者たちが担当する授業の内容や構成，およびその指導方法の質的改善を目指し，今後の教育実践のより良い在り方を探るものである（遠藤，2007a，2007b；福島，2010，2011，2019）。

2．先行研究の概観

　教員養成課程において小学校教員を目指す大学生を対象とし，現行の小学校学習指導要領により高学年で外国語が教科化された2020年度以降に実施された調査研究を概観する。津田（2022）は，大学生（「初等外国語教育法」を受講した2年生から4年生，121名）の抱いている，小学校で英語を教えることへの不安を分析することによって，その不安を軽減するための手立てを考える

ことを目的とする調査を実施した。その結果，(1)英語に対する苦手意識と自信のなさから生じる不安，(2)話す際の発音と文法への不安，(3)英語の知識のなさへの不安，(4)指導法に関する不安，および(5)ALTの先生とのコミュニケーションについての不安の5つの不安要素が抽出された。これら5つ不安要素は，全て英語に対する苦手意識と自信のなさに収束する不安であると捉えることが出来るだろう。そして，最優先課題として，教員養成課程の指導において学生の英語に対する苦手意識を取り除き，自信を回復することが必要であり，そのためには学生自身が，英語を使った成功体験を増やし，「コミュニケーションの楽しさや意義」を味わう必要があると結論づけた。更に，津田（2023）は，授業科目「小学校外国語活動Ⅰ」において6回の模擬授業を実施し，教員養成課程の学生の英語に対する不安がいかに変化するかの検証を通して，学生の英語に対する不安を軽減するために，どのような取組が有効であるかを考察している。模擬授業では，受講生（29名）は3～4人の8班に分けられ，低中高学年の授業を1つずつ実践した。各班の持ち時間を低学年では5分間，中高学年では10分間とし，1回の授業（90分）で全班の発表が終わるようにした。授業の事前・事後の質問紙調査とインタビューの回答から，学生のみで模擬授業を行っても，多少の個人差はあるものの，英語に対する不安の軽減においてある程度の効果があることが明らかになった。結論として，津田（2023）は模擬授業を通して英語に対する不安を軽減するためには，意図的に模擬授業の中で英語発話の成功体験が得られるようにしたり，短時間であれば複数回繰り返す等の工夫が必要であると述べている。

　渡邉・大場（2022）は，初等教育教員養成課程において「小学校英語指導法」を学ぶ99名の大学3年生を対象に，小学校外国語活動・外国語の指導に関して，どのような意識を持っているのかを質問紙によって調査した。その結果，外国語活動や外国語の授業を担当することに対する学生の自信は低く，特に，教室内英語運用，自律的な指導及び評価に対して，学生の自信度は低かった。しかしながら，英語運用能力や指導法の知識不足に不安を抱える一

方で，向上心を持って学習に取り組み，資質の高い教員になりたいという抱負を持っていた。学習指導要領と評価に関する言及から，外国語活動や外国語の授業に，責任をもって取り組みたいという気持ちを持っているようであった。教師自身の英語運用能力に関しては，教室内英語を使って，児童の前でも正しい発音で，話すことができる英語運用能力をつけたいという希望を学生が持っていることが明らかになった。

　更に，渡邉・大場（2024）は，初等教育教員養成課程に学ぶ大学3年生を対象に，小学校における英語指導に対する知識や技術への自己評価・自己認識が，必修授業科目「小学校英語指導法」の授業を通してどのように変化するのかを調査した。授業は，反転授業の形式で行われ，学生は，あらかじめ配布された自作資料を読み，内容に関する「問い」を考え授業に臨んだ。授業では，教師が自作資料に基づき簡潔な解説を行った後，学生たちはグループになり，各自が考えてきた「問い」に基づいてディスカッションを行った。更に，15回の授業の後半では3～4人のグループで模擬授業（活動）を行った。学びの深まりを確認するために，学生たちは授業の開始時と終了時に，『小学校英語指導者のポートフォリオ』（JACET教育問題研究会，2021）に基づいた質問紙調査の75項目（26カテゴリー）に対する自己評価をおこなった（5段階尺度）。結果として，調査した全てのカテゴリーにおいて学生の自己評価は有意な伸びを示し，本実践で実施した授業が学生たちにとって有効であることが明らかになった。

　石森（2023）は，小学校教諭免許状取得を希望する大学生42名を対象に，「初等外国語」の授業の前後で学生の不安感を調査した。講義前には95.2%の学生が，小学校英語に対して不安を持っていた。その内訳は，(1)基礎力不足，(2)苦手意識，および(3)未知の新課程の3つに大別された。講義後には，学生の不安感は4段階尺度における平均値が3.43から2.76に減少した。不安を覚える学生の割合も69.0%まで減少した。不安感が軽減された学生の自由記述から，その理由は，(a)異文化理解・国際理解と関連付けて捉え直しをし

342 第3部 教科教育と教科専門の在り方を考える

ていること，(b)外国語教育の意義を見出したこと，および(c)楽しさの3つの
要素に集約された。

3．研究方法

3.1 調査参加者

　本調査への参加者は本学初等教育教員養成課程において，第1著者が担当
する「小学校英語指導法」を受講する3年生40名であった。学生たちは，こ
れまで小学校英語指導に関する専門的な指導は受けていない。調査参加者は，
全15週の本授業の7週目の1週間，小学校における初等教育実習（観察実習）
を行い，本授業終了後に3週間の初等教育実習（本実習）を行った。従って，
各教科の指導法に対する学習への意識は比較的高いと言えるだろう。本授業
における調査データは，学会や論文等で発表することがあることを学生に説
明し，承認を得た。その際，個人名が特定されるような形で提示されること
はないことを伝え，データ使用の同意を得た。

3.2 学習内容

　表1は，「小学校英語指導法」の第1回から第15回までの学習内容である。
本授業の第1回から第10回までは，第1著者等によって作成された資料を用
いて，小学校英語教育に関する基本的な知識（小学校英語教育の現状，授業づ
くりや評価等）と実際の授業実践方法を学び（知識・技能），後半ではチームで
教材を作成し，模擬授業（模擬活動）を行った（思考・判断・表現）。その際，
小学生がワクワクするような活動をチームで協力して，積極的に考え，プレ
ゼンテーションをすることを目指した（学びに向かう力，人間性等）。また，グ
ループ毎の模擬授業（模擬活動）においては，(1)英語のみで行うこと，(2)言
語活動を入れること，および(3)明示的な説明による文法事項の導入は行わな
いことを前提とした。

　表2は，各回の学習過程とその内容を示している。予め課題として資料を

第19章　初等教育教員養成課程の大学生の小学校英語指導に対する教師効力感の育成　　343

表1　第1回から第15回の授業内容

回数	学習内容
第1回	授業ガイダンス
第2回	小学校外国語活動・外国語科の現状
第3回	小学校学習指導要領（外国語活動・外国語科）
第4回	小学校外国語活動・外国語科の授業設計
第5回	小学校外国語活動・外国語科の評価
第6回	小学校外国語教育とファシリテーション
第7回	初等教育実習のため課題
第8回	小学校外国語教育と協同学習
第9回	小学校中学年の授業実践について
第10回	小学校高学年の授業実践について
第11回	総復習および模擬授業（活動）の準備
第12回～第15回	模擬授業（活動）と自己・他者評価

読み込み，内容に関するディスカッションを行うための「問い」を各自が設定してくる，いわゆる「反転授業」に基づいた授業設計である。このような活動を通して「主体的・対話的で深い学び」が実現できるだろうと考えた。また，グループワークおいては，役割分担を決めたり，お互いを助け，尊重し合うことによって質の高い協同的な学びが展開されるようなインストラクション（パワーポイントによる可視化を含め）を毎授業行った。このように，安心・安全な教室風土を醸成することにより，グループ内のディスカッションにおいて忌憚のない意見を述べることが出来るような環境の設定を行った。

3.3　データ収集と分析方法

　データの収集は，2023年度の「小学校英語指導法」の初回（4月）と最終回（7月）の授業内において，自由記述式の質問紙調査によって行われた。回答時間は共に10分程であった。初回では「小学校英語指導者として，不安に感じることを書きましょう。次に，その不安を解決するためにどのような

344 第3部　教科教育と教科専門の在り方を考える

表2　第1回〜11回の各回の学習過程と第12回〜15回の学習内容

		内容	教師の働きかけ	学生の活動
授業前		事前準備	Google Classroom を用いて，授業で扱う自作資料を学生に配布。「問い」を設定するように指示。	資料を読み込み，学生同士で討論するための材料となる「問い」を設定する。
1回目から11回目	授業中	目標設定	振り返りシートを配布し，授業や活動に対する各自の目標の設定を指示。	授業や活動に対する各自の到達目標を設定し，振り返りシートに記入（自己調整学習）。
		スモール・トーク	ペアによるスモール・トークの実施。トークのテーマを提示。	ペアになり，提示されたテーマについてスモール・トークを行う。①日本語で2分トーク，②ペアを変え，同じ内容について英語で2分間トーク（徐々に日本語のトークをなくした）。
		解説	教師による，資料に基づいた学習内容に関する簡潔な解説。	解説を聞き，内容を確認・理解する。
		討論	4人グループになり，各自が設定した「問い」に基づいて学習内容に関する討論を指示。机間指導を行い，学生からの質問に対応。	各自が設定した「問い」に基づき，互いの意見交換を通して考えを深める。
		振り返り	振り返りシートに記述した目標と照らし合わせ，各自の振り返りの記入を指示。	資料の内容や討論を通し，気づいたこと，感じたこと，学んだこと等を，振り返りシートに記入する。
12回目から15回目		模擬授業	3人〜4人グループによる模擬授業（模擬活動）について指示。	各グループ，20分の模擬授業（活動）を行う。他のグループが授業をする際は，児童役として協力し，他者評価を行う。

準備をし，教壇に立ってどのような授業を展開していきたいかなどの抱負を書きましょう」という問い，そして，最終回では「小学校英語指導法の授業が終わった現時点において，解消された不安，まだ解消されていない不安，新たに感じた不安等がありましたら記述して下さい」という問いに対して，それぞれ回答してもらった。

　本研究では，実践前後の自由記述式の質問紙調査により得たデータ（学生の記述）を質的に分析した。分析に関しては，著者2人で参加者一人一人の

第19章　初等教育教員養成課程の大学生の小学校英語指導に対する教師効力感の育成　345

記述を精査し，「不安」を細分化した後，議論を重ねながらコードやカテゴリーを生成した。著者たちは，両者とも，高等学校と大学を含め英語の指導に長く携わってきた。また，第1著者は，20年以上本学において授業科目である「コミュニケーション英語」や「英語科指導法」の授業を担当し，教育実習などにおいても学生たちを指導してきたこともあり，学生たちの英語運用力や英語使用に対する不安等を十分に観察してきた。更に，筆者たちは，本学学生の英語や英語学習に対する意識や姿勢を長期的に調査してきた（サルバション・大場・渡邉，2024；渡邉・大場，2023）。これらのバックグラウンドから，著者2名が協議を重ねながら行った大学生の自由記述の質的分析には，十分な妥当性があると考える（Creswell & Báez, 2021）。

4．結果と考察

　表3は，第1回目の授業時の調査項目に対する学生の自由記述の回答を質的に分析した結果である。この分析から，学生が小学校英語指導に持つ不安は，『自らの英語運用能力』『指導方法』および『未知の事柄』の3つのカテゴリーに大別できた。更にコード化すると，『自らの英語運用能力』は，英語運用能力と英語に関する知識に分けられる。英語運用能力に関しては，「英語運用能力のない自分が教える立場になること」や「正しい流暢な発音，イントネーションができるのか」など，児童にとって正しいモデルとなることが出来るか不安に感じているようである。英語に関する知識には，「児童の質問に答えられるのか」という不安が含まれている。児童からどうしてこうなるのか，などの質問に正確に答えるためには，教師として英語に関する正しい知識を持っていることは大切ではあるが，ALT などに協力してもらうことで解決できることも多々あると思われる。

　『指導方法』は道具的・物質的指導方法と教師自身に内包された指導力に分けられる。道具的・物質的指導法とは，具体的には，「ICT の活用」「スライド作成」及び「教材作成」に対する不安のことであり，教師自身に内包

346 第3部　教科教育と教科専門の在り方を考える

表3　第1回目の授業時の調査項目に対する自由記述の質的分析結果

カテゴリー	コード	具体例
自らの英語力	英語運用能力	・英語力のない自分が教える立場になること ・実践的な英語を教えること ・ALTとの円滑なコミュニケーション ・正しい流暢な発音，イントネーションができるのか ・英語での会話力
	英語に関する知識	・児童の質問に答えられるのか
指導方法	道具的・物質的指導方法	・ICTの活用 ・スライド作成 ・教材作成
	教師自身に内包された指導力	・評価とフィードバックの仕方 ・日本語の効果的な使い方 ・児童の興味関心，ニーズに沿った楽しい授業作り ・英語を学んで楽しい，もっと学びたいという気持ちにさせることができるか ・楽しい授業と知識を増やして力のつく授業のバランス ・児童の反応 ・他教科と比較して，子どもの主体性を重視するのが難しい ・子どもの学習意欲を湧かせられるか，関心を持たせられるか ・児童がワクワクドキドキする授業を考え，展開できるか ・英語力をつけさせる授業ができるか ・授業展開の仕方
未知の事柄	自分の小学校時代との差異	・授業の様子を見たことがない ・小学校英語のレベルがわからない ・授業方法，展開の仕方

された指導力は，「評価とフィードバックの仕方」など楽しくワクワクする
授業を行うことによって児童の学習意欲が高まり，英語力をつけさせること
ができるのかという不安であった。楽しい授業をデザインしていくことは，
大学生に限らず大変重要ではあるが，同時に，大きなプレッシャーでもあろ
う。また，『未知の事柄』は，自分自身の小学校時代の英語学習との差異で
あり，最近の小学校での授業を参観したことがないため，児童が学ぶ英語の

レベルや授業内容が想像できないことから来る不安であった。不安解消のための準備についての言及はほとんどなかった。未知のものに対しては想像しがたく，具体策が考えつかないことは致し方ないことであろう。事前に学生たちの小学校英語指導に対する不安を知ることは，授業をデザインしていく上で大変参考になる。

　表4から表6は，最終授業後に実施した自由記述による質問紙調査の結果である。表4は，著者たちが開発した「小学校英語指導法」の授業を通して，学生たちが授業開始前に持っていた不安のうち，解消されたものおよびその理由である。

　本学の学生は，渡邉・大場（2023）とサルバション・大場・渡邉（2024）の調査から明らかなように，多くは英語に対して苦手意識を持っており，英語への自己効力感も低い。英語をコミュニケーションツールとして必要不可欠なものと捉えてはいるようであるが，特に，高校時代は授業においても英語を話す機会がそもそも少なかったと感じている。しかしながら，高校の授業が楽しかったと回答した学生たちは，「話せるようになりたい」や「コミュニケーションを取れるようになりたい」と感じており，英語でコミュニケーションを行うような授業を受けていたと思われる。

　このような学生たちの英語に対する姿勢を考慮して，まず，毎授業の帯活動として，Small Talk の活動を実際に取り入れた。結果としてこの活動によって英語運用能力の不足に対する不安が解消された学生がいたことは，適切な学習環境を設定し，成功体験を積み重ねていくことによって学生自ら自分の持っている能力を発揮できることを示しているだろう。また，英語運用能力が十分でなくても，活動内容次第で楽しい授業にすることが出来ることに気づいた学生がいたことは，今後，「小学校英語指導法」の授業内容をデザインしていく上で大変重要なことであると思われる。

　指導方法に関しては，基本的な考え方や技術に基づく授業の組み立て方法や多様な実例（知識・技能の獲得）を提示することが重要である。また，実際

348　第3部　教科教育と教科専門の在り方を考える

表4　解消された不安（括弧内は解消できた理由）

英語運用能力に関して
・英語使用への不安（Small Talk や英語でのアクティビティで）
・英語力の高くない自分が英語を教えられるかという不安（いろんな活動を知り，教師が話し続けることはないと知った。そのため苦手でも活動や工夫を通して英語を教えられることを知った。体験［Small Talk や模擬授業］を通してイメージを持つことができたから）
・自身の英語力で授業が行えるかという不安（実際に英語を話す活動を行って）
・英語の知識不足で授業が滞ることへの不安（活動内容次第で面白い授業にできるとわかった）
・発音への不安（英語を多く用いて指示や説明をすること，活動している様子を子どもに見せること，フレーズを実際に使わせること，英語を使うことを教師が恐れないことがそれよりも大切とわかった）
・日本語に頼ってしまいたくなる不安（とにかく教師が英語オンリーで授業を可能な限り進めていくことが重要）

指導方法に関して
・外国語科の授業作りへの不安（評価の方法や授業の実践例について学び，模擬授業を行ったことで自信がついた）
・自分が受けてきた学習活動をどう授業内に取り入れるのかに関する不安（たくさんの活動例を見ることによって）
・どのような授業をすればよいかという不安（英語を学びたいと思わせるような授業を展開することが大切だと模擬授業を通して，様々な例を見て進め方を理解した）
・授業の組み立てに関する不安（授業内でたくさんの具体例に触れたから）
・英語を指導することに対してあった漠然とした不安（不安なことが明確になっているので対策を練りやすくなった）
・英語が楽しいと思える授業にすることへの不安（ホワイトボードを用いた授業，模擬授業で様々なタイプの授業を見て，レパートリーが増えたから）
・授業展開への不安（児童がワクワクドキドキするような授業例を多く学んだから）
・児童とのやり取りに対する不安（間違ってもよいことを伝えたり，間違いや失敗を恐れずにどんどん話してみようという英語学習の雰囲気作りやオープンクエスチョン，あいづちの仕方について学べたから）
・児童に英語を好きになってもらえるかへの不安（英語を楽しみながら学べる授業方法をたくさん学ぶことができたから。模擬授業で自分もできたから自信がついた）
・自分の小学校で受けた授業とどう違うのか，どんな授業をするのかに関する不安（各学年の注目すべきポイント，英語活動，評価の仕方の効果を学習したから。実践例の紹介。模擬授業を行ったり，他のグループのものを見ることができたから）
・小学生に英語を教える授業内容に関する不安（理解し，イメージできるようになった）

に，ワークショップ形式で模擬活動に参加し，言語活動を体験することが小学校の英語授業をイメージすることに繋がったと考えられる。特に，協同学習の技法やホワイトボードを用いたファシリテーション技術に基づく言語活動を体験することによって，新たな授業づくりへのヒントを得ることが出来たと思われる。更に，それらの知識・技能を用いて模擬授業（模擬活動）をチームで開発することによって（思考力・判断力・表現力の育成），主体性，協同性や創造性を育むことが出来たと考えられる（主体的に学習に取り組む態度の育成）。

表5は，「小学校英語指導法」の授業を通しても，まだ解消されなかった不安である。個々の学生の英語運用能力や英語への向き合い方は多様であるため，本授業（特に，Small Talk などの言語活動）を通しても，自分自身の英語運用能力への不安が拭えない学生もいることが分かった。さらに，ICT の活用や評価に関する不安も解消されていない。実際，授業の中では，最先端の ICT を用いた活動をあまり紹介することが出来なかった。また，パフォーマンス課題に関しても，紹介することに留まり，実際に体験する機会も持てなかった。更に，実際の教室における，学習意欲や学力面などにおける多

表5　まだ解消されていない不安

・自分の英語力への不安
・発音への不安
・オールイングリッシュの授業への不安
・表現，指示，説明を自然な英語を用いて行う授業への不安
・英語という教科自体への苦手意識や不安
・使用言語が英語であるため，予想外の児童の反応が来た時にどのような対応をすればよいのか，即座に対応できるのかへの不安
・児童からの質問に自信をもって答えることができるのかへの不安
・ICT の活用への不安
・評価の仕方への不安
・教育実習で行う小学校1年生に対する授業作りへの不安
・授業展開についての不安
・子どもの学習理解度に応じて，適切な支援の展開に関する不安
・英語学習を積極的に行わない（活動に参加しない）児童に対する指導への不安

350　第3部　教科教育と教科専門の在り方を考える

様な子どもへの対応に関しては，指導法の授業の中ではあまり扱うことが出来なかった。今後の課題であろう。

　表6は，著者たちが開発した「小学校英語指導法」の授業を通して，新たに感じた不安である。ここでは新しい種類の不安ということではなく，これまでと同じ不安が指摘されているが，あくまでも，個々の学生が，今まで感じていなかった不安である。従って，ある学生においては解決された「不安」が他の学生によって新たな「不安」となることは往々にしてある。また，

表6　新たに感じた不安

・英語でリアクションを取ることへの不安（英語で柔軟にリアクションをするのが難しい）
・日常的に英語で話す時間を作って練習したいが，どう練習したらよいかわからないという不安
・英語の知識のほとんどない子に対して，英語でわかりやすく説明し，活発な活動をつなげることができるのかという不安
・オールイングリッシュでの授業への不安
・文法を教えないで行う授業への不安
・発音への不安
・ICT の活用への不安
・授業内での児童の反応や興味関心を捉えることや授業の展開に柔軟に反映させることへの不安
・どこまで英語を使って，どこまで日本語を使ってよいのかという線引き，バランスに関する不安
・児童それぞれの発達段階や苦手意識，英語の習熟度によって教師がするべき対応が変わってくるが，自分がそれに対応しなくてはいけないという不安
・児童の「難しい」にどこまで寄り添った授業ができるかへの不安（例：単語の提示方法，書く活動への参加のしやすさ，児童の困難を読み取ってカバーできる授業）
・シナリオを見ずに授業を進めることへの不安
・評価の仕方への不安
・授業がうまくできるかへの不安
・模擬授業を行って感じた，児童の発達段階に合った教材作りに対する不安
・模擬授業における児童役の大学生と実際の児童に対する授業の進行の差異に関する不安
・授業のバリエーションが増えたので，各学年に適した授業をどのように選択するのかへの不安
・想定外の出来事や失敗があると気持ちの切り替えがうまくできない傾向があるため不安（個人的な問題）

新たに生じた不安は，異なる学年の具体的な外国語の授業場面に関するものが多いようである。真摯に授業に取り組んでいた学生であればあるほど，詳細な個所に思考が及び，新たな不安が生じるであろう。前向きな思考，姿勢ゆえに生じる不安とも言える。学生たちには，本授業を通して得た知識・技能や体験的な学びに基づき，解消されなかった不安と新たに感じた不安の解消に向けて探究し続けてほしいと思う。

　最終授業後の自由記述式の質問紙調査の分析結果を要約すると，以下のことが言えるであろう。まず，英語運用能力の高くない自分が英語を教えることができるのかという不安が，教師が英語を話し続ける必要はなく，児童の活動を工夫することで英語を教えることが出来ることが分かり，実際にSmall Talk や模擬授業（模擬活動）を通して自ら英語による言語活動を体験したことで軽減された。つまり，授業内で様々な活動を体験することでイメージが沸き，英語指導に対する不安が減少したと言えるであろう。やはり，模擬授業（模擬活動）で，実際にやってみて自信を得たことが大きいと考えられる。次に，事前の調査におけるカテゴリー「未知の事柄」に含まれる，自分の小学校時代との差異に関しても，「小学校英語指導法」の授業を通して，授業内容を理解し，実践例を知り，具体的なイメージが持てるようになったため不安が解消したと思われる。

　石森（2023）は，異文化理解や国際理解の領域からアプローチして，学生の不安感を軽減させた。その結果から，授業は授業者の意図や価値観を反映することの証左でもあると述べている。本研究でも Small Talk を通じて英語を話すことに対する苦手意識が軽減したことに加えて模擬授業（模擬活動）を通して授業者と児童役の両方を体験することで，様々な活動を体験でき，事前に意図した通り，不安の解消や軽減に繋がり，教師効力感が高まったと言えるであろう。

　表5のまだ解消されていない不安と表6の新たに感じた不安を比較してみると，いくつか共通点を指摘することが出来る。発音や自然な英語を用いて

のリアクションを含む英語運用能力，オールイングリッシュの授業，ICT
の活用及び評価の仕方である。まず，英語運用能力については，英語運用能
力そのものが高くなくても，児童が主体的に活動することが出来れば授業は
成立すると感じ，不安は解消されたと先に述べたが，英語運用能力そのもの
に対する不安は依然として残っていたり，新たに生じたりしていることが分
かった。オールイングリッシュの授業では，日本語とのバランス，すなわち
どこまでを英語で教え，どこで日本語を使用するかというコードスイッチン
グ（code-switching）を常に念頭に入れておかなければならない。ICT の活用
および評価の仕方については，「小学校英語指導法」の授業を通しては，学
生の不安を解消しきれなかった。

5．まとめ

　本研究では，本学初等教育教員養成課程の学生が，小学校英語指導に対し
て抱いている不安を明らかにし，筆者らが開発した，全学必須科目である
「小学校英語指導法」の授業を通して，不安をどのように変化させ，また，
どのように教師効力感を高めていくのかを明らかにしようとした。結果とし
て，英語運用能力など様々な不安が明らかになったが，授業を通して，それ
らの不安は軽減や消滅したが，また新たな種類の不安が表出してきた。

　本研究の意義は，本学初等教育教員養成課程の学生が小学校英語教育に対
して抱く不安を明らかにし，不安解消を目的とした新たな授業開発のための
方向性を示せたことである。遠藤（2007b）は，「教員養成学部における教育
と研究の総体を不断に検証することを通して，その教員養成活動の質的改善
に資することを目的とした学問」（p.42）であり，「研究者自らが帰属する教
員養成学部における『教員養成』の在り方を研究し，総体としての資質改善
に資することを究極的な目的」（p.49）とするものを「教員養成学」と定義
している。本研究の成果が，本学初等教育教員養成課程における教員養成活
動としての小学校英語指導に関する授業の質的改善に役立つものになるであ

ろう。

　最後に，今後の課題としては以下の３点が挙げられる。１点目は，不安要素としての「自らの英語運用能力」に関するものであり，更なる聞き取り調査を行い，精査する必要がある。授業内だけで学生の英語運用能力を底上げすることには限界がある。そのため具体的に英語運用能力のどの部分に関して不安を抱いており，克服のための効果的な学習法を共に考案し，自助努力を促したい。そして，その結果を可能な限り今後の授業内容に反映させたい。

　２点目は，「ICT の活用」についてである。ICT はマニュアルを読んで使用方法を学習しても効果は薄く，効率が悪い。従って，授業の中で必要に迫られた場面で実際に使いながらその使用法を体験的に覚えていくのが最善だと思われる。可能な限りデジタル教科書などを紹介し，慣れることが必要であろう。

　３点目は，「評価の仕方」についてである。実際の題材をもとに，ルーブリックを作成し，それに基づいて評価をする経験が効果的であると考える。英語運用能力が高くない自分が英語を教えられるのかという不安が，Small Talk や模擬授業（模擬活動）を通して軽減された学生が多数いたように，自ら作成したルーブリックを用いて，実際にパフォーマンス課題を評価する体験を数多く積むことが鍵となるであろう。

注

本稿は，令和５年度日本教科教育学会第48回全国大会（令和５年10月７〜８日，於弘
　　前大学）において授業実践報告したものに加筆・修正を加えたものである。発表に
　　対する質問やアドバイスに対して感謝申し上げる。

引用文献

石森広美（2023）「小学校外国語に対する学生のイメージと不安感」『北海道教育大学
　　紀要』73，21〜34頁。
井上　聡・細井　健・森下裕三（2017）「小学校教員養成のための外国語（英語）コ

ア・カリキュラムの効果的運用」『環太平洋大学研究紀要　教職教育研究』1，1〜8頁。

遠藤孝夫（2007a）「教員養成学の誕生－戦後の教員養成教育論の展開から見たその意義」遠藤孝夫・福島裕敏（編著）『教員養成学の誕生』東信堂，3〜23頁。

遠藤孝夫（2007b）「「教員養成学」の「学」としての独自性と可能性」遠藤孝夫・福島裕敏（編著）『教員養成学の誕生』東信堂，42〜64頁。

及川　賢（2017）「小学校英語指導に関する教員の不安度－教員経験年数，英語指導年数，中学校英語教員免許の有無による違い－」『埼玉大学紀要　教育学部』第66巻，499〜512頁。

大城　賢・深澤　真（2018）「小学校外国語活動及び外国語導入に対する小学校教員の意識－小学校教員に対するアンケート調査の分析－」『琉球大学教育学部紀要』第93集，53〜67頁。

大場浩正（2022）「小学校外国語活動・外国語の授業改善に向けて－外国語担当教員と外国語専科教員の意識－」『上越教育大学研究紀要』第42巻，155〜164頁。

酒井英樹・内野駿介（2018）「小学校教員養成において必要とされる知識・能力に関する大学生の自己評価－小学校教員養成課程外国語（英語）コア・カリキュラムの点から－」『小学校英語教育学会誌』18，100〜115頁。

サルバション有紀・大場浩正・渡邉政寿（2024）「高等学校までの英語授業へのエンゲージメントがその後の英語学習への姿勢に与える影響」『上越教育大学研究紀要』第44巻，317〜327頁。

澁井とし子（2019）「小学校外国語（英語）の教員養成コア・カリキュラム－押さえておきたいポイント－」『マテシス・ウニウェルサリス』21，129〜151頁。

白土厚子（2022）「小学校教員養成課程の学生の外国語に関する自己評価の変容〜コアカリキュラムの視点から〜」『津田塾大学紀要』第54号，215〜243頁。

立野莉沙・大場浩正（2022）「新学習指導要領による小学校外国語活動・外国語に対する教員の意識と課題－インタビュ〜調査を通して－」『上越教育大学教職大学院研究紀要』第9巻，31〜41頁。

チェン敦子・村上加代子（2013）「小学校英語活動における教員の意識調査」『神戸山手短期大学紀要』56号，45〜50頁。

津田敦子（2022）「教員養成課程の学生の小学校英語に対する不安の分析」『琉球大学教育学部紀要』101，119〜129頁。

津田敦子（2023）「教員養成課程の学生の小学校英語に対する不安の軽減を目指した取組－模擬授業の効果の検証－」『琉球大学教職センター紀要』第5号，35〜45

頁。

福島裕敏（2010）「弘前大学教育学部における教員養成改革の挑戦」三石初雄・川手
　圭一（編）『高度実践型の教員養成へ』東京学芸大学出版会，63～76頁。

福島裕敏（2011）「『教員養成学』再考」岩田康之・三石初雄（編）『現代の教育改革
　と教師』東京学芸大学出版会，89～104頁。

福島裕敏（2019）「現代教師教育改革と『教員養成学』」福島裕敏・松本大・森本洋介
　（編著）『教育のあり方を問い直す』東信堂，171～217頁。

前田隆子（2021）「小学校英語教育における Small Talk の役割―教員研修における意
　識調査結果の一考察―」『明海大学教職課程センター研究紀要』第4号，59～66
　頁。

三浦公裕・菅井留美子（2018）「小学校教員養成課程における小学校外国語教育及び
　教育課程への対応―小学校外国語教育の指導向上に向けて―」『北翔大学教育文
　化学部研究紀要』3，311～321頁。

文部科学省（2018）『小学校学習指導要領（平成29年度告示）解説　外国語活動・外
　国語編』開隆堂出版。

米崎　里・多良静也・佃由紀子（2016）「小学校外国語活動の教科化・低学年化に対
　する小学校教員の不安―その構造と変遷―」『小学校英語教育学会誌』16，132～
　146頁。

渡邉政寿・大場浩正（2022）「初等教育教員養成課程の大学生が持つ外国語活動・外
　国語への意識と課題」『中部地区英語教育学会紀要』51，141～148頁。

渡邉政寿・大場浩正（2023）「小学校教員養成課程の大学生の英語および英語指導に
　対する意識―小学校から高等学校の経年比較に基づいて―」『上越教育大学教職
　大学院研究紀要』第10巻，249～258頁。

渡邉政寿・大場浩正（2024）「初等教育教員養成課程の大学生の小学校英語指導に対
　する自己評価の変化―「小学校英語指導法」の授業を通して―」『上越教育大学
　教職大学院研究紀要』第11巻，319～330頁。

AEON（2019）「小学校の英語教育に関する教員意識調査2019」https://www.aeonet.
　co.jp/company/information/newsrelease/pdf/aeon_190902.pdf（閲覧日：2023年
　8月10日）

AEON（2021）「小学校の英語教育に関する教員意識調査2021」https://www.aeonet.
　co.jp/company/information/newsrelease/pdf/aeon_210315.pdf（閲覧日：2023年
　8月10日）

Creswell, J. W., & Báez, J. C.（2021）*30 essential skills for the qualitative researcher,*

Second Edition. SAGE Publications, Inc.［廣瀬眞理子訳（2022）『質的研究をはじめるための30の基礎スキル』新曜社］

JACET 教育問題研究会（2021）『小学校英語指導者のポートフォリオ（J-POSTL エレメンタリー）』

第20章

教員養成系学部における
地理学的フィールドワーク科目の実施状況
―これからの社会科教員養成に向けて―

橋本暁子　横山貴史

1．はじめに

　地理学では，野外での様々な調査すなわちフィールドワークを通して，既存の文書や統計類などからは得られない重要な気づきや発見を体得することを重視してきた。地理学がフィールドサイエンス（野外科学）であると言われる所以である。フィールドワークは景観観察，土地利用調査，アンケート調査，聞き取り調査，参与観察など幅広く含んでおり，多くの地理学者がフィールドでの試行錯誤の実践を繰り返しつつ，その方法を確立させていく。こうしたフィールドワークの重要性は，地理学をベースとする地理教育においても多々指摘されており，その多くは池（2022）で紹介されている。しかしその期待の一方で，教育現場でのフィールドワークの実施は低調であることも指摘されてきた（篠原 1991，篠原 2001，池 2012など）。

　池（2012）は，小学校，中学校，高等学校のうち高等学校でのフィールドワークの実施率がとくに低く，その要因は，①授業時間，準備時間の確保の難しさ，②校外に生徒を引率することの許可の得にくさ，③高校「地理」が選択科目であったことによる実施率の低下を挙げつつ，根本原因は地理教育におけるフィールドワークの意義や教育的な価値が，教師間で十分に共有されていないためであると指摘している。

　小学校，中学校，高等学校の学習指導要領においては，小学校社会3年生の身近な地域や市区町村の学習，4年生の都道府県の学習，中学校社会地理

的分野の「地域調査の手法」や「地域の在り方」の学習，高等学校地理歴史「地理総合」の「生活圏の調査と地域の展望」の学習などにおいて地域調査（フィールドワーク）の実施が重視されている。また，2022年度より高等学校地理歴史科の必履修科目として地理総合が開始されたことから，これまで以上に，教員養成における地理学的フィールドワーク教育に対する必要性が高まっているといえよう。

　大学における地理学系の授業科目としてどの程度フィールドワークが実施されているかを把握しようとした試みに，山内ほか（1986），野間（1991）がある。山内ほか（1986）では，全国の教員養成大学の地理学教室に対して「地理学野外実習」をどのように実施しているかについてのアンケート調査を行い，その実施状況を整理している。また，野間（1991）は，学部教育におけるフィールドワークの位置づけを論じるなかで，関西圏の地理学教室における実施状況を検討した。山内ほか（1986）と野間（1991）の調査結果それぞれからは，多くの大学ではインセンティブな調査を行うフィールドワークや特定テーマに関する視察を目的とした移動巡検型のフィールドワークが行われており，教員養成課程における教科専門科目としてフィールドワークの重要性がうかがえる。しかし1980〜1990年代初頭において既に，大学側からの予算補助の低迷など，フィールドワーク教育を進めていく上での課題も大きいことが指摘されている。

　また近年，大学におけるフィールドワーク教育の実践例なども蓄積されている。特に地理教育の分野では地理総合必履修化の動きを背景として教員養成系大学・学部における地理学的フィールドワーク指導の方法が見直されつつある（宮薗 2015，池 2018，池ほか 2024）。例えば池（2018）は，従来のフィールドワーク教育が地理学で卒論を書く学生など限られた受講者しか想定していなかったことを受けて，地域を見る目を養う巡検を「各教科の指導法」として設置される教科教育に関する講義科目で取り入れて行うことを提案している。しかし，このような取り組みはどの程度波及しているのだろうか。

また教育学部の実践例として，磯野・宮岡（2017）では，三重大学教育学部社会科教育コースの開設科目「地理学野外実習」を例として，地方国立大学の社会科教員養成課程における地理学的フィールドワーク教育の課題を検討し，①地理学野外実習に対する所属ゼミ生を中心とした限定的な学生参加，②実習科目の不足，③自然・人文地理学両分野の意思疎通の強化，④成果報告方法の体系化の4点を課題として指摘している。このうち②は，教育職員免許法改正によって2000年入学者以降は「教科に関する科目」の必要単位数が40単位から20単位に半減されたことと関わると思われ，山内ほか（1986）および野間（1991）の調査時とは地理学的フィールドワークの位置づけが変化していることが推測できる。

以上のように，大学における地理学的フィールドワークの実施状況の報告や実践報告については多くの蓄積があるものの，山内ほか（1986）以降全国的調査は行われていない。2000年の教育職員免許法改正以降の教員養成課程のカリキュラムの変化や近年の大学運営の状況などを踏まえるとともに，教科教育や教科専門の講義科目内でフィールドワークを取り入れているかなど，幅広い視点で改めてフィールドワーク教育の実施状況を精査することが必要である。

そこで本稿では，全国の教員養成系学部の地理学的フィールドワークの実施状況を明らかにし，今後の社会科教員養成における課題と展望を検討することを目的とする。

なお，地理学的フィールドワークの分類には，池ほか（2020）をはじめいくつか存在するが，ここでは，シラバスの記載などから，「巡検型」と「調査型」に分類した。「巡検型」は，テーマに基づきあらかじめ見学ポイントや見学ルートを案内者が設定し，案内・解説も案内者が行うものを指す。巡検，エクスカーション，ジェネラルサーベイなどと称されることもある。巡検型は，目の前に広がる景色の成因，影響，課題などを地理学的に解釈することを通して，テーマに即した地域の見方・考え方を養うことができる。一

方，「調査型」は，調査目的に応じてインテンシブな調査を行う活動を指し，野外調査や地域調査などと称されることがある。調査型は，調査計画の立案，調査対象者への調査依頼，実際の調査，分析，考察などの一連の活動を通して，自身の設定した地域の課題を探求的に解決していく方法を身につけることができる。グループ活動として行われる場合は，グループ内で意思決定するためのコミュニケーション能力も必要となる。また同じ地域を別なテーマで調査している他グループとの議論を通して，テーマ間の関連などを検討することにより，地域を総合的に理解する地誌学的な見方・考え方も養うことができる。

2．調査方法

　全国の教育学部・教員養成課程を置く大学での地理学的フィールドワーク科目の実施状況を確認するべく，各大学のウェブサイトで公開されているシラバスの分析を行った。なお，本稿で用いるフィールドワーク科目とは，地理学の専門科目として行われるフィールドワークを取り入れている科目に加え，中等地理歴史科の教育法や内容論等の科目で行われているものもあればそれらも含めることとした。分析対象とした大学は，野間ほか（2017）に示されている「地理学専門課程・教員養成課程をもつ4年制大学」のうち，教育学部・教員養成課程を置く大学で地理学を学ぶことができる大学とした。そのうち，シラバスを十分に把握することができた53大学を対象とした（表1）。内訳は，国立大学が49，私立大学が4である。

　シラバスからデータを取得・分析する上での具体的な手順は以下の通りである。まず，インターネットから各大学のシラバスにアクセスし，開講学部を「教育学部」など関係する学部に設定したうえで，科目名の欄に「地理」「地域」「野外実習」「巡検」「フィールドワーク」「教育法」のキーワードを入力し，検索した。次に，検索で絞られた科目のシラバス記載内容をすべて確認し，「フィールドワーク」や「野外調査」等のキーワードがシラバス内

第20章　教員養成系学部における地理学的フィールドワーク科目の実施状況　　361

表1　シラバスを確認した大学の一覧

北海道教育大学	お茶の水女子大学	愛知教育大学	鳴門教育大学
弘前大学	東京学芸大学	三重大学	香川大学
岩手大学	早稲田大学	滋賀大学	愛媛大学
宮城教育大学	横浜国立大学	京都教育大学	高知大学
秋田大学	上越教育大学	大阪教育大学	西南学院大学
山形大学	新潟大学	兵庫教育大学	福岡教育大学
福島大学	富山大学	奈良教育大学	佐賀大学
茨城大学	金沢大学	和歌山大学	長崎大学
宇都宮大学	福井大学	神戸大学	熊本大学
群馬大学	信州大学	島根大学	大分大学
埼玉大学	山梨大学	岡山大学	宮崎大学
文教大学	静岡大学	広島大学	鹿児島大学
秀明大学	岐阜大学	山口大学	琉球大学
千葉大学			

で明示されており，野外での観察や調査を取り入れている科目をすべて把握した。さらに野間（1991）を参考としつつ，シラバスの記載内容から科目名，授業形態，学年，開講学期，単位，担当教員数，対象地域と実施期間，フィールドワークの形態（巡検型・調査型）について情報を収集した。授業形態には，当該科目の中でフィールドワークをどの程度取り入れているかによって，「野」（フィールドワーク自体を目的に開講），「実」（調査法や作図法などを教授する実験・実習系科目の一環としてフィールドワークを実施），「講」（概論などの講義科目の中で部分的にフィールドワークを実施），「演」（ゼミにおいて部分的にフィールドワークを実施）と区分した。以上の手順により示された対象大学のフィールドワーク科目の一覧は表2に示した。また，表2には示していないものの，各大学の教員一覧等から地理学担当教員の人数・専門分野等，フィールドワーク科目の実施基盤となる情報も合わせて収集した。なお，シラバス情報の収集は2024年度のものとし，2024年9月から10月にかけて行った。

3．調査結果

　以下では，表2に基づき，調査結果の概要をフィールドワーク科目の実施

表2　全国の教員養成系学部における地理学的フィールドワークの実施状況

大学	科目名	授業形態	配当学年	学期	単位	担当教員数	対象地域（泊／日）	方式
北海道教育大学（旭川校）	地理学実習Ⅰ・Ⅱ	野	—	通年	4	1	国内（3／4）	調査
北海道教育大学（釧路校）	地理学実習Ⅰ・Ⅱ	野	—	通年	4	1	国内（5／6）	調査
北海道教育大学（札幌校）	地理学概論	講	—	前期	2	1	大学周辺（日帰り）	巡検
	地誌学	講	—	前期	2	1	札幌市（日帰り5回）	巡検
弘前大学	地理学巡検Ⅰ	野	2+	集中	1	1	国内（一）	調査
	地理学巡検Ⅱ	野	3+	集中	1	1	国内（一）	調査
	人文地理学基礎演習	野	3+	集中	2	1	青森県内（一）	調査
岩手大学	地理学実習AⅠ・Ⅱ	実	3+	集中	2	1	国内（5／6）	調査
	地誌学	講	2+	前期集中	2	1	盛岡市街（日帰り）	巡検
宮城教育大学	地理学実習A	実	3+	前期	2	1	国内（一）	調査
	地理学実習B	実	3+	前期	2	1	国内（一）	調査
秋田大学	地理学基礎実習Ⅰ	実	2	前期	2	2	大学周辺	調査
	地理学フィールドワーク実習（人文・地誌）	野	2+	通年集中	2	1	国内（3／4）	調査
	地理学フィールドワーク実習（自然）	野	2+	通年集中	2	1	国内（日帰り複数回）	調査
山形大学	地理学野外実習B	野	2+	前期	2	1	東北地方（4／5）	調査
福島大学	地理学実地研究Ⅰ	実	1+	前期	2	2	国内（2／3）	調査
	地理学実地研究Ⅱ	実	1+	後期	2	2	国内（2／3）	調査
茨城大学	自然地理学演習	演	3+	通年	4	1	国内（一）	調査
宇都宮大学	地理学実地調査	野	—	通年	2	1	国内（一）	調査
群馬大学	地理学実習	実	2+	前期	1	2	国内（1／2）	調査
	地理学野外調査	野	2+	後期	1	2	国内（3／4）	調査
埼玉大学	地理学野外実習A	野	3+	通年集中	2	1	国内（2／3）	調査
千葉大学	地理学野外実習Ⅰ	野	2+	集中	2	3	海外（14／15）	調査
お茶の水女子大学	地理学フィールドワーク	野	1-3	通年不定期	2	8	関東近郊（日帰り7回）	巡検
	人文地理学フィールドワーク	実	3	前期集中	2	2	大学周辺（日帰り）	巡検
東京学芸大学	地域調査法	野	2	前期集中	2	4	東京・神奈川（日帰り4回）	巡検
早稲田大学	地理歴史科教育法	講	2+	前期	2	1	大学周辺（日帰り1回）	巡検
横浜国立大学	地理学実習	実	2+	通年	2	1	相模原（一）	調査
	地理学野外実習Ⅱ	野	3+	通年	2	1	国内（一）	調査
上越教育大学	地理学野外実験	野	2	前期	2	2	国内（2／3）	調査
	地域調査法B	野	2	前期	2	2	国内（1／2）	巡検
新潟大学	地理学実習（自然）Ⅰ・Ⅱ・Ⅲ	野	2+	通年	2	1	国内（4／5）	調査
	地理学実習（人文）Ⅰ・Ⅱ・Ⅲ	野	2+	通年	2	1	国内（3／4）	調査
	自然地理学研究法	実	2+	前期	2	1	大学周辺（日帰り1回）	巡検
	人文地理学研究法	実	2+	後期	2	1	大学周辺（日帰り1回）	巡検
	地理学特講Ⅲ	講	3+	前期	2	1	大学周辺（日帰り1回）	巡検
富山大学	地理学巡検	野	3+	前期	1	1	国内（4／5）	調査

第20章　教員養成系学部における地理学的フィールドワーク科目の実施状況

金沢大学	地理学野外実習	野	—	前期集中	1	1	—	調査
福井大学	地理学野外実習	野	2+	前期集中	2	1	国内（3／4）	調査
信州大学	地理学野外実習 I	野	2+	後期集中	2	2	国内（5／6）	巡検・調査
山梨大学	地理学野外実習	野	3+	集中	2	1	国内（3／4）	調査
静岡大学	地理学巡検	野	3+	通年	2	2	—	調査
岐阜大学	地理学野外実習 I	野	2	後期集中	1	1	国内（2／3）	調査
	地理学野外実習 II	野	3	後期集中	1	1	国内（2／3）	調査
愛知教育大学	地理学基礎 I	講	1	前期	2	1	授業3回分	巡検
	地理学特論III	講	3	前期	2	1	国内（4／5）	巡検
	地理学研究法 I	実	4	前期集中	2	1	—	巡検
	地理学野外実験 I	野	2	集中	1	1	—	調査
	地理学野外実験 II	野	2	集中	1	1	—	調査
三重大学	地理学野外実習 I	野	2	前期集中	1	1	国内（3／4）	調査
	地理学野外実習 II	野	3	前期集中	1	1	国内（3／4）	調査
京都教育大学	地理学特講	野	3	前期集中	2	1	国内（2／3）	巡検
大阪教育大学	地理学野外実習	野	3+	集中	2	2	大阪市周辺（日帰り7回）	調査
兵庫教育大学	社会認識のための地理情報	講	1	前期	1	2	授業2回分	調査
	地理学特論演習 I	実	3	前期集中	2	3	授業6回分	調査
	地理学特論演習 II	実	4	前期集中	2	3	授業6回分	調査
奈良教育大学	フィールドワークで地域に学ぶ	野	—	前期	2	1	兵庫県（2／3）	調査
	地理学概論	講	—	前期	2	1	兵庫県（日帰り1回）	調査
	地理学野外実習	野	—	通年	1	2	奈良県（—）	調査
和歌山大学	地理学地域調査実習	野	3+	通年	2	2	—	調査
神戸大学	フィールドワーク実習	実	2+	前期	2	1	神戸市（1／2）	調査
島根大学	人文地理学概説 I	講	1+	後期	2	1	島根県（講義5回分）	—
	人文地理学概説 II	講	2+	前期	2	1	島根県（日帰り1回）	—
	教科内容構成研究（地理的分野）	講	3+	通年	2	1	—	—
	地域共生学	講・実	2+	後期	2	1	島根（1／2）	—
	地誌学概説	講	2+	前期	2	1	鳥取県（日帰り1回）	巡検
岡山大学	中等社会科内容論（人文地理学実習）	実	—	前期	2	1		
	中等社会科内容論（地理学野外実習）	野	—	集中	1	2		
	中等社会科内容構成論 I（地理的分野）	講	—	後期	2	1		
広島大学	自然地理学研究	講	3	前期	2	1	—	—
	自然地理学実習	実	2	後期	1	1	国内（1／2）	調査
	人文地理学実習	実	3	後期	1	1	沖縄県（—）	調査
山口大学	地理学巡検	実	—	後期集中	1	1	国内（2／3）	調査
鳴門教育大学	地理学野外実習	野	3	前期	1	2	—	調査
香川大学	地理学実習 I	実	2	前期	2	1	—	調査
愛媛大学	人文地理2	講	4	前期	2	1	松山市内（日帰り1回）	巡検
	自然地理2	講	3+	前期	2	1	松山市内（日帰り3回）	巡検
	地理学概説	講	1+	後期	2	1	松山市内（日帰り1回）	巡検
	人文地理1	講	2+	後期	2	1	国内（日帰り1回）	巡検

福岡教育大学	人文地理学実習A	実	3	前期	1	1	―	巡検
	人文地理学実習B	実	3	後期	1	1	―	―
佐賀大学	地理学演習I	実	3	前期	2	1	国内(日帰り1回)	調査
熊本大学	人文地理学特講I	実	2	前期	1	1	熊本市(一)	調査
	人文地理学特講II	実	2	前期	1	1	熊本市(一)	調査
	人文地理学演習II	実	3	後期	1	1	熊本市(一)	調査
	地理学調査実習	野	3	通年	2	1	東北地方(4/5)	調査
鹿児島大学	自然地理学野外演習	野	2+	後期	1	1	北海道(3/4)	調査
	地誌学概説	実	1+	前期	2	1	鹿児島市(日帰り1回)	巡検
琉球大学	地理学実習I(人文地理)	実	―	前期集中	1	1	国内(2/3)	調査
	地理学実習III(人文地理)	実	―	前期集中	1	1	国内(2/3)	調査

授業の形態:「講」講義科目,「実」調査法や作図法などの実習・実験系科目,「演」演習系科目,
「野」実習や実験系とは区別して独立した野外実習のための科目
配当学年:+は当該学年以上が受講できることを示す。シラバスに明記がない場合は「―」とした
(各大学のシラバスをもとに作成)

形態と実施基盤に分けて詳述する。

　調査対象とした53大学のうちフィールドワーク科目を開講していたのは45
大学であり,残りの8大学では確認はできなかった。また,開講している45
大学でフィールドワーク科目と判断した授業数は90であった。平均して1大
学につき2の授業数が設定されていることになる。しかしそのバラつきは大
きく,例えば愛知教育大学と島根大学,新潟大学は5と大きいが,1つしか
フィールドワーク科目がない大学が21大学(47%),2が12大学(27%),3
が6大学(12%),4と5がそれぞれ3大学ずつである。そのうち,「地理学
野外実習」などの名称でフィールドワークを目的とした科目が40(44%),
調査法や作図法などの実験・実習系科目の一環で実施されたものが29科目
(32%),講義科目においておおよそ1～3回分の授業回を代替して行われた
日帰り巡検などの形で取り入れられたものが20科目(22%),ゼミ等の演習
内で行われるものが1科目であった。このように,半数ほどは野外実習とし
て独立した科目が設定されており,さらに,実験・実習系科目の中でフィー
ルドワークが実施されているものを含めると75%ほどとなる。かつて山内ほ
か(1986)が,全国50の国立大学に対してどの程度野外実習を行っているか
アンケート調査した際には,45大学(90%)で野外実習の科目が開講されて

いたと報告している。現在の開講数を踏まえてみると，野外調査を主目的とした科目と実験・実習系科目を総合しても75％であり，中には実施していない大学もあることから，現在にかけて開講率が低くなっていることが懸念される。

なお，教員免許取得の上で優先度の高い「各教科の指導法」に関する科目でフィールドワークを取り入れていることをシラバス上に明記していた大学は，早稲田大学教育学部での「地理歴史科教育法」のみであった。また，科目の位置づけは不明であったが島根大学教育学部での「教科内容構成研究（地理分野）」は中学校社会科の授業づくりを学ぶ必修科目となっており，フィールドワークが取り入れられていた。このように，各教科の指導法に関する科目でフィールドワークを取り入れている科目はわずかしか確認することができなかった。

次に，フィールドワークの形態別に集計し調査型と巡検型の内訳をみたところ，調査型が57科目（63％），巡検型が23科目（25％），不明が９科目（10％）であった。不明もあるため正確ではないものの，野外実習や実験・実習系科目では調査型のフィールドワークが主に行われており，講義科目内で取り入れられたものはほぼ日帰りで実施される巡検型であった。また，フィールドワーク科目の調査期間についてシラバスに明記されているものを集計したところ，日帰りが21科目，１泊２日が５科目，２泊３日が10科目，３泊４日が９科目，４泊５日が５科目，５泊以上が４科目であった。調査の日程は多いに越したことはないものの，学生の負担や日程調整のしやすさ等から，宿泊を伴う調査型ではおおよそ２泊３日から３泊４日の日程が好まれていることがわかる。また，シラバスには費用も示されている。調査対象とした45大学90科目のうち１科目だけ海外で実施するため非常に高額な学生負担が発生するところもあるが，おおむね大学所在県の近隣または遠方での実施であり，３泊４日で４〜５万円といったところが通例であった。宿泊の関係などから履修人数の上限を設定しているところも多く，おおむね10〜20名で

制限をかけていた。野外実習や実験・実習系の科目のいくつかのシラバスでは「地理学で卒業論文を書く学生を優先する」とあるように，基本的にはゼミ活動と関連させて行われている。

　以上，フィールドワーク科目の実施形態について小括すると，多くの大学でフィールドワーク科目が実施されているが，地理学の卒業論文執筆に向けて，野外実習や実験・実習系の科目として行われる調査型が大半を占めており，多くの学生が参加できる余地のある巡検型は講義科目を中心に部分的に取り組まれているが，その数は多くはない。また，53大学のうち8大学ではフィールドワーク科目が開講されていないという点も注目に値しよう。

　次に，フィールドワーク科目が開講されていない大学について，その背景を教員の配置等の実施基盤から考えてみたい。もちろん，シラバスに記載はないものの，教員の自主的努力で学生に対しフィールドワークの機会を提供している教員があろうことも十分想定している。しかし，実施状況と実施基盤を考慮すると，いくつかの大学では教員配置の問題からフィールドワーク科目を開講することができない状況にあることがうかがえる。例えば，長崎大学教育学部は，現在，社会科コースに地理学の専任教員がいない。そのため，教員免許に関わる教科に関する科目のうち，地理学に関係するものは近隣の大学からの非常勤講師で充当している状況にある。非常勤講師に依存せざるを得ない状況では，フィールドワーク科目があっても開講することは困難であろう。同様に，山梨大学教育学部も現在，地理学の専任教員はおらず，フィールドワーク関連科目は開講されていない[1]。また，茨城大学教育学部では，2020年度までは「地理学野外実習」「地域へのアプローチ」といういずれも調査型のフィールドワーク科目が開講されていたが，現在それらは開講されていない。同大学では，2020年度まで自然地理学，人文地理学，地誌学の専任教員がいたが，2020年度をもって人文地理学の専任教員が退職した後，後任の補充はなく，地誌学の専任教員と自然地理学の特任教員の体制となった。シラバスの情報からは，現在この自然地理学の特任教員が，演習

（ゼミ）に関連してフィールドワーク教育の機会を提供しているようであるが，特任教員では担当できる授業コマ数に制限があることから，専任教員の負担を考慮して従来のフィールドワーク科目は閉講せざるを得なくなったことがうかがえる。

4．地理学的フィールドワークの取組事例

　本節では，前節でみてきたフィールドワーク科目の実施状況を踏まえて，シラバスからは知ることのできない具体的な実態について，筆者らの所属大学でのフィールドワーク科目の実施状況を略述する。前者は実験・実習系科目とは別にフィールドワーク自体が単位科目として開講されている例であり，さらにフィールドワーク科目の形態も調査型と巡検型双方が開講されている例である。後者は独立したフィールドワーク科目は開講されておらず，少ない地理学系の授業の中で実験・実習系科目の一環としてフィールドワーク教育が提供されている例である。

　表2で把握したフィールドワーク科目の内容は，細かな工夫に差異はあるかもしれないが，調査型と巡検型のフィールドワークに共通する部分は大きいと思われる。後述する事例を個々の取組状況の理解に活用されたい。

1）上越教育大学の事例

　筆者（橋本）の所属する上越教育大学学校教育学部では，地理学担当教員として自然地理学，地誌学1名ずつ専任教員が在籍しており，人文地理学は非常勤講師が担当している（筆者の橋本は地誌学担当）。また，地理教育を担当する社会科教育学の専任教員が1名在籍している。

　社会系教科内容学としての地理学に関する科目は，自然地理学，人文地理学，地誌学の基礎的内容（概論），発展的内容（講義）に加え，研究・調査方法を学ぶ実習と，卒業研究の完成を目的とした演習によって構成されている。野外での調査活動を主体に据えたフィールドワーク科目は，2年生を対象と

した「地域調査法Ｂ」と，３年生を対象とした「地理学野外実験」がある。「地域調査法Ｂ」はこれまで，自然地理学，人文地理学，地誌学の専任教員２～３名が担当してきた。「地域調査法Ｂ」は，１泊２日の行程で，大学が所在する上越市から長野盆地，志賀高原，草津温泉，上田盆地を経由し，ルート上にみられる自然現象および人文現象について，学生に担当箇所を決めて説明させるとともに担当教員が補足説明を行う，いわゆる巡検型のフィールドワークである。「地域調査法Ｂ」の意義としては，自然現象および人文現象を学生が実際に見たり体験したりすることが大きく，学生が教員になった際には授業でフィールドワークを取り入れたいという感想もみられた（橋本・山縣 2024）。「地域調査法Ｂ」は，２年生を履修対象学年としていることから，社会系コースに所属する学生はもちろんのこと，中学校社会および高等学校地理歴史の免許取得を目指す他コースの学生や大学院生も履修するため，例年，社会系コースの学生のほぼ全員と，他コースの学生や大学院生数名を加えて20～25名程度が履修する。

　「地理学野外実験」は，３泊４日の日程で，主に県外で行うことが多い。これまで，自然地理学，人文地理学，地誌学の専任教員２～３名が担当してきた。「地理学野外実験」は調査型フィールドワークで，おおよそのテーマ案を教員が提示したうえで，学生はグループを作って調査テーマを設定し，調査対象，調査方法を決めて，現地調査を行い，調査結果をレポートにまとめる。この一連の流れを経験するなかで，学生はフィールドワークの手法を学びながら地理学的見方・考え方を深める。「地理学野外実験」は，３年生を履修対象学年としているもののゼミとは紐づけされていないため，地理学のゼミに所属しない学生も含め，10～20名程度が履修する。「地理学野外実験」では，現地調査はグループごとに行うものの，宿泊期間中は夕食後に調査結果を発表し，発表内容について議論するため，他のグループの調査結果を聞くことで対象地域を総合的に理解することができる（＝地誌学的理解）点や，参加している複数教員の専門分野に基づく指導が得られることで履修学

生の地理学的知見が広がる点などが意義として挙げられる。

上越教育大学では，フィールドワーク科目として設置している「地域調査法Ｂ」「地理学野外実験」以外にも，地理学担当教員がそれぞれの講義科目，実験・演習科目の中でフィールドワークを実施している。

２）宮城教育大学の事例

筆者（横山）の所属する宮城教育大学教育学部では，自然地理学と人文地理学１名ずつの計２名の教員が在籍している（筆者の横山は人文地理学担当）。また，地理教育を担当する社会科教育学の担当教員も１名在籍している。社会系教科内容学としての地理学に関する科目は，自然地理学，人文地理学の基礎的内容（概論），発展的内容（講義）に加え，研究・調査方法を学ぶ実習と，卒業研究の完成を目的とした演習によって構成されているが，これまでも実習系の科目に関連させてフィールドワーク教育を行ってきており，独立して単位化されたフィールドワーク科目はなかった。

現在は，学生にフィールドワークを経験させる機会を重視し，実習科目である「社会系教科内容基礎実習（人文地理学／自然地理学）」の中で，フィールドワークを経験する機会を確保している。2023年度と2024年度は，夏季休業期間を利用して，宮城県塩竈市浦戸諸島において３泊４日のフィールドワークを自然地理・人文地理ゼミ合同で行った。両ゼミそれぞれで計20名ほどの学生が参加し，景観や地形の観察，住民への聞き取り調査，集落行事への参加などを通して，島の自然と社会，ならびにその変化について理解を深めた。多くの学生にとっては良い機会となったと思われるが，フィールドワークについて特別予算補助が行われるわけでもないため，教員の手弁当で実施されている側面も大きい。また，他にフィールドワーク科目は設定されていないため，歴史や公民を専門としつつ教員を目指す学生などに広くフィールドワークを提供することのできる機会はあまり確保されていない。そのため，社会科教員を目指す学生が多く受講する概論などの講義科目で移動型の巡検

を取り入れることも一つの方向性である。

5. 教員養成系学部における地理学的フィールドワークの課題と展望

本稿では全国の教員養成系学部を対象にフィールドワーク科目の実施状況と実施基盤，筆者らの勤務校での取り組み事例について説明してきた。本節では以上を踏まえ，教員養成系学部における地理学的フィールドワーク科目の促進についての課題と展望を提示したい。

1）実施基盤の脆弱化

3節で述べたように，近年，教育学部では地理学を専門とする教員の減少によって，フィールドワーク科目の実施基盤が揺らいでいることが懸念される。人文地理学と自然地理学でそれぞれ1名ずつ計2名の教員を確保できている大学は24大学（45％）で[2]，人文地理学1名が15大学（28％），自然地理学1名が6大学（11％），人文地理学2名が6大学（11％），地理学の専任教員が不在の大学が2大学（4％）であった。人文地理学・自然地理学双方の教員が存在する場合，自然地理学，人文地理学それぞれの観点やテーマに基づくフィールドワーク科目が開講されていたり，あるいは4節で述べた宮城教育大の事例のように双方の教員が協働してフィールドワーク教育を実施することができる。一方，半数の大学はどちらかの教員しかおらず，そのうちのいくつかは比較的近年1人の体制となった後，後任の補充などがなされないまま現在に至っている。本来，地理学においては自然地理学・人文地理学双方の視点を総合させる観点が重要であり，フィールドワークにおいても総合的な視野で調査を進め，地域を見る目を養うことが肝要である。自然地理学，人文地理学双方の教員が在籍することは，フィールドワーク科目として学生に多様な選択肢と知見を深める機会を提供できることにつながるだろう。今回，各大学の実施基盤として教員数を集計したところ，単科教育大学の方が自然地理学・人文地理学双方の教員がいる割合が高く，スタッフが充実し

ていた。そのため，前述した上越教育大学のように巡検型に加えて調査型の
フィールドワーク科目を提供することも可能となるだろう。例えば，愛知教
育大学や兵庫教育大学，奈良教育大学等も講義科目も含めた多様なフィール
ドワーク科目が展開されており，豊かな選択肢を備えているといえよう。一
方，総合型大学の教育学部の方が，人材不足は否めないようである。現在，
地理学の教員が不在の大学は山梨大学と長崎大学であり，地理学の専任教員
が1名しかいない17の大学はいずれも総合大学の教育学部であった。

2）「ラフ」なフィールドワーク科目の拡充

　これまで見てきたように，多くの科目は複数日を擁して特定地域における
インセンティブな調査を行う調査型のフィールドワーク科目であった。また，
調査型はゼミ活動や卒業論文に関連づける形で行われ，参加者が制限されて
いた。調査型フィールドワーク科目の教育的効果そのものに異論はないが，
社会科教育においてフィールドワークが重視されつつある現在，従来のよう
な制限された，ある意味で「玄人向け」なフィールドワーク科目を盲目的に
継続していくのではなく，より開かれた，ある意味で「ラフ」なフィールド
ワーク科目を模索していくべきではないだろうか[3]。

　この課題に向けて，前述した上越教育大学の「地域調査法B」のように，
多くの学生が受講可能な巡検型のフィールドワーク科目を単位化することも
一つの方策であろう。先行研究によれば，大学時代に地域調査を経験すると，
教員は教育現場でも地域調査を取り入れた授業を実施する傾向があるという
指摘もある（井田ほか1992）。調査型のフィールドワーク科目で経験できるよ
うな，自身での調査計画の立案や，実際の調査，分析・図化といった一連の
スキルは，地理学の卒業研究などに役立ち，また地理総合や地理探究といっ
た科目の地域調査の単元内容に直結することが考えられる。しかし，小学校
や中学校社会科教員を目指す学生にとっては，巡検型のフィールドワーク科
目で身に付けられるような，テーマに即して地域を見る目を養う経験を積む

必要もある。このように，フィールドワーク科目といってもその内容によって適する校種は異なると思われる。また，巡検型のフィールドワーク科目の単位化は難しいかもしれないが，今回の分析でもいくつかの大学ではすでに実践が図られているような，講義科目において日帰り巡検を組み入れるなどの方策も重要であろう。例えば，島根大学教育学部では，いくつかの講義科目で散発的に日帰りの巡検を取り入れるなど，工夫がなされていた。このように，専門が歴史であれ公民であれ，社会科教員を志向する学生が参加しやすい巡検型フィールドワーク科目の拡充が，地域調査を取り入れる教員養成へのゲートウェイとなることが期待される。

　ラフなフィールドワーク科目をいかに実践するにあたっては，短時間での巡検の教育効果をいかに高めるかといった点がさらなる課題になっていくと思われるが，例えば中牧（2018）が提唱した「スポット的巡検」のように短時間の巡検で教育効果を高める取り組みなどはすでに蓄積されている。これから多くの実践例が集まり，教員養成においていかにラフなフィールドワークをより効果的に行うか，手法の開発も求められるだろう。

3）フィールドワーク科目と指導法科目の往還

　池（2018）は，今後の社会科・地理歴史科の免許状取得の要件として，教科の指導法に関する授業科目として「地域調査」という実習科目を設置する必要があると述べており，地理教育におけるフィールドワーク科目を重要視している。教員養成大学の教科教育法の授業においてフィールドワーク指導の方法が見直されている背景には，①フィールドワーク自体が教科専門の授業において行われることが暗黙のものとされてきたこと，②教科専門の授業におけるフィールドワークは，地理学のゼミに所属する学生を対象とする傾向があったこと，そして③教科専門の授業におけるフィールドワークは，学生にフィールドワークの方法を体得させることが主目的であり，フィールドワーク指導の方法まで養成するに至っていなかったことなどがあると筆者ら

は考える。

　教員養成系学部において，教科の指導法に関する授業科目（「各教科の指導法」）が授業構想力や授業実践力を養うための位置づけであるなら，教科専門に関する授業科目（「教科に関する専門的事項」）は，各学問的見方・考え方を深めるためのものである。フィールドワークに関していえば，フィールドワーク指導については教科指導法に関する授業において学び，フィールドワークを通した地理学的観察力・考察力については教科専門の授業において実際にフィールドワークに参加することで養われることになる。池（2018）が指摘するような授業科目の設置はすぐには難しいことを踏まえると，教科専門のフィールドワーク科目においてもフィールドワーク指導を念頭に置いたフィールドワークを実施することや，教科教育担当教員と教科専門担当教員によるフィールドワークの実施と指導法を往還させる協力体制が求められるのではないだろうか。フィールドワークは手法であり，なおかつ地理学的センス（見方・考え方）を必要とするものであるからこそ，教科教育担当教員と教科専門担当教員の協力が可能と思われる。

6．おわりに

　フィールドワークは，学習指導要領がコンテンツベースからコンピテンシーベースへと転換する中で，ますます重要性が増しているといえる。また，小学校社会のじつに3〜5年生の内容がほかならぬ地理的内容であることを踏まえるなら，小学校教員を目指す学生にも，地理的見方・考え方につながるようなフィールドワーク教育の実施が望まれる。

　しかしこのような潮流に逆行するように，大学によって取り組み状況に差異はあるものの，全体として教員養成系大学・学部の地理学的フィールドワーク科目をめぐる状況はかつて山内ほか（1986）や野間（1991）が指摘した状況から好転しているとは言い難く，フィールドワーク教育を行う人材確保や予算補助なども継続して要請されるべきだろう。また，本稿が指摘したよ

うに，現行のフィールドワーク科目が依然として社会科教員を志望するすべての学生に開かれたものではなく，また教科の指導法に関する科目での実施はほぼ皆無であった。よりラフなフィールドワーク科目の拡充，ならびにフィールドワークの経験と教育をめぐって，教科専門担当者としての地理学者と教科教育担当者としての社会科教育・地理教育学者の協働による可能性も指摘したい。これからの社会科教員養成において，地理学的フィールドワーク科目がもたらす資質，意義，効果を再認識し，多くの学生にその教育機会を提供できるようなさらなる取り組みが求められよう。

注
(1)本稿を脱稿した9月26日に，地理学教員の公募が公開された。
(2)大学の教員配置上「地誌学」の教員となっていても，便宜的に自然地理学か人文地理学に分けた。
(3)「ラフ」は，ここでは「普段着の」「気軽な」といった意味で用いている。

引用文献
池　俊介（2012）「地理教育における地域調査の現状と課題」『E-journal GEO』7巻1号，35〜42頁.

池　俊介（2018）「教員養成における地域調査の意義と指導実践」碓井照子編『「地理総合」ではじまる地理教育―持続可能な社会づくりをめざして―』古今書院，121〜132頁.

池　俊介編著（2022）『地理教育フィールドワーク　実践論』学文社.

池　俊介・吉田裕幸・山本隆太・齋藤亮次（2020）「地理教育におけるフィールドワークの類型化に関する試論」『早稲田教育評論』34巻1号，1〜19頁.

池　俊介・齋藤亮次・山本隆太・吉田裕幸（2024）「地理教育におけるフィールドワーク指導のあり方に関する試論」『早稲田教育評論』38巻1号，37〜54頁.

井田仁康・藤崎顕孝・吉田　剛（1992）「初等教員養成学部における身近な地域の野外調査に関する指導―上越教育大学の場合―」『新地理』40巻2号，36〜48頁.

磯野　巧・宮岡邦任（2017）「地方国立大学の社会科教員養成課程における地理学的フィールドワーク教育の再構築に向けた一考察」『E-journal GEO』12巻2号，233〜245頁.

篠原重則（1991）「高校地理教育における野外調査の実施形態とその衰退機構―愛媛県公立高校の事例―」『新地理』38巻4号，23～38頁．

篠原重則（2001）『地理野外調査のすすめ―小・中・高の実践をとおして―』古今書院．

中牧　崇（2018）：『大学・地理教育巡検の創造』古今書院．

野間晴雄（1991）「地理学野外地域調査における教育試論」『滋賀大学教育研究所紀要』25号，89～98頁．

野間晴雄・香川貴志・土平　博・山田周二・河角龍典・小原丈明編著（2017）「大学で学ぶ地理学」『ジオ・パル NEO　地理学・地域調査便利帖［第2版］』海青社，23～36頁．

橋本暁子・山縣耕太郎（2024）「上越教育大学地理学教室における見学型フィールドワークの実践」『上越教育大学研究紀要』44巻，339～361頁．

宮薗　衛（2015）「フィールドワークと授業構想・授業実践を繋ぐ学部生の社会科授業力育成」『新潟大学教育学部研究紀要』7巻2号，399～408頁．

山内秀夫・山口幸男・菊地俊夫（1986）「国立大学教員養成系学部における地理学野外実験の実態について」『新地理』33巻4号，16～27頁．

第21章

音楽科における「発問」の設定と指導方術（Tactics）の向上
―歌唱共通教材〈夏の思い出〉の指導方略の再考を事例に―

尾崎祐司

1. はじめに

本稿は，「教員養成を考える」というテーマについて，音楽科という教科の視点から問題の指摘，及びその解決へ向けた具体的な授業実践の指導方略（ストラテジー）[1]を再考し，具体的な授業での指導方術（タクティクス）[2]の向上の方向性を提案することを目的とする。

2008（平成20）年告示の学習指導要領[3]から，授業観がコンテンツ・ベースからコンピテンシー・ベース[4]へと転換を求められた。音楽科の学習では，「思考力・判断力・表現力等」を育成するプロセスについて，〔共通事項〕という概念を新設し，音色，強弱，リズムなど「音楽の要素」を認知（知覚）の対象に設定した。実際の授業では，児童生徒が教材曲から「知覚」した「音楽の要素」がどういった特徴や雰囲気を作っているか感じ取る（感受），という学習原理を確立した。

この学習原理は教育心理学の「学習」理論でいう，「連合説」から「認知説」[5]への転換である。この転換によって，「音楽科が学校教育として学力育成にどう貢献することができるのか」[6]，という疑問点を理論的に解消した。例えば，従前の授業は歌唱や器楽の指導では，授業者による演奏の指示（刺激）に対し，その意向に沿うように児童生徒が演奏する（反応），授業者の指導技能を追求していた。また，鑑賞の授業では教材曲を聴いて（刺激），児童生徒が感じ取ったことの感想文を原稿用紙に書き出す（反応），という活動が主体であった。

第21章　音楽科における「発問」の設定と指導方術（Tactics）の向上　　377

しかし，「思考力・判断力・表現力等」を育成する学習プロセスの導入は，児童生徒に教材曲の，ある「音楽の要素」（リズム，音色，強弱など）の認知（知覚）をもとに自身の内部の世界を表現[7]するというパラダイム・シフトにつながった。この展開を簡潔に述べると，児童生徒が，ある音楽を聴いたときに抱いた内部の世界を，自身の意向で外部の世界に表したいという自身の「思いや意図」の存在を言語で認識し，音や音楽で形に表すための具体的な「音楽の要素」の操作方法について児童生徒間で議論（言語活動）を行う。そして，その議論の結果を実際に表現するための技能の向上に取り組む，という学習プロセスである。この学習理論の主体を授業者から児童生徒へと移行するパラダイム・シフトは，確かに「生きる力」の考え方に基づいている。また，音楽科の研究ニーズも実際の授業で授業者が直面する実践課題の文脈の解釈を分析するなど，実践の研究手法の確立や研究結果の理論と実践に基づく授業開発など学校の現実も対象にするように変化した。つまり，これらの変化は，児童生徒が学習活動の結果として「できたか，できなかったか」という知識・技能の「成果」を量るだけでなく，どのような授業の文脈で内容を理解し，どのような条件の基で個に応じた進歩があったのか，などといった評価規準の再考や質的な研究アプローチの必然につながった，と言える。

2．問題の所在

本稿での「教員養成を考える」上での音楽科の問題は，パラダイム・シフトした授業を学生が実践できるよう，教員養成のカリキュラムで育成しなければならない，という現実的な対応にあると考えられる。しかし，その育成は容易ではないのではないか。その大きな要因として，聴覚を通じて子供の感性を育成するという教科の特性ゆえ，学生自身の経験知に基づく音楽科の根強い教科観，授業観が彼らの心中に残っていると考えられるからである。

確かに，教員養成では，2008年の教職大学院の始まり以降に，「教える」場面を想定した模擬授業など授業シミュレーションの実施が盛んになった。

一方で，筆者が担当する「初等音楽科指導法」「中等音楽科指導法」の受講学生らが，実際に模擬授業を行うための学習指導案を作成する際，その指導方略には2つの特徴的な課題があった。

2.1　場面の表面的な展開以外を想定する指導方略の必要性

　1つめの課題は，子供の実態を想定することなく，場面の表面的な展開のみを羅列する指導方略である。例えば，「A　表現」の「歌唱」の学習活動を事例にあげると，①発声によるウォーミングアップ（5分），②歌ってみる，③歌詞について考える，④グループに分かれてどう歌うか考える，⑤グループでの考えを発表する，⑥最後に全員で歌う，といった展開である。同様に，「B　鑑賞」の場合は，例えば，①授業者が「今日は〈教材曲名〉を聴きます」と曲目を紹介する，②全体をとおして聴く，③作曲者について知る（主に出身地や生い立ち），④聴いた感じを各自ワークシートにまとめる，⑤グループで発表しあう，⑥グループで出た意見を発表する，⑦最後にとおして聴く，といった展開である。

　確かに，両者ともに思考・判断・表現のプロセスを辿っている。しかし，実際に教育実習等で授業を行ってみると，彼らにとって想定外のリアルを知ることになる。例えば〈花〉（武島羽衣作詞・滝廉太郎作曲）を教材にした「A　歌唱」の授業の場合，「③歌詞について考える」場面では，授業者が「春に桜の花が咲いている様子を表しています」といった情報を児童生徒に伝え，「④グループに分かれてどう歌うか考える」場面に移る，という展開である。授業者は，歌詞に関する情報を伝えさえすれば，児童生徒が歌を歌うときに歌詞からイメージした気持ちを反映してくれる（筈だ）と想定している。しかし，そのリアルは，「児童生徒が歌わない（歌ってくれない）」，「グループ活動での話し合いの結果が，『フォルテは大きく歌いましょう，クレッシェンドはだんだん大きく歌いましょう，という意見が出ました』といった記号の確認で終わっていた」「グループでの話し合いの際に，ピアノを習ってい

る児童生徒が発言すると，それをグループの意見に採用して，他の児童生徒が考えることを止めてしまう」といった不十分な学習活動や集団心理のマイナス面の露呈などである。「B　鑑賞」についても同様である。

　実際に，宮下（2001）の先行研究によると，「教職課程の改善の方略を開発する第一歩として，学部音楽教育専攻学生が抱く音楽授業観を明らかにする」[8]必要性を問題意識として掲げ，模擬授業を試みている。その結果，「学生のもつ音楽授業観は，現代におけるリアルな学校現場や音楽授業の実態がインプットされて形成されているものではない」[9]との結論を導いている。そして，そのような音楽授業観が形成された要因を2つあげ，1つは「学生自身が数年前に受けた中学校の音楽授業をそのままイメージしているという予想」，もう1つは「音楽教育専攻の学生は，これまでピアノや声楽などの専門的な音楽教育を受けており，それがそのまま学校音楽教育の授業観として築かれているのではないか」[10]と分析している。

　筆者による初等音楽科指導法においても，音楽を専門としない学生が書くコメントには「音楽科は歌を歌わせたり，鑑賞では，単に音楽を聴いて，感想を書かせればよいと思っていたけれど，そうではないことが分かった」といった内容が複数ある。つまり，平成20年告示の学習指導要領の実施以降であっても，現実的な音楽科の教科観，授業観に学生の経験知が根強く残っていると言えるのである。その一方で，授業者として具体的な授業場面を体験してみることで，様々な対応を必要とする要素が授業に潜んでおり，それらの対応を想定した指導方略の必要性に気付いたとも言える。

2.2　授業者の指導方術を向上する必要性

　もう1つは，授業構想時に児童生徒の発言にその場で即座に対応する指導方術の概念を認識していない点である。例えば，教材曲を聴いた後に授業者が児童生徒に「どう感じましたか？」という問いを発したとき，「速度が速いと感じました」と答えたとする。この場合の回答は，「速度」という「音

楽を形づくっている要素」の特徴について相対的に「速い」と知覚した，という意味である。つまり，この場合の「感じました」という回答は，速度の特徴に気付いたという意味であって，聴覚的な質感である「感じ取る」「感受する」という意味を含んでいないのである。そのため，「速い」という知覚によって，「あなたはどういう聴覚的な質感を感じた（感受した）のか」，という問い返しが無ければ「知覚・感受」という学習が成立しないことになる。そのため，「速度が速いと感じました」という回答には，すかさず「その速さだとどんな感じがする？」と問い返し，「楽しそうな感じ」「急いでいる感じ」「わくわくする感じ」など形容する発言を引き出す必要がある。この対応によって，一人の児童生徒が「速い」という速度を知覚し，その速度から「楽しそう」「急いでいる」「わくわくする」といった特徴や雰囲気を感受した，というコンピテンシー・ベースによる〔共通事項〕の文脈が成立することになる。逆に，「どう感じましたか？」に対し「楽しそう」「わくわくする」と答えた場合は，そのように判別した「音楽を形づくっている要素」が，何によるのか問い返す指導方術が必要になる。つまり，「どう感じましたか？」という問いには，知覚についての回答と，感受についての回答との２種類の答え方があるということである。そのため，臨機応変に問い返す指導方術の概念の理解とその向上が必要不可欠になったと言える。特に，児童生徒によって回答の内容も大きく異なることが想定できる。この指導方術の知識と技能が授業者に備わっていなければ，「知覚・感受」という音楽科の学習理論が成立しない結果になると言える。

　以上，問題の所在として２つの特徴的な課題があることを指摘した。次の問題は，これらを授業者の立場でどう解決すべきなのかという視点である。

３．学習活動の「拠り所」を明確にした「発問」の設定

　筆者は既刊『「人間力」を育てる－上越教育大学からの提言５』（令和２年３月）[11]で，音楽科で養う「人間力」を「音楽を介して人とつながろうとする

第21章　音楽科における「発問」の設定と指導方術（Tactics）の向上　381

意欲」を育むこと，と結論付けた。これを踏まえ，同『「人間力」を育てる―上越教育大学からの提言6』（令和4年3月）[12]では，学生による2つの模擬授業の考察から，この「意欲」を育成できる授業実践のための教員養成上の課題を2点見出した。1点目は「①学習群の認知の発達を想定した『話し方』に対する省察する意識付け」，2点目は「指導方略（ストラテジー）の文面には現れない指導方術（タクティクス）と省察力の育成方法の開発」である。筆者は，特に2点目が，平成29年告示の学習指導要領において，さらに音楽科の教科観，授業観にパラダイム・シフトを加速するものと捉えている。

　例えば，平成29年告示の学習指導要領では，「改訂の基本方針」の「②育成を目指す資質・能力の明確化」[13]によると，「今回の改訂では，知・徳・体にわたる『生きる力』[14]を子供たちに育むために『何のために学ぶのか』という各教科等を学ぶ意義を共有しながら，授業の創意工夫や教科書等の教材の改善を引き出していくことができるようにするため，全ての教科等の目標及び内容を『知識及び技能』，『思考力，判断力，表現力等』，『学びに向かう力，人間性等』の三つの柱で再整理した」と学力観が統一された。かつ，「③『主体的・対話的で深い学び』の実現に向けた授業改善の推進」では，「子供たちが，学習内容を人生や社会の在り方と結び付けて深く理解し，これからの時代に求められる資質・能力を身に付け，生涯にわたって能動的に学び続けることができるようにするためには，これまでの学校教育の蓄積を生かし，学習の質を一層高める授業改善の取組を活性化していくことが必要であり，我が国の優れた教育実践に見られる普遍的な視点である『主体的・対話的で深い学び』の実現に向けた授業改善（アクティブ・ラーニングの視点に立った授業改善）を推進することが求められる」[15]，と「人生や社会の在り方」に結び付く授業改善を提唱している。筆者は，この授業改善とは音楽科の学習活動の場合，「拠り所」を明確にすることが授業者に求められていると捉えている。筆者の言う「拠り所」とは，「学習の問い」である。授業改善（アクティブ・ラーニングの視点に立った授業改善）によって児童生徒は聴覚

382　第3部　教科教育と教科専門の在り方を考える

的な質感について言語活動を行うことが期待されている。その際に，自身が「なぜそう感じとった（感受した）のか」という理由を相手に説明し，共感してもらうためには論拠が必要である。そして，児童生徒が論拠を示して言語活動を行うためには，「学習の問い」に答えるための「発問」を授業者が発する必要があるのではないだろうか。つまり，聴覚を通じて感性を育成するという音楽科の特性ゆえ，歌詞のテキスト情報や音響から主観的に，教材曲の解釈をしてしまう危険性が潜んでいるということである。そのため，作者の動機など客観的な「拠り所」を授業者が提示しなければ教材曲の解釈が勝手な解釈になりかねない。そのため，筆者は「学習の問い」に答えるための「発問」の設定と考え方を，見出す必要があると考えている。

3.1　情動的共感を音楽的に導く「発問」の必要性

　「発問」の先行研究については，落合（1986）による「文型に関係なく，文脈を考慮に入れて，子どもの思考や論理をゆさぶり発展させるねらいと内容をもった教師側からの言語的発言」[16]という定義がある。また，Mills（1996）による発問タイプの分析[17]，Bloom（1956）による発問の難易度を基準に分類する「水準」の研究[18]がある。音楽科の授業における「発問」の研究には，吉田（2004）による〈赤とんぼ〉（三木露風作詞・山田耕筰作曲）の歌詞にある「お里」の意味を問うなどの展開[19]，尾崎・小助川（2019）による〈夏の思い出〉（江間章子作詞・中田喜直作曲）の「『水芭蕉の花が咲いている』をどう歌うか」といったオープンエンドな発問への問題提起をもとに，「実感を伴う理解を想定した音楽的思考を促す発問」[20]の導入効果を〈花〉（武島羽衣作詞・滝廉太郎作曲）の実践で見出した研究がある。

　先行研究を踏まえた筆者の提唱は，前述の「子供たちが，学習内容を人生や社会の在り方と結び付けて深く理解」するために，「音楽を形づくっている要素」を具体的にどう操作するのか，という学習展開での「学習の問い」の立て方の見直しである。つまり，授業者が具体的な「発問」を考えるにあ

第21章　音楽科における「発問」の設定と指導方術（Tactics）の向上　　383

たり，「三つの柱」のうちの３つ目「学びに向かう力，人間性等」の考え方[21]，をどう反映するか，という点である。すなわち，前述の「音楽的な見方・考え方を働かせて学習することによって，実感を伴った理解による『知識』の習得，必要性の実感を伴う『技能』の習得，質の高い『思考力・判断力・表現力』の育成，人生や社会において学びを生かそうとする意識をもった『学びに向かう力，人間性等』の涵養が実現する」という趣旨の反映である。この３つ目の考え方と授業での扱い方が従来の音楽科の学習原理では曖昧だったということである。

　この趣旨を反映すると，「人生や社会の在り方と結び付ける」ための授業の展開は，作詞者や作曲者の創作動機を調べ，収集した資料から「情動的共感」[22]を「学習の問い」として授業者が提示し，その情動的共感を論拠に児童生徒は「作詞者は・・・という思いだったから，この小節の強弱はもっとはっきり歌ってはどうか」といった主体的・対話的で深い学びの視点に立った言語活動につながるといった仮説が成り立つ，と筆者は考えている。「情動的共感」とは，梅田（2014）によれば，まず「共感とは，他者の感情状態を共有する，あるいはその状態に同期するという機能に分けられる」とし，この機能には「⑴他者の感情状態を理解するという機能と，⑵その状態を共有する，あるいはその状態に同期するという機能に分けられる」と２つの要素があるとしている。そして⑴を認知的共感（cognitive empathy），⑵を情動的共感（emotional empathy）とし，「前者は『他者の心の状態を頭の中で推論し，理解する』，いわばクールな機能を意味するのに対し，後者は『他者の心の状態を頭の中で推論するだけでなく，身体反応も伴って理解する』，いわばホットな機能を意味する」[23]としている。すなわち，自身の「身体反応も伴って理解」しているかという質的な違いが，「音楽的な見方・考え方」の働かせ方にも影響を及ぼすという考え方である。

　例えば，「作詞者や作曲者が何年にどこの国で誕生した」という「背景」の情報提供は，直接「このpはもっとハッとした感じになるような弱さで歌

384　第3部　教科教育と教科専門の在り方を考える

ってはどうか」といった具体的な歌い方の提案の理由にはなりえない。なぜ
なら，前者と後者とで文脈がつながらないからである。後者につながる文脈
は，「2時間歩き続けようやく目的地に到着した。そのとき目に入った風景
を見たときの気持ちを表すとしたら，このpはもっとハッとした感じになる
ような弱さで歌ってはどうか」など当事者に対して情動的に共感する文脈で
なければ，音楽的に思考する言語活動にはつながらないのではないだろうか。
そうでなければ，話の聞き手にとって，なぜそう歌う提案なのか分からない
状態になるからである。

3.2　参照的表現主義に基づく「発問」の必要性

　では，情動的共感に児童生徒を導く「学習の問い」を，音楽科の授業者は
どう見出せばよいのであろうか。
　前述の〔共通事項〕が新設された平成20年告示の学習指導要領では，児童
生徒が自身の「思いや意図」を認識し，教材曲について「知覚・感受」する
という音楽学習の理論を確立した。しかし，ある教材曲について，何のため
にこの音楽を聴くのか，何のために演奏するのか，という「学習の問い」が
曖昧だったと言える。そのため，音楽科の授業では言語活動の場面はあるけ
れども，発言内容よりも一人1回ずつ発言することが目的化している展開が
あった。「学びに向かう力，人間性等」の趣旨を踏まえると，音楽科の授業
において「何のために学ぶのか」，言い換えると「何のためにこの教材曲を
使うのか」という点が，明確にすべき「学習の問い」であると考えられる。
したがって，前述の「情動的共感」へと児童生徒を導く「学習の問い」と
「発問」の理論が必要になる。
　例えば，Radocy & Boyle (1979) によれば，「音楽に対する情緒的反応の研
究方法には，伝統的に三つのタイプがある。すなわち，(1)生理学的測定，(2)
気分反応，(3)哲学的研究，である。ランディン (1967)[24]はこのうち，生理学
的なものと気分反応とを情緒的，哲学的研究を美学的，として分類してい

第21章　音楽科における「発問」の設定と指導方術（Tactics）の向上　　385

る。」[25]としている。筆者は，このうち，美学的と捉える(3)哲学的研究に，音楽の内容について言語活動を行う理論が潜んでいると捉えている。Radocy & Boyle は，さらにこの哲学的研究の基本的立場には２つの観点があると指摘している。この２つの基本的立場について，安達（2006）は時間現象の観点からの「音楽の意味」として大きく分けて「絶対主義 absolutism」と「参照主義 referentialism」[26]，に分類されるとし，Meyer（1956）[27]がさらに「表現主義 expressionism」を提案し，「音楽の意味に関する議論が３つの観点に細分化できることを示唆した」[28]としている。そしてそれぞれを以下の３つの観点に要約している。

①楽曲内の形式や構造的関係自体を分析的に理解することで初めて音楽の意味を理解することができるとする「形式主義 formalism」

②楽曲内の構造的特徴が聴き手にことばでは言い表せない情動を呼び起こすと考える「絶対的表現主義 absolute expressionism」

③楽曲が示唆する内容を理解することで，情動や事象など具体性のある音楽外の意味が喚起されるとする「参照的表現主義 referential expressionism」[29]

このうち，前述の「子供たちが，学習内容を人生や社会の在り方と結び付けて深く理解」するために，「音楽を形づくっている要素」をどう具体的に操作すべきか，という学習原理は，③の「参照的表現主義 referential expressionism」の捉え方を展開することになると考えられる。

したがって，授業者が「人生や社会の在り方と結び付けて深く理解する」ために，学習活動の「学習の問い」を明確にした「発問」を見出す音楽学習の原理とは，以下の理論にまとめられる。すなわち，授業者が参照的表現主義の捉え方で楽曲が示唆する内容についての「学習の問い」を確立し，それに答えるための「発問」を提示して児童生徒を情動的共感へと導く。その情動的共感を論拠に児童生徒が音楽的な見方・考え方を働かせて言語活動を行う。それらを通じて「学習の問い」に答えながら，教材曲を感受するという

386　第3部　教科教育と教科専門の在り方を考える

原理になる。

4　指導方略を再考する必要のある教材事例：歌唱共通教材
〈夏の思い出〉（江間章子作詞・中田喜直作曲）

　3で導いた授業者が見出す「学習の問い」と「発問」の原理に基づくと，これまで教科書に掲載され続けてきた教材曲の指導方略も，学習指導要領の改訂に応じて再考する必要が生じる。

　例えば，中学校の歌唱共通教材〈夏の思い出〉（江間章子作詞・中田喜直作曲）を取り上げる。この曲の「背景」について，『中学校学習指導要領（平成29年告示）解説音楽編』[30]には，作詞者の江間章子に対して情動的共感へ導く内容は掲載されていない。実際に『中学校学習指導要領（平成29年告示）解説音楽編』では「**夏の思い出**は，夏の日の静寂な尾瀬沼の風物への追憶を表した叙情的な曲である」[31]，と誰の追憶を表したのか主語を明記していない解説になっている。続けて，指導内容について「例えば，言葉のリズムと旋律や強弱との関わりなどを感じ取り，曲の形式や楽譜に記された様々な記号などを捉えて，情景を想像しながら表現を工夫することなどを指導することが考えられる」[32]と追記している。一方，教科書では江間章子の記述を引用している。例えば，教育出版の『中学音楽1　音楽のおくりもの』では「ふっと目に浮かんだのが水芭蕉がいっぱい咲いている風景でした。（群馬県の）沼田から片品へ行って，片品の戸倉の入り口で水芭蕉がいっぱい咲いている風景を見たことがあったんです。それはもう戦争が終わる一年二，三か月前のできごとだと思います。とにかく果てから果てまで水芭蕉が咲いていまして。何も書けなかった時にふっと浮かび上がったの，水芭蕉を書いてみようと。」[33]，と水芭蕉による圧巻の景色から抱いた気持ちを引用している。また，教育芸術社の『中学生の音楽　2・3上』では，「作詞者の言葉」として「私が育った岩手山麓でも，湿地帯に水芭蕉の花が咲いていた。（中略）かつて，尾瀬で見た湿原一帯の，花ひらいた水芭蕉の群生にも，同行の五人ほど

第21章　音楽科における「発問」の設定と指導方術（Tactics）の向上　387

のひとたちの驚きの声とは別に，私はひとり黙った。そこで，ふるさとと出逢うなどと，どうして予測できただろう。想いはそうした二重写しの中で，固定していったのだとおもう。そうでなかったら，〈夏の思い出〉の歌詩は，私には生まれて来なかったにちがいない。」[34]，と故郷で見た水芭蕉と二重写しになったエピソードを紹介している。

　上記の記述は，水芭蕉の景色にクローズアップし，その景色を見た江間章子の気持ちを想像して歌い方に反映する指導を想定していると考えられる。その一方で，3で筆者が導いた「学習の問い」と「発問」の原理を踏まえると，江間章子の作詞に至る経緯と動機の解釈が異なってくる。それを辿ると，下記の視点で指導方略を再考する必要があると考えられる。

4.1　戦争末期の「夢と希望」を暗喩した「ミズバショウ」

　江間章子は「夏の思い出」を作詞することになった経緯について以下のように述べている。

　　　「夏の思い出」の「詩」を作ることになったのは昭和二十二年。敗戦から立ち直ろうという機運がみなぎっているころ，NHK から，「夢と希望のある歌を」との依頼があったからです。
　　　夢と希望——。それで浮かんできたのが私が育った岩手山ろくに咲き乱れていたミズバショウでした。私の目，心から離れない花なのです。
　　　そのミズバショウを目にしたもう一つの場所が尾瀬，片品村。そこに行ったのは昭和十九年のことでした。特別の人以外は尾瀬の中に入りませんでした。
　　　でも，その入り口で見たミズバショウの群生。その瞬間，岩手山ろくのミズバショウとのイメージがダブって夢心地でした。戦争末期の昭和十九年ですよ。こんな時でも，夢と希望があるんだと思いました。その感動，思い出を詩にしました[35]。

　江間章子の記述を辿ると，〈夏の思い出〉が単純に「静寂な尾瀬沼の風物への追憶を表した」歌ではない，という動機がはっきりしている。つまりその動機とは，戦争末期のアメリカ軍による空襲や機銃掃射からの恐怖，食料事情

388　第3部　教科教育と教科専門の在り方を考える

に困窮を極める時期であったにもかかわらず，偶然目に入ってきたミズバショウの群生の光景が，「夢と希望」の連想に繋がった衝撃体験だったということである。そのときなぜ江間章子が片品村に行っていたのかは不明であるが，少なくとも観光でないことは明らかである。実際に，1944（昭和19）年7月にサイパン島が陥落して以降，大型爆撃機B29が途中の給油を必要とせず日本上空とサイパン島とを往復できるようになった。それ以降，多くの都市への空襲や小編隊の戦闘機による機銃掃射が激しくなった時期だからである。

　したがって，江間章子の動機をもとに情動的共感を見出す「発問」のキーワードは，「夢と希望」なのではないか，と考えられる。なぜ「夢と希望」について「発問」するのかという理由は，江間章子の当時の「夢と希望」が現在の中学生には想像のつかないものだからである。それ故に，授業展開の冒頭は下記の事例が考えられる。

　　①「みなさんは何か音楽を聴いて『夢と希望』を感じたことはありますか？
　　②「今日は75年前（1949年）に日本中の人に「夢と希望」を感じて欲しい，として作られた歌をどう歌ったらよいか考えて歌う活動をします。
　　③〈夏の思い出〉をCDで聴いてみる。
　　④今の曲を聴いて「夢と希望」が湧いてきた人？　いないの？　なぜなのでしょう？
　　⑤今から75年前の日本はどういった状況だったのでしょう？　分かる人？
　　⑥では，作詞者の江間章子さんの新聞の記事を見てください。そう戦争に負けた直後でした。江間章子さんはどういった体験をもとにこの歌詞を書いたのでしょう？
　　⑦では，戦争末期に何が起こっていたのかビデオで確認してみましょう。

　つまり，第二次世界大戦末期に江間章子が思い抱いた『夢と希望』が何か，彼女の気持ちを推察しながら〈夏の思い出〉という歌を歌ってみる学習をしましょう」とする展開である。すなわち，〈夏の思い出〉の動機となった「ミズバショウ」とは，江間章子にとってその咲いている様子から「夢と希望」を暗喩する目的で歌詞に用いたのではないか，と考えられる。言い換え

ると「ミズバショウの花が咲いている」様子を堪能できる時間が持てるように
なった，という平和の有難さをラジオの視聴者と共感しようという思いだ
ったのではないか，という推察である。

4.2 「詩の自由」が潜む歌詞

4.1で筆者は「ミズバショウ」が「夢と希望」を暗喩しているのではない
か，と推察した。そう筆者が考えた理由は，江間章子が「詩の自由」を主張
しているからである。例えば，〈夏の思い出〉の「夏」は，気温30度前後に
なる7～8月の時期ではないことを江間章子は述べている。この点について
下記のように説明している。

> 水芭蕉を見ようと，夏休みに尾瀬へ行ったら，すでに水芭蕉の季節は終わって
> いた。「あの歌の題名は間違っている」と，女性の旅行評論家という肩書きの人
> が，やはり週刊誌に書いていた，と静岡から，いくらか憤慨めいた調子で，電話
> をくれたひともいた。
> 水芭蕉は，雪が解けるころから，五月，六月の半ばまでの長い期間，咲き続け
> る。
> 「詩の中の〈匂っている〉とはどういうことか。なんの匂いもないのに——」
> と言うひともいる。花そのものから，鼻がかぐ匂いでなくとも，その情景から漂
> うものを，〈匂っている〉と表現していいのが，詩の自由なのだ。そして，水芭
> 蕉が最も見事な，五，六月を，私は〈夏〉と呼ぶ。歳時記の影響だと思う[36]。

つまり，〈夏の思い出〉の歌詞には，江間章子の作詞の動機や「夢と希望」
を抱いて欲しいといった思いは，直接記載されていないのである。そのため，
テキスト情報としての歌詞から，「夏に尾瀬にいったときに水芭蕉が咲き乱
れている様子を思い浮かべながら歌いましょう」「水芭蕉の花のいい匂いを
嗅ぐような気持で歌いましょう」などといった指導言は，江間章子の記述に
沿っておらず，「参照的表現主義」に基づかない誤った解釈を説いているこ
とになる。したがって，同じ「水芭蕉の花が・咲いている」（楽譜1）の歌い
方について具体的に思考する言語活動を行ったとしても，*mp* や *pp* の質感

390　第３部　教科教育と教科専門の在り方を考える

楽譜 1 [37]

や八分休符（楽譜1の○で囲った記号）による「間」の感じ取り方について江間章子の動機の情報が歌詞にないため，それを根拠にした深い議論には発展しないと考えられる。それゆえに，授業者が江間章子の動機を知っているか，知らないかで児童生徒の音楽的な見方・考え方に，大きな違いが出てくると言える。

　このように長年に渡り教科書に掲載され続けてきた教材曲であっても，音楽科の教員が教え方についての指導方略を再考する必要があると言える。

5．音楽科の教員養成の課題

　音楽科の指導法の授業のカリキュラムに模擬授業が導入され，「教え方」について省察する機会があたりまえとなりつつある。そのため，筆者もまた，マイクロティーチングなど短い時間で授業者役と児童生徒役に分かれて問答を試みる場面を導入している。問題は，学生が指導法の授業で扱わなかった教材曲で授業を行うことになった際に，自身で「学習の問い」を見出し「発問」を考え，そして児童生徒の学ぶ意欲を引き出す授業を実践できる応用力が養われているかである。筆者はそのための方策として，一つの授業を考案するためのプロセスを提示している。

　①資料の収集

②児童生徒を「情動的共感」に導ける「学習の問い」の生成

③「学習の問い」についてアプローチする「発問」の生成

④授業で扱う「音楽を形づくっている要素」の絞り込み

⑤学習指導案の作成（指導方略）

⑥「発問」と「音楽を形づくっている要素」とを結びつける具体的な想定
　問答の準備（指導方術）

⑦実際の授業とビデオ撮影

⑧自身の授業のビデオを視聴し，省察と次の授業仮説の生成

　凡そ，上記の取り組みである。実際，模擬授業を行った学生からは，児童生徒の発言に時間を割きすぎて，教材曲を十分に聴く時間を確保できなかった，という音楽科の特徴的な反省の弁もある。その他，時間配分のみならず，「発問」するタイミングや声の大きさ，抑揚のつけ方，及び板書のまとめ方，など，綿密に指導方術を計画立てて実践できる技能が求められていると言えよう。これらも模擬授業の省察事項として取り上げるべき内容である。

　ただ，音楽科の年間授業時数は「総合的な学習の時間」が新設された平成10年告示の学習指導要領で，音楽科の授業時数が中学校で現行の1年生が年間45時間，2年生と3年生が35時間と削減された。それにもかかわらず，平成20年告示の学習指導要領で，「思考力・判断力・表現力等」の育成のために言語活動を導入する時間を想定しなくてはならなくなった。この時間の制約によって，より計画的な指導方略が求められるようになったと言える。

6．今後の課題

　今回は紙面の都合で，具体的な教材の事例は〈夏の思い出〉を挙げるのみにとどまった。筆者が音楽科の教員養成での問題を主張してきた理由に，学生から「何となく」という自身の内面を説明するときの言葉を聞く機会の多さがある。この発言は授業者に授業計画で理由を尋ねた際に聞くときもあれば，授業者が教材曲を聴いたときの感想の理由で聞くときもある。

いずれにせよ，音楽科の教員養成で解決すべき課題は，授業者も児童生徒も教科観，授業観を変えるべき点にある。そうでなければ，「何となく」といった漠然とした発言が減らないのではないか。そう言った意味で，授業者本人が音楽科は何を学習すべき教科なのか，その問題意識がなければ文脈の通った授業を作れるようにはならないであろう。そのための明確な動機付けが教員養成における今後の喫緊の課題ではないだろうか。

注

(1)指導方略（ストラテジー）とは「授業の構想の段階で工夫され，準備される」授業の技。
長島真人（2001）「音楽授業における指導方略と指導方術」『音楽科重要用語300の基礎知識』明治図書，p. 152

(2)指導方術（タクティクス）とは「授業を実行していく段階で子どもたちの学習活動に臨機に対応しながら，すばやい判断に基づいて展開される」技のこと。
長島真人，同上書(1)，p. 152

(3)文部科学省（2008）『小学校学習指導要領』東京書籍，文部科学省（2008）『中学校学習指導要領』東山書房

(4)「育成すべき資質・能力を踏まえた教育目標・内容と評価の在り方に関する検討会」第9回（2013）の時点で，配布資料2「主な検討の視点について（案）に係る主な意見の整理」の【学習指導要領の改善】（目標・内容）で「学習指導要領について，昭和33年以来用いている表し方が，基本的にコンテンツ・ベースを前提としているとすれば，その表し方，書式，用語自体を，コンピテンシー・ベースの観点も含めた今日的視点から見直してみてはどうか」と指摘されている。
https://www.mext.go.jp/b_menu/shingi/chousa/shotou/095/shiryo/attach/1340542.htm（2024年9月30日閲覧）

(5)連合説は「『学習』がどのように成立するかを説明する『学習理論』の中には，特定の刺激に対して特定の反応が結びつく（連合する）ことで『学習』が成立すると考える立場」
塩見邦雄編（2008）『教育実践心理学』ナカニシヤ出版，p. 43
認知説は「刺激と反応の結びつきが学習を成立させるという連合説の立場に対して，刺激と反応が結びつく過程で，とくに私たちの頭の中で何かが起こっていて，それ

が学習の成立にとってはきわめて重要な役割を果たしていると考える立場」
　同上，p. 48

⑹小島律子監修『新訂版　小学校音楽科の学習指導—生成の原理による授業デザイン—』廣済堂あかつき，p. 8

⑺小島は「音楽の授業では，教師は，ともすれば，子どもが楽器を鳴らしていれば『表現』しているなと納得しがちです。しかし楽器を鳴らすことが『表現』であるためには，その人の内面とつながったところでそれが行われていなければならない」と「表現」の原理について説明している。
　西園芳信・小島律子（2000）『総合的な学習と音楽表現』黎明書房，pp. 52-53

⑻宮下俊也・森長はるみ（2001）「音楽教育専攻学部生の音楽授業観—『中等教科教育法（音楽）』における模擬授業の分析・評価を通して—」『奈良教育大学教育実践総合センター研究紀要』第10巻，p. 56

⑼前掲書⑺，p. 57

⑽前掲書⑺，p. 57

⑾尾崎祐司（2020）「『音楽科』で育てる『人間力』—音楽を介して人とつながろうとする意欲—」『「人間力」を考える　—上越教育大学からの提言5』上越教育大学出版会，pp. 71-83

⑿尾崎祐司（2022）「音楽科の授業で『人間力』を育成できる教員の養成—『現代の社会生活』との関わりを意識づけた指導方略と指導方術に対する省察力の育成—」『「人間力」を考える　—上越教育大学からの提言6』上越教育大学出版会，pp. 171-186

⒀文部科学省（2018）『中学校学習指導要領（平成29年告示）解説（音楽編）』教育芸術社，p. 3

⒁中央教育審議会答申においては，予測困難な社会の変化に主体的に関わり，感性を豊かに働かせながら，どのような未来を創っていくのか，どのように社会や人生をよりよいものにしていくのかという目的を自ら考え，自らの可能性を発揮し，よりよい社会と幸福な人生の創り手となる力を身に付けられるようにすることが重要であること，こうした力は全く新しい力ということではなく学校教育が長年その育成を目指してきた「生きる力」である，としている。
　同上書⒀，p. 3

⒂前掲書⒀，pp. 3-4

⒃落合幸子（1986）『発展発問の効果に関する教育心理学的研究』風間書房，p. 34

⒄Mills, K. (1996), *Questions, Answers and Feedback in primary teaching*, Center for research in elementary and primary education, University of Warwick, p. 5

⒅Bloom, B. S. (1956), *Taxonomy of Educational Objectives, Handbook I: The Cognitive Domain New York:* David McKay, p. 18

⒆吉田孝（2004）「音楽の授業における発問の機能―『赤とんぼ』の授業を例にして」『音楽教育実践ジャーナル』Vol. 2 no. 1, 日本音楽教育学会, pp. 91-97

⒇尾崎祐司・小助川謙二（2019）「音楽的思考の論拠とする『教科等横断的な視点』の『発問』の導入効果―中学校歌唱共通教材《花》の実践より―」『上越教育大学研究紀要』第39巻第1号, pp. 217-225

㉑文部科学省（2018）『中学校学習指導要領（平成29年告示）解説音楽編』教育芸術社, p. 11

㉒梅田聡編（2014）『岩波講座　コミュニケーションの認知科学　2　共感』岩波書店, p. 4

㉓同上書㉒, p. 4

㉔Lundin, R. D. (1967), *An Objective Psychology of Music (2nd edition)*, The Ronald Press Company, New York, pp. 150-203

㉕Radocy, R. E. & Boyle, J. D. (1979), *Psychological Foundations of Musical Behavior*, Charles G Thomas Publisher, p. 205
　　徳丸吉彦・藤田芙美子・北川純子訳（1986）『音楽行動の心理学』音楽之友社, p. 190

㉖安達真由美（2006）「第9章　音楽の意味を科学する」『認知科学への招待2―心の研究の多様性を探る―』研究社, p. 149

㉗Meyer, L. B. (1956), *Emotional and meaning in music.* Chicago. IL: The University of Chicago Press.

㉘前掲書㉖, p. 149

㉙前掲書㉖, pp. 149-150

㉚前掲書⒀

㉛前掲書⒀, p. 108

㉜前掲書⒀, p. 108

㉝新見徳英監修（2020）『中学音楽1　音楽のおくりもの』教育出版, 表紙裏

㉞小原光一（2020）『中学生の音楽2・3上』教育芸術社, pp. 18-19

㉟讀賣新聞（2000）6月6日（火）朝刊「こころの四季」p. 36

㊱江間章子（1987）『〈夏の思い出〉その想いのゆくえ』宝文館, pp. 19-20

㊲新実徳英他（2021）『中学音楽1　音楽のおくりもの』教育出版, p. 15

第22章

教員養成の視点から捉える「指揮法」科目
―リハーサルを遂行する能力に着目して―

長谷川正規

１．はじめに

　指揮法は，中学校および高等学校の音楽の教員免許状取得に必須とされている科目である。この科目は，第一義的には合奏や合唱の指揮をする際のバトンテクニックについて学ぶものと考えられるが，教員養成の視点ではそれ以外にも多くの資質・能力を育成したり，確認したりできる重要な場にもなりえる。本稿では教員養成課程における指揮法について，先行研究と筆者自身の授業経験から整理し，特にリハーサルを遂行する能力に着目して捉え直すことを試みる。

２．教科に関する専門的事項における指揮法の取り扱い

　現在中学校や高等学校の音楽の教員免許取得に必要とされている，教科に関する専門的事項に関する科目区分は，次の５つである。
　○ソルフェージュ
　○声楽（合唱及び日本の伝統的な歌唱を含む。）
　○器楽（合奏及び伴奏並びに和楽器を含む。）
　○指揮法
　○音楽理論・作曲法（編曲法を含む。）・音楽史（日本の伝統音楽及び諸民族の
　　音楽を含む。）
　この要素は平成12年（2000年）に日本の伝統的な歌唱，和楽器，諸民族の音楽といった事項が追加されてから，変更されていない。

昭和24年（1949年）に示された教育職員免許法施行規則では声楽，器楽，音楽理論，音楽史（鑑賞を含む。）とされており，指揮法はその中に設定されていなかった（『官報』，1949）。昭和29年（1953年）にこれが声楽（指揮法を含む。），器楽（指揮法を含む。），音楽理論及び音楽史となり，声楽と器楽それぞれに附随する形で指揮法が現れる。昭和37年にはソルフェージュ，声楽（合唱を含む。），器楽（合奏を含む。），指揮法，音楽理論及び音楽史となり，声楽と器楽それぞれから指揮法が独立して扱われるようになった。指揮法については，この独立した状態が現在まで続いている（文部科学省，2023：p.1，p.5）。

3．なぜ指揮法を習得するのか

かつては声楽と器楽の科目に指揮法が伴っていたことを考慮すると，音楽の教員養成において指揮法を習得しなければならないのは，まず教員自身が合唱や合奏の指揮をすることが必要という理由からだろう。

他に，発表会等で合唱や合奏を生徒が指揮する際に，その指導を行う場面も考えられる。さらに学習指導要領では，「いずれの学年でも，指揮を身体表現と位置づけている」ことが確認できる（虫明，2022：p.86）。指揮は本来，一人が集団に対して行うものだが，児童や生徒が一斉に指揮の動作を行うことにより，主体的に体を動かして拍子や速度，強弱といった音楽の諸要素の理解を深めるような活動も想定されている。

4．教員養成課程における学生の指揮経験

ピアノや声楽といった他の実技に関する科目では，履修者がある程度あるいはかなり経験を積んだ状態でスタートする。歌唱は音楽科の授業等で取り扱われているし，ピアノとともに大学入試の際に問われることも多い。一方で指揮法は，履修する時点での経験はそう多くない。例えば筆者がA大学で担当した指揮の授業では，初回に聞き取ったところ，履修者10名のうち経験があるものは2名（20％）であった。またB大学でも授業開始時にGoogle

Form で指揮の経験を問うたところ，89名のうち指揮の経験があると回答したのは16名（18%）であった[1]。約8割は全くの未経験から学び始めていることになるが，これは指揮法という科目が持っている特異性の一つである。なお，B大学の指揮経験者にその内容を質問したところ，中学校や高等学校において合唱，吹奏楽，オーケストラで指揮をしたという回答がほとんどだった。

　合奏の経験も少ない学生は，指揮台に立つことにすら抵抗を覚える場合がある。振り終わった後もできるだけ早く指揮台から降りたがるほどで，そのくらい慣れない状態から学び始めているのである。もちろん指揮することに緊張感を抱くこと自体は悪いことではないし，指揮台に立って振り始めるのに勇気が必要なことは十分理解できる。

5．指揮の技術以外に必要な能力について

　指揮法の科目で取り上げられる中心的な事項は，指揮の技術（バトンテクニック）といってよいだろう。例えば齋藤秀雄の『指揮法教程』に代表されるような指揮に関する著書の内容も，大半は指揮の技術の解説である。一方で，実際に指揮をするために必要な能力はそれ以外にもあり，多岐にわたっている。

　そもそも指揮をする前には準備が必要である。山本が「指揮者の仕事の第1番目は棒を振ることではない」と述べているように，まず楽譜を読み込んで分析することや，作品の背景について学ぶ必要があるのだ（山本，2016：p.1）。

　浅井は「指揮者が最終的な演奏までにたどるプロセスや，指揮者がもつ集団に対する存在意義が，児童生徒を相手に授業を行う音楽教員のそれと酷似している」と考えている（浅井，2021：p.33）。ここからも指揮者がバトンテクニック以外にも多くを身に付けるべきであることが読み取れる。浅井はまた，純粋なバトンテクニック以外に求められる能力として，指揮法に関する

文献を整理しながら①スコアを前に必要とされる能力，②実際に音を前にした時に求められる能力，③聴力以外に求められる身体能力，④その他の能力や素質に分類している（浅井，2023：pp.35-36）。ここでいう「その他の能力や素質」には「音楽理論の知識」の他に「的確な指摘と指示力」「心理学の知識（集団の心理について）」「人格・良識」が含まれている。

　坂本は音楽教員が指揮者として果たす役割を①スコアを読む，②リハーサルをする，③指揮を振る，の3点にまとめている（坂本，2023：p.95）。坂本は音楽教員に特化して述べているが，プロフェッショナルを含めた他の指揮者の場合でもこの3点は大きく変わらないのではないだろうか。

　山岸は演奏家が指揮者に求めることとして，次のように大きく3つを提示している（山岸，2013：pp.127-129）。一つ目は「演奏者が一緒に合わせるためのテンポや入りのタイミングなどの，いわば基本的な情報を的確に提供することである。言い換えれば，指揮の基礎技術」で，これは坂本の「指揮を振る」と一致している。二つ目は「指揮者みずからが考える音楽のビジョンの，つまり作品を表現する上でのニュアンス，音の意味，音楽のもつ感動といったすべてを，言葉によってではなく指揮する姿そのものによって，演奏家に伝えること」である。これも「指揮を振る」ことではあるが，音楽のビジョンを明確にするためには当然「スコアを読む」ことが前提となる。さらに音楽を分析し，解釈を加えてようやく音楽が表現できるようになる。この表現を腕や指揮棒の動きだけでなく，体の他の部分も駆使して伝えることが求められている。この他の部分というのは，視線や表情，ブレス，体の向きといったものが含まれるし，場合によっては飛び跳ねる指揮者もいる。そして三つめは「リハーサルを合理的に進める力」で，これも坂本のいう音楽教員が指揮者として果たす役割と重なっている。

　リハーサルについては山本も触れており，そこに必要とされるのは「すぐれた「音楽的センス」，職人的な「精密さ」に加えて，人を引っ張っていく「リーダーシップ」」であると述べている（山本，2016：p.2）。浅井がいう「的

確な指摘と指示力」もリハーサルで特に発揮される能力といえる[2]。

　プロフェッショナルのオーケストラにおけるリハーサルは2，3回だが，音楽教員が児童生徒に対して行うリハーサルは普通もっと回数が多い。また音楽教員にとってのリハーサルは授業の中で行われることがまず想定される。だからこそ，教員養成における指揮者でも，このリハーサルを進める力が必要であるのだ。西尾は「学校現場における指揮者に求められるのは，ほとんどリハーサルの技術である」（西尾，2019：p.35）とし，自身が教員養成課程で行っている指揮法講義について「実際には「リハーサル法」と銘打ったほうがより正確である。リハーサルは，専門的な音楽家の一連の作業のなかできわめて重要な位置を占めている」と，リハーサルを進める能力の重要性を強調している（同前：p.32）[3]。

6．リハーサルはどのように進んでいるのか

　それでは，リハーサルを進める能力とは何だろうか。まずその検討の前段階として，リハーサルの場で指揮者が行っていることを整理しよう。ここでは，特定の作品や編成を想定せずに，一般的と思われるリハーサルの流れを示したい[4]。なお授業ではこれが他の活動と組み合わされたり，この一部のみ実施されたりといったことも考えられる。

　まずは当該の作品を演奏する。総合的な課題を把握するためには，最初から最後まで通すことが必要だが，時間が限られる場合や技術的な問題があれば一部のみに限ることもあるだろう。この演奏の間に，指揮者は練習すべき，課題である箇所を見つけなければならない。演奏が終わったら（または演奏を止めたら）すぐに課題である箇所とその内容，そして解決法を提示する。〔○○小節目からのフレーズですが，メロディーが埋もれてしまうのでハーモニーの方々はもう少し小さく演奏してください〕といった具合である。この例は具体的な演奏の指示であるが，奏者にイメージを持たせるような言葉が用いられることもある。河添は「場面に応じた的確な指導言を用意できる

ことが重要」とし，その例として「広がりを持ったフレーズ感を共有するには，どのような比喩表現が効果的なのか。明確でありながらもトゲトゲしくならない発音を要求するときは，どのような声がけが望ましいのか，など」を挙げている（河添，2019：p. 46）。また，指揮者による楽曲分析の内容の説明がなされることもある。演奏者がパート譜を使用している場合は，他のパートとの関係や全体の構造が分かりづらいため，スコアの視点からの説明は大いに役立つ。必要に応じて，特定のセクションや，音楽的な役割（伴奏のみ）などを取り出して練習することもある。これはそのセクション等の練習になるだけでなく，聴いている他の奏者もその部分の音楽についてより知ることができる。

　しかし，時間的な制約から，指揮者がこれら全ての箇所を練習・説明できるとは限らない。奏者がすでに気づいている点や自ら解決できそうなことより，その場でしか練習できないようなことを優先させるべきである。また個人やパート特有の問題であれば，全員の場ではなく別の場で練習するほうが，効率的といえる。

　特に児童生徒が対象の場合は，練習方法の工夫が提示されることも多い。例えば，テンポを遅くして練習する，スタッカートなどのアーティキュレーションを無い状態にして確認する，歌詞を（楽譜にある音高やリズムを付けずに）朗読してみる，等である。このような工夫はよく行われるものだが，合奏や合唱への参加経験により蓄積される考え方でもある。

　こういった指摘や練習を行う際は，音楽に関する理論，楽器や声に関する知識の他に，対象者の能力や特性も考慮しなくてはならない。同じ楽器で同じ高さの音を演奏するとしても，奏者によって感じる難しさは異なる。また指や舌，息といった体の使い方もかなり差異があるため，児童生徒に個別的に対応することが求められる。

　指摘や指示が済んだら，その部分を含めてもう一度演奏し，改善したか確認することになる。この際どこから演奏するのか，適宜小節番号やリハーサ

ルマーク，歌詞などを目印にして，誤解の無いように演奏者に伝えなければならない。

　以上のようなことが繰り返されるが，時には演奏者から楽譜や表現に関する確認，練習したい箇所のリクエストが出てくることもある。加えて指揮者は全体の時間を管理し，自らの指揮についても省みながらリハーサルを進めていくことになる。

7．音楽教員が指揮者としてリハーサルを進めるために必要な力

　それでは，音楽教員がリハーサルを行うためにはどのような能力が必要だろうか。もちろんまずはバトンテクニック（本番との違いとして，リハーサルでは途中から振ることや，状況に合わせて振り方を変更することも求められる）や，耳で音楽を判断するスキルが必要である。

　先に触れた通り，指揮者はリハーサルの前に準備をしてくる。本来であれば「リハーサルの指揮台に立ったとき，すでに完成図が頭の中でイメージできていなければならない」（山本，p. 2）。この完成図というのは，単純に楽譜に書いてあることだけはなく，音色，歌い方，バランスといった細かな要素も含めたものであろう。リハーサルでは，その完成図を実際に出た音と瞬時に比べていくのが理想的である。ただしこれは高度な専門性であり，取り扱う作品にもよるものの，学校現場で指揮をする全ての教員に求めるのは現実的でない。一方で教員は児童生徒の能力や個性を細かく把握しておくことが可能で，そちらの専門性は高いはずである。これを活かして，予め演奏でどんなことが課題になるかを想定して，それに着目しながら指揮をすることはできる。さらに，この課題を授業におけるねらいと関連させれば，より深い音楽的な学びに繋がる。

8．まとめと課題

　ここまで，教員養成課程における指揮法について，特にリハーサルを遂行

するために必要な能力に着目して検討してきた。純粋な指揮の技術，読譜力や聴き分ける力といった音楽的な能力の他にも，人格，リーダーシップ，児童生徒の能力や個性を理解してそれに対応する能力，時間管理能力，コミュニケーション能力といった，そもそも教員として身に付けるべき能力も必要である。裏を返せば，教員養成課程における指揮法科目で，リハーサルの重要性や実践に踏み込んだ授業を展開することで，これらの能力の育成を狙うことができるのではないだろうか。

　もちろん課題もある。未経験から指揮法を学ぶ以上は，まずはバトンテクニックで多くのことを学ばなくてはならない。種々の運動，拍子の基本的な図形，予備運動や音の止め方，フェルマータと再開，変拍子といった技術を，音楽の諸要素と結びつけて実践し身に付けるだけでも，相当な時間が必要である。

　履修人数との関係も大きな問題である。指揮台で一人3分ずつの曲を演奏するのに10人で30分，20人で60分かかる。これに当然指導や解説も加わるので，90分の授業で1回ずつ指揮できるようにするのも，時間的な余裕はほとんどない。もちろんさらに履修者が多いケースもあるのだ。演奏して指示をしてまた演奏をするという，リハーサルの実践となると，振る経験をするための時間がどんどん短くなってしまう。授業を効率的に進めるためには，反転授業やグループ学習，ICT 機器の活用[5]，学生相互による評価[6]といった工夫を，履修の実態に合わせて取り入れていくべきであろう。

　ソルフェージュや声楽（合唱），器楽（合奏）といった他の授業科目ともより関連を深めることも重要である。これは筆者の取り組みであるが，ソルフェージュの授業において様々な音部記号や移調して記譜された楽譜に触れさせて，スコアを読むことに繋げている。また合奏の授業では，小さいアンサンブルへの編曲を実践させスコアへの理解を促すとともに，他者の演奏に対して課題を挙げさせるなど，リハーサルに必要な能力の一部を養っている。このように，カリキュラム全体を見通して効率的な授業運営に取り組むこと

第22章　教員養成の視点から捉える「指揮法」科目　403

で，教員養成課程における指揮法という科目の存在意義はさらに高まるはず
である。

注
(1) 2つの授業で行った調査結果を合算している。
(2) 現実的には，評価の高い指揮者のリハーサルのやり方が，音楽の教員が実践すべき
　　それと一致しないこともある。A. トスカニーニが楽団員に酷い言葉を浴びせてい
　　たことは知られているし，C. アバドのリハーサルも評判は良くなかったようだ
　　（宇田川，2011：pp. 101-103）。
(3) 西尾はまた，リハーサルについて「それも指揮法の教本に十分記述すべきであるが，
　　音楽はナマモノ，イキモノであり，その時その人その場所によって大なり小なり演
　　奏の仕方が変化するため，文字で固定するのは難しい」と，体系化することの困難
　　さを示唆している。（西尾，2019：p. 32）
(4) 坂本はリハーサルのサイクルを「①演奏②言葉による指示③改善した演奏④できた
　　ら次の箇所へ（①へ戻る）」と説明している（坂本，2023：p. 109）。本稿ではもう
　　少し詳しく，筆者自身の経験を加味しながらリハーサルの過程を示すことにした。
(5) 白岩（2023）などに成果がまとめられている。
(6) 河添は「受講者間で相互評価を行うピア・レビュー表」を導入している。（河添，
　　2019：p. 45）

引用参考文献
「教育職員免許法施行規則」『官報』号外第百二十六号（1949）国立国会図書館デジタ
　　ルコレクション　https://dl.ndl.go.jp/pid/2963385/1/11（2024.9.30. 最終アクセ
　　ス）
浅井暁子（2021）「指揮法授業をゴールとする学習デザインの検討」『金沢大学人間社
　　会研究域学校教育系紀要』第13号　pp. 31-37
宇田川耕一（2011）『オーケストラ指揮者の多元的知性研究　場のリーダーシップに
　　関するメタ・フレームワークの構築を通して』大学教育出版
河添達也（2019）「「指揮法」授業実践報告」『島根大学教育学部紀要』第52巻別冊
　　pp. 43-46
斎藤秀雄（2010）『改訂新版 指揮法教程』音楽之友社
坂本光太（2023）「中学校・高等学校における指揮者の役割－指揮法基礎と合奏リハ

ーサルー」『音楽表現はからだで変わる！よくわかるからだの正しい使い方レッスン』青山社　pp. 95-111

坂本光太（2024）「初等・中等音楽科教員養成課程のための総合的な「指揮法」の試み―「合奏」との融合を通して―」『京都女子大学発達教育学部紀要』第20号　pp. 77-88

白岩洵（2023）「教員養成課程における指揮法でのICT活用―授業外学習創出の成果と課題―」『山口大学教育学部附属教育実践総合センター研究紀要』第56号　pp. 245-251

西尾洋（2019）「教員養成課程における指揮法講義」『岐阜大学教育学部研究報告　教育実践研究・教師教育研究』第21巻　pp. 29-35

虫明眞砂子（2022）「歌唱授業における指揮の役割について⑵―合唱受講生及び小中高等学校の音楽教員に対するアンケート調査に基づいて―」『岡山大学大学院教育学研究科研究集録』第179号　pp. 85-94

文部科学省（2023）「教科に関する専門的事項に関する科目区分の改正経緯一覧」（中央教育審議会初等中等教育分科会教員養成部会教科に関する専門的事項に関する検討委員会（第1回）参考資料）https://www.mext.go.jp/kaigisiryo/content/000233888.pdf（2024.9.30. 最終アクセス）

山岸淳子（2013）『ドラッカーとオーケストラの組織論』PHP研究所

山本訓久（2016）『新版 学ぼう指揮法 Step by Step わらべ歌からシンフォニーまで』アルテスパブリッシング

終　　章

第23章

編集担当教員の立場から教員養成学を考える

長谷川鷹士　志村　喬

1．はじめに

　本書では前章までの22編において，それぞれが専門とする視座・立場から「教員養成学」に対する考えを披露いただいた。「教員養成学」の先導者である福島裕敏氏（弘前大学前教育学部長）及び教員養成研究の中心学会の学会長である岩田康之氏（日本教師教育学会会長，東京学芸大学教授）から寄稿いただけたことは望外の喜びである。加えて，上越教育大学（以下，本学）が主体となって取り組んでいる「教員養成学」研究に，学内を主にこれだけの応答が，目に見える形に絞ってもあったということは編集担当として喜ばしいことであった。ここでは，本書編集の一端を担った筆者らの立場から，「教員養成学」をどのように考えることができたのか私見を示すことで，本書の終章としたい。

　教員養成学は，遠藤・福島編著（2007）のはしがきで「『教員養成学』とは，教員養成学部における教員養成活動全体を自律的かつ不断に検証・改善し，質の高い教員養成を実現するための理論と方法論から成る，極めて実践的な学問領域である」（p.ii）と説明され，林（2022）はこれを現今の状況をふまえて一部修正し「『教員養成学』とは，教員養成学部及び教職大学院における教員養成活動全体を自律的かつ不断に検証・改善し，質の高い教員養成を実現するための理論と方法論から成る，極めて実践的な学問領域である」（p.7）と再定義した。この説明・定義は，大学の教員養成学部・大学院においてそれまでなされてきた教員養成実践を学問的に検討するという要素

408 終章

を有している。その意味からすると，本学の教員養成を検討する本書の試み
も「教員養成学」の端緒であろう。本書所収の各論文の内容は，本学が「教
員養成学」構築に向かっていく際のたたき台であるとともに，教員養成に関
心を持つ読者の皆さんが，教員養成を考えるうえでも一つの素材を提供する
と考えている。

　もとより，所収諸論文は各自の専門から「教員養成学」をシリーズ書籍初
巻として「考えた」ものであるため本書の内容は多岐にわたり，筆者らの能
力からして相互参照して体系的にまとめ得るものではない。また本書はあく
まで個々の教員の立場から「教員養成学」を「考える」試みであり，大学総
体としての見解を示すことをめざしたものではない。それはこれからの研究
及び続巻で協働的に論じられるものである。ついては，所収諸論を俯瞰し論
じる土俵として以下では，本学の「教員養成学」の政策的背景となっている
「「令和の日本型学校教育」を担う教師の養成・採用・研修の在り方につい
て」（2022年中教審答申，以下，適宜「「令和の日本型学校教育」を担う教師」と略
記）の内容を検討し，今，目指されている教師の姿を明確にする。次に
「「令和の日本型学校教育」を担う教師」を踏まえながらも，さらに未来を志
向するならば，どのような教師像を目指すことがありうるのかを論じる。そ
して，本学で取り組まれてきた教員養成実践は，それらを踏まえるとどのよ
うに捉えられるのかを述べる。

2．「令和の日本型学校教育」を担う教師

2.1　中教審答申から描き出される教師像

　本学の「教員養成学」は2022年中教審答申に示された教師像を踏まえつつ，
その構築を目指している。もちろん，答申にのみもとづいて構築するわけで
はなく，大学の主体性をもって，独自の教師像を設定し，教員養成に取り組
むことは当然である。そこで，この前提は踏まえたうえで，答申ではどのよ
うな教師像が描き出されているかを検討する。

同答申では改革の方向について，大きく3つの柱が掲げられている。すなわち，①「新たな教師の学びの姿」の実現，②多様な専門性を有する質の高い教職員集団の形成，③教職志望者の多様化や，教師のライフサイクルの変化を踏まえた育成と，安定的確保である。より具体的には，①については子どもの学習観が「個別最適な学び，協同的な学び」になることを踏まえた教師の学びの転換，「理論と実践の往還」，②については多様な専門性・背景を有する人材を取り込みつつ，教師一人一人の専門性を向上させる，③については養成に関わっては，教職課程の柔軟性を高めることによる多様な教職志望者の確保である（中央教育審議会，2022）。

　ここから目指されている教師像を析出するならば，多様な背景，専門を持ちつつ，高い専門性を有する自ら学び続ける教師となるであろう。このような教師像は，高い理想像であり，理想像そのものへの批判は少ないであろうが，実現可能なのか，また実現方策については批判も多いであろう。たとえば特別免許状の積極的活用という方針には（中央教育審議会，2022），教師の専門性をどのように考えるのかという疑義があるであろう。そこで，中教審答申の描き出した教師像を踏まえつつ，学としての批判的検討を企図しながら，「教員養成学」構築へのたたき台としての教師像を提示したい。

2.2　中教審答申を超える教師像

　中教審答申で示されている教師像は，令和の時代に対応する教師に必要な資質能力から考えられたものである。しかし，ある時代に適応できる教師を育てればそれでよいというものではない。「「令和の日本型学校教育」を担う教師」答申も示しているように時代の「変化」に対応できる柔軟な教師の養成が求められている。また，大学が主体性をもって教員養成に取り組む「大学における教員養成」の原則から考えても，答申の線に沿うだけの教員養成を実施することは適切ではない。

　では，本学はどのような教師像を描いて，教員養成に取り組むのか。上述

のように，これは今後，学内で様々に議論され・創りだされていくものであるが，教師像（教員養成像）の考え方としてこれまでしばしば参照されてきた「不易と流行」及び「理論と実践の融合」の2観点から論じたい。

2.2.1 「不易と流行」

「不易と流行」の観点から教師像を考えるのは中教審なども行っていた。たとえば1997年の教育職員養成審議会答申「新たな時代に向けた教員養成の改善方策について」では，教員に求められる資質能力を「いつの時代にも求められる資質能力」と「今後特に求められる資質能力」の二つに整理し，「いつの時代にも求められる資質能力」として「教育者としての使命感や人間の成長・発達についての深い理解，幼児・児童・生徒に対する教育的愛情，教科等に関する専門的知識，広く豊かな教養，実践的指導力等」が示されている（文部科学省，2021，p.8）。また2012年中教審答申「教職生活の全体を通じた教員の資質能力の総合的な向上方策について」では，「教職に対する責任感，探究力，教職生活全体を通じて自主的に学び続ける力」が「使命感や責任感，教育的愛情」として整理されている（文部科学省，2021，p.9）。

なお，2015年中教審答申「これからの学校教育を担う教員の資質能力の向上について～学びあい高めあう教員育成コミュニティの構築に向けて～」では，「自律的に学ぶ姿勢」は「これまで教員として不易とされてきた資質能力に加え」と表記されているため新しい資質能力のような位置づけを与えられているようにも見えるが（文部科学省，2021，p.9），それまでの答申を踏まえれば，学び続ける態度もまた「不易」と言える。

これらを踏まえたうえで，「「令和の日本型学校教育」を担う教師」，そして，超えていく教師像を描き出すならば，それはやはり「不易」を重視した教員養成になるであろう。「不易」の重要性を主張しているのはほかでもない中教審であり，文部科学省である。「不易」を忘れた教員養成はその時代の「流行」には対応できても，時代の変化についていけないであろう。

また「不易」を追求することは，「流行」への対応も可能にするのではないだろうか。たとえば，学び続ける教師像は，「流行」を反映するものでもあるが，それが実は「不易」でもあることは上記各答申で確認した通りである。さらに確認していくならば，答申よりも，むしろ根本的に諸法令によっても学び続けることは教師の「不易」の資質能力であるという位置づけを与えられている。すなわち教育基本法第9条に「自己の崇高な使命を自覚し，絶えず研究と修養に励み」とあり，教育公務員特例法第21条には「絶えず研究と修養に努めなくてはならない」とあるのである。そして，これらの諸制度は改正されてはいるが，その基本構造は戦後教育改革の際に築かれていた。戦後教育改革においては，戦前の師範教育は学問には開かれておらず，固定した教育内容を教授する教員の養成を目指していたと捉えられていた。そうした教員養成を克服するために，戦後の教員養成は，大学において学問研究を経験させることによって，自律的に教育内容を構成できる教師の養成を目指したのである（海後，1971，pp.546-547）。すなわち，大学で学問研究に触れ，その経験を基盤に学び続ける教師の養成が目指されたのである。こうした経緯を踏まえるならば，「個別最適な学び」などの「流行」に対応できるようにマイナーチェンジが必要ではあったとしても，基本的には「不易」の部分，教師になってから学び続けるには，学生時代に学びを経験していなくてはならないというような考え方を基礎に据える必要があるであろう。

なお，近年の情報化社会の負の側面，フェイクニュースなどの氾濫という「ポストトゥルース」の時代に対応するためには，判断を保留できるような「ネガティブ・リテラシー」が必要ではないかという議論がされている。その際には「古典に学ぶ伝統」という知識人の態度も有効な資源のひとつであるという議論がみられる（佐藤，2024，p.203）。教員養成においては，批判的思考力の源泉になったとみなされた「教養」を重視するという議論が戦後改革以来，理想とされてきた（山崎，2017，p.259）。このような議論からすると，戦後教員養成論の「不易」とも言える「教養」の重視は，現在の「流行」と

412 終 章

しての「ネガティブ・リテラシー」育成に寄与する点もあるということになる。そうであるならば，教員養成における「教養」の重視は，教養の内実を精査する必要はあるとしても，やはり支持されることになろう。

　以上からして，教員に求められる「不易」の資質能力を追求することは，「流行」に応えられる側面も有している。戦後に引き継がれてきた教員養成における「不易」，「大学における教員養成」，すなわち学問をした経験を持つ教師という教師像は，今後も維持されていく必要があるであろう。

2.2.2 「理論と実践の融合」

　「理論と実践の融合」については，本学の教員養成学研究を主導する林泰成の議論を踏まえる。林（2022, p.7）は，教職大学院設置に際して「理論と実践の融合」がしばしば論題になったことを切り口に，主には教職大学院レベルで教員養成を担当する大学教員，特に実務家教員に「理論と実践の融合」を求めている。「理論と実践の往還」の場合，理論と実践が別々にあるイメージがあるが，教員養成を担う大学教員の中では理論と実践が統合され，「融合」の段階まで進んでいる必要があるというような議論である。この点に関して，2022年の中教審答申では「理論と実践の往還」という言葉を用いてはいるが，「理論知（学問知）と実践知などの「二項対立」の陥穽に陥らない」と述べており（中央教育審議会，2022），林の言う「融合」を求めてきているといえる。林の場合，議論の中心は大学教員側だが，それは当然ながら，教員となる学生にそうした資質能力が必要だからこそ，教員養成を担い学生を指導する大学教員に，「理論と実践の融合」を求めているのである。

　では，そのような試みは，大学の教員養成現場で実際なされて来なかったのであろうか。「教員養成学」を提唱した弘前大学の先導的研究・実践をみれば，その試みはなされてきているし，その後の発展は本書所収の福島論文（第7章）に詳しい。そして，上越教育大学においても，その試みは重ねられてきた。

第23章　編集担当教員の立場から教員養成学を考える　　413

　上越教育大学は，主に初等中等教員に研究・研鑽の機会を提供することを趣旨とする大学院修士課程と，初等教育教員を養成する学部を有する，学校教育に関する理論的・実践的な教育研究を推進することを目的とした国立の教育大学として，1978年に設置された大学であり，「教員のための新しい大学・大学院」いわゆる新構想の教員養成大学である。以来，大学院・学部にわたり理論的・実践的な教育研究並びに，実践的指導力を有する学校教員の養成及び現職教員の研修に力を尽くし，多くの教員を全国へ送り出してきた。また，2008年には教職大学院制度発足にあわせ大学院に専門職学位課程（教職大学院）を設置し，徐々に修士課程からの転換を進め，2022年には190名の入学定員を有する全国有数の教職大学院へと拡充された。教職大学院は，教職に関する精深な学識を身に付け，教育現場に生起する問題や事象について即時的に判断し，対応する力量を有する教育者を育成することを目的としており，この期間，その実現に向けた様々な理論的・実践的な取り組みが推進されてきた。

　全学的な取り組みの代表は，国立教育政策研究所が2015年に提案し，その後の学習指導要領改訂はじめ教育施策に適用されていった「21世紀に求められる資質・能力（21世紀型能力）」を育む学校授業実践ができる力（「実践力」）をもつ教員養成をめざす協働的研究プロジェクトである。この成果は，上越教育大学編のシリーズ書籍「上越教育大学からの提言」として，第1巻『「思考力」を育てる』・第2巻『「実践力」を育てる』』（2017a・b），第3巻『「思考力」が育つ教員養成』・第4巻『「実践力」が育つ教員養成』（2018a・b），第5巻『「人間力」を考える』・第6巻『「人間力」を育てる』（2020，2022）としてまとめられ発信された。これら書籍には，理論と実践にまたがる本学での取り組みの歩みが記されている。この他にも組織的取り組みとして，教科内容に関する協働研究の推進・成果発信（たとえば，西園・増井編著，2009：松田監修，2018），学部・大学院授業における各教科内容構成テキストの作成（2013年から）及び授業科目開設（2014年から）がなされており，「理論

414 終 章

と実践の融合」を目指す試みは意図的・組織的になされてきたと自負したい。

3．教師像と教員養成実践に根ざして考究した本書内容

　これまで論じてきた教師像及びその背景からみた場合，本学で取り組まれている教員養成実践及びそれを基底にして執筆された本書の内容は，どのように解釈し意味づけることができるのであろうか。

　先述のように「「令和の日本型学校教育」と教師」答申では大きく①「新たな教師の学びの姿」の実現，②多様な専門性を有する質の高い教職員集団の形成，③教職志望者の多様化や，教師のライフサイクルの変化を踏まえた育成と，安定的確保の3つが示された。ついては，教師像にかかわるこの3点から，本書内容を検討する。

　①については，「不易」としての「大学における教員養成」，教養の学修や学問研究の端緒を経験した学生を教員にしていく取り組みを基本に据える必要を筆者らは主張したが，同様な論は所収諸論文でも度々主張されている。そして，その裏付けとなる上越教育大学での教員養成実践は，所収諸論文のみならず，「理論と実践の融合」に記したプロジェクト成果に示されており，それらの継続発展として本書は定位される。

　②の多様性の確保についてみると，本学の学部は小学校教員養成課程ではあるものの，幼・小・中・高，すべての学校種の免許状を取得することのできる教員養成の総合大学ともいえる性質を備えており，ほとんどの学生は複数校種の免許状や資格を取得している点では，多様性確保に向けた養成実践はされてきたといえよう。もとより，時代的要請を踏まえて実践実態を検証し課題解決を図るべくことは当然である。実際，本学では現在，小学校における教科担任制に対応する教員養成の実践的開発研究が進行中である。所収諸論文はそのほかの実態についても扱っており，多様性確保に向けた多角的な考究が，「理論と実践の融合」を目指しながら本書ではなされているといえる。

③の志望者の多様化や教師のライフサイクルについて，本書で直接論じた部分は少ない。しかし，本学創設の趣旨・目的では「初等中等教員に研究・研鑽の機会を提供することを趣旨とする大学院」とされ，教職大学院の拡充が順次図られ全国有数の規模となったことは，教師のライフサイクルに対応した教育活動を積み重ねてきたといえる。2025（令和7）年度から教職大学院では，現職教員向けのオンラインを活用した遠隔教育活用修学プログラムを開始するが，これは教師のライフサイクルの変化を踏まえた新たな取り組みである。また，2005（平成17）年度から大学院では，教育学部・教員養成系大学以外の大学卒業生や社会人向けに長期履修学修制度を利用した教育職員免許取得プログラムを導入してきたが，これは教職志望者の多様化に応えるとともに，教員の安定的確保を図る取り組みであるといえる。現在はさらに，学部と教職大学院の連携を強化する学部・大学院5年一貫教育プログラムや学部・大学院接続推進（大学院授業科目早期履修）プログラムを開発施行している。これら諸施策は③に応えるものであり，その実態を理論・実践の双方から考究することが今後求められよう。

4．むすびに―「教員養成学」構築としての本書の意義―

　教員養成の理論及び実践の在り方は，教育学の在り方同様，歴史的に古くからのアポリアであるとともに，学としての研究・構築は現在，日本のみならず世界的な課題となっている。冒頭に記したように，「教員養成学」は教員養成活動全体についての極めて実践的な学問領域，と定義される実践的側面が強いが故に，教員養成実践における方法論は重要である。教員養成実践は，教員養成者（教員）が教員志望者（学生）へ「教えることを教える」という複雑さ・困難さを内包しているが，この実践方法論としては，学生のみならず教員（教員養成者）も，自らの実践を真摯に省察する存在として認識し，共に成長する方法であるセルフスタディ（self-study）が提唱され有効性が認められている（ルーネンベルク他著，2017；ロックラン監修，2019）。この国

際理論に照らした場合，上越教育大学という同じ大学で教員養成実践を重ね
ている多くの教員が，専門を異にしながらも自らの視座から真摯に実践を見
つめ直す機会―セルフスタディする機会―を組織的に設定し[1]その帰結を大
学として発信している点が本書の最大の意義である。本書は，「教員養成学」
構築への第一歩にしか過ぎないとはいえ，理論的にも実践的にも大きな価値
を有するに違いない。

注
(1)学内では2023（令和5）年度から林学長をリーダーとする「教員養成学」検討プロ
　　ジェクトチームを設置し，同チーム主催で教員養成学研究会（講演会）を定期的に
　　開催している。

引用文献

遠藤孝夫・福島裕敏編著（2007）『教員養成学の誕生』東信堂

海後宗臣（1971）『戦後日本の教育改革8　教員養成』東京大学出版会

佐藤卓己（2024）『あいまいさに耐える―ネガティブ・リテラシーのすすめ―』岩波
　　書店

上越教育大学編（2017a）『「思考力」を育てる―上越教育大学からの提言1―』上越
　　教育大学出版会

上越教育大学編（2017b）『「実践力」を育てる―上越教育大学からの提言2―』上越
　　教育大学出版会

上越教育大学編（2018a）『「思考力」が育つ教員養成―上越教育大学からの提言3―』
　　上越教育大学出版会

上越教育大学編（2018b）『「実践力」が育つ教員養成―上越教育大学からの提言4
　　―』上越教育大学出版会

上越教育大学編（2020）『「人間力」を考える―上越教育大学からの提言5―』上越教
　　育大学出版会

上越教育大学編（2022）『「人間力」を育てる―上越教育大学からの提言6―』上越教
　　育大学出版会

西園芳信・増井三夫編著（2009）『教育実践から捉える教員養成のための教科内容学
　　研究―兵庫教育大学大学院連合学校教育学研究科共同研究プロジェクト「教育実

践の観点から捉える教科内容学の研究」―』風間書房

林泰成（2022）「新しい教員養成学の構築に向けて〜教育哲学的観点から〜」『上越教育大学紀要』第42巻，pp. 1-10

松田愼也監修（2018）『社会科教科内容構成学の探求―教科専門からの発信―』風間書房

文部科学省（2021）「資料2　教師に求められる資質能力の再整理」中央教育審議会「令和の日本型学校教育」を担う教師の在り方特別部会（第3回）・教員免許更新制小委員会（第4回）合同会議資料

https://www.mext.go.jp/kaigisiryo/content/20210803-mxt_kyoikujinzai01-000017240_3.pdf　（閲覧日：2024年9月30日）

山崎奈々絵（2017）『戦後教員養成改革と「教養教育」』六花出版

ルーネンベルク，M.・デンヘリンク，J.・コルトハーヘン，F. 著，武田信子・山辺恵理子監訳（2017）『専門職としての教師教育者―教師を育てるひとの役割，行動と成長―』玉川大学出版部

ロックラン，J. 監修・原著，武田信子 監修・解説（2019）『J. ロックランに学ぶ教師教育とセルフスタディ―教師を教育する人のために―』学文社.

あ と が き

　現在，日本では，少子化が進み，それにともなって，外国人労働者も増加している。また，性別，ライフスタイル，民族，価値観など，さまざまな次元で，多様化が進行し，異なる価値観を有した者同士が共同体を構成して生活していかなければならないという難しい問題も出来している。こうした社会状況の中で，学校教育においても，個別最適な学びと協働的な学びの充実のように，一見すると矛盾していると思われるようなアプローチが求められてもいる。そして，こうしたことは，教員養成の理念や方法や実践にも大きく影響していると感じられるのである。

　そうした中で，本書を出版するにあたっては，そこで取り上げる内容について学び，議論する場として，学内において研究会や講演会を企画・運営し，大勢の方々と意見交換を行った。

　とくに講演会では，弘前大学の福島裕敏教授，東京学芸大学の岩田康之教授に本学にお越しいただき，ご講演を拝聴し，意見交換をさせていただいた。先駆的に教員養成学や教師教育の研究に取り組まれてきたお二人の碩学にご指導をいただけたことは，たいへんありがたいことであった。そればかりか，今回，お二人には，本書にご寄稿いただいた。この場を借りて，厚く御礼を申し上げる。

　また，今回，学知と実践に跨るような難しいテーマに関して論考をお寄せいただいた学内教員の皆様にも感謝したい。

　最後に，出版事情の厳しい折り，本書の出版を快くお引き受けいただいた株式会社風間書房代表取締役の風間敬子様，同編集部の齋藤宗親様には，格段の御礼を申し上げたい。

上越教育大学「教員養成学」書籍編集委員会

執筆者一覧

第1部　教員養成の原理を考える

林　泰成　　　学長

岩田康之　　　東京学芸大学先端教育人材育成推進機構教授

安藤知子　　　学校教育実践研究コース学校経営・学校心理領域教授

辻村貴洋　　　学校教育実践研究コース学校経営・学校心理領域准教授

長谷川鷹士　　学校教員養成・研修高度化センター助教

志村　喬　　　教科教育・教科複合実践研究コース人文・社会領域社会分野教授

第2部　教員養成の実践と制度を考える

福島裕敏　　　弘前大学教育学部教授

山口美和　　　発達支援教育実践研究コース幼年教育領域教授

坂口嘉菜　　　学校教育実践研究コース学級経営・授業経営領域講師

野口孝則　　　発達支援教育実践研究コース学校ヘルスケア領域教授

土田了輔　　　教科教育・教科複合実践研究コース教科横断・総合学習領域教科横断・
　　　　　　　探究的学習分野教授

池川茂樹　　　発達支援教育実践研究コース学校ヘルスケア領域准教授

髙橋壮太　　　信州大学大学院医学系研究科博士課程院生

阿部雅也　　　学校教員養成・研修高度化センター准教授

小島伸之　　　教科教育・教科複合実践研究コース人文・社会領域社会分野教授

第3部　教科教育と教科専門の在り方を考える

下里俊行　　　教科教育・教科複合実践研究コース人文・社会領域社会分野教授

斎藤敏夫　　　教科教育・教科複合実践研究コース自然科学領域数学分野教授

渡部洋一郎　　教科教育・教科複合実践研究コース人文・社会領域国語分野教授

尾矢貞雄　　　富山大学学術研究部教育学系准教授

岩舩尚貴　　　上越教育大学附属中学校主幹教諭

舩城　梓　　　教科教育・教科複合実践研究コース人文・社会領域国語分野講師

大場浩正　　　教科教育・教科複合実践研究コース人文・社会領域英語分野教授

渡邉政寿　　　教科教育・教科複合実践研究コース人文・社会領域英語分野講師

422　執筆者一覧

橋本暁子　　教科教育・教科複合実践研究コース人文・社会領域社会分野准教授
横山貴史　　宮城教育大学教育学部准教授
尾崎祐司　　教科教育・教科複合実践研究コース芸術創造領域音楽分野教授
長谷川正規　教科教育・教科複合実践研究コース芸術創造領域音楽分野准教授

終章

長谷川鷹士　前掲
志村　喬　　前掲

（2025年3月現在）

上越教育大学「教員養成学」書籍編集委員会

林　泰成　編集委員長
志村　喬　編集副委員長
長谷川鷹士　編集委員（事務局）
安藤　知子　編集委員
斎藤　敏夫　編集委員
辻村　貴洋　編集委員
土田　了輔　編集委員
渡部洋一郎　編集委員

教員養成学を考える
ー上越教育大学からの発信ー

2025年3月31日　初版第1刷発行

編者　　　上越教育大学「教員養成学」書籍編集委員会

発行者　　風　間　敬　子

発行所　　株式会社風　間　書　房
〒101-0051　東京都千代田区神田神保町 1-34
電話 03(3291)5729　FAX 03(3291)5757
振替 00110-5-1853

印刷　太平印刷社　　製本　高地製本所

©2025　上越教育大学「教員養成学」書籍編集委員会　NDC 分類：370
ISBN978-4-7599-2534-0　Printed in Japan
JCOPY〈出版者著作権管理機構　委託出版物〉
本書の無断複製は，著作権法上での例外を除き禁じられています。複製される
場合はそのつど事前に出版者著作権管理機構（電話 03-5244-5088，FAX 03-
5244-5089，e-mail: info@jcopy.or.jp）の許諾を得てください。